汉译世界学术名著丛书

史 集

第一卷

第二分册

〔波斯〕拉施特 主编

余大钧 周建奇 译

商務印書館
创于1897 The Commercial Press

Рашид-ад-дин

СБОРНИК ЛЕТОПИСЕЙ

Издательство Академии Наук СССР

Москва • 1952 • Ленинград

苏联科学院出版社莫斯科・列宁格勒・1952年版

汉译世界学术名著丛书
出 版 说 明

我馆历来重视移译世界各国学术名著。从五十年代起，更致力于翻译出版马克思主义诞生以前的古典学术著作，同时适当介绍当代具有定评的各派代表作品。幸赖著译界鼎力襄助，三十年来印行不下三百余种。我们确信只有用人类创造的全部知识财富来丰富自己的头脑，才能够建成现代化的社会主义社会。这些书籍所蕴藏的思想财富和学术价值，为学人所熟知，毋需赘述。这些译本过去以单行本印行，难见系统，汇编为丛书，才能相得益彰，蔚为大观，既便于研读查考，又利于文化积累。为此，我们从 1981 年着手分辑刊行。限于目前印制能力，每年刊行五十种。今后在积累单本著作的基础上将陆续汇印。由于采用原纸型，译文未能重新校订，体例也不完全统一，凡是原来译本可用的序跋，都一仍其旧，个别序跋予以订正或删除。读书界完全懂得要用正确的分析态度去研读这些著作，汲取其对我有用的精华，剔除其不合时宜的糟粕，这一点也无需我们多说。希望海内外读书界、著译界给我们批评、建议，帮助我们把这套丛书出好。

商务印书馆编辑部

1985 年 10 月

目　录

第二分册

第一编　成吉思汗列祖纪

第二编

第一卷　第二分册

纪蒙古、突厥及其他部落[①]

本册分两编

① 俄译本原文如此，实际上应作“纪成吉思汗祖先及成吉思汗”。——汉译者

第一编　成吉思汗列祖纪 7

其中[并]有他们的族人们生平情况的故事

本编包括十纪；但[叙述这十纪]之前，先有一篇序言，叙述他们[祖先]起源的细节，然后谨如尊荣的安拉之所愿，将[这]十纪逐一进行纪述。

序

阐明成吉思汗祖先的生平情况以及他们的强国的兴起，也就是说，阐明这个强国是在何时以及从何处产生的。

应当知道，[前册中]详述过的所有突厥各部(aqwām)与诸种(aṣnāf)蒙古，从未有过作为一切部落的统治者的统一的威武强大的君主，每一个部落都有[各自的]部主与异密。在大部分时间内这些部落互相作战、厮杀，互相对抗，互相争吵、掠夺，就跟住在我国[即伊朗]的阿拉伯人一样。每个部落各有一个不隶属于其他任何人的一定的异密[官长]。因为乞台[①]居民与这些[突厥蒙古]民

---

① 蒙古人以及其后一切被他们所征服的西域各族(突厥斯坦居民、波斯人、斡罗思人等)对北中国的称呼。后来，这个名称被转用于现代中国的全部疆域。这个名称起源于一个名叫契丹的部落名。契丹人住在兴安岭之东、西拉木伦河之北。十世纪初，契丹诸部的一个部落酋长阿保机，先并吞了诸近亲部落，接着又把邻近各族统一在自己的政权下，并于916年称帝。契丹王国在中国历史上称做辽国，一直存在到1125年被女真人征服时为止。现代的满洲、蒙古以及长城外的一小部分中国领土都在契丹的统治下。

族、与他们所在的地区、[总之]与他们的游牧地段①毗邻而居，所
8 以在乞台境内进行游牧的若干部落，经常杀死属于这些部落的某些部落的许多[人]，而他们[反过来]也去掠夺与破坏乞台地区。乞台君主由于时刻担心着这些蒙古游牧民，便在乞台国与这些部落之间筑起一道像亚历山大城墙那样的城墙(蒙古人称之为兀惕古黑，②突厥语则作不忽儿合)，表现了制驭他们的远大眼光与才干。这道城墙的一端起自哈剌沐涟③河，哈剌沐涟河是一条极大的不可渡过的河；另一端直到女真地区边界的海边④。乞台君主把汪古惕部视为自己的军队和真诚效忠的奴隶⑤，[因此]将兀惕古黑城墙的大门托付给他们，这个部落便经常守卫着它。在成吉思汗时代，[有一个]名叫阿剌忽失的斤⑥的[汪古惕]部长，与成吉思汗连通，将城墙的关口出卖给了他，这件事已曾略述于汪古惕[部]篇中，后文还将另行详述。[上述]这些部落，每个部落各有许多历史和故事，但这些历史和故事没有传到我国[伊朗]，关于他们

---

① 突厥语禹儿惕，蒙文嫩秃黑——游牧地段及某一社会经济单位从事游牧的地区(见符拉基米尔佐夫:《蒙古社会制度》，从第43页起，1933年列宁格勒版[后文简称符书——汉译者]*)。

② A、I本和贝书作 ūtkūh；C本作 aū?kūh；P本作 aūnkūh。所说的是金朝修筑的城墙。见第一分册俄译本第161页注⑥。原文所录的这个名称不见于其他原始资料中。它的音读尚未确定。现有的几种异文使我们可以提出两种音读:兀惕古(黑)和汪古(黑)。原文所录的城墙的另一名称 būqūrqeh(B本作 tūqūrqeh)也仅见于拉施特书中。在第一分册中原文作 būqūrq。

③ 蒙文 hara－mören——“黑河”，蒙古人对黄河的称呼。

④ 即到渤海湾。女真:见后文第107页，注③。

⑤ bandeh-i mukhlis。

⑥ alāqūš-tikin；“的斤”即突厥官号“特勤”，意为王子，在拉施特书原文中却只用作王族出身的人名的组成部分；参照后文第49页，注②，蒙文 čigin(赤斤)。

领袖们的生平情况的详情也不能确实可靠地获知。每个部落对于他们本身的事迹所知有限，因为他们没有可供汲取关于往世昔时的可靠知识并正确获悉[往昔]真相的史书，直到他们最近的世代，当最高真理已将成吉思汗祖先的强国和国家显示出来，并使成吉思汗及其族人们的氏族所出自的朵奔伯颜[①]与阿阑-豁阿[②]的一支，卓然有别于一切蒙古[氏族]支系时，也还是如此。虽然没有确切的年代，但[这个氏族]大约经历了四百年，因为根据收藏在[汗的]金匮中的史册各篇中的内容及阅历丰富的老年人的谈话，可得知如下事实：他们在阿拔思朝[③]哈里发国初期及萨曼朝[④]统治时代直到现在，一直都是统治者。在上述时期内，从这个[统治]氏族产生了那么多的部落，以致无法逐一列举，有关它们的事也无法一一记载。[至于]他们的世系（nasab）与氏族支系（šu‘ab）的叙述，虽 9
然不能知道得很详尽，但可以了解和回忆起来的情况都将[充分]叙述，以满足[我们]在这方面[发现]真理的愿望。现在我们就从朵奔伯颜与阿阑-豁阿开始，来看看成吉思汗及其族人的氏族与氏族分支的故事、历史与事迹。我们将分别解释[氏族]各支，加以图解；靠着至高无上的安拉的佑助，谨如唯一的安拉的意愿，我们[将

① 原文作 dūbūn-bāyān；《蒙古秘史》第 3 节作朵奔篾儿干。〔《元史》《太祖纪》、《宗室表》和《辍耕录》作脱奔咩哩犍。〕*

② alān-qūā；《秘史》第 7 节作阿阑-豁阿。〔《元史》《太祖纪》、《宗室表》与《辍耕录》作阿兰-果火〕*。

③ 阿拔思朝——公元 750—1258 年期间的哈里发王朝。

④ 统治中亚的大食王朝（公元 819—999 年）。从 900 年起，当萨曼朝的亦思马因战胜了撒法儿朝阿木儿·伊宾·来思后，呼罗珊并入了萨曼朝的领土。萨曼朝的京城为不花剌。

这一部分]放在下面正文的开端。

[朵奔伯颜]*纪

关于朵奔伯颜与他的妻子阿阑-豁阿以及与蒙古人的历史直接有关的故事,除将著录于[其他]各处者外。

此纪分两部分。

第一部分

关于蒙古人最初生活的详情,诚实可靠的讲述历史的突厥讲述者说,所有的蒙古部落都是从[某时]逃到额儿古涅-昆①来的那两个人的氏族(nasl)产生的。那两人的后代中有一个名叫孛儿帖-赤那②的受尊敬的异密,他是若干个部落的首领,朵奔伯颜与妻子阿阑-豁阿以及若干其他部落都出自他的氏族。他有许多妻子[哈敦]和孩子。名叫豁埃-马阑勒③的长妻为他生了一个在诸子中最有出息、后来登临帝位的儿子,这个儿子名叫巴塔赤合罕④。巴

① argūn<u>eh</u>-kūn;比较蒙文 ergüne 一名,也即自达赖淖尔〔即呼伦池〕流出的额尔古纳河。〔昆:《秘史》蒙文旁注作崖〕*。

② būrt<u>eh</u>-čīn<u>eh</u>;《秘史》第1节作孛儿帖-赤那,〔总译作苍色的狼〕*。

③ A、S本作 qūī-mrāl;贝书作 qūā-mrāl;《秘史》第1节作豁埃-马阑勒,〔总译作惨白色的鹿〕*。

④ t?jī-qāān;S本作 ītjī-qīān;均系 btjī-qāān 之讹写;比较《秘史》第1节之巴塔赤-罕。贝书作 btyī。

塔赤合罕的儿子名叫塔马察①,后来继了他的位。塔马察有五个
儿子。长子名叫豁里察儿篾儿干②,成了他的继位者。据传,仿佛
他的其余四个儿子想离开自己的营地(maqām)与地方到别的地区
去。途中有一条河的支流流过。他们便拣了许多枯枝,编了一只
我国[伊朗]称做"客列克"③的类似筏子的[东西],坐在上面,渡过
河进入到别的地区。据说,朵儿边部④就起源于他们的氏族。因 10
为"朵儿边"是四的意思,它[指示了朵儿边部]与塔马察四个[儿
子]的联系与关系。四个儿子中最小的那个的后裔[有一个]名叫
秃伦-撒合勒⑤的人,有一次杀死了一头马鹿⑥。巴牙兀惕部有一
个名叫巴牙里黑⑦的人,带来自己的儿子卖给了他,换了些马鹿
肉。由于他[秃伦]是阿阑-豁阿丈夫的亲族,他又将这个孩子送给
了阿阑-豁阿。巴牙兀惕部的大多数人就是这个孩子的后裔
(nasl),他们是成吉思汗兀鲁黑的奴隶⑧。

---

① 《秘史》第 2 节作塔马察。

② 《秘史》第 2 节作豁里察儿篾儿干;原文 A、C、L 本作 qīḥū,S、P、B 本作 qīǰū,原文此处及以后数处大概是《秘史》此名之讹写。篾儿干,即蒙语"神箭手"。在拉施特书中用作人名的组成部分。

③ kalak,一种皮囊筏子。

④ 蒙语 dörben——"四"。据《秘史》第 11 节,朵儿边一支出自朵奔篾儿干之兄都蛙-锁豁儿的四个儿子。〔《元史》、《亲征录》作朵鲁班。〕*

⑤ tūlūn-sakal;C、L、P、B 本和贝书作 qūlūn。据《秘史》第 14—16 节,阿阑-豁阿之夫朵奔-篾儿干将索来的肉换取了一个小孩。

⑥ gaw-i kūhī,字面上作"山牛"讲。关于此词,参阅符书第 34 页,注⑥。《秘史》第 12 节作"三岁鹿"。

⑦ bāyālīq;《秘史》第 15 节作马阿里黑-伯牙兀歹,意即伯牙兀惕氏族的马阿里黑。

⑧ bandeh-i ūrūğ ——"氏族奴隶"。原文波斯语 bandeh 相当于蒙文 boğol〔孛斡勒〕,意即私人的部属、奴隶。关于此词,参阅符书第 64 页以下。

豁里察儿篾儿干有一个名叫忽站-孛剌忽勒[①]的儿子,[后来]继了他的位。忽站-孛剌忽勒有一个儿子,名叫也客-你敦[②],继了他的位。也客-你敦的儿子名叫挦锁赤[③],[后来]成为他的继位者。挦锁赤的儿子合里-合儿出[④],又继承了挦锁赤;合里-合儿出生下了朵奔伯颜。他们的禹儿惕[营盘、牧场]位于斡难、怯绿连[⑤]与土兀剌[⑥]河[流域],这三条河全都发源于不儿罕-哈勒敦山[⑦]。就是这些!

第 二 部 分

朵奔伯颜和他的妻子阿阑-豁阿的图像及其诸子支系表

上述朵奔伯颜有一个名叫阿阑-豁阿的豁罗剌思[⑧]部的十分贞节的妻子。她为他生了两个儿子,一个名叫别勒古讷台,另一个

---

① qūjam-būqrūl;C、L、P、B 本及贝书作～-būğrūl;《秘史》第 2 节作阿兀站-孛罗温勒。

② yīdūn;C、P、B 本作 bndūn,贝书作 nīdūn;《秘史》第 2 节作也客-你敦。

③ sm-sāūčī;贝书作 sām-～;《秘史》第 2 节作挦锁赤。

④ qālī-qājū;《秘史》第 2 节作合儿出。《秘史》第 3 节:“合儿出生的儿子名孛儿只吉歹-篾儿干。……他生的儿子名脱罗豁勒真伯颜”,朵奔-篾儿干是脱罗豁勒真的第二子。

⑤ 怯绿连河〔今克鲁伦河〕* 和斡难河〔今鄂嫩河〕* 发源于今蒙古人民共和国东北部肯特山东麓。

⑥ tūğleh;即今鄂尔浑河右岸支流土拉河,发源于肯特山西麓。此河之名也见于鄂尔浑碑铭,作 tula。

⑦ 原文讹写为 brğādū;《秘史》第 1、89 节作不儿罕-哈勒敦。所在地不明。可能即今肯特山的一个山结。

⑧ 按照《秘史》第 8 节,阿阑-豁阿是豁里-秃马惕部豁里剌儿台-篾儿干的女儿。

名叫不古讷台。从这两个儿子的后裔产生了两个蒙古部落。有人将这两个蒙古部落算做尼伦部落，因为他们的母亲是阿阑-豁阿， 11
也有人将它们算做迭儿列勤部落，理由是：尼伦部落被认为毫无疑问应出自阿阑-豁阿在丈夫死后所生的三个儿子，[尽管]这方面诸说纷纭，但第二种说法是尽人皆知的，也较接近于[事实真相]。在我国[即伊朗]，除了某千人队中被指出来的一人而外，就再也没有这两个儿子的支系了。据说，他们的支系在蒙古也不多。

阿阑-豁阿的丈夫朵奔伯颜早年去世。

他们俩的画像及其上述二子的支系[表]如下：

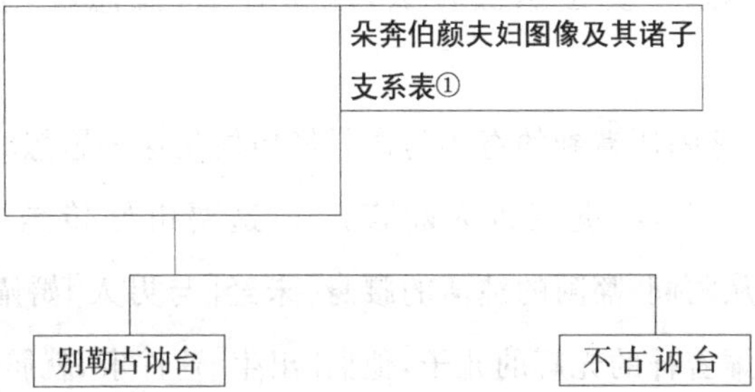

有人把这两个儿子的兀鲁黑[氏族、后裔]*②，也算做尼伦[部落]，因为阿阑-豁阿是他们的母亲，但是我们宁可采取[上述]传说的说法。

阿阑-豁阿纪弁言

主为了显示其威力的形迹，经常在有生有灭的尘世创造某种

① 在抄本中，有他们夫妇俩精巧的肖像画。

② 关于 ūrūğ 一词，参阅第 66 页，注①。

非凡的奇迹，这是最崇高和神圣的主显示其意志的必不可少的征兆。奇迹也在高贵人物身上获得表现，这种人高贵得无与伦比，他受到神的青睐和主的慈心的恩赐佑护，这就使有识之士和百姓们都从这个不可反驳的事亲眼看到其威力无边，这样，为了
12 对[主的]无限仁慈感恩起见，人们就会显示出持久的恒心与热情，从而也就确实认识到创造生灵的链索不论全部或部分地，都依赖于、紧密联系于无与伦比的造物主的愿望，造物主说："这样！——也就成为这样。"[①]他做出了他所愿做的一切，他做他所想做的一切。"安拉愿做什么，就做什么；想怎样，就怎样吩咐！"[②]

阿阑-豁阿所遇到的奇迹与奇异经历便是这一思想的证明，也证实了这一宣言，据蒙古人断言，——这要由好传是非的人负责！——从阿阑-豁阿的纯洁的腰身，未经[与男人]婚媾，便生出了三个闪耀着神的光辉的儿子，他们[出生]这件事，就属于稀奇事迹。他们的直系后裔，应着"子孙络绎不断地出世"[③]这句话，形成了无数支系与部落。靠着这一氏族的最卓越的代表和这个家族的优秀分子，伊斯兰君主、安拉真教的赞助者马合木·合赞汗算端的幸福在位，——愿安拉佑其长久在位，地位隆高——他们的佳誉将永垂不朽，但愿如尊荣的安拉之所愿！

---

① 见《古兰经》第 2 章第 111 节，第 3 章第 42、52 节，第 6 章第 72 节，第 16 章第 42 节，第 19 章第 36 节，第 36 章第 82 节，第 40 章第 70 节。

② 见《古兰经》第 22 章第 19 节，第 5 章第 1 节。

③ 见《古兰经》第 3 章第 30 节。

阿阑-豁阿纪

关于阿阑-豁阿和她的三个儿子。这三个儿子据蒙古人的说法，是在她丈夫死后出生的。

此纪分两部分。

第　一　部　分

有关生平事迹的序言，她的图像及其诸子支系[表]

讲述者所传如下：阿阑-豁阿的丈夫朵奔伯颜早年去世。但无
与伦比的造物主预先注定要让一个福星高照、威严雄武的君主出
现在世上，让他征服世界一切国家，将驯服之轭加到桀骜不驯的统
治者们的颈上，这个君主的精神是那样坚强，他能统治世界，统率
[所有的]人，而在他之后，世界上所有的君主和地面上所有的统治
者，都应当出自他的氏族，——这就像那经过多年在壳内长成了一
颗巨珠的蚌壳，但谁也不知道这是哪一个蚌壳，潜水者们经常潜入
海中寻找这颗珍珠，他们找到许多蚌壳，获得了无数的珍珠，尽管 13
这些珍珠全都各有一定用途，它们都属于珠宝，珠宝商将它们串成
项链，而且其中每一颗都受到任何民族和任何人的珍视，[商人]将
它们出售，买卖它们，进行交易，——但众目所注的却是那颗名贵
的珍珠，他[造物主]把阿阑-豁阿的纯洁之腰做成成吉思汗那颗宝
珠降生所在的蚌壳，并在其中用纯洁之光创造了他的本体。

有许多支系与部落是阿阑-豁阿的后裔(nasl)，如果将他们的

人数统计一下，[他们的总数]将达一百土绵[1]以上。所有[这些部落]全都有清晰的系谱(šaǰareh)，因为蒙古人有保存祖先的系谱、教导出生的每一个孩子[知道]系谱(nasab)的习惯。这样他们将有关系谱的话语做成氏族(millat)的财产，因此他们中间没有人不知道自己的部落(qabīleh)和起源。除蒙古人外，任何别的部落都没有这个习惯，也许只有阿拉伯人[也在记忆中]保留着自身的起源。

[这些部落]，按其品位，相当于从那些蚌壳中产生的珍珠，它们之所以被神力的潜水者从造化的海洋深处取出，乃是为了那颗罕有的珍珠、全部精华之所寄的珍珠、成吉思汗，尤其是[为了]他的著名兀鲁黑的最优秀代表、庇护世界的君主、安拉宗教的赞助者、巩固了伊斯兰教并抚育了伊斯兰教徒的算端马合木·合赞汗，——愿安拉佑其长久在位！伊斯兰教法典和塔利卡特[2]中随着岁月流逝被遗忘的、异教徒与多神教徒竭力加以诋毁铲除的每项原则，都被他全部接受，他已将虚伪的信仰和习俗完全消灭，使伊斯兰教的教义得以发扬光大。

---

① 突厥-蒙古语 tümen，意为"万"，是军队单位名，也是行政划分单位：万户，即提供一万名士兵(或供应其所需物资)的一个区。蒙古时代在包括伊朗、中亚细亚在内的许多国家中进行了万户的划分，中亚细亚的万户区划几乎一直保持到二十世纪(巴托尔德：《兀鲁伯及其时代》第 9 页；符拉基米尔佐夫：《中亚的蒙古语与印欧语的关系》，《蒙古学》第 1 册，第 312 页；阿·阿·谢麦诺夫：《中世纪不花剌的官衔名号及其拥有者的职务》，载《苏联东方学》第 5 卷，第 151、152 页)。

② 原文 šari'at 为根据《古兰经》、《穆罕默德言行录》及所谓教长的权威长老们的注解制定的伊斯兰教法典。伊斯兰教法典的原则为全体伊斯兰教徒在宗教生活及世俗相互关系上所必须遵奉的。原文 tarikat(本义为"道路")——伊斯兰教的神秘主义学说，即速非派学说。

诗

啊，[甚至]在至那和忽炭，被根除者有多少，
自从呼罗珊，被盖上了像你[这样的]玺印！

按照这些前提，据说，——讲述者[应对此]负责，——阿阑-豁 14
阿在丈夫死后过了一段时期，有一天，在家里睡觉。一线亮光从帐庐的[烟]孔上射进来，射入她的腰里。这个情况使她感到惊奇，她惊吓得不得了，没有对任何人讲起这件事。过了一些日子，她知道自己已经怀孕了。当分娩的时日临近时，她的兄弟们和丈夫的族人们聚在一起说道："一个没有了丈夫的妇人私下勾引男子怀了孕，这怎么行呢?!"阿阑-豁阿回答道："我没有了丈夫却有了孩子，不管[实际]情况怎样，你们猜测得对，你们的怀疑表面上看来也对。但是毫无疑问，'有些怀疑真是罪过'①。我怎么能作出应受责备的可耻的事呢?！的确，我每夜都梦见一个红发蓝眼的人慢慢地向我走近来，然后又悄悄地转了回去。我看得很真！你们对我的任何怀疑都是不对的！我所生的这些儿子，都属于特殊种类。他们长大了要成为万民的君主和汗，到那时，你们和其他合剌出②部落才会明了我这是怎么回事!"

阿阑-豁阿说罢了这些话，他们根据各种迹象认为她的贞操不

---

① 《古兰经》第 49 章第 12 节。

② 蒙语 haraču，即不属于成吉思汗氏族的部落(或人、部落成员)。与蒙语哈剌-牙速秃(属于黑骨者)同义。后来又有平民、百姓、黎民之意。又与阿拉伯-波斯语 ‘āmm、‘āmmeh(常用其复数 a‘wām)同义。关于此词，见符书 118 页；多桑《蒙古史》法文本第 2 卷，第 356 页。

成问题后,便不[再]向她找茬儿、打搅她了。他们知道她的话都是真的,她说的都是实话。

阿阑-豁阿生下了三个儿子。其中长子为不浑-合塔乞①,所有合塔斤各部都出自他的氏族。次子名……②撒勒只,为撒勒只兀惕部落的始祖。幼子名孛端察儿合罕③,他是那株树上精选的果实。从他的氏族产生了许多部落,它们的支系将于后面详细叙述和列举;成吉思汗的纯洁氏族起源于他。

阿阑-豁阿和她的上述三个儿子的图表如下:

15

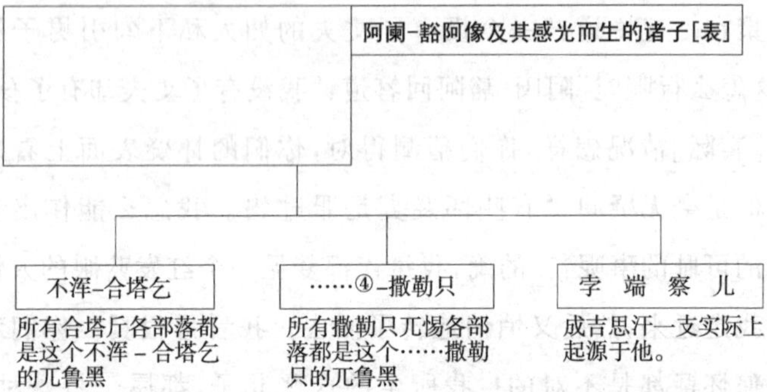

这三个儿子的所有兀鲁黑毫无疑义地被称为尼伦,此名表示阿阑-豁阿的纯洁的腰。在蒙古人中,对这些部落极为尊敬。

---

① būqūn-q?qī;C、L本作 būqān-qīqī;B本作 tūqūm-qtqī;贝书作 būqūn-qtğ ī;《秘史》第17节作不忽-合塔吉。〔《元史》《太祖纪》作博寒-葛答黑。〕*

② bīsfīn;C本作 būsqī;P本作 īsqī;B本作 īsğī;贝书作 būğū;音读不明;《秘史》第17节作不合秃-撒勒只。〔《元史》《太祖纪》作博合睹-撒里直,《宗室表》作博合睹-撒里吉。〕*

③ 《秘史》第17节作孛端察儿-蒙合黑。〔《元史》《太祖纪》、《宗室表》作孛端叉儿。〕*

④ 原文作 ūsūn;贝书作 būgū;参照注③。

第二部分

叙述阿阑-豁阿这三个儿子支系的资料

要知道，从这些儿子产生的繁多支系和部落(qabīleh)，全都被称为尼伦，意即他们都源出于纯洁无垢的腰；"尼伦"这个名称暗示着阿阑-豁阿纯洁的腰和腹。这些部落享有极大的尊敬，他们像是出自蚌壳里的巨珠和树上[最好的]果实，[卓异]于其他部落。不属于尼伦[诸部落]的蒙古部落概称迭儿列勤，关于这点，在序言中已详细述及。

不勒古讷惕和不古讷惕部落尽管也同出一源，但因为他们的
父亲为朵奔伯颜，所以它们也称为迭儿列勤。成吉思汗时代把现
在称做斡脱古-孛斡勒的蒙古部与这些部落算在一起了。斡脱古-
孛斡勒①[这个名称]的意思是说，他们[迭儿列勤诸部]都是成吉
思汗祖先的奴隶和奴隶的后裔。[其中]有些人在成吉思汗时代立
过值得嘉奖的功绩，[从而]确立了[蒙恩的]权利。因此，他们被称
为斡脱古-孛斡勒。关于固守斡脱古-孛斡勒②既定习俗的每一个 16
人，将另行叙及。但这里需稍加阐述，以使[读者]了解这个名称的
意义。尼伦诸部的繁多支系，尽管与成吉思汗有血亲关系，而且有

① 诸本作 aūtkū-būğūl，此处 aūtkū 相当于突厥语 ötekü、蒙语 ötegü——旧、老；būğūl 即蒙语 boğol(《秘史》作孛斡勒)——奴隶，因此 aūtkū-būğūl 意为老奴隶，也即蒙文原始资料中的 unağan-boğol——某氏族或家族的世袭旧奴；关于 unağan-boğol，见符书第 64、65 页。

② rāh-i ūtkū-būğūlī。

许多大异密[①]和汗，属于它们的兀鲁黑，但因为成吉思汗是汗、撒希卜-乞兰[②]、大地与时间的君主，所以它们与所有[其他]血亲与非血亲[③]的蒙古氏族(qabīleh)和部落，都成了他的奴隶和仆役(bandeh wa rahī)，尤其是那些在攻战时勾结敌人与他作过战的他的族人、叔伯和堂兄弟们。他们在地位上低于[成吉思汗的]其他族人。还有许多这样的[蒙古]人成了奴隶的奴隶，关于这点以及他们在何时、由于何故才落到这个地步，将另行叙及。就是这些！

孛端察儿纪

兼述其妻及诸子，并述其世系。

此纪分两部分。

第一部分

有关其诸子生平事迹的序言

孛端察儿为阿阑-豁阿的第三子，他是当时许多蒙古部落的首领和君主。他极为勇猛。他有两个儿子。长子名为不合[④]，幼子

① 原文用异密(amīr)一词翻译蒙文 noyan(那颜)。贝勒津译作突厥语 bek(伯)。关于那颜一词见下文第 27 页，注③。

② ṣāḥib-qirān——福星高照者，用作近东最强大的统治者们的称号。

③ 原文为波斯语khīš-u bigāneh，此处 bīgāneh 相当于蒙文ǰad(札惕)——表示非血亲部落之词。关于此词见符书第 59 页。

④ būqā;《秘史》第 43 节作把林-失亦剌秃-合必赤或合必赤把阿秃儿;《元史·太祖纪》作八林昔黑剌秃合必畜;阿不哈齐书作脱合。

名为不黑台①。成吉思汗的系谱与其他许多尼伦部落都起源于不合。不合是父亲的继承者，父亲死后，继承了父亲的地位(manṣab)。他有个儿子，名叫土敦-篾年②。不黑台有个儿子，名叫纳臣③。他娶了蒙古部的一个姑娘为妻，以女婿的资格④常到那里去。据说，
有些泰亦赤兀惕部落属于他的后裔，但是，这话大概不可信，因为 17
在帝室金库里的、由大异密保管的名为阿勒坛-迭卜帖儿⑤的史册上记载如下：泰亦赤兀惕诸部落起源于土敦-篾年之孙、海都汗之子察剌合-领昆⑥的氏族。关于纳臣，[所知仅]限于，他曾设法使自己的侄儿海都汗逃出札剌亦儿[部]之手，他如何保护他，如何与他一起[从敌人中间]逃出，他们又如何在斡难与怯绿连河境内毗邻而居。可能由于泰亦赤兀惕诸部人数众多，纳臣的后裔(farzandān)便与他们合在一起，混合起来，也被称为泰亦赤兀惕人；尤其因为纳臣后裔是海都之叔的后裔，遂产生了这个错误。占支配地位的意见就是如此，否则就会另行述及有关[纳臣]后裔的事。他[纳臣]的兀鲁黑也属于尼伦，但不能确切知道，所提到的尼

---

① 按《秘史》第43节：孛端察儿的第二子名为沼兀列歹，系妾所生。

② 《秘史》第45节："合必赤的子，名篾年-土敦。"但据本书表上所载，他是孛端察儿的儿子。〔《元史·太祖纪》："孛端叉儿殁，八林昔黑剌秃合必畜嗣，生子曰咩撚笃敦。"〕*

③ 据《秘史》第45节载：纳臣把阿秃儿为篾年-土敦的第七子。〔《元史·太祖纪》："咩撚笃敦妻曰莫拏伦，生七子……第七子纳真"。〕*

④ rāh-i dāmādī。

⑤ 即金册，也即汗册或帝册。系指今已失传、仅于拉施特书中提到的成吉思汗皇族史(比较"阿勒坛-兀鲁黑"——黄金氏族(即成吉思汗氏族)一词及北中国皇帝的尊号——阿勒坛汗；关于后一尊号，见第132页，注⑤)。

⑥ črqeh-līnqūm；C、L本及贝书作～-līnkqūm；《秘史》第47、180节作察剌孩-领忽。〔《元史·宗室表》作察剌哈-宁昆；《亲征录》作察剌合·令忽。〕

伦诸部中的哪一支属于他的后裔。就是这些!

第二部分

孛端察儿夫妇及其诸子支系图

如上所述,孛端察儿有两个儿子——不合和不黑台。不合的儿子为土敦-篾年。成吉思汗一支即起源于他。关于他,在下纪中紧接着就要叙及。不黑台的儿子为纳臣,其分支情况不详,他们的支系图如下:

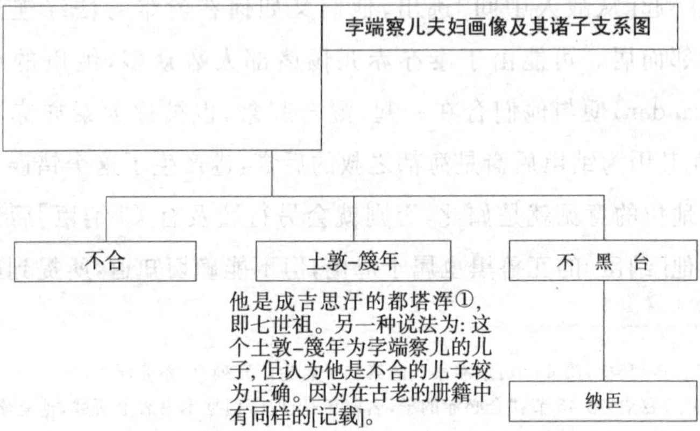

孛端察儿汗的儿子不合的儿子

18 土敦-篾年纪

兼述其妻莫拏伦及其诸子氏族分支。

此纪分两部分。

① dūtāqūn,见第 87 页。

第一部分

序言：他们的生平事迹的叙述

土敦-篾年是成吉思汗的七世祖，蒙古人把七世祖称做都塔浑。他有九个儿子[①]。他去世后，留下了一个名叫莫拏伦[②]的妻子，她是这些儿子的母亲。他的儿子们，娶了各地、各部落的姑娘[为妻]后，便按照习惯上的女婿权利，[从一个部落]去到[另一个部落]。

莫拏伦拥有巨额的收入和财富。她的营地(maqām)和禹儿惕在名为讷思-额儿乞[③]和忽黑亦・昔牙黑的地方。每隔几天，她就要吩咐将畜群赶在一起；她的马和牲畜，多到无法计算，当她坐在山头上，看到从她所坐的山顶上直到山麓大河边满是牲畜，遍地畜蹄时，她便喊道："牲畜全聚拢来！"——要不然她就命人去找畜群。

那时，名为札剌亦儿的蒙古人(他们属于迭儿列勤部，关于其部落支系、种类(aṣnāf)已[于前册]* 作过详细叙述)，有若干部落住在怯绿连河境内，它们共有七十古列延[④]。古列延[一词]的含义如下：许多帐幕在原野上围成一个圈子驻扎下来，它们就被称为

① 据《秘史》第45节，他有七个儿子。

② 《元史》卷一，第2页a作莫拏伦。参照雅金甫：《成吉思汗系最初四汗史》，圣彼得堡1829年第4—8页，那上面有有关莫拏伦及其诸子的故事。

③ nūs(nūsh)-ārkī；C、L本作 mūsh-āzkī；B本作 būsh-ārkī；贝书作 būārkī；音读不明；参照蒙语 ergi"陡岸"。

④ kūrān，蒙语 küriyen——从原文的解释中可知，"古列延"为由各个帐幕组成的诸游牧户[阿寅勒]的营地。关于"古列延"游牧方式，参阅符书第37页。

一个古列延。当时将这样环列的一千帐幕，算做一古列延。按照这种[算法]，该部落[共有]七万帐幕(khāneh)。这条怯绿连河邻近乞台地区。乞台居民经常与他们[札剌亦儿人]以及其他蒙古部落发生战争和冲突。正在这时，从乞台来了很多军队向他们进行攻掠。札剌亦儿人看见了这支军队，以为乞台人不可能渡过河(他们之间隔了一条怯绿连河，而且附近并无浅滩可渡)，便嘲笑地挥舞着帽子和袖子，向他们喊叫着，[故作]悲伤地[喊道]："来抢走我们的牲畜吧！"由于乞台军队人数很多，他们一齐采集枯枝、干枝，当夜筑成了一道堤坝①，渡过了河。乞台人将人数如此众多的札
19 剌亦儿部落，直到身材和鞭子一般高的儿童，全部杀光；并且把他们的家具什物和牲畜洗劫一空。全部札剌亦儿人中[只有]处于敌人未能达到的一方的、[共有]七十帐幕的一群人得以幸免，他们逃了出来，带着妻子、儿女迁徙到了土敦-篾年的妻子莫拏伦的营地(khānahā)境内。由于他们[札剌亦儿人]饥饿已极，他们掘了一些草根来吃，这种草名叫速都孙②，在那里被认为是可食的东西。因此，他们就掘乱了莫拏伦的儿子们驯马的那块地方，在那里掘出了许多坑。莫拏伦说："你们为什么要乱掘一气，掘坏了我的儿子们的驰马的地方?!!"他们将莫拏伦抓了起来，杀死了她。由于她的儿子们每一个都[通过婚娶]与某一部落结亲，他们的亲戚很多，[札剌亦儿人]害怕不能从他们处安全脱身。他们便拦住了路，杀

---

① B本作 sadd-ī；其余诸本作 band-ī。

② sūdūsūn；《秘史》第 74 节：速敦。比较蒙文 südü——Sanguisorba alpina 草。它的根子不久前还食用于西伯利亚。

死了九个儿子中的八个。小儿子名叫海都，在坚不兀惕部落[①]做女婿作客。在此之前，他的叔父[纳臣]也按照前纪中所述的原因，做女婿到了这个部落。当他得知札剌亦儿[部落]的毁灭和诸侄之死后，便将海都藏在蒙古人盛酸马奶的、类似于大陶罐的一个大土瓮(bastū)底下，让[他]待在[那里]。

这群札剌亦儿人干了这件事后，另一些残存的札剌亦儿部落来向这七十个人追究责任，问道："你们与哪些族人们(āqā wa īnī)商量过了吗？竟干出了如此大胆妄为的勾当。"于是，作为惩处，将他们全部杀死了。他们的妻子、儿女全部做了莫拏伦的儿子海都的奴隶。札剌亦儿人让某些被杀者的子女保持了俘虏的身份，成为他们的家庭奴隶(bandeh-ī khānadān)。从那时起直到现在，这个札剌亦儿部落一直是斡脱古-孛斡勒，并被遗留给了成吉思汗和他的兀鲁黑。他们中间出过一些大异密，有如有关他们的篇章中所述者。

纳臣和海都从那个地方迁移了出去。海都将营地(maqām)设在与蒙古斯坦交界处的不儿忽真-脱窟木[②]地方。他在那条河上建立了渡口，以便牲畜饮水与人们往来，这个渡口被他起名为札罗鲁木[③]。纳臣将营地设在斡难河下游。纳臣的孩子们有[自己]单独的一个分支，但这个分支不为人们所知，有如前纪中所述者。就

---

① knbut；C、L本作ksūt。

② būrqūjīn-tūkūm；《秘史》第157节作巴儿忽真-脱窟木；参阅第163页，注⑩。〔《元史·太祖纪》作八儿忽真之隘，又作八剌忽怯谷。〕*

③ ǰrūlūm；C、L本作ǰāūlūm；P、B本作ḥrāūkūm；贝书作ǰārārūlūm；比较突厥语ǰar～yar(陡岸)＋蒙文lum(渡口)。

是这些！

第二部分

土敦-篾年与其妻莫拏伦及其诸子分支图

如上所述，土敦-篾年有九个儿子。[其中]八个被杀，他们的名字不详。唯一活下来的是海都汗，成吉思汗的伟大氏族即起源于他。

他们的图像和氏族分支如下：

20

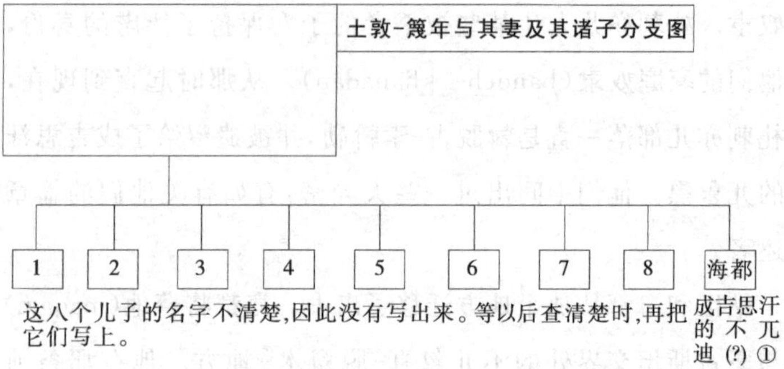

这九个儿子的母亲是名叫莫拏伦哈敦的妇人。她又名莫拏伦-塔儿浑②，莫拏伦哈敦是名字，塔儿浑是"肥胖"的意思。有一次，札剌亦儿人按照史册上所述的原因，将她连同八个儿子一起杀死了。幼子海都由于其父的堂兄弟纳臣把他藏在盛酸马奶的瓮下，才得以幸免。一部分札剌亦儿部落由于这个罪行[被罚]做了他们的奴隶。

① 原文作 būūtī；贝书作 tūrqī，并补注曰："……意为六世祖。"参照下面第 87 页，注⑥。

② 诸抄本作 mūsūlūn-trğūn；蒙文 targun——肥胖。

海都汗纪弁言

有许多人怀着不可能实现或难以实现的巨大希望，他们所怀抱的希望突然破灭。但是，也有许多不怀任何希望的人，最高真理却赐给他们高爵荣位！她起初让某些人遭到各种灾难，在[他们]* 受到[种种]袭击的重压之后与绝望之余，才赐予[他们]欢乐，因为[常言说得好：]"苦后有乐"，确实是"困难与轻松相连"①。她在短时期内使某人成为部落的首领与统治者，使他擢居高位。最高真理在对待这个人及其境遇上的意图，大概是要让人们认识她的无边的威力，让人们认识了后从中汲取教训，照着"不要对安 21
拉的安慰绝望"②[这句话]的意思，不要失望地离开他那充满仁慈的殿堂，而应诚心诚意地[向他]走去。海都汗的生平纪事可以作为证明，最高真理在他遭到那么多的袭击与陷于绝境之后，以百般仁慈、多方佑助和殊恩来嘉奖他；[常言说得好：]"安拉看中了谁，就通过自己的佑助使他强大起来。实际上，这里头有贤明之士[可资借鉴]的范例"③。愿服从正确指导的人平安！

土敦-篾年的儿子海都汗及其诸子纪

此纪分两部分。

---

① 《古兰经》第94章第5、6节。
② 《古兰经》第12章第87节。
③ 《古兰经》第3章第11节。

第一部分

序言:述其生平及诸子生平

海都汗为成吉思汗六世祖(ǰadd)。蒙古语称六世祖为“不兀迪”(?)。当海都汗诸兄以前纪所述原因被札剌亦儿人杀死时,他与其叔纳臣一起从那里逃了出来,在蒙古的上述地方住了下来。[因为]最高真理的意志,是要让成吉思汗生存的珍珠,随着时日的流逝和岁月的绵延,在其祖先的腰的蚌壳中培育起来,所以她降福于成吉思汗世系所源自的海都汗,佑助他,荫护他,直到他有了难以数计的妻妾、部属、羊群和马群为止。他生了三个儿子,都是有福之人和命运的宠儿。长子名叫伯升豁儿①,成吉思汗的世系即出于他。次子名叫察剌合-领昆②;幼子名叫抄真③,他的后裔(nasl)形成了赫儿帖干、昔兀兀惕④两部落。在乞台语中领昆一词为“大异密”之意。因为他们与乞台国及其君主的领地邻近,所以他们中间也使用和流行乞台居民(ahl)[所用的]名词(iṣṭilāḥ)和称号(laqab)。因为蒙古百姓(a‘wām)不懂领昆[一词]的意义,所以他们说成了察剌合-领昆。他是所有泰亦赤兀惕部落的祖先。据

---

① 《秘史》第47节作伯升豁儿-多黑申。〔《元史·太祖纪》作拜姓忽儿。〕*

② 《秘史》第47节作察剌孩-领忽。

③ 《秘史》第47节作抄真-斡儿帖该。

④ S本作 ārtkān;C、L、P本作 ār?kān;B本作 āzbkān。S本作 sīǰīūt;C、L、P、B本作 s?ǰ?ūt;贝书:snǰīūt。据《秘史》第47节,有六个部落属于他的氏族:斡罗纳儿、晃豁坛、阿鲁剌惕、雪你惕、合卜秃儿合思、格泥格思。

较近于真实、较可信的阿勒坛-迭卜帖儿[金册]* 所传，泰亦赤兀惕为人数众多的部落，一些尊贵君主的氏族出自这些部落。他们 22
拥有无数军队。从他们每个氏族(qabīleh)中，都出过特殊的异密和领袖，所有[这些部落]彼此间同心协力。在每个时代，他们都从自己人中间推选出君主或汗，服从于他。当成吉思汗于父亲死后还是一个孩子时，他父亲的大部分部属(atbāʻ)和军队(laškar)都倒向泰亦赤兀惕人方面去了。因此，他同泰亦赤兀惕[诸部]发生了战争和内讧，关于这点将在[成吉思汗]纪中详述。尽管成吉思汗年幼、只拥有少量军队，但因为在创造和再造所有这些部落及[其]分支时，神所预定的和造化的宗旨，是成吉思汗的崇高地位和帝国的出现，因此一千勇夫如何能与一个有福之人相匹敌?! 假如泰亦赤兀惕诸部能够了解这个智慧的奥秘，那么在成吉思汗青少年时代之初，他们就会执鞭马后，侍奉成吉思汗。但是，人的智力不足以理解神的智慧的深邃，故他们不能[了解这点]，拼命努力去抗拒命数。由于[他们]极端执迷不悟，已无法对他们指引迷津；由于[他们的]谬误之见，他们同成吉思汗打了许多次仗，[与他]对抗，直到成吉思汗幸福之树的根已坚固，树已成荫结实之时。他借伟大的主的力量，征服并推翻了全部泰亦赤兀惕人与他们的君主以及与他们联合一致的其他部落。正如[下文]将详细叙及的，他们由于[对他的]恐惧、迫不得已和陷于绝境，全都屈服、听命于他，做了他的军队和臣民。我在此纪中也引述了察剌合-领昆和抄真的分支[情况]，并从[有关他们的]情况中，补充了必须详加叙述者，以免对他们每个人分别进行记述。在此纪中我们也列出了他们的分支表。

察剌合-领昆的分支，简述如下：他有好几个儿子，长子速儿忽都忽-赤那①是他的继承者，速儿忽都忽-赤那是屯必乃汗②的氏族长老的亲属③。他有一个儿子，名叫俺巴孩合罕④，曾君临过若干时候，是合不勒汗的氏族长老的亲属。关于他的一些故事是众所周知的。

有一次，塔塔儿人突然将他捉住，送到了乞台阿勒坛汗处。阿
23 勒坛汗对他怀恨已极，用铁钉将他钉到“木驴”⑤上。俺巴孩合罕的儿子为合丹太师⑥，他是把儿坛把阿秃儿⑦的氏族长老的亲属，他的儿子为秃答⑧。

塔塔儿人将他[俺巴孩合罕]捉住的缘故如下：他为自己的第三子帖木儿-余剌乞⑨聘娶了察罕⑩-塔塔儿部长海里忽惕-不亦鲁

---

① S、C、L本作 sūrqūduqū-čīneh；P本作 sūrqdūqū-～；贝书作 sūrqdūlū-čneh。《秘史》第47节：“察剌孩-领忽生子名想昆-必勒格。想昆-必勒格生子名俺巴孩。”

② tūmbneh-khān；B本、贝书作 tūmnkh-～；《秘史》第47节作屯必乃-薛禅。〔《元史》《太祖纪》、《宗室表》作敦必乃，《亲征录》作统必乃。〕* 蒙文 sečen，意为“贤者”，在原文中用作人名的组成部分。

③ 阿拉伯语 qū‘dad 或 qū‘dūd，从字根 qa‘ada 重复一尾子音 d 而成，有“从系谱上讲来，与本部落或氏族的长老或始祖相近者”之意(Lane，第7卷，第2546页)。

④ hambaqāī；《秘史》第47节作俺巴孩合罕。〔《元史·太祖纪》作咸补海罕。〕*

⑤ 原文为波斯语khar-i čūbīn，直译即为“木驴”；关于此词，见第一分册俄译本第105页，注②。

⑥ qadān-tāīšī；《秘史》第48、53节作合答安太子；蒙语 taiǰi 源于汉语“太子”，意即嗣位者、皇储；见伯希和文，载《通报》1913年，第140页。

⑦ 《秘史》第48节作把儿坛把阿秃儿，为合不勒汗的儿子。〔《元史·太祖纪》作八哩丹。〕* 原文 bahādur 即蒙文 bağatur、俄语 богатырь。在史书中其意义有二：(1)武士、勇士；(2)尊称，后来变成一种衔号，是人名的一个组成部分。

⑧ tūdā；B本作 būdāī；贝书作 būdā。

⑨ tīmūr-yūrakī；突厥语“铁心”。

⑩ ǰağān-tātār；《秘史》第153节作察阿安-塔塔儿；蒙语 čağan——白；白塔塔儿。

忽惕①的一个女儿。过了一些时候,他想让姑娘搬到[自己这里来]并取得马群。他告诉了自己的族人和朋友们,要他们同他一起前去,把马群取来。[接着,]他叫来了也速该把阿秃儿的叔父、合不勒汗的第六子、他的堂兄弟秃丹-斡惕赤斤②,他们便一起出发了。秃丹-斡惕赤斤的亲信(mulāzim)之中,[有一个]名叫成台那颜③的聪明人伴随着他们。突然之间,俺巴孩合罕的火红④马倒毙了。成台-乞颜对秃丹-斡惕赤斤说道:"我认为这匹马的死去,是对我们好意的命运的警告,[我们]最好不要去吧。"[秃丹-斡惕赤斤]将这些话转告给俺巴孩合罕,但他没加注意,[继续]前行。第二天夜晚,他们来到了巴牙兀惕-朵豁剌惕⑤部落。他们宰了头瘦羊煮起来。突然之间,锅破裂了。成台-乞颜又将那番话向秃丹-斡惕赤斤重述了一遍,让他转告给俺巴孩合罕。[秃丹-斡惕赤斤]对他说了后,俺巴孩不赞同地说:"为什么你每天要预告些不吉利的话,你说的尽是些什么话呀?!"于是[他们又继续]前行。他抵达

---

① qāirkūt-?ū?rūqūt;《秘史》第53节作阿亦里兀惕、备鲁兀惕,为两个部落名。这两个词都是复数形。备鲁兀惕可能源于"捕鱼儿海子"一名,为住在该湖附近的部落"捕鱼儿人"。原文将这些部落名误作部落首领的名字。《秘史》第53节对这段事有另一种说法。

② 《秘史》第48节作脱朵延-斡惕赤斤。〔《元史·宗室表》作掇端-斡赤斤;《亲征录》作脱端。〕* 蒙语 odčigin 是对幼子的称呼,字面上作"火王"讲;关于此词的源出和意义,参阅符拉基米尔佐夫:《蒙古衔号 beki 与 begi》,载《苏联科学院报告集》,1930年,第164页;符书第49、54页。

③ nūyān,蒙语 noyan,是拥有十夫长、百夫长、千夫长称号的蒙古游牧贵族代表们所戴的一种普遍的衔号,本为一种封号,后为其后人世袭沿用。见符书第104、105页。

④ 蒙语ǰerde——"火红色",马的毛色。

⑤ bāyāt-duqlāt。

塔塔儿部后，便停留在一座帐庐里；他们［全都］忙于过节（ṭūī）[①]。那里的一个部落首领，名叫蒙可-札兀惕-忽里[②]，把秃丹-斡惕赤斤邀请了去，设宴款待了他十天。第十天中午，宴饮正酣之时，从塔塔儿部落首领处来了一个急使。他对蒙可-札兀惕-忽里的耳边
24 咬了几句话后就离开了。成台-乞颜猜到了是怎么回事，便向秃丹-斡惕赤斤哭着说道："［难道］我们自己家里没有马群、羊群和食物（āš）？为什么我们要到这里来呢？看来你的生命已到尽头了！"［他说这些话，是因为］想到急使是来［报告说］："我们已经捉住了俺巴孩合罕，你们也将秃丹-斡惕赤斤抓起来吧；并让他［蒙可］必须出动军队[③]，使者正是为此而来的。"秃丹-斡惕赤斤沉思了起来。

这时，有几个异密来到帐庐门口对蒙可-札兀惕-忽里说道："这些事的影响很坏。不单是一个斡惕赤斤会给我们的孩子们招来敌人！他的部落（qabīleh）人数众多，双方之间将会结成冤家、纷争不休。察罕-塔塔儿人的异密和他们的部落可以随意［行动］。我们一点也不要伤害这个秃丹，放他回去吧！"蒙可-札兀惕-忽里同意了，于是将被他安置在另一帐庐里的秃丹请到了自己那里。［秃丹］听了成台-乞颜的话存有戒意，为预防起见在袖子里插了一把刀子。他来到那里，蒙可-札兀惕-忽里说道："秃丹-忽荅[④]，你

① 突厥语 toi：宴会、节庆，相当于蒙语 hurim。

② mūnkā-ǰāūūt-qūri；比较《秘史》第 134 节之札兀惕忽里。

③ čarīk binašīnad，蒙语 čerig 意为"士兵"、"军队"（关于此词的词源，见符拉基米尔佐夫之文，载《东方学家协会集刊》第 1 集，第 326 页）；čirīk nisāndan，字面上作"命军队上（马）"讲，意即"出动军队"。

④ qūda，蒙语 huda，意为"姻亲"。彼此订有互相交换新娘的协定的氏族成员的通称。参阅符书第 48 页。

马上回去吧，等到危险过后，我们再去取马群。”他让他骑上马，边骂边说：“你不要在路上耽搁，快走吧，这样[你]才能得救，最好你带着你的家具什物离开恶贼和敌人吧！”他劝告了[他]后，便回去了。以前他派去请秃丹-斡惕赤斤的那两个那可儿①，仍逗留[在秃丹身旁，他们]对他说：“昨天来了个使者说：‘我们已捉住了俺巴孩合罕，你们也将秃丹-斡惕赤斤抓起来吧。’一个名叫……②的人阻拦了[此事]。现在为了逃命，你不要顾惜马了，尽快奔驰吧。”他从中午奔驰到夜晚，半夜里他又上了马不停地奔驰；当他走到巴牙兀惕-朵豁剌惕部落时，他们[对他]说：“据传，俺巴孩合罕和秃丹-斡惕赤斤被抓起来了，这是怎么回事？”秃丹回答说：“如果真是这样，我怎么能来到这里？”他留下了[自己的]马，骑上他们的马，很快平安地回到了家里。[那时，]已经出动的塔塔儿军队，得知朵豁剌惕部将自己的马给了斡惕赤斤，使他逃了命，便对朵豁剌惕人进行了屠杀和洗劫。

塔塔儿诸部将俺巴孩合罕送到了速薛③君主处，他就把他杀
害了。这个消息传到了秃丹-斡惕赤斤及其族人处，他们全体聚集 25
[在一起]，联合起来向速薛进行报复。忽必来[原讹，应为忽图剌]* 合罕率领[他们]④出发，打败了乞台人。此事将另行详述，

---

① nūkar，蒙语 nökür，字面上作“朋友”、“伙伴”讲，意为“亲兵”。这个词的词源及意义见符拉基米尔佐夫：《蒙古语 nökür》，载《苏联科学院报告集》1929 年，第 281—288 页；及符氏：《蒙古学》第 1 卷，《东方学家协会集刊》第 1 集，第 336、337 页；及符书第 87 页。

② 诸抄本均阙。

③ 原文作 sūseh。据《秘史》第 53 节，俺巴孩合罕被押送到了“乞台阿勒坛合罕”处，即押送到了当时统治着北中国、满洲与蒙古的女真王朝金（蒙语作阿勒坛）帝处，此处的 sūseh 一词不得其解。

④ bāšlāmīšī kardeh。

[现在]让我们回到原题上来。这个秃荅生活在成吉思汗时代,是泰亦赤兀惕人的一个领袖,但在成吉思汗时代,他们的君主为阿荅勒汗的儿子塔儿忽台-乞邻秃黑[①],他们都是秃荅的堂兄弟。那时,做了泰亦赤兀惕人首领的他的堂兄弟之中,还有忽里勒把阿秃儿[②]和安忽-合忽出[③]。察剌合-领昆还有另外几个儿子。当他的哥哥伯升豁儿死去时,他按照习惯娶了嫂子[④]。她为他生了两个儿子。一个名叫坚都-赤那[⑤],另一个叫兀鲁克臣-赤那[⑥]。因此,从他的氏族(nasl)中分出了由这两个儿子形成的另两个部落。它们被称为赤那思部落,而赤那思为赤那[一词]的复数[⑦]。"坚都-赤那"这个名字是公狼的意思[⑧],"兀鲁克臣-赤那"是母狼的意思[⑨]。他们与成吉思汗一条心。赤那思部又称捏古思部。这个捏古思部并非那个古老的捏古思部,除名称相同外,它们既无任何共同之处,也无任何关系。直到也速该把阿秃儿时,泰亦赤兀惕诸部一直服从于他和他的祖先,与他们完全一条心。也速该死后,他们

---

① S本作 tārqūdāī-qīrīltūq;C、L、P、B本作 tārqūdāī-qrīltūq;贝书作 tārğūtāī-qrltūq;《秘史》第72节作塔儿忽台-乞邻秃黑。在《秘史》第47节所录泰亦赤兀惕世系中,他的名字和合答安太子的哥哥阿丹汗的名字都没有见到。〔《亲征录》作塔儿忽台-希怜秃〕*。

② qrīl-～;C、L本及贝书作 qūril-～。

③ aǰū wa hūqūǰū;贝书作 ankqū-～。参阅第171页,注②。

④ beh rāh-i īnkeh。

⑤ kndū-čīneh。〔《亲征录》作建都-赤纳〕*。

⑥ ūtkčīn,ūlkǰīn。〔《亲征录》作玉烈贞-赤纳〕*。《秘史》第47节:"察剌孩-领忽娶嫂为妻,又生一子,名别速台,就出了别速惕姓氏。"

⑦ 蒙文 činoa,复数 činos——狼。

⑧ 蒙文 gendü——雄性猛兽。

⑨ 蒙文 ölügčin——母狗、母狼、雌性猛兽。

挑起了内讧和怨仇，赤那思部落投靠到成吉思汗方面。

海都汗的第三个儿子抄真有好几个儿子，从他产生出许多分支。赫儿帖干和昔只兀惕部落都出自他的氏族(nasl)。这些人在泰亦赤兀惕人与成吉思汗发生内讧时，曾与成吉思汗联合。关于他们所能获悉的历史已在有关这些部落分支的篇章中提及。所有这些部落全都是尼伦部。就是这些！

第 二 部 分

海都汗与其妻及其诸子氏族分支图

如上所述，海都汗有三个儿子：伯升豁儿、察剌合-领昆和抄真。由于成吉思汗的伟大氏族(nasab)源出于伯升豁儿，我们紧接着就来专门记述伯升豁儿纪。

海都汗及其妻的图像以及他们的三个儿子和诸孙分支表 26
(伯升豁儿［一支］除外，将另行著录)

泰亦赤兀惕部的海都汗的儿子察剌合-领昆的子孙中间，有许多异密，他们有的生活在成吉思汗时代以前，有的生活在成吉思汗时代。他们彼此不和。他们的名字见于各种册籍的不同记载中，他们也见于我们所写的史书各处，由于已经确悉［他的］每一个儿子是谁，我们有可能在下列详［表］中依次为［其中］每一个绘出各个分支，以便搞清楚谁是泰亦赤兀惕诸首领之长。

拙赤——他带着他所拥有的军队曾与成吉思汗联盟。

忽里勒把阿秃儿——成吉思汗时代的人。

合赤温别乞①——与王汗②[一条心],是成吉思汗的敌人。

兀都儿伯颜——成吉思汗时代的人。

巴合赤——成吉思汗时代的人。

阿答勒汗——生活在成吉思汗时代以前。在成吉思汗时代,他有个儿子名叫塔儿忽台-乞邻秃黑;他曾与他[成吉思汗]为敌,同他作战,是个坏蛋。“乞邻秃黑”[一词]是“嫉妒者”的意思,他还同自己的族人为敌。

安忽-合忽出③——成吉思汗时代的人。

俺巴孩合罕——俺巴孩有两个儿子:合丹太师④和秃答。按照另一种传说,他有十个儿子,但他们的名字不知道。合丹太师是他的继承者。由于俺巴孩有了[上述]遭遇,他未能成为君主。他的堂兄弟们[彼此]勾结,也使他未能[成为君主]。泰亦赤兀惕人的内讧使得他们没有产生任何君主和领袖,就此从地面上消失了。就是这些!

泰亦赤兀惕部有过许多异密,但著名人物与各种册籍中有记载的,就是上述这些。

---

① qājīūn-bikī。bikī,蒙文 beki(别乞)。帕·卡法罗夫认为蒙文 beki 源于汉语“伯”:一种世袭爵位。符拉基米尔佐夫用突厥语资料对此词进行解释,并分析其本义为“坚固、巩固、坚硬、强大”。在珊蛮教特别发达的森林部落篾儿乞惕和斡亦剌惕处,“别乞”一词意为巫师-酋长。后来成为一种衔号。参阅符氏:《蒙古衔号 beki 与 begi》,载《苏联科学院报告集》1930 年,第 163—167 页;以及伯希和在《通报》(卷 22,1930 年,第 1 期,第 50 页)上的论文。

② 原文 ūng-<u>kh</u>ān。ūng 源于汉语“王”。这个衔号是客列亦惕汗从金帝处获得的,被加在他的汗号上。关于这个人,请参阅第一分册俄译本第 97 页,注⑬。

③ ankqū-hūqūǰū;参阅第 172 页,注②。

④ 《秘史》第 53 节所录俺巴孩遗言中曾提到合丹太师。

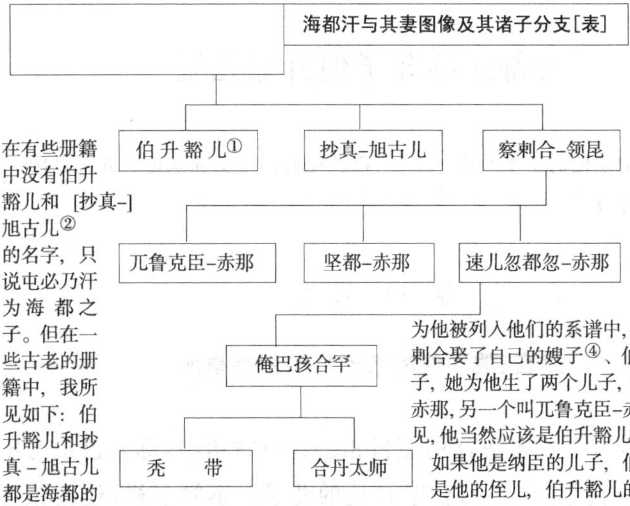

在有些册籍中没有伯升豁儿和［抄真-］旭古儿②的名字，只说屯必乃汗为海都之子。但在一些古老的册籍中，我所见如下：伯升豁儿和抄真-旭古儿都是海都的儿子，③而屯必乃汗是伯升豁儿的儿子，这个记载最为正确，故我们将伯升豁儿记载于此。

在某些册籍中说，察剌合是纳臣的儿子，但认为他是海都的儿子更为可能，因为他被列入他们的系谱中，其原因是：察剌合娶了自己的嫂子④、伯升豁儿的妻子，她为他生了两个儿子，一个叫坚都-赤那，另一个叫兀鲁克臣-赤那。由此可见，他当然应该是伯升豁儿的弟弟，因为如果他是纳臣的儿子，伯升豁儿就该是他的侄儿，伯升豁儿的妻子就该是他的侄媳，按照蒙古习惯是不能娶侄媳为妻的。因此，认为他是海都的儿子更可靠一些。泰亦赤兀惕人属于他的部落，这个问题由此而纠缠不清起来，以致纳臣的子孙和氏族也成了泰亦赤兀惕人。现在没有必要只把察剌合的直系后裔称为泰亦赤兀惕人，他们既然是该部的首领和君主，所以在他们的族人和隶属于他们的人中，凡与他们联合在一起的，都被称为泰亦赤兀惕⑤。这正如现在的各种部落*，凡与蒙古人相混合，模仿他们的天性，并与他们联合在一起者，尽管并非蒙古人，但还是全被称做蒙古人⑥。

---

① 《秘史》第 47 节作伯升豁儿-多黑申。

② hūkr；《秘史》第 47 节作抄真-斡儿帖该。

③ 《秘史》第 47 节所载与此说同。贝勒津补充如下："忽里干与昔只兀惕部出自抄真-旭古兀思的后裔(nasl)，晃豁坛部也出自同一根源。他有一子名亦速忽，另一子名都鲁亦秃。当这些青年逃出来时，在路上从他们的鼻子里流出了……，因此他们与其子孙们得名为晃豁坛。有关他们的记载见于《晃豁坛部篇》。晃豁坛部的支系很多。他们大部分是成吉思汗及其诸子的忠实朋友(mukhliṣ)和追随者。至于察剌合-领昆……。"《秘史》第 47 节上说，斡罗纳儿、晃豁坛、阿鲁剌惕、雪你惕、合卜秃儿合思、格泥格思诸部落出自抄真·斡儿帖该的六个儿子，但没有提到他们的名字。

④ bīrkān，蒙文 bergen——嫂。

⑤ 贝勒津补充说："同由抄真-忽儿古思的子孙和部落及其族人和依附者组成的泰亦赤兀惕人在一起的人，全都称做泰亦赤兀惕人。"

⑥ C、L、P、B 本缺，贝勒津在海都汗世系表之前增补了这个片段(我们据 S 本录出)，据《秘史》第 47 节，俺巴孩为察剌孩-领忽的孙子。

27 海都汗的儿子伯升豁儿纪

记述他的生平及诸子生平，以及他们的分支和系谱。此纪分两部分。

第一部分

序言：他和他的儿子们的生平事迹

伯升豁儿是成吉思汗的五世祖。在蒙古语中，称五世祖为不迭-兀古兀(?)[①]。屯必乃合罕是他的儿子。不管怎样，他应该还有别的儿子，但他们未被提到，他们也不为同时代任何人所知；在他的儿子们中间为人们所知和著名的人物为屯必乃合罕。

第二部分

伯升豁儿、其妻及其子屯必乃汗分支图

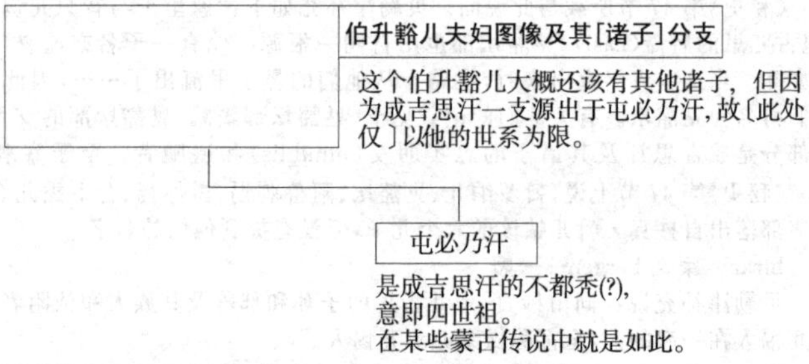

① 原文 būdeh-aūkūū‘，音读不明。

屯必乃汗纪弁言

当神的荫护的恩惠与主的垂青的眼光赋予一个奴隶时，他的渺小的事业就会飞黄腾达起来，他的境况与别人相比就将是千倍的优异；对这个人的佑助就会不断地从无到有、到显然可见的程 28
度，他的穿成一串的项链上就会形成像桑籽和罂粟籽间［那样差别］的序列。这两种籽儿虽说在大小、形状和重量上相等相似，但是当罂粟籽成长起来，它只长出一枝纤弱的茎秆，活不上一年，而桑籽却长成了果实累累的粗干，从它长出成百上千的枝条和果实，在成长中达到极度完美，其外形与光泽的华美也达到极点。它的树干牢固坚直，它的枝条高展，它能活很长的年头。它还能长出那［人人］渴望、寻求的果实，最漂亮的衣服的丝也是由它的叶子得来的，［这一切］都与枝条虽多、却不结果实、无甚大用的别种树木不同。当最高真理以自己的青睐嘉奖自己的一个奴隶时也正是这样，她将这种迹象显示在他一生的各个片断上，赐予他为命运所宠爱的值得尊敬的子孙。当这种青睐达到极度时，他的子孙便能领导［众人］，堪当统治之任。［这时，］他们就成为同时代人中各族人民的首领和领导者，而他的后裔也会成为群星灿烂的后裔，并且由于他的显赫的继承者们，他的名字也将在无数世纪中永垂不朽，屯必乃合罕的生平传略就是这样一个例子，从他那光辉的兀鲁黑中产生了诸汗——一国之主与威严的君主们，他们每个人都是光荣的威力之印玺与幸福的环境的中心。由于王族的天穹之星与王族大会的明灯伊斯兰教国君马合木·合赞汗算端(愿算端长久在位!)的幸福存在,他们的名声将世世代代永垂不朽,愿尊荣的安拉称心如意!

屯必乃汗纪

纪其生平概略及其诸子,以及诸子分支与世系。

此纪分两部分。

第一部分

屯必乃汗是成吉思汗的四世祖,在蒙古语中,四世祖被称为不
29 都秃①。他有九个聪明、能干、勇敢的儿子②,其中每一个都是现今有声望的分支和部落的始祖;这些部落每一个有三万车帐,男女人数达到十万人。

这些[情况]不应当看作是谎言和虚构,因为蒙古人自古以来有保持[对]自己的起源和世系[的记忆]的习惯,又由于他们那里没有教会和宗教,不能像其他[民族]那样地借助于教会(millat)和宗教(dīn)通过遵守教规的方法教导子女,所以父母要对出生的每个子女解释有关氏族(qabīleh)和系谱(nasab)的传说,这种规矩永远为他们[蒙古人]所遵守,就是现在他们对这种规矩也是尊重的,

① 见第87页,注④。

② 据《秘史》第48节,他有二子。据《元史》卷107,页2a,他有六子。

同样的习俗在阿拉伯人那里也有，因此，[现今]可以确定，这九个[氏族]分支各曾获得什么名称(laqab)，现在他们的子孙仍被称以此[名]，从而是这些[分支]的后裔。

在这九个儿子中，五个大儿子系一母所生，另外四个是另一个母亲所生。他们的名字和各分支后裔(nawādeh)的名字详述[如下]：

一母所生的大儿子们

长子札黑速①，又名牙黑失②，那牙勤③、兀鲁惕和忙忽惕部落起源于他的氏族。他有几个儿子。后来，他的长子不鲁黑继承了他[的地位]*。不鲁黑的长子为拙赤，拙赤的长子忽客别乞是成吉思汗诸子氏族长(qu‘dūd)的亲属。

第二子八林-失儿-不合-不术④，……⑤部落出自其后裔。他有一个儿子，名叫兀鲁木。兀鲁木有一个儿子，名叫札邻只儿⑥，他的儿子……⑦，为成吉思汗诸子氏族长(qu‘dūd)的亲属。

---

① ǰaqsū。

② ?<u>kh</u>šī。

③ nūīāqīn；据《秘史》第46节，这个氏族出自合赤-曲鲁克的儿子海都〔原注误，据《秘史》第46节，那牙勤氏出自蔑年-土敦第二子合臣的儿子那牙吉歹〕*。

④ ?ār?m-š?r?-?ūqā-?nǰū；C、L本作?ār?m?-šīn-tū?āǰū；P本作?ārm-šīr-tūqā??ǰū；B本作?ār?m-sr-?ūqā-??ǰū；贝书作bārīm-šr-tūqāīǰū；音读不明，参照后面第40页，注①。

⑤ 诸抄本均缺。

⑥ ǰāū-?īḥr-?āīǰū；C、L本作ǰār-?nḥr；P、B本作ḥāū-???ḥd-?ā?ḥū；贝书作ǰādnǰr及长子ǰādnǰr-tāīǰū；参照后面第40页，注⑦。

⑦ š??āī；P本作šītāī；B本作šnāī；贝书作šbānī。音读不明，参照后面第40页，注⑪。

第三个儿子为合出里①,八鲁剌思部出自他的后裔,他的长子为兀儿荅木赤-八鲁剌②。兀儿荅木赤-八鲁剌的长子为拙赤额,拙赤额的长子不鲁罕-合勒札③为成吉思汗诸子氏族长(qu‘dūd)的亲属。

30 第四个儿子为抟-合赤温④,合答儿斤部落出自其后裔。他的儿子为阿答儿-篾儿干⑤,阿答儿的长子名叫纳兀浑,纳兀浑的儿子为忽虎;忽虎的长子为不剌术⑥。他是成吉思汗诸子氏族长(qud‘ūd)的亲属。

第五子为巴惕-古勒乞⑦,不答惕部落出自其后裔。他的长子(mihtar)为古勒坚篾儿干,古勒坚的长子(buzurgtar)为塔儿忽台,[塔儿忽台的]长(mihīn)[子]⑧为忽里带,[忽里带的长子]⑨为赤儿乞带,他是成吉思汗诸子氏族长(qud‘ūd)的亲属。

---

① C、L本作 qāǰū,增出"是"字;P、B本及贝书增出"是"字及"其长子 tūdān(B本作 būdān)"数字。参照《秘史》第46节。

② B本作 ardmǰī-brlās。

③ C、L本作～-hlḥī,贝书作～-qlīǰ。

④ sm-qāǰīūn;C、L本作 smr-～;B本作 asm-～;据《秘史》第48节,屯必乃薛禅的儿子为合不勒合罕和抟-薛赤列。蔑年-土敦有个儿子合赤温,他的儿子名叫阿答儿乞歹,从他产生了阿答儿斤氏族(《秘史》第45、46节)。原文 sim-qāǰīūn 定系蒙古史书上两个人名抟-薛赤列和合赤温合并成的。

⑤ adār-～;C、L本作 adrār-～;P、B本作 dār-～。

⑥ 原文作?ūrḥūkī;C、L本作?ūrḥeh 与……;P本作 būrḥū 为……;B本作 būr 为……;贝书作 būrūǰū 为……。

⑦ bāt-klkī;据《秘史》第46节,不答阿惕部出自蔑年-土敦的儿子合阑歹。

⑧ C、L、P、B本及贝书如此;其余诸本无"塔儿忽台的""子"诸字,参照第9页之表。

⑨ 诸本与贝书均无"忽里带的长子"数字,参照第40页的图表及第42页的图表。

另一母所生的小儿子们

第六子为合不勒汗，成吉思汗氏族(nasab)起源于他。还有另几个[氏族]分支也出自他，但由于这些分支将分别[另行]记载，此处不复赘述。

第七子为兀都儿-伯颜，[照烈惕][1]部出自他的氏族。

第八子为不鲁勒札儿-朵豁剌因[2]，整个朵豁剌惕部出自他的后裔。

第九子乞塔台[3]，又名拙赤-纳忽，别速惕部出自他的氏族。他是斡惕赤斤，斡惕赤斤是幼子的意思[4]。

上述这些儿子都有很多兄弟和侄儿。他们全都开创了人数众多的部落[5]；他们全都是把阿秃儿和受尊敬的人，[这里]所记录的[只]是些[氏族]长老和[父亲]继承者的名字，其他人的名字不为人们所知。

[这里]将成为父位继承者的屯必乃汗的长孙们的名字记录下来，以便知道，合不勒汗的各代子孙直到第五代(即成吉思汗诸子这一代)为止，都与哪些人同代。为便于[读者]了解，把他们的名字详细列表如下：

---

① “照烈惕”三字诸本均缺。

② būūlǰr-drqlāīn；C、L本作 būū?ḥr-dūqlān；B本、贝书作 būnǰr-drqlān。

③ ḥītātāī；贝书作ǰītātāī；据《秘史》第47节，别速惕部出自察剌孩-领忽的儿子别速台。

④ 见第49页，注②。

⑤ 直译作：“……成为人数众多的部落。”

31	合不勒汗	札黑速	？阿惕木-失儿-？兀合-？兀木①	合出里	抈-合赤温	巴惕-古勒乞	兀都儿伯颜	不丹札儿-朵豁刺②	乞塔台③
	把儿坛把阿秃儿	不尊④	兀鲁木	阿鲁木出-八鲁刺⑤	阿答儿篾儿干	古勒坚篾儿干			
	也速该把阿秃儿	拙赤捏⑥	札邻只儿⑦	秃丹	纳兀浑	塔儿忽台			
	成吉思汗	篾儿乞台⑧	拜住⑨	拙赤额	忽虎	忽里海			
	成吉思汗诸子	木客别乞⑩	失亦⑪	秃鲁罕·哈勒札⑫	不剌术	赤儿乞台			

32　所有上述这些分支和部落，[后来]都成了成吉思汗的奴隶，如今还遵守着习惯规定的奴隶规矩⑬。其中有些人立了功，有些人则与[成吉思汗]的敌人、对头相勾结。最后获得了自己的报应，[其中]大多数被杀死了，剩下的人当了奴隶。有关他们的若干事迹，已在有关各分支的[篇章中]叙及；欲知这些事情，可以将这些

---

① 贝书作 bārīm-sr-tr-qāīǰū；参照前面第 37 页之 yārīm-sīr tūqā-būǰū。

② 贝书如此，原文作?ūdlḥr-dūqlān；参照前面第 6 页之 buruljar-dūqlāīn。

③ 贝书作ǰīātāī。

④ 贝书作 būrūn；参照第 37 页之 būrūq。

⑤ 原文作 arūm-ḥū?rleh；贝书作 ardm-ǰū-brūleh；参照第 38 页。

⑥ 贝书作ǰūčīeh；参照第 37 页之ǰūčī。

⑦ 贝书作ǰadnǰr。

⑧ 本书第 37 页原文缺此名。

⑨ 贝书作 tāīǰū；第 37 页原文缺。

⑩ 贝书作 hūkā-bīkī；参照前面第 37 页。

⑪ 贝书 šbani；参照前面第 37 页，注⑥及后面第 41 页之 šbī。

⑫ 贝书作 yūlūqān-qlīǰ；参照第 38 页之 būlūqān-qlǰ。

⑬ rāh-i bandagī dārand。

篇章读一读。

第 二 部 分

屯必乃汗和他的妻子及其诸子分支图

如上所述,屯必乃汗有九个儿子。他们的名字已列举[如上],现在将他们及子孙们的支系(合不勒汗的子孙除外,因为他是成吉思汗的直系祖先(aǰdād),将另行记述)图解如下。〔见第 38 页〕*

屯必乃汗的儿子合不勒汗纪

此纪分两部分。

第 一 部 分

序言:述其生平及其诸子以及诸子分支

合不勒汗是成吉思汗的三世祖,蒙古人将三世祖称做[额]邻赤克①。从他蕃衍出许多氏族和分支。他的子孙被称为乞牙惕。他的长子为斡勤-巴儿合黑②。"斡勤"[一词]是姑娘的意思。他被称做斡勤-巴儿合黑,是由于他的脸容美净,看到他的人无不惊讶于他的美貌。他有一张阔大、下颏丰满的圆脸。他在青年时代 33

① līnǰīq;蒙文 elenčeg——曾祖。

② 《秘史》第 48 节作斡勤-巴儿合黑;蒙文 ökin——姑娘。〔《元史》《宗室表》作窠斤-八剌哈哈,《太祖纪》作八剌哈;《亲征录》作八儿哈-拔都。〕*

屯必乃汗和他的妻子的画像及其诸子支系表

札黑速	牙林-失儿-秃忽-不术④	合出里	挦-合赤温	巴惕-古勒乞	合不勒汗	兀都儿伯颜	不亦兀勒木儿-朵豁兰⑩	乞塔台⑪
不仑①	兀鲁木	兀儿答木出-八鲁剌	阿答儿篾儿干	古勒坚篾儿干				
拙赤额②	札邻只儿⑤	秃丹	纳兀浑	塔儿忽台⑨				
篾儿乞台	泰只⑥	拙赤额	忽虎	忽里带				
木客别乞③	失必(?)⑦	不鲁罕-合勒札⑧	不剌术	赤儿乞带				

① 参照前面第 37 页之原文 būrūq。

② 原文作jūčīeh。

③ 参照前面之 hūkeh-bīkī。

④ 参照第 37 页之原文 bārīm-šīr-tūqā-būjū。

⑤ 原文作 ḥārīthr。

⑥ 参照前面第 32 页之 bāīju。

⑦ 参照前面第 37 页注⑦及第 40 页，注⑪——šiī。

⑧ 原文作 ūlūqān-qlj，参照前面第 39 页注⑤。

⑨ 原文作 tūqūtī。

⑩ 参照前面第 40 页，注②的 būrūljar-dūqlāīn。

⑪ 原文作jītātī。参照前面第 39 页，注③。

就夭折了。[斡勤]有个儿子，名叫忽秃黑秃-禹儿乞[①]，他的孙子为薛扯别乞[②]。所有的乞牙惕-禹儿勤人都是他的后裔。关于他们与成吉思汗发生内讧的事，将另行叙及。

因为塔塔儿部落是乞台君主阿勒坛汗的奴隶与臣民，又由于合不勒汗曾杀死过他[阿勒坛汗]的使者，他们之间结下了仇，此外，合不勒汗诸子由于[下文]将叙及的原因，同塔塔儿诸部发生纠纷，引起了战争，因此，他们[塔塔儿人]经常埋伏起来，伺机[袭击]。他们突然找到机会，将斡勤-巴儿合黑捉住，送到了阿勒坛汗处。阿勒坛汗下令用铁钉将他钉到“木驴”上，他就死去了。

他[合不勒汗]的第二子是成吉思汗的祖父把儿坛-把阿秃儿。关于[把儿坛]的生平及其诸子分支的记载将紧接着在下纪中另行叙及。[合不勒汗的]第三子是忽秃黑秃-蒙古儿[③]，他的后裔形成了许多部落。他有个儿子名叫泰出[④]，乞牙惕人的一部分是他的后裔。

[合不勒汗的]第四子为合丹把阿秃儿[⑤]，有许多部落与异密出自他的后裔，有关他的故事，很长。尽管他最初与成吉思汗联盟，后来却与王汗勾结了起来。

有关这段事，将于成吉思汗纪中另行叙及。

---

① qūtūqtū-yūrkī；《秘史》第 49 节作忽秃黑秃-禹儿乞〔《秘史》第 49 节总译作～-主儿乞〕*。

② 据《秘史》第 49 节，他有两个儿子：薛扯-别乞和泰出，禹儿乞氏族即出自他们。〔《元史·太祖纪》、《亲征录》作薛彻-别吉、大丑〕*。

③ qūtūqtū-mūnkū；C、L 本作～-mnkr；P、B 本及贝书作～-mūnkr；《秘史》第 48 节作忽秃黑秃-蒙古儿。

④ 据《秘史》第 49 节，他是斡勤-巴儿合黑之子忽秃黑秃-禹儿乞的儿子。

⑤ 据《秘史》第 48 节，合答安为第六子，忽图剌为第四子，而原文所无的第五子为忽阑。

合丹-把阿秃儿的长子拙赤汗，是他的继承者。(qāīm-i maqām)。拙赤汗[①]曾带着自己的千人队(hazāreh)同成吉思汗联合，被编入他的军队。合丹把阿秃儿[还]有另一个儿子，名叫阿勒坛。起初他与成吉思汗联合，后来，由于在成吉思汗与塔塔儿诸部作战时，他们曾[互相]约定不得[抢夺]战利品，他没有遵守自己的诺言，成吉思汗便从他那里夺回了[他]所抢夺之物，他一怒之下跑到王汗处去了。最后，他死在成吉思汗军队手中。

[合不勒汗的]第六个儿子为秃丹-斡惕赤斤[②]。

合不勒汗和他的妻子以及诸子支系图如下[③]。[但]* 安拉最知道！

---

① 据《秘史》第 51 节，拙赤〔《亲征录》作搠只可汗〕* 与阿勒坛〔《亲征录》、《太祖纪》作按弹〕* 为忽图剌汗的儿子，而贝书世系表也如此(见下面注③)。

② 据《秘史》第 48 节，脱朵延-斡惕赤斤为其弟的儿子。

③ 贝勒津补作了一张我们在编订原文时所用到的所有诸本上皆无的世系表：

34

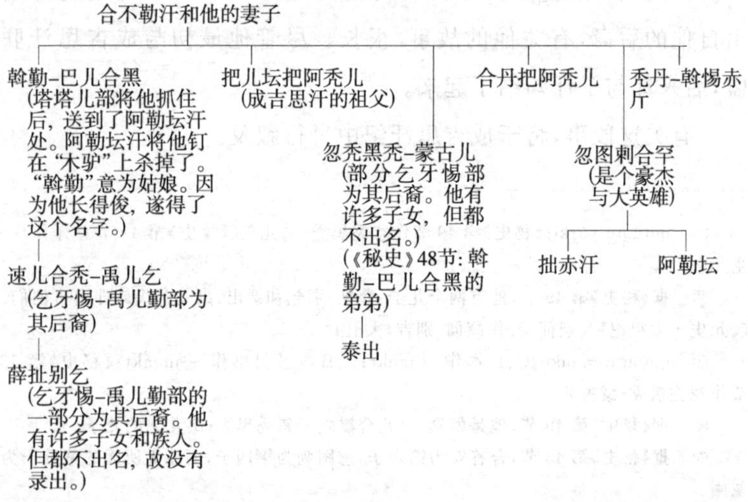

第二部分 35

就我们所知，记述合不勒汗及其诸子以及他们所进行的战争

合不勒汗的事迹很多。在蒙古诸部中，他的[名声]昭著，很受尊敬。[合不勒汗]是自己部落和属民(atbā‘)的君主和首领(pīšwā)。

因为他和[他的]所有的儿子都很勇敢和能干，所以关于他们的传说传到了阿勒坛汗的国家和他的异密处。因为在阿勒坛汗的心目中[合不勒汗]是一个值得尊敬的伟人，所以他想同他接近，想在双方之间开辟出一条团结友好的大道，便派了些使者去邀请他。当[合不勒汗]到达那里时，他很尊敬他。端来了各式各样美味的食物和无数可口的饮料。因为乞台人生性狡猾、不讲信义，常阴险地偷袭强敌，下毒害人是出名的，所以合不勒汗感到担心，认为他们在食物里暗中下了毒。他借着出外松快松快的名义，不时走到外面来，来来回回地走动，因为天气炎热，所以他沉没到水里，仿佛是为了解除暑热。他能够在水底下潜伏吃完一头羊那么长的时间。[现在]他就按[自己的]习惯在水下潜伏着，[将吃下的东西]全部吐出，[然后]再到阿勒坛汗处，照常吃了许多食物，喝了许多酒。乞台人惊奇地说道："最高的主把他造成一个多么幸福和结实的人啊，他老也吃不饱，喝不醉，老不呕吐。"他走到阿勒坛汗面前，拍手而舞，抓住他的胡子，戏弄他。异密与怯薛丹[①]见他举止粗野

① kazīktān 或 kašīktān，蒙文 kešigten——kešigtu 的复数，意为"护卫、亲军"，由 kešig〔客失克、怯薛〕(《史集》原文作 kazīk)派生来；参阅后面第 187 页注⑤。

和高兴得[失了分寸]，便说道："他对我们的君主太无礼了！"——他们全向合不勒汗扑了过来。合不勒汗见阿勒坛汗高兴地笑了，便走上前去逢迎他说道："我举止失措，粗野无礼！听凭阿勒坛汗惩罚我或留我一命！我没能克制自己，干出了这么些事！"阿勒坛汗是一个有头脑、能克制自己的君主，他知道合不勒汗有部落和属民，如果为了这么点小事将他杀死，以后他的长幼宗亲[1]就会出于仇恨而起来[为合不勒汗]报仇，他们之间的纷争和敌对关系将会[长期]绵延。因此，他把这一[举动]当做开玩笑和友好的嬉闹，压下了怒火，宽恕了[他]。[接着，]他命人从国库里取来许多金子、宝石和衣服赐给他(这些东西堆在一起，有他的身子那么高)，极其
36 尊敬和彬彬有礼地将他送了回去。[他走后，]异密们当面对阿勒坛汗说道："不该忽视他的举动、将他放走。"[阿勒坛汗]立即派遣使者去追他，让他回来。合不勒汗[对使者]说："我们和他之间的会谈[已经]结束，我们是在[他的]允许下离开的！干吗又要我们回去呢？"他不听从[使者的话]，还说了好些粗话。使者回去了。阿勒坛汗再次派出一批使者来找他。合不勒汗没在家里。[他的]妻子们对急使们说道："他去接儿子、媳妇们去了。"使者们便回去了。他们在路上看到合不勒汗同几个那可儿疾驰着。他们认出了他，便将他捉起来带走了。在路上，他到达了自己的义兄弟[2]撒勒只兀台的住处。当撒勒只兀台知道了是怎么回事时，他说道："毫无疑问，把你叫回去不会有什么好事，他们是要谋害你的！"他有一

---

① āqā wa īnī，复合词，突厥语 āqā(兄)＋īnī(弟)。在拉施特书中为集合名词"族人"之意。

② anda'，蒙文 anda——义兄弟。

匹跑得很快的白牡马[①]。他将这匹马给了他，说道："必要的时候你就用鞭子打[马]，赶着它跑，[骑着它]，他们是追不上你的！"

[出发时，]使者们粗暴地把他的双脚塞进到马镫里。有一天，他得了一个好机会，便放开缰绳，赶着马疾驰而去。一直到他到家为止，他们都没能追上他。使者们紧跟着[他]奔驰而来。他有一个从豁罗剌思部娶来的儿媳名叫马迪[②]，有一座新制的帐幕。为使者们搭起这座帐幕，将他们安顿在[那里]。接着，由于儿子们不在家，合不勒汗对[自己的]儿媳和仆役们(k͟hadam)说道："我将你们聘娶过来，供养这么些仆役和家仆(ḥašam)，是要你们大家在这种生死关头与我一条心。我们要杀掉这些使者，如果你们不干，我就杀死你们。当乞台人来攻打我时，我就活不成了，[但]我要先除掉你们。常言说得好：大家在一起，一死何足畏！"于是他们同意了，同他一起袭击[阿勒坛汗的]使者，杀死了他们，平安地摆脱了这场灾难。过了一些时候，合不勒汗生病死去了。就是这些！

至于他的儿子们的事迹如下：他们全是把阿秃儿、战士和勇士，[他们中间]没有一个人会在拥有大量辎重的大军面前逃跑，没有一个敌人能够抵抗他们。关于他们的勇敢的故事很多。其中之一如下：因为他们都极其英勇，所以在与敌人作战时，就离开那可儿们，待在一旁某个地方。[从那里，]他们打败那些攻打他们的那可儿的人，夺取他们的财产，运到自己的帐幕里。最常见的是：当他们回家来时，他们的妻子们已经哭得眼中无泪了，因为她们担心

---

① 原文 aīqr，突厥语 aigir：公马。

② mtī。

这些著名的勇士们遇到了危险。* 但是他留在他们那里了，留在八鲁剌思部落的秃花那里了。①

后来，合丹把阿秃儿和忽图剌合罕只身到了豁罗剌思②[部]
37 地段自己的禹儿惕上。秃伦黑-忽勒丹③和不儿塔黑④把阿秃儿惯于经常把乞牙惕-豁罗剌思⑤部落赶跑。因此，他们已经蛮不讲理了，有一次他们突然袭击了[豁罗剌思人]，战斗开始了。合丹把阿秃儿骑上他所碰见的头一匹母马奔驰起来，将他们中间的一个人[从马鞍上]摔了下来，把他的马也带了[回来]。当他们看到这种[英雄行为]时，说道："他们是哪个部落的，能[做出]这样的事？难道他们不是巴牙兀惕-豁罗剌思部落的人么？甚至他们的妇女也向敌军迎头扑上来，连他们的牧人也无畏地投入了战斗！"[合丹把阿秃儿]命令他们[豁罗剌思人]等候军队集合。他们[秃伦黑-忽勒丹和不儿塔黑把阿秃儿]向那些又朝着军队疾驰而来的妇女中的一个打听她们是什么部落的？[她们]说："我们是兀黑剌惕部落的。"他们很惊奇，兀黑剌惕是哪个部落呢？当[军队集合起来]后，忽图剌合罕和合丹把阿秃儿率领着他们的二十名那可儿，举起长矛向军队奔驰过去。[敌]兵[看到他们时]互相说道："他们真了不起，这么勇敢地冲过来了！同他们打仗可不是闹着玩的！"有些人说："这正是那群人，其中有一个曾经单骑向我们驰来，将一个人

① 原文意义不明，看来诸本有缺文。

② qūrlās；后文作 qūrālās。

③ tūrū?q-qltānk；I 本作 tūrūnq-qltānk。

④ būrtāq。

⑤ ?īāt-qūrālās。

[从鞍上]摔下来，把马也赶了回去。看，这正是他来了！”秃伦黑-忽勒丹和不儿塔黑把阿秃儿说：“我们是这一千人中间的把阿秃儿和勇士，冲啊！”便提起缰绳，投入了战斗。忽图剌合罕用长矛向秃伦黑-忽勒丹猛刺过去，刺穿了他的锁子甲，刺进了前臂的肉里，并且穿过锁子甲和臂底，一直刺到他的腿下部。由于受伤很重，他[全身]紧张起来，[用力]拉紧缰绳，而免跌下，以致马的舌头都被衔子弄裂了，但他[最后还是]跌倒了。紧接着，合丹把阿秃儿也将不儿塔黑摔下了[鞍]。由于跟随他们的战友(qafādārān)和年轻小伙子们(kūdakān)都是些勇敢的人，他们俩毫未受伤地冲了出来。秃伦黑-忽勒丹为自己辩解说，我正惊奇地看着忽图剌-合罕脸上罩的盔甲，突然跌倒在自己的白马腿边。他的那匹马名叫札合黑臣①。

还有一段故事如下：合丹太师派了些使者去通知篾儿乞惕部的秃都儿-必勒格-赤斤②说：“让我们彼此结成联盟③，一起去践踏辽阔的高山，驶过国中的大道，让我们互相团结起来吧！”使者将这些话带到秃都儿那里，秃都儿没有作答，却动手磨起刀来。使者问道：“义兄弟那颜，你磨刀不回答我们是什么意思呢？”秃都儿说：
“我磨快刀子，好用它来挖出合丹-安答的那只独眼！”他们回来后， 38

① ǰāqāqǰīn。

② tūdūūr-bīlkeh-ǰīkīn；bīlkeh(突厥语 bilge)——贤者，原文中用作那颜们的名字的一个组成部分；ǰīkīn——蒙文 čigin(参照蒙语 odčigin：“火王、灶君、幼子”一词)，突厥语 tegin：王子，在原文中用作王族人名的一个组成部分。

③ bā ham īl šaBīm；突厥语 il——部落、人民；bā ham īl šudan——并成一个部落；又(比较下文的)īl šudan，字面上意为：“成为……的部落、部众”，意即“屈服”；īl kardan，īl gardānīdan——“使成部属”、“使屈服”；beh īlī darāwardan——役属、使屈从自己。

将这些话转告了合丹把阿秃儿。合丹说:“让这句残忍的话作为内讧的开端吧！在此以前我们不希望战争,他们却[把它]挑起来了!”接着他又说道:“如果我在被毒害的形式下使你显示出去,我将是个什么人?”[1]于是,割下自己的……一匹跑不快的马[2]的鬃毛,扔掉了[它]。[接着,]他从右翼派人到其兄忽图剌合罕处,又从左翼派人通知了自己的亲家(qudāī)阿里黑-赤那[3]。第三天,他兴师出征,生擒了秃都儿-必勒格-赤斤。秃都儿的儿子脱黑台[4]在这次战斗中九处负伤,同父亲的右翼军一起逃跑了。

合丹太师对秃都儿说:“义兄弟,前天你说要挖我的眼珠,今天我要用手来挖出你的眼珠!”于是挖出了[他的]眼珠,[将他]杀掉了。在夺取了他的左翼军后,他才下了马。

过了三年,脱黑台的伤痊愈了,他便装备好自己的军队,派遣使者到合丹处[说]:“迄今为止,蒙古人作战总要[预先]指定战场和作战日期。现在我们也按照这个规矩作战吧。”[脱黑台]的使者到来时,合丹太师召集了自己的全体异密,摆出了许多酸马奶。在这次忽里勒台[5]上,他说道:“异密们,好好地想一想,商议好了后给使者们一个答复吧。”没有一个人作出答复。[当时]合丹说道:

---

① 原文:agar man turā az sīmā‘ dāwanīdan bīrūn guzāram——这个句子意义不明。

② asp-i šqūlāz-i dirang(第二个词 I 本作 š‘qūlā,其意不明)。

③ 据下文判断起来,所说的是指派忽图剌-合罕统率右翼,阿里黑-赤那统率左翼。

④ tūqtā;《秘史》第 102、109 节作脱黑脱阿-别乞,在叙述较晚的事件时提到他是篾儿乞惕部的领袖之一。

⑤ qūrīltāī,蒙语 huriltai ～ hurultai:由部落贵族代表参加的聚会、代表大会、部落会议,以及各氏族商议事情的集会、聚会。

“我隔离开了幼畜，将母畜身上的奶全部挤了出来，拿来给了你
们[①]，你们向使者说话回答吧！”他们仍然不作声。他又用另一些
话来表达说：“使者们从兀鲁思[②]里来，［对他们］作出一定答复吧，
因为我召集这次大会（ǰam‘īyat）就为的是要这个意见。”他们依然
没有回答。合丹太师看到这种［情况］便对使者们说：“我在这里召
集了这个大会，聚集了首要的异密们[③]。既然他们一次也不回答，
你们回去吧！”这时，他的兄长阿答勒合罕说道：“合丹太师，为什么
你自己不答复［使者］，要让别人来答复呢？”其后，兀鲁惕部人[④]巴
儿带薛禅[⑤]说道：“像迪木纳[⑥]一样行事的伪君子啊，你要像迪木纳 39
那样假仁假义到何时呢？当你才十三岁时，你同以……[⑦]和巴里-
不花[⑧]为首领的塔塔儿人厮杀过九次。现在的事情也跟那时一样
啊，你［把决定］推托给长兄（āqā）和贵人们（buzurg），想通过他们
显示自己的高贵！难道你没见到：鹤不管大小，以泥、草为食，雄鹰
（šāhīn）不管身材大小，吃的是肉和油脂！无益的漂亮话有什么意
义，应当谈谈如何屠杀、打败和俘虏［敌人］！”

合丹听了这些话后，就对急使们说道：“你们去转告脱黑台吧，两只斗羊互相厮斗时，不到其中一只受伤和战败，是不会解开的，

---

① asp-i kαragān-i <u>kh</u>ūdrā dānist<u>eh</u> guzāštam。

② 蒙文 ulus——某人领有的封地上的人民连同足够供养这些人民的疆土（蒙语 nutuğ；突厥语 yurt），关于此词，参阅符书第 97 页，注第 111 页。

③ umarā-i dalāī。

④ mard-i ūrğūtāī būd。

⑤ bbrādār，I 本作 brādrār，音读不明。参照下面第 52 页，注⑤。

⑥ 印度醒世文学及波斯语文艺作品中胡狼的诨名；狡猾、胆小的同义词。

⑦ krītān-?āīrqān，音读不明。

⑧ bālī-būqā。

[日后]重遇，它们又会角斗起来，直到其中一只受伤为止，你的处境也正是这样：你想为父亲复仇，但是你能有什么作为呢？我的左翼有[我的]英雄长兄忽图剌合罕，他出自魔鬼[①]所住的忽儿忽塔思[②]地方；高山的回声比不上他的嗓音的洪亮，他那胳膊的力量胜过三岁的熊掌，他的攻击的猛烈可使三河的水翻腾起来，他的打击[所造成的]创伤，使得三个母亲的孩子们都要哭起来。在我的左翼，有亲家阿里黑-赤那；他在密林里行猎时，曾抓住灰狼的爪子，[将它]打倒在地上，他曾咬下豹的头和掌，打碎头颅，并曾折断虎(šīr)颈，他出自魔鬼所住的阿答儿-主不儿[③]地方。在中军里，有个名叫合丹太师的人，如果他向山上和山坡上进攻，他的手不虚挥，脚不踩空。我们三个人合在一起，就能把他[脱黑台]从他的国土和营地上驱走，使他同他的一家人和仆役[④]分离。现在，虽然[我的]话已经拉得很长了，但是[我还要添上几句]：你们，奉使来此的孩儿们，由于你们是全兀鲁思中最机灵和光荣的人，他们才派遣你们来。你们不要忘掉这些话，[把这些话]重述[给派你们来的人]吧。现在我们就要[像说过的]那样行动起来了，我们将要作战！"

接着，当使者们被打发上马走了以后，合丹太师说道："异密们，仗着大伙儿人多，我才说了这些大话。我给[他们]的答复，看来是对还是不对呢？"兀鲁惕部人巴儿带薛禅[⑤]再次说道："你说得

① 原文为伊朗神话中的恶魔，此处被用在蒙古的信仰上。

② ğūrqūtās。

③ adār-ǰūbūr。

④ khān-u-mān wa ḥail-u-ḥašam。

⑤ ūrūrğūtāī bārdāī-sāčān，参照第 51 页注⑤。

真是对极了，没有错儿；正像一个人可以在无路可走的险隘中找到道路，可以在深水的大河上找到渡口一样！”

这时，合丹太师说道：“乘敌人还没来占据[我们的]门口之前，40
[我们]应当先去占据敌人的门口！”一些年轻的厨子[1]和司饮[2]回答道：“只要他们从他们的营地哈剌-薛灵哥[河]来到我们的营地哈剌-斡难[3]时，我们就敲碎他们的脑袋，杀死他们！”合丹太师说：“不管他们本身多么软弱不堪，但常言道：作战不要说大话，你们不应僭越胡说！你们口说大话，[但]未必能够敲碎一条无手无足像条鞭子样的蛇的脑袋！一个有手有足的敌人怎么能让我们敲碎他的脑袋呢！？你们说说：我们[怎能]等他们来到这里后，才去斯杀呢？享福惯的人不可能有强有力的一击，他未必能戳破一张纸。肥胖的马儿只能围着山丘转圈，却不能登上山顶。[现在]应该这样做：我们可把我们那些急着想去吃他们鲜草的马儿赶去，可把想吃他们一份(ḥiṣṣeh)肉的小伙子带去，因为敌人如果来了，你们在斯杀时就会牵挂[你们的]家室、财产、妻子和儿女，你们方寸一乱，就会踌躇不前。大家知道，我的父亲俺巴孩合罕让我当你们的首领，做[你们的]统治者(ḥākim)。[因此]当我上马出征对方时，你们不得落后，不得违抗我，如果你们违抗我，那么这很清楚，无论对我合丹太师有

---

① bāūrčī，蒙文 bagurši；《秘史》第 124 节作保兀儿赤——厨子。在蒙古帝国时代这个词用来表示“司膳”的职务。参阅巴托尔德：《蒙古入侵时代的突厥斯坦》第 2 卷，第 410、411 页。〔《元史》《兵志》：“亲烹饪以奉上饮食者曰博尔赤”，《亲征录》、《元史》卷 133《失里伯传》作宝儿赤。〕*

② kāsadār，波斯语，字面上作“端杯子的人、司饮”讲。

③ qarā——突厥语；蒙文 hara——黑。这里是诗的形容语“清澈的、乌黑透亮”的意思。

什么伤害，[我]所遭受的伤害，也将殃及整个泰亦赤兀惕部落。”就在这一天，他从四周[将众人召集起来]，让军队上马出动了。

当脱黑台的使者将合丹太师的话传给了[他]后，脱黑台按照习惯在大纛(ṭūq)上涂了油①，让军队上马，非常娴熟地去迎击[敌人]。他们厮杀了一阵，脱黑台别乞七处受伤后逃跑了。他带着自己的右翼[军]沿着薛灵哥河往上逃去。合丹太师跟在他后面追来。他未能追上他[脱黑台]，便返回去了。他夺取了[他的]左翼和中军后，才下马[停驻下来]。

总之，六个儿子全是一母所生。他们的母亲名叫豁阿-古鲁
41 古。豁阿是[容貌]洁净的意思②，古鲁古是名字。这个妻子出自弘吉剌惕部③。她有个名叫赛因-的斤的弟弟。从合丹把阿秃儿方面，他曾多次与塔塔儿人作战。事情是这样的：有一次，赛因-的斤病了。便去请了一个名叫察儿乞勒-讷都亦④的塔塔儿部的珊蛮(qām)给他看病。珊蛮做了巫法⑤，但赛因-的斤[还是]死去了。人们给了珊蛮一些东西[作为酬劳]，将他打发回家去了。后来，赛因-的斤的长幼宗亲(āqā wa īnī)为了这件事前去杀死了这个珊蛮。合不勒汗的儿子们由于同赛因-的斤有亲戚关系(qudāī)，便对塔塔儿部开战。他们在一处名叫桑丹⑥的地方打了一仗。合丹

① ṭūq-rā yāglāmīšī kard，第二个词源于突厥动词 yaglamak：抹油脂；ṭūq(或 tūğ)——突厥—蒙古语“旗、大旗”，借自汉语之“纛”。

② qūā-kūlūkū；qūā，蒙文 goa——美丽的。

③ qnqrat。

④ A、S、P 本作 črkl-nūdī；C、L 本作 ḥrql-būdī；贝书作ǰrql-būdūī。

⑤ qamlāmīšī。

⑥ snīdn；P、B 本作 skdān；可能是波斯语 sangdān——多石之地。

把阿秃儿与塔塔儿人篾年①把阿秃儿只隔一箭②之地，面对面站着，呐喊着索战。合丹把阿秃儿举起长矛出去迎战篾年。他猛刺到马鞍桥上，刺穿了[鞍子]、一直刺到马体上，刺伤了马，将人和马双双击倒[在地上]。篾年整整养了一年伤。当他病愈后，他们俩再次交战于……③之地，合丹-把阿秃儿用长矛猛刺到篾年的背上，刺穿了他的肚子，杀死了他。在这次战斗中，还有这么一件事：合丹把阿秃儿这边的忽孙-额不干④的父亲塔因-篾年⑤，他的马颈部受伤倒毙，他便徒步走着。有十个带长矛的骑士追上了他。他转过身来，挥剑将他们全部打跑，胜利地[突围]而出。

后来，合不勒汗的儿子们还同塔塔儿人打过[几次]仗。关于这些故事以及他们所完成的其他英勇事迹，我们接下来就要叙及。

在合不勒汗的六个儿子中间，忽图剌合罕做了君主。他统治了一段时期。虽然他的兄弟们全都是把阿秃儿，但他的力气和胆量比他们还要大。蒙古诗人们写了许多诗颂扬他，描写他的勇敢大胆。他们说：他的声音洪亮极了，以致他的喊叫隔开七座山也能听到，就像是别座山里传来的回声，他的手犹如熊掌：他用双手抓起一个无比强壮的人，毫不费力地就能将他像木杆似地折成两半，将脊梁折断。据说，在冬夜里他把[整捆]木柴放到火堆上，躺在它的旁边。燃起的火堆中有几块烧红的炭掉到了他身上，烧着了他，

---

① mtn-；S本作mnn-；C、L、P、B本及贝书作mtr-；可能是蒙文menen——愚笨。

② qutalī，蒙文godoli，一种箭，箭头为骨制，不甚锋利，中空，侧边有孔。这种箭射出去时发响，被用作信号。

③ īūleh-aīlkīt；C、L本作būleh-anknt；P本作būleh-aīlkbt wa krūāīlkīt；B本作ūleh-atānknt wa krābl?t；贝书作īūleh-aīlkst wa krāīlkst；音读不明。

④ hūsun-ābūkān；P、B本作abūkān。

⑤ tāīn-mtn；S本作tāīn-mnn；C、L、B本作?ār-m?n；贝书作nāīn；mnn——参照注①。

但他对此毫不在意。当他醒过来时，他以为是虱子在咬他，他搔了
42 搔身子，又睡着了。他每餐要吃[整整]一大只三岁羊①和一大碗②酸马奶，但仍未吃饱。

由于塔塔儿人捉住他的兄弟斡勤-巴儿合黑和他的父亲的堂兄弟、察剌合-领昆的孙子俺巴孩合罕，将他们送到了阿勒坛汗处，而阿勒坛汗在前述情形下[将他们]杀死，[忽图剌合罕]便率领军队，出征乞台。他[在那里]与阿勒坛汗的部落和军队作战，洗劫了他的部分地区。当成吉思汗进军乞台，与阿勒坛汗作战时，他曾向主的宝座恭顺地祈祷道："因为乞台的君主们杀害了我的长辈亲属俺巴孩合罕、斡勤-巴儿合黑和合丹把阿秃儿，残酷地对待了他们，我要去为他们报仇，我向你，伟大的主，请求帮助与神的佑助！"接着他就上马出发了。就是这些！

叙忽图剌合罕为了给俺巴孩合罕报仇出师与乞台君主阿勒坛汗作战，乞台军队战败，[忽图剌合罕]夺得了大批战利品，以及他如何在归途中落入朵儿边部落手中，又逃脱出来，正当人们聚在一起为他举哀时，他回到了家里

察剌合-领昆的孙子、速儿合黑都忽-赤那③的儿子、当时的泰

---

① ārk。

② ārqūt。

③ sūrqāqdūkū-čineh，《秘史》上没有提到他。据此史料，他是察剌合-领昆的儿子。本书下文第58页上也说他是察剌合的儿子。

亦赤兀惕部落的君主俺巴孩合罕去到了塔塔儿诸部落，想为自己挑选他们的一个姑娘[为妻]。塔塔儿人感到受了侮辱——“为什么要这样地来娶我们的姑娘呢?!”他们将他连同几个那可儿一齐抓了起来，由于他们臣服于阿勒坛汗，便[将他]送到了他那里。阿勒坛汗按照乞台习俗下令将他钉到“木驴”上，他就死了。当他被押赴刑场的时候，他派遣自己一个名叫不剌合赤[①]的那可儿到阿勒坛汗处说道：“你没有用你自己的勇敢、胆略和军队俘获我，是别人捉住我送到你这里来的，你在如此不体面和可悲叹的情况下杀死我，也速该把阿秃儿的儿子[②]合丹太师、忽图剌合罕和秃答，蒙古诸部和兀鲁思的长幼宗亲的首领们，会成为[你的]敌人，激起仇恨。毫无疑问，他们将起来为我向你讨还血债，[因此，]你杀死我是不很明智的!”

阿勒坛汗轻蔑地嘲笑着回答道：“你，[给我]送了这个信来的人，自己去告诉[你们]那些人吧!”于是，他刚把俺巴孩合罕杀死之 43
后，就把一匹备用换乘的马[③]给了上述不剌合赤，打发他去把俺巴孩已被杀害的消息通知[俺巴孩合罕的]部落。不剌合赤在途中遇到了朵儿边部落，向他们请求换乘的马，他们没有给。[当时]他对他们说道：“如果明天我不把我们的势如大山、奔流般的军队带到这个地方来，我就不是男子汉。[那时]你们可别后悔，可别说：‘我们为什么不听不剌合赤的话?!’”[但是，]他们没有理睬他。他便

① yūlğǰī;C、L本及贝书作 būlğjī;B本作 būlqǰī;《秘史》第53节作巴剌合赤，说是合不勒汗的使者。

② 原文把这些人误称做也速该把阿秃儿的儿子，实际上他们是他的叔伯。

③ ūlağ，突厥语 ulag，蒙文 ulağa——驿车、马匹。

赶着乞台人的马[,继续前行]。马劳累了,他将它们抛弃在路上,[自己]步行着。[抵达之后,]他向俺巴孩合罕的儿子合丹太师、合丹太师的儿子秃带、该部落君主忽图剌合罕以及俺巴孩合罕的父亲的堂兄弟也速该-把阿秃儿详细叙述了有关俺巴孩合罕及其被害的情况。

[上]述这些人的系谱如下:

俺巴孩合罕为海都汗的儿子察剌合-领昆的儿子速儿合黑都忽-赤那的儿子。

合丹太师为俺巴孩合罕的儿子。

秃带为俺巴孩合罕的儿子合丹太师的儿子。

忽图剌合罕为海都汗的儿子屯必乃汗[①]的儿子合不勒汗的儿子。

也速该把阿秃儿为海都汗的儿子屯必乃汗的儿子合不勒汗的儿子把儿坛把阿秃儿的儿子。

当[俺巴孩合罕遇害的]消息传到他们那里时,合丹太师、秃带和也速该把阿秃儿同各部落和人数众多的蒙古兀鲁思一起,举行了出兵为俺巴孩合罕报血仇的会议。他们拥戴忽图剌合罕登上了汗位,将全部军队交给他统辖,向乞台进军。他们到了那里,厮杀起来,击溃了阿勒坛汗的军队,歼灭了大量乞台人,并进行了劫掠。夺得的无数战利品[②]在军队之间进行分配后,他们便回来了。忽图剌合罕轻装行进,带着鹰在途中打猎[③]。朵儿边部看到他轻装

① 据《秘史》第47节,屯必乃-薛禅为海都之子伯升豁儿-多黑申的儿子。

② ūlǰā,蒙文 olǰa——战利品。

③ qūšlāmīšī kardeh。

行进,他们乘机集合起军队在路上袭击了他。他的军队和那可儿们溃散了,他逃跑出来,直到到达一个大的烂泥水洼时才逃脱了[他们]。他驱马向前,陷进了烂泥里。[忽图剌合罕]将一只脚踏在马鞍上,跳到了水洼的边缘上。跟踪追来的敌人们到了水洼的另一边,[对他]喊叫道:"一个蒙古人丢掉了马,还能有什么作为呢?!不如回来吧!"他没有理睬[他们的话],向他们射了几箭,将他们赶跑了。他重新走近洼边,抓住马的额鬣,不费力地将它从烂泥里拉出来,扔到平地上,立即上马驰去,敌人们则仍留在水洼的彼岸。

忽图剌合罕[还没]到家之前,他那些逃出来的军队和那可儿 44
们已回到了家里,因为他没有跟[在他们后面]赶上来,他们以为无疑地他一定是被杀害了。也速该把阿秃儿准备了食物(aš),送交给了俺巴孩合罕的人们——合丹太师、秃带以及忽图剌合罕的妻子,为的是将讣闻传给他们,他们收下了[盛有祭食的]碗。

当他将讣闻传给他们时,合丹太师和秃带大声号啕起来,忽图剌合罕的妻子却说道:"当年幼的宗亲们[①]走进来,他们[彼此]吵吵嚷嚷、张惶失措的时候,我很惊异,他们遭到了什么不幸。现在,我听到了[究竟是怎么回事],——但是我不相信!

诗

无论出自何人之口,我不相信这些话,我大概是在睡梦中看到这样的事,

因为忽图剌合罕是人们所说的声音就像响彻云霄的声音、手掌犹

① ǰamāʿam-i īnīyān。

如三岁熊掌那样的人。无疑他不是朵儿边部落所能杀害得了的人！上天保佑，他正在忙着干某件事，他会突然地回来的！”

[就在这时，]忽图剌合罕[将马从泥潭里拉出来，向前]走着，他对自己说道：“这些下贱家伙这样地对付我，我怎能不从他们那里带走些东西，空手回去呢！”——他又折了回去。那里散放着朵儿边人的若干马群。他抓住一头驯良的公马，将一群母马赶在[自己]前面奔跑起来。因为正是春天，他在这个草原上找到了一些鸭蛋；他身边没有带装这些鸭蛋的东西。便从脚上脱下靴子(ūğ)，在靴子里装满了鸭蛋，拴到马鞍上，[自己]光着脚骑在公马上。他[用缰绳]牵着自己的马，将母马赶在[前头]，一直赶到了家里。这时，也速该把阿秃儿[已]把食物拿来给了[他的亲人们]，他们正在哀悼[他]。当他们看见了他，全都高兴起来，喜气洋洋，哀悼变成了欢庆；他的妻子说道：“我不是说过吗，他不是随便碰到一个人就能把他杀死的！”

诗

萨木的儿子、宇宙骑士达斯坦①，
他不会白白地将[自己的]脑袋往圈套里钻！

叙泰亦赤兀惕诸部落于俺巴孩合罕[死]后举行的会议

当塔塔儿诸部由于前述原因捉住了俺巴孩合罕，将他送到阿勒坛汗处，阿勒坛汗将他杀死后，过了一段时期，他的亲属们、儿子

① 费尔道西叙事史诗《列王纪》中的英雄。

们和泰亦赤兀惕[诸部]的异密们会聚在一起，要推举一个人代替 45
他继承大位。会议举行了好久，但没有一致公推出一个人来。合丹太师驻扎在古亦-客额儿[①]草原上，他去到了客列亦惕君主王汗的叔父古儿汗[②]处。古儿汗在阔阔巴思[③]，他们[一起]在那里过了十天。当他回[家]的时候，古儿汗的厨子[宝儿赤]送来一坛酒[④]，让他们接过碗来[喝]。合丹太师命令自己的那可儿们每人喝一口，剩下的都[由他自己]喝掉了。因为那可儿们都呕吐了，所以[酒]没有对他们发生作用。他没有呕吐，说道："他们大概在午饭里给我吃了毒药了！"他得了病，春天时死去了。到了秋天，他们终于在某一天会聚在一起[推选君主]，他们对他们的一个堂兄弟、部落首领和酋长秃都儿-必勒格[⑤]说道："在这件事上你有什么话说呢，你认为谁适合于当君主呢？"他说："让塔儿忽台-乞邻秃黑[⑥]说吧！"塔儿忽台是阿答勒汗的儿子，是他们的一个叔伯兄弟。塔儿忽台也说："我能说些什么呢?！让马秃浑薛禅[⑦]说吧。"马秃浑薛禅说："我说些什么呢?！我不会像麻雀一样往圈套里跳，让圈套拴住我的腿。黑燕飞到松树(?)[⑧]顶上，不会落入圈套。我是一个低

---

① sahṛā-i kūī-k(a)h(a)r；蒙语 keger ——草原。

② 这里是人名，而非哈剌契丹统治者(诸汗)的尊号。

③ kūkābās。

④ tarāsūn，蒙语 darasun ——酒。

⑤ tūdūūr-blktī；C、L 本作 tūdūūz-bīlkī；贝书作 tūdūūr-bīlkī。

⑥ tārqūtāī-qīrīltūq；《秘史》第 79 节作塔儿忽台-乞邻勒秃黑，泰亦赤兀惕部首领。〔《亲征录》作塔儿忽台·希怜秃〕*。

⑦ mtūkūn-sāčān。

⑧ qarāqeh；可能是鞑靼语 qarāqai——松；比较蒙古语 harağana(Robinia caragana)：西伯利亚洋槐。这个树名其余诸本均缺。

贱的(bad)合剌出，有什么权利讲话呢？你们，君主们，发表[你们]贤明①的良言吧，好让我们合剌出像吮食两头母畜的小马般地吃饱喝足，自由自在地过生活②。如果你们互相商量好，联合起来，你们的一切事情和众人们都将按照你们的意愿。如果你们不团结，那么种种不和与混乱都将降临于你们的兀鲁思。”他[还]念了这方面的许多押韵的格言、谚语和箴言，哭着离开了会场。在这次聚会(majlis)上，谁也没有被确定为他们的君主。后来，虽然不能确实可靠地知道，他们到底作出了什么决定，但史册上有如下记载：也速该把阿秃儿在青年时代死去后，泰亦赤兀惕诸部落起来反对成吉思汗；起来反对他的，首先是阿答勒汗的儿子塔儿忽台-乞邻勒秃黑；然后才是秃带③、忽里勒把阿秃儿、安忽-合忽出④以及其他一些异密，关于此事将[于后文]叙及。[在这些人中间]首先提到的是塔儿忽台-乞邻勒秃黑，由此可见，酋长之位与领导之权
46 想必一定授予了他。但可以确信的是：他的侄儿忽图剌合罕死后，成吉思汗的父亲、把儿坛把阿秃儿的儿子也速该把阿秃儿进行了统治。

虽然除把儿坛把阿秃儿外，有关合不勒汗其余诸子的事迹很多，但本书只谈这么一些。把儿坛把阿秃儿和他的儿子们的事迹将于[下]纪中单独叙及。

---

① bīlk，蒙文 bilig ——贤明。

② ǰīrğāmīšī kunīm。

③ 贝书作 būdā。

④ aūǰūū-hūqū；P、B 本作 aūḥūr-hūqū；贝书作 anqūhū-qūǰū。参阅第 171 页，注②。

合不勒汗的儿子把儿坛把阿秃儿纪

此纪分两部分。

第一部分

序言：述其生平及诸子生平，详述并细列其氏族支系

把儿坛把阿秃儿[①]是成吉思汗的祖父，在蒙古语中祖父被称做额不格[②]。他的长妻名叫速你古勒旭真[③]，是巴儿忽惕[④]部落人；她为他生了四个儿子。长子名叫蒙格秃-乞颜[⑤]。他有许多儿子，他的继承者和嗣位者为敞失兀惕[⑥]，在成吉思汗时代，敞失兀惕掌管蒙格秃-乞颜的军队、部落和部属（taba‘）。在与泰亦赤兀惕人作战期间，他带着自己的军队随侍（mulāzim）于成吉思汗左右。在他们之后，他们的孩子古乞那颜和木格秃把阿秃儿[⑦]为千夫长

① 《秘史》第48、50节作把儿坛把阿秃儿〔《元史》《太祖纪》作八哩丹，《宗室表》作八里丹〕*。

② 蒙文 ebüge——祖父，本义为一族人所出自的祖先——始祖。

③ sūnīğ?-fūǰīn；C、L本作 sūskl-būǰīn；fūǰīn 源于汉语“夫人”。

④ brqūt；P本、贝书作 brğūt。

⑤ mūnkdū-qiān；《秘史》第50节——蒙格秃-乞颜。〔《元史·宗室表》作蒙哥睹黑颜。〕*

⑥ ǰīkšūt；C、P本及贝书作 jīnkšūt；《秘史》第120节作敞失兀惕，为与蒙格秃-乞颜的一个儿子翁古儿有关系的一个部落之名。

⑦ kūkī-nāīān 和 mūktū-bahādur；C、L、P本及贝书也是如此；其余诸本作：“他们的孩子古乞那颜和木格秃把阿秃儿为千夫长和部落首领。”

和蒙格秃-乞颜部落的首领。现在,由于[人口]繁殖,他们[所有]各支已近于一个蒙古万户的[人]数。这个部落大多数人住在钦察草原脱脱处。他们的异密很多,并且都很显贵。一部分人则为合罕效忠(dar bandagī)。乞牙惕[①]诸部落人数众多。但这些乞牙惕人与众不同,尽人皆知的若干乞牙惕氏族分支及其一部分有关事迹,将于本书各处纪传中叙及,[我们]可从那里阅知。

47 第二个儿子为捏坤太师[②],其后裔形成为你儿-槐因部落,在成吉思汗时代,由于他们背叛了[他],离开他归附于泰亦赤兀惕人,进了森林里,因此他们又被称做槐因-亦儿坚[③]。[从此,]“森林部落”的卑称成了他们的称号。泰亦赤兀惕人和其他一些部落也被称为森林部落。其原因如下:凡禹儿惕在森林附近的每一个部落,都被算做“森林部落”,但因为各地的森林彼此相隔很远,所以各森林部落、氏族和氏族分支相互间没什么关系。虽然他们按[其所住的]森林地区,全都被称为“森林部落”,[但]已经查明,他们各属于哪个部落。

这个捏坤太师有许多儿子。长子忽察儿[④],[后来]成为他的嗣位者。忽察儿是一个射手,箭射得又远、又高、又准,以善射出名。蒙古人编了句[谚语],称赞他射箭之远:“忽察儿的箭儿飞出去,无影无踪。”

---

① qīāt。

② nkūn-tāīs;《秘史》第 50 节作捏坤太子。〔《元史》《太祖纪》作聂坤,《宗室表》作聂昆大司,《亲征录》作捏群大石。〕*

③ nir-hūīn;S 本作 nirūn;《秘史》第 239 节作槐因-亦儿坚,即“林木中百姓”。

④ 《秘史》第 123 节作忽察儿。〔《元史·太祖纪》、《亲征录》作火察儿〕*。

当成吉思汗幼年丧父、他的部落倒向泰亦赤兀惕人方面时，忽察儿带着自己的军队与成吉思汗联盟，追随过他一段时期，值得称赞地[为他]效劳。成吉思汗与塔塔儿部作战时，曾立约如下：我们一起去打仗时，不得将任何战利品攫[为己有]，夺得的东西以后再分，以免疏忽军事，——合不勒汗的儿子忽图剌合罕的儿子阿勒坛、这个忽察儿以及成吉思汗的叔父答里台①-斡惕赤斤没有遵约，将战利品攫为己有。成吉思汗下令将战利品从他们处取走。为了这个，他们对他变了心，当成吉思汗与王汗发生了分歧和争吵时，他们就转到王汗方面去了。[这些人]成为[他们争吵的]原因之一，成为敌人的帮手和战乱的煽动者。王汗被歼灭后，他们逃到了乃蛮人处。他们[同乃蛮人一起]再次对成吉思汗作战。最后在最高的主的佑助下，他将忽察儿和阿勒坛都杀死了。因此他[忽察儿]的部落和子孙中[活着]留下来的人②，都没有什么威望③，他们的人数，和成吉思汗其他亲属相比，要少得多。

捏坤太师有个孙子名叫不衮-札兀合惕④，成吉思汗将他拨给了察合台，与他一起游牧。他的子孙和部落现与察合台的兀鲁黑在一起，没有多大名声。

第三个儿子为成吉思汗之父也速该把阿秃儿。乞牙惕-孛儿 48
只斤[部落]出自其后裔。“孛儿只斤”意为“蓝眼睛”，真是奇怪，直

---

① drātī；C、L本作 dār??ī；P本作 ūar?ī；贝书作 dārītī。原文参照《秘史》第153节。〔《秘史》作答里台-斡惕赤斤；《亲征录》、《太祖纪》作答力台；《宗室表》作答里真〕*。

② S本增“……和现有”。

③ S、L、C、P本及贝书作“……没有什么威望和名声”。

④ būkūn-ǰāūqāt；C、L本作 tūkūn-～；P本作 brkūn-～；原文世系表作捏坤太师之子。

到现在，出自也速该把阿秃儿及其诸子与兀鲁黑[①]的后裔，大部分都是蓝眼红发的。这是由于阿阑-豁阿怀孕时曾说："［每夜］，在我眼前［突然］在一道光里出现了一个红发蓝眼的人，接着又走开了！"由于到第八代也速该把阿秃儿时出现了这个特殊的征象，据蒙古人说，这是阿阑-豁阿所说的她的子孙的王权征候，这种相貌便证实了她所说的话的正确以及她所遇到的情况的确凿可靠、无可置疑。

关于也速该把阿秃儿宗支的记载将于［下］纪中单独著录，此处不再赘述。

第四个儿子为答里台-斡惕赤斤。由于他多次起来反对成吉思汗，与他为敌，最后，他的兀鲁黑进入了［成吉思汗的］奴隶之列。虽然最初当成吉思汗的部落和军队跑到泰亦赤兀惕人方面去时，他和自己的军队曾同成吉思汗一条心，但过了一些时候，他却同泰亦赤兀惕部落勾结到了一起。后来他又回到了成吉思汗处，但于抢夺战利品时，由于［前文］所述原因，再次叛变了［他］，跑到了王汗处，并到了乃蛮部落。

后来他与朵儿边部一起，多次同成吉思汗作战，［接着］又［回］到了他那里。他与阿勒坛、忽察儿一起被杀，他的部落和兀鲁黑大

---

① ūrūğ，蒙文 uruğ——后裔、本氏族（oboğ、斡孛黑）的子孙，或与ǰad（札惕），即外人、外氏族的人相对，作同族人讲（比较原文中所用的波斯语<u>kh</u>īš～<u>kh</u>īšān 和 bigān<u>eh</u>）。被认作兀鲁黑的不仅限于本氏族成员，凡是有共同祖先（ebüge）的一切有血缘关系的氏族的成员都被认作兀鲁黑；汗的氏族被称为阿勒坛-兀鲁黑，即黄金氏族；ūrūğ一词在《史集》原文中用作集合名词"氏族"。关于古代蒙古人的氏族制度，见符书第 46—60 页（兀鲁黑，见第 59 页）。

部分人被杀掉了。他有个儿子名叫大纳耶耶[①],是他的继承者。成吉思汗将他连同他的二百名部属一起赐给了自己的侄儿额勒只带那颜,做了他的奴隶。直到现今,他的兀鲁黑还跟额勒只带那颜的兀鲁黑在一起。这个部落和他的兀鲁黑中有一个不儿罕[②]曾来到旭烈兀汗处,尽管他没有权利同[汗的]儿子们坐在一起,[但]旭烈兀汗却吩咐说:“因为坐着的宗王们很少,让不儿罕与儿子们坐在一起吧!”不儿罕的子女之中有个千夫长古鲁[③],继承了他的职位。

他的亲属之中有个不剌勒吉-乞牙迪[④],是阿鲁浑汗的速古儿赤[⑤]与倚纳[⑥]。他曾与阴谋背叛阿鲁浑汗的异密们勾结在一起。

第二部分

把儿坛把阿秃儿和他的妻子的图像,及其诸子宗支表 49

按上文所详述,把儿坛把阿秃儿有四个儿子。

他与他的妻子速你古勒旭真的图像,及其子孙(也速该把阿秃儿的子孙除外,因为他是成吉思汗的父亲,他的子孙将另立一纪著录)的宗支[表]如下:

---

① tāīnāl-īīeb;P 本、贝书作～-bīeh;《元史》卷 107 页 3a 作大纳耶耶。

② būrğān;C、P 本及贝书作 būrqān。

③ krūh;B 本作 krdeh;音读不明。

④ būrālgi-qīātī。

⑤ 蒙文 šikürči——“撑伞盖者”,职名,后成为称号。〔《元史·兵志》:“掌内府尚供衣服者曰速古儿赤。”〕*

⑥ īnāq、蒙文 inağ——密友、心腹;波斯语 nadīm 之同义词。〔《庚申外史》作倚纳。〕*

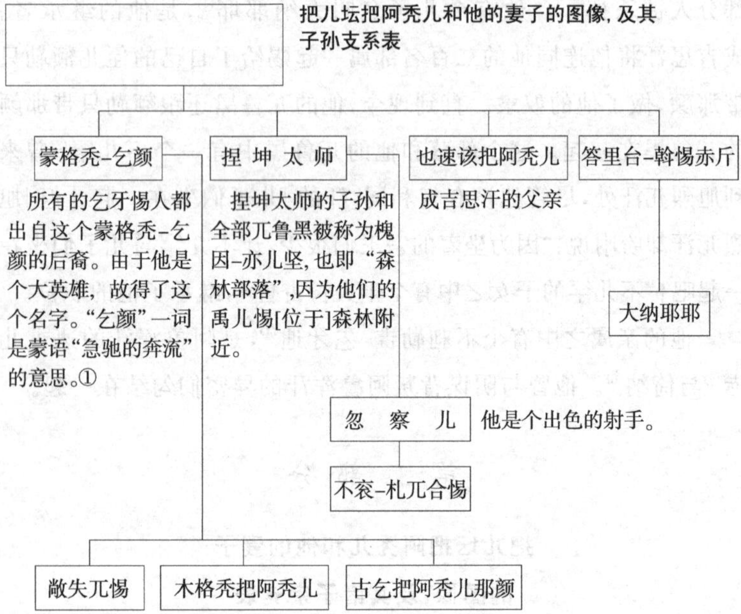

50 也速该把阿秃儿纪弁言

在永恒之中，当最高之神的意志要在预定的时刻给那征服世界的疆场上的骑士，辉煌、显赫的幸运儿穿上雄图伟业的服装，使他在有生有灭的尘世的广阔地毯上登临统治的宝座，——这时，按照神的英明的谋划，主的威力之掌就会一步一步、一级一级地把他的本性的实质在其诸父的蚌腹及其诸母的怀抱里逐渐培育起来，直至达到完善的地步。

当出现这幸福之迹与揭开这神赐的秘密的时刻刚一来临，从

① 于蒙古语无据。

思索的幕帷后面开始露出那黎明的曙光，对那渴望对象妊娠的助力也增大起来，连续不断，也速该把阿秃儿的生平就是如此，他那无与伦比的本性，是支撑世界的大海的蚌壳，而他的星辰先升起，然后才到来了成吉思汗的随从者，其中包括属于[他的]显贵后裔和继承者的那个著名兀鲁黑的当今王中之王，伊斯兰教君主，安拉真教的扶持者算端马合木·合赞汗，愿荫护他的政权的帐幕的绳索拉紧系牢，他的胜利与幸福的扶助者不可胜计，“以先知的名义并为了他！”

把儿坛把阿秃儿的儿子也速该把阿秃儿纪

纪分二部分。

第一部分

序言：纪其生平，详述并详列其子孙支系及有关事迹

也速该把阿秃儿是成吉思汗的父亲，蒙古人称父亲为额赤格①。他是大多数蒙古部落的君主。他的长幼宗亲，即叔伯与堂兄弟们②全都听命于他，一致从他们之中立他为君。他颇为英勇，曾多次与其他蒙古部落，其中包括塔塔儿部落作战，同时也与乞台

① aīǰkeh，见第87页，注①。

② ‘amm wa ‘ammzādeh，阿拉伯-波斯语，意即叔伯与堂兄弟们（“舅父”作khcāl，见《史集》后文）。拉施特认为这个亲属名词与突厥-蒙古语亲属名词 āqā wa inī（兄、弟）相当，由此可知后者的真实含义所在。

51 的异密和军队作过战。有关他的传闻遍及于四周，他的名声很高，受到所有人们的承认和尊敬。他有出自不同部落的许多个妻子。其中长妻月伦旭真[①]，是幸福、尊贵的子女们的母亲，又被称为月伦-额客，是斡勒忽讷惕部人[②]。"旭真"是汉语"妻子"(khātūn)的意思，由于他们住在该国边境附近，故使用了他们的语言。月伦有个兄弟名叫泰出驸马[③]，成吉思汗把幼女阿勒塔伦[④]嫁给了他。月伦生了四个儿子，没生下女儿。另一个妻子为他[也速该]生了一个名叫别勒古台[⑤]那颜的幼子，但前四个儿子享有盛誉。

头一个儿子，长子与最优秀的儿子——铁木真[⑥]，当他杀死乃蛮君主后，于五十岁时成为君主，获得了"成吉思汗"的尊号。他的事迹与有关传说之多，难能尽述。其中的某一些将于《成吉思汗纪》中详述。

第二个儿子为拙赤·合撒儿[⑦]。"拙赤"是名字，"合撒儿"是猛兽的意思。由于他是个十分勇猛的人，故用这样的称呼来形容他。据说他的肩与胸很宽，而腰很细，故他侧卧着时，能让一条狗

---

① aūālūn-fūǰīn,《秘史》第55、59节作诃额仑-兀真(或～-额客)。〔《元史·太祖纪》、《亲征录》:月伦太后〕*。

② alqūnūt;《秘史》第54节作斡勒忽讷兀惕。

③ māǰū;B本作bāǰū;贝书作tāīǰū。kūrkān,蒙文kürgen,即女婿。此处作为成吉思汗女婿的名字的组成部分。

④ altālūn;比较符拉基米尔夫《成吉思汗传》第88页上的Алчалтун。

⑤ blkūtī;《秘史》第76节作别勒古台。〔《元史》本传及《太祖纪》、《宗室表》、《亲征录》均作别里古台〕*。关于也速该诸子，参阅《秘史》第60、76节及《元史》卷107，页3a。

⑥ 《秘史》第59节作帖木真。〔《元史·太祖纪》作铁木真。〕*

⑦ ǰūǰī-qsār;《秘史》第60节作拙赤-合撒儿。〔《元史》、《亲征录》作搠只·哈撒儿〕*。

从他肋下穿过；他力气[很大]，能用双手抓起一个人，将他像支木箭般地折成两半，将他的脊椎骨折断。他大部分时间与其兄成吉思汗齐心协力。尽管在与王汗交战时，他曾离开过他，还曾发生过几次别的情况，过错落到了他的身上，但当成吉思汗与乃蛮王太阳汗举行大战时，却命令合撒儿掌管[自己的]中军。[合撒儿]在这次战斗中表现得很英勇。因此成吉思汗对他开恩①，在所有的兄弟和侄儿之中[特别看重他]，按照作为兄弟和宗王在习惯上应得的权利②，将[崇高的]官位和封号授予他和他的儿子们。直到现今，在全体叔伯和堂兄弟之中，成吉思汗的兀鲁黑只让拙赤-合撒儿的兀鲁黑坐于宗王之列，其余都坐在异密之列。

有关拙赤-合撒儿及其子女的记载一部分见于[本书]*《成吉思汗纪》中。他有许多子女。据传，他的子女有四十人左右。但 52
[其中]著名而享有盛誉者只有三人：也苦、脱忽和移相哥③。在成吉思汗的诏敕中曾提到过也苦和移相哥的名字，而脱忽的名字却没有提到。

也苦是个矮个子，脱忽比他还要矮。移相哥是个高个子，两颊绯红、长脸，留着长胡子。合撒儿死后，长子也苦继承其位。也苦死后，他的儿子合儿合孙④继位。在他之后，他的叔父移相哥继承

① sūyūrğāmīšī farmūd<u>eh</u>(源于突厥语动词 siyurgamak——赏赐、垂青)。

② ben rāh-i barādarī wa šāhzādagī。

③ yīkū(S 本作 nīkū;C 本作 bīkū;P 本、贝书作 īkū),tūqū(B 本作 qūtū),yīsūnkū。《元史》卷 107，页 3b 作也苦、移相哥、脱忽。〔《秘史》第 183 节作也古、也松格、秃忽〕*。也苦的儿子为爱哥阿不干、移相哥的儿子为势都儿，势都儿的儿子为八不沙(《史集》表作马迷沙)、必烈虎和黄兀儿。

④ hrqāsūn，据《元史》卷 107，页 3b，也苦的儿子名叫爱哥阿不干。

其位。在蒙哥汗和忽必烈合罕时代，移相哥是拙赤-合撒儿的继承者，他声誉远播，参与要务，商议国事，很受尊重。按照习惯，他统辖了父亲及其长幼宗亲的全部军队和部落。当忽必烈合罕与阿里-不哥间发生内讧时，移相哥在忽必烈合罕处并属于其军队之列，这件事将于[本书]*《忽必烈合罕纪》中详述。据说，当忽必烈合罕七十五岁时参加一次忽里勒台时，他的头发没有一根变白。当成吉思汗把军队分给儿子们时，他将一千人分给拙赤-合撒儿的儿子们、[氏族中的]长者，即也苦、脱忽、移相哥等人，还从各个部队中拨给他们一百个人。后来这支军队也归拙赤-合撒儿兀鲁黑他的继位者照管。现在，由于人口蕃衍，他们[合撒儿的后裔]人数很多。在蒙哥合罕时，拙赤-合撒儿的若干长妻[还]活着，他很尊重她们。移相哥和拙赤-合撒儿氏族的禹儿惕和游牧营地，在蒙古斯坦的东北部额儿古涅河①、阔连海子②和海剌儿河③一带，离斡惕赤④那颜的儿子只不⑤和他的孙子塔察儿⑥的禹儿惕所在地不远。也苦有个儿子名叫泰塔黑⑦，另一个[儿子名叫]合儿合孙。他们

① arkūneh，蒙文 ergüne——黑龙江上源额尔古纳河〔《秘史》第 141、144 等节：额洏古涅河，《元史·孛秃传》：也儿古纳河〕*。

② kūleh-nāūūr，蒙文 külün-nağur（nağur，现代蒙语 nūr——湖，地名的组成部分）；今满洲里车站附近达赖诺尔湖（呼伦池）。〔《秘史》第 53 节：阔连海子。〕*

③ qīlār，可能是海拉尔河。

④ aūtāǰī；C、P 本及贝书作 aūtǰī。

⑤ ǰ??ū；C、P 本及贝书作ǰībū。〔《元史》卷 107，页 4a：只不干〕*。

⑥ tğāǰār。〔《元史》卷 107，页 4a：塔察儿国王。〕*

⑦ tāītāq；C、L 本作 māītāq；B 本作 māsāq；贝译作 Байтак；参照 63 页表上的写法：?ānkdāk。

管辖着一个百户。脱忽的儿子额不干①也管辖着一个百户。移相哥的儿子额木干②在忽必烈合罕时继承拙赤-合撒儿之位及其兀鲁思。额木干的儿子势都儿③在忽必烈合罕时代又继承了父位。53
后来,他们与斡惕赤那颜的兀鲁黑塔察儿的孙子们联合起来,谋叛忽必烈合罕。告密者告发了他们,忽必烈合罕便将他们处死,把他们的军队分给了[其他人]。拙赤-合撒儿的一个支系来到了我国[伊朗];阿八哈汗时[这个支系]在我国,现在,[这个支系中]还有人在我国。拙赤-合撒儿[还]有另一个名叫马忽勒荅儿④的儿子。他生性软弱。其母为豁罗剌思部的阿勒坛哈敦。马忽勒答儿有两个儿子,一个名叫只儿乞带⑤。他有五个儿子:妾(qūmeh)所生的钦察⑥有两个儿子:泰出和忽剌带;……[名缺]哈敦所生的速秃⑦没有子女;……[名缺]哈敦所生的阔阔没有子女;……[名缺]哈敦所生的秃答牙-脱黑台⑧;……[名缺]哈敦所生的秃儿列克⑨有三个儿子:八巴、不剌勒吉和不剌惕⑩。马忽勒答儿的另一个儿子死于幼年,名字不详。

---

① abūkān,可能是蒙文 ebügen,参照 71 页注④《元史》上也苦之子的名字。

② amkān。

③ šīktūr;《元史》卷 107,页 3b:移相哥之子势都儿。

④ māqūldār;C、L 本作 mālīqūdār;P、B 本作 mālqūdār;贝书作 bāqūldār。

⑤ ǰīrqīdai。

⑥ qbǰāq。

⑦ taīǰū、hūlādāī、sūtū。

⑧ tūdāyā-tūqtāī;L、B 本及贝书作 tūdānā-tūqtā(i);参照表上的 ānkdāk。

⑨ trlk;C、L 本及贝书作 tūlk;贝书作 trlk;表上作 trlk;比较蒙文 turlağ:乌鸦。

⑩ bābā,būrālğī;būlād。

拙赤-合撒儿还有个名叫合剌勒术[①]的儿子。其生平如下：拙赤-合撒儿有一个名叫脱黑台的奴隶(bandeh)，他有个名叫阔阔真[②]的美貌的妻子。有一天拙赤-合撒儿在草原上看见了她，看中了她的[美]貌，就和她睡了觉。后来[拙赤]想到，他既亲近过她，她可能已怀了孕。遂命人把她单独看管起来。过了九个月后，她生下了一个儿子，他给他起名为哈剌勒术，交给自己的妻子阿勒坛哈敦[抚养]，并说道："你[已经]有了一个儿子，这个孩子也做你的儿子吧。"阿勒坛哈敦将他抚养成人。这个合剌勒术生了七个儿子。他们和他的孙子们的名字如下：

帖木儿：没有儿子。

萨里[③]：也没有[儿子]。

木哥都[④]：有两个儿子，不古儿台[⑤]和忽鲁迷失[⑥]。

忽秃忽[⑦]：有个儿子阿儿思兰，同旭烈兀汗在一起。

撒邻秃黑[⑧]：有两个儿子，忽儿章和札木赤[⑨]。

蒙都儿[⑩]：有个儿子兀鲁克-帖木儿[⑪]。

---

① qrālǰū。

② kūkǰīn。

③ sālī。

④ mūkdū。

⑤ 原文作 būkrī；C、L 本作 būkrtī；贝书作 būkrtāī。

⑥ qūrtšī；C、L、P 本及贝书作 qūrūmsī；P 本、贝书作 qūrūšī。据第 82 页后之表，为三个儿子。

⑦ qūtūq；C、L 本及贝书作 qūtūqū。

⑧ sālntūqā；C、L、P、B 本作 sālntūq；贝书作 sālsūqtā。

⑨ qūrḥān(C、B 本及贝书作 qūrǰān)和ǰāmūǰī。

⑩ 原文 mūīdr，参照后面表上的 mūndr。

⑪ aūrk-tīmūr；C 本、贝书作 aūrkī-tmūr；P 本、B 本作 aūrk-tmūr。

忽儿秃合[①]:没有儿子。 54

据说,窝阔台合罕在位时,察合台离开他独自住在自己的兀鲁思里。他派遣[使者]到窝阔台合罕处奏道:“同我们有亲密友谊,同我们骑马喝酒的人愈来愈少了。若蒙合罕恩赐[②],将这样的人派一些到我这边来,他才[真]是[我的好]君主!”窝阔台合罕下令从拙赤-合撒儿的兀鲁黑中派出几个人[到察合台处去]。其中也指派了合剌勒术。将他抚养大的阿勒坛哈敦说道:“怎么能让他一个人去呢?”她带着还是个幼儿的自己的孙子只儿乞带同他一起动身了。他们在察合台身边住下。当察合台的孙子八剌来与阿八哈汗[③]作战时,合剌勒术和只儿乞带的子孙按照上述原因,随他出征。由于八剌的逃跑,他的军队溃散了,下一年他们商讨以后,一致决定:从前是合罕把我们派到[这里来的],现在我们就到阿八哈汗处去尽心为他效劳,图个好日子过吧[④]。[于是]他们一齐来到速忽儿鲁黑(s(u)ğūrlūq)阿八哈汗处表示臣服(b<u>eh</u> bandagī),他们都获得了恩遇[⑤][阿八哈汗],命阔阔侍奉阿鲁浑。接着又将速秃派去侍奉他。他让秃罕做了亦答赤[⑥];他们同乞来[⑦]和杭都一起游牧。[起初]他让秃儿列克也当亦答赤,但他不能胜任;便将他撤

---

① qūrtq<u>eh</u>;C、L 本作 qūrtqū。

② sīyūrğāmīšī kunad。

③ 旭烈兀朝的第二代汗,663—680(1265—1282)年。

④ ǰīrğāmīšī kunīm。

⑤ sīyūrğāmīsī。

⑥ īdāǰī,大概是突厥语 udaiči(向汗引见朝谒者的宫廷近侍)的方言形态。试比较蒙文 egudeči——司阍。

⑦ 原文作 krāi。

换了，命他当自己的近侍(mūlāzim)，让脱黑台接替[他的位置]。帖木儿、萨里、木哥都和忽儿秃合在失烈门那颜万人队的探马[①]中。撒邻秃黑[②]、蒙都儿和忽儿秃合以儿子的身份入侍阿八哈汗。

第三个儿子为哈赤温[③]。他有许多个妻子和儿子，但他的继位人为额勒只带[④]。额勒只带威望很高。窝阔台[合罕]、蒙哥合罕和忽必烈合罕始终很看重地、尊敬他，同他商讨大事。他的兀鲁思和禹儿惕在东方，位于蒙古斯坦正东部，在乞台人所筑的起自哈剌沐涟[黄河]直到女真海为止的长城边境，靠近女真地区。同那个地区邻近的地区是：亦乞剌思[部落]的古代禹儿惕，合剌阿勒
55 真-额列惕地方[⑤]和额勒古亦河地区[⑥]。直到现今，他的子孙和军队还随侍于合罕左右，在我国[伊朗]，没有任何人出自他的兀鲁黑。

当成吉思汗把军队分给诸子时，他分给额勒只带那颜三千人。[这三千人的]统将是兀惕撒兀带-兀只合失国王[⑦]。“兀惕撒兀带”是[氏族]支系名，“兀只合失”是人名，而“国王”[⑧]是尊号(laqab)。这位异密是乃蛮部落人，而另一些异密为兀良合惕部人和塔塔儿

---

① 探马——由蒙古人派到被征服地区，在那里维持秩序、守卫边境的军队。关于此词，请参阅第一分册俄译本第 99 页，注②。

② sāl?qūq；C 本作 sālnqūq；贝书作 sālsūqtū。

③ qāǰīūn；贝书作 qāǰīn；《元史》卷 107 页 3b 作哈赤温。

④ 《元史》卷 107 页 3b 作按只吉歹。〔《元史》《宪宗纪》、《定宗纪》等处作按只带。〕*

⑤ qlālǰīn-alt。

⑥ alkūī。

⑦ aūtsāūdāī-aūǰqāš-kūyāng；C、L 本作 aqsāūdāī-～-～；P、B 本及贝书作 ātsāū-dāī……，音读不明。

⑧ kūyānk，源于汉语“国王”。为中国从汉朝以迄明朝的最高爵位。

部人，因为这三千人大多数是乃蛮、兀良合惕和塔塔儿人。

现在，由于人口蕃衍，他们人数很多。

额勒只带有许多儿子。察忽剌①是他的继位人。察忽剌也有许多子女，忽剌兀儿②是他的继位人，他也有许多子女，哈丹③是他的继位人。哈丹有若干子女，胜剌哈儿④是他的继位人。

忽必烈合罕曾下令对额勒只带宗支的人进行清点，结果得六百人。这个[胜剌哈儿]是最后一个儿子，他与斡惕赤那颜兀鲁黑乃颜等宗王们勾结在一起。他们谋叛忽必烈合罕；忽必烈合罕处死了他们⑤，将他们的军队分给了[其他人]。

第四个儿子为铁木哥⑥-斡惕赤斤。"铁木哥"是名字，"斡惕赤斤"意为"灶火和禹儿惕之主"，幼子也称"斡惕赤斤"，[后来，]斡惕赤那颜成了他的名字，他以此名为人们所知。他的长妻名叫孙都黑真⑦，是斡勒忽讷惕部人。由于她是成吉思汗母亲的族人，因此很受尊敬。在蒙古人中间，斡惕赤那颜以好兴建[宫院]*著名，他到处兴建宫殿（sarāī）、城郊宫院（kūšk）和花园（bāğ）。成吉思汗爱他胜过其余诸弟，让他坐在诸兄之上。他的直系子孙（farzand）迄

① ǰāqūleh；《元史》卷107，页4a作察忽剌，按只吉歹第二个儿子。

② q?lāūz；C、L、P、B本及贝书作qlāūr；《元史》卷107，页4a作忽烈虎儿，按只吉歹第三子。

③ kādān；《元史》卷107，页3b：哈丹，按只吉歹长子。

④ šīnklqr；C、L本作šnīklqr；P本作šīklqr；B本作šklğr；贝书作šīnklğr；《元史》卷107，页3b：胜纳哈儿，哈丹的儿子忽剌出的儿子。

⑤ 参阅第98页，注②。

⑥ tmūkeh；C、L、P、B本作tmūkū；《秘史》第60、99节作帖木格-斡惕赤斤。〔《元史》卷107，页4a作铁木哥-斡赤斤〕*。

⑦ s(u)ndqǰīn。

今坐在其他二兄的直系子孙之上。当成吉思汗把军队分给诸子时，给了他五千人。其中两千人为属于……部落[1]的……部落[2]人，一千人为别速惕部落人，两千人是从各部落凑起来的。[斡惕赤那
56 颜]有许多子女[3]。塔察儿那颜[4]为其继位人。他拥有人数众多的军队和兀鲁思。这五千人由于蕃衍而变成一支庞大的军队，遂使他享有很高威望。他的地面和禹儿惕位于蒙古斯坦遥远的东北角上，因此在他们的彼方就再也没有蒙古部落了。在忽里勒台上举行讨论时以及[商讨]大事时，他经常站在忽必烈合罕一边，威望很高。当阿里-不哥起来反对忽必烈合罕时，忽必烈合罕派他统率军队，去[与阿里-不哥]作战。[斡惕赤那颜]击溃了阿里-不哥的军队。后来他经常奉忽必烈合罕诏令出征。他过了壮丽的一生，全寿而终。当他去世时，他有许多子女。只不[5]成了他的继位人，他也有许多子女。塔察儿为其继位人，他也有许多子女。他率领着忠于他的许多军队为忽必烈合罕效忠。他有许多儿子。[其子]阿术鲁[6]做了他的继位人。

阿术鲁也有若干子女。乃颜为其继位人。奉忽必烈合罕之命清点时，斡惕赤那颜的兀鲁黑共有七百人。这个乃颜生活在忽必烈合罕在位的晚年。他与他的堂兄弟如：拙赤-合撒儿兀鲁黑中的

---

① klknūn；B本作klkbūt；贝书作klkğūt，音读不明。

② aūznār；C、L本作āūrnār；P、B本作aūrtār；贝书作aūrīāūt，音读不明。

③ 《元史》卷107，页4a上只列出铁木哥-斡惕赤斤的两个儿子，即斡端和只不干。

④ 据《元史》卷107，页4a，塔察儿为只不干的儿子。

⑤ 原文ǰībū，相当于《元史》上的只不干。

⑥ aūǰūl；《元史》卷107，页4a作阿术鲁，为铁木哥-斡惕赤斤的儿子斡端的儿子。

势都儿、额勒只带那颜兀鲁黑中的胜剌哈儿①、阔列坚兀鲁黑中的也不干等宗王与窝阔台合罕的儿子阔端②的兀鲁黑以及忽必烈合罕左右的其他宗王们策划了阴谋,企图与海都勾结起来,反对合罕。[他们的]勾结行为被发现后,合罕率领军队将他们抓了起来。他处死了若干人,将他们的军队分给了[其他人]。现在,他们的兀鲁黑里一个人也不剩了。

第五个儿子为别勒古台那颜,他由另一妻所生。在其他诸兄中,提不到他[的名字]*。他一直跟随在成吉思汗左右③。当成吉思汗与以薛扯别乞和泰出为首领的乞牙惕-禹儿勤部一起宴饮时,他们互相争吵了起来。争吵时别勒古台那颜正在系马桩处看管马④,被人用剑砍破了肩。关于这件事的[经过情形],将于《成吉 57
思汗纪》中详述。

[别勒古台]有许多子女。其中他的儿子爪都做了他的继位人。他被称为"爪都",是由于他有百妻与百子⑤。[后来]*,他衰老得连自己的妻子和子女也认不得了。

当忽必烈合罕派遣自己的儿子那木罕⑥与其他宗王们一起去

---

① šīnklqūr;C、P本作 šnīklqr;B本作 šnklqr,参照前面第77页,注④。

② kūtān;《元史》卷,页7a作阔端。

③ mulāzim-i bandagī-i čīngīz-khān būdeh。

④ 原文作 krīās-rā yāsāmīsī mīkard;krīās,《亲征录》,页18a作乞列思,注作禁外系马所。贝勒津译作 двор,看来与此同义。此词的语言所属不明。关于成吉思汗与薛扯别乞、泰出共宴及别勒古台吵架的事,见《秘史》第130、131节。

⑤ ǰāūtū;据《元史》卷107,页5b,别勒古台诸子为也速不花、口温不花、罕秃忽,也速不花之子为瓜都,"瓜"字显系"爪"字传抄之讹,应作爪都,相当于蒙文 jağutu:有百者、掌百户者。

⑥ numuğān,《元史》卷107,页11a作那木罕,忽必烈汗的第四子。

征讨海都时，那些宗王们互相串通，袭击了那木罕，并将他抓了起来，爪都也同他们勾结在一起。当他回来时，异密们与额勒只带那颜兀鲁黑的塔察儿[①]那颜向合罕报告说："爪都干下了这般勾当，罪该处死！"合罕说："他对我有大恩，因此我不杀[他]！"所说的大恩乃是：当阿里-不哥与合罕作战时，爪都曾帮助过合罕。因此合罕没有杀掉他，但夺掉了他的军队，将他遣送到至那岸边炎热的国土上去，并派人监视他。爪都穿了汉式便鞋(kafš)与软靴(čārūq)在那里走着。他亲自捡柴火煮食物。看守人员们说："我们[给您]* 送来吧！"他答道："这是我的报应，因为起初我很好地效力，后来却犯了罪。我是个罪人，可还赏了我一条命！"不管怎样，他的结局就是如此，他就这样活着，直到死去。

忽必烈合罕清点了他的兀鲁黑。共有八百人。合罕说："怎么，拙赤-合撒儿的子孙(nasl)原来才四十人却蕃衍成了八百人，而别勒古台诸子与爪都的[后人]原来有一百人也只蕃衍成八百人，而没有蕃衍得更多些呢?!"他接着又说："拙赤-合撒儿的兀鲁黑强大而富有，而别勒古台那颜的兀鲁黑贫穷，因此他们蕃衍得少！"现在，他的兀鲁黑在合罕左右。

以上，详细叙述与列举了也速该把阿秃儿诸子(成吉思汗除外)的宗支。

至于他的征战事迹，也速该把阿秃儿的大部分战争是对当时最著名的突厥部落、军队人数最多的塔塔儿部进行的。

---

① tājār，贝勒津作"异密 Туғаджар"。

如《合不勒汗纪》中所述，当合不勒汗的妻弟赛因-的斤死去时，他的族人们杀死了塔塔儿部珊蛮察儿乞勒[①]。这件事发生后，
合不勒汗与塔塔儿诸部间开始了敌对关系，双方发生了纷争，不断 58
作战、厮杀。最后，也速该把阿秃儿战胜了他们，把他们击灭了。

后来，成吉思汗将整个塔塔儿部落及许多其他各部落置于奴役和强迫的桎梏中，因此今天可以亲眼看到，所有的突厥部落都成了成吉思汗兀鲁黑的奴隶和军队。

其中如，当成吉思汗幸福地降生时，也速该把阿秃儿曾与塔塔儿人作战，杀死了他们的君主铁木真-斡怯[②]与忽鲁-不花[③]，并洗劫了他们的马群与财产。当他回来时，成吉思汗已幸福地降生了。[也速该把阿秃儿]认为[战胜塔塔儿人]这件事是个吉兆，便给他起名为铁木真。如果伟大的安拉乐意的话，这件事将于《成吉思汗纪》中详述。

第 二 部 分

也速该把阿秃儿夫妇图像，及其诸子宗支表

按照上文所详述，也速该把阿秃儿有五个儿子，他们的兀鲁黑与子孙人数众多。其中声名昭著的人物，除成吉思汗外，都已经谈

---

① črql。

② tmujīn-arkeh；B本、贝书作 tmūjīn-aūkeh；《秘史》第59节作帖木真-兀格〔《元史・太祖纪》作铁木真，《亲征录》作帖木真-斡怯。〕*

③ qūrbūqā；贝书作 qūrūbūqā；《秘史》第59节作豁里-不花〔《亲征录》作忽鲁-不花〕。*

到了。这里，当我们载入他和他的妻子的图像时，我们在世系表上列入了上述子孙们的名字，但属于普世万民之君成吉思汗的支系将紧接着另立一纪叙及。“至高无上的安拉是从天而降的佑护主！”

第 二 编 60

《史集》卷一第二分册包含有关成吉思汗及其著名的兀鲁黑[氏族、后裔]* 的本纪，在他的兀鲁黑中，有些人成了各代的帝王，有些人则是一定领地(兀鲁思)上的藩王。[此外]* 也将简短地附带[叙及]迄今伊斯兰教历 705 年[公元 1305/1306 年]为止的、与他们同时代的世界各国的君王列传。

本编共分十六篇。

成吉思汗纪弁言

为了不让有识之士的辉煌才华隐没不闻，在这个有生有灭的世界中由于国家和城邑的毁灭、各族人民的离散而出现的一切事情，以及在世态变迁中为世人所见到、所周知的事物，可以是主的慈悲和公正的必然结果，可以包含着神的意志支配下的光荣伟大事业，神在创造未完成的作品时的法则如下：随着时代的变移，[支配世]事的规律逐渐失却它的力量，由于昼夜更迭、岁月流逝，国家和人民的状况遂致衰败而动摇，这时为了消灭这个缺陷，弥补这个空白，出现了一个光辉灿烂的福星高照的人，天佑此人，让此人穿上发号施令者所穿的荣袍。[此人]在准备这一屋宇的栋梁并加固这一建筑上表现了无限的努力和非凡的魄力，他清扫了成为毁灭的灾祸的逐鹿场所的国土，清除了歹徒们的秽行劣迹及魔鬼造下的罪孽，他举起钢剑一击，砍去了时代面容上一切恶徒逆贼们叛乱的尘垢。

[上]述这段话的思想及所作颂扬之语的含义如下：在这以前
61 各国各地已经产生了[互相]对立的思想，世界的边陲出现了[各]种逆徒。由于内讧和厮拼，世界统治秩序的关系被打破了，政治措施的基础破坏了。由于永恒的意志，按照长生[天]*的明智，世界的君主、征服世界的舞台上的豪杰、世界霸权逐鹿场所的卓越骑士成吉思汗，以神速的进攻插足于王权象征的马镫中，伸开了攻击桀骜不驯之徒的巨掌，他的钢矛上的火花，像阵刮过的风，消灭了国内的恶人，他打开堡[门]的棒槌的打击，以及他那染血的剑的击斫，把暴乱者的一切打个翻天覆地。由于他那利剑的击斫，上应天命，故他无往不胜，他不管对谁发出指示，人们都服从他的诚恳动人的指令。他使顽抗者丧失生命、财产，毫不容情。当他使许多国家处于他的专制的统治下，他进行了整顿，将各国帝王的法规与律令收集在一起，预先颁布了伸展正义、关怀臣民的惯例。[接着]为了加强国家的支持力量，他下令赦免各族有声望人物，并对各阶层人民大开慈悲之门。由于在进行世界征服事业时，进军的灾祸遍及伊斯兰教国家，神的深思熟虑的明智便作出了必要的措施，以使早已进入神[的怀抱]中的人民所信奉的伊斯兰教成为医治这一灾祸的有效灵药，使得世人对于最高[真主]*的无边威力，永恒意志的法力明确坚定，豁然无疑。

[所有]这些已为远近俯首听命者及不驯之徒所证实的事实，体现在伊斯兰教君主、庶民的最高君主、安拉的福荫、安拉教义的

赞助者马合木·合赞汗算端上，安拉让他的政权永垂不朽，他是成吉思汗王朝大海中的珍珠，是天穹中统治者群星间的太阳，在他的灿烂的、幸福无比的才华的镜面上，不用[札木失忒的]指示世界的碗，出现了知与真的世界，在永恒真理的垂青指导下确立了[伊斯兰]教的真理；在他的平静的胸膛的碑上，没有口是心非的可羞的斑点，成为[神的]尊严之光的恩赐降临的场所，伊斯兰教威力的基础奠定和巩固了。他使所有的畏兀儿人和蒙古人，使拜火教徒和偶像教徒全都皈依了伊斯兰教，他将违反[伊斯兰教]法规的寺庙全部摧毁，将多神教徒和[真]教的敌人从地面上[全部]清除。他这样地加强了穆罕默德的宗教，支持了阿赫默德伊斯兰教法典的命令，这样地反击了黑暗势力和不法之徒的压迫，镇压了敌人和叛乱者：可以说在使徒时代以后的任何一个时代和时期中，都未有过像他这个日益繁荣昌盛的时代那样，使伊斯兰教能有这样辉煌灿烂，人民能这样安居乐业。

[我们，]在这个至尊和幸福时代的全盛年代里享福的人们，怎么能够不对这个伟大的恩赐和无所不容的慈悲感恩呢，这是我们祖祖辈辈所期望和寻求的东西，揭示伊斯兰教徒市集的庄严，扫除
种种困难和[理智]紊乱的原因，这一切都已让我们得到了。安居 62
乐业与和平的大门，以及真教徒事业的安稳性，靠着最高君主的无比仁慈与垂爱，已经对我们敞开了。“安拉慈悲，安拉赐福于他所中意的人，赞美安拉的伟大恩德！”①

至高无上的真理永存！伊斯兰教国君、沙、和平的荫护者、安

① 《古兰经》第 57 章第 21 节及第 62 章第 4 节。

拉真教的赞助者，永获上帝佑护！让安拉祈福于我们的先知穆罕默德和他的高贵的氏族吧！

63 # 也速该把阿秃儿的儿子成吉思汗纪

本纪按照如下顺序分为三部分：

第一部分：确定他的世系，详细列举并阐明[有后裔]蕃衍至今的那些儿女、子孙。纪其后妃及诸婿。[并附以]*他的肖像及诸子氏族支系表。

第二部分：在位时的编年记载。御极时其御座、后妃、诸王及诸异密的图像。异密世系。他在各个时期内进行的战争及其所取得的胜利。在位年数。

第三部分：纪其生平事迹及在位时的事迹；纪其必里克[1]、圣谕和嘉言；纪其嘉行懿德，并述前两部分中未及备载及从各书中录出、不按照纪传顺序叙述的零星片断。

第一部分

成吉思汗世系(nasab)的确定。成吉思汗后妃、子女、诸婿的详细列举和阐释。他的肖像及诸子氏族支系表

尽管从阿阑-豁阿开始的成吉思汗先世纪，已分述如上，但如

① bilik——蒙文 bilig，字面上为“贤明”之意，即各作家的片断记载中留传下来的蒙古人所谓的成吉思汗金言及训言。

果我们在这里专写一份自阿阑-豁阿以下的世系谱，那就会更为清晰，读者如果想很快地熟悉[他的]世系，就无须遍阅[上文]* 各纪，便能一目了然。我们在下面还记载了蒙古人对历代祖先的称呼。

成吉思汗的世系及历代祖先的称呼(laqab)如下：

成吉思汗的父亲为也速该把阿秃儿，在蒙古语中父亲被称做额赤格①。

成吉思汗的祖父为把儿坛把阿秃儿，在蒙古语中祖父被称为 64
额不格②。成吉思汗的曾祖为合不勒汗，在蒙古语中曾祖作额林赤黑③。成吉思汗的高祖为屯必乃合罕，在蒙古语中高祖曰不都秃兀[?]④。成吉思汗的五世祖为伯升豁儿，在蒙古语中五世祖曰不迭-兀古儿⑤。成吉思汗的六世祖为海都汗，在蒙古语中六世祖为禹儿乞[?]⑥。成吉思汗的七世祖为土敦-篾年，在蒙古语中七世祖曰都塔浑⑦。

成吉思汗的八世祖为成吉思汗孛端察儿⑧。自七[世]以上无专门术语，一律称做额赤斤-额不干⑨。

---

① ījkeh，蒙文 ečige——父亲。

② abūkeh，蒙文 ebüge——祖父。

③ alīnǰīk，蒙文 elenčeg——曾祖父。

④ būdūtū。见于《史集》原文中的高祖以上诸名称，不见于其他史料。此词音读不明。

⑤ būdeh-aūkūū‘；参照第 34 页，注①。

⑥ ?ūrqī；参照第 22 页，注①上的写法 būūtī。

⑦ dūtāqūn，参阅注④。

⑧ būdnǰār；《秘史》第 17 节作孛端察儿。

⑨ aīǰkīn-abūkn；当系蒙文 ečige(父亲)＋第二格后缀 yin 及 ebügen(老人、祖父)，ečige-yin ebügen——父祖、祖先。

万人的始祖(jaddeh)是阿阑-豁阿。另一种传说则认为阿阑-豁阿为十世[祖]*,因为据说孛端察儿有两个儿子,即不合和纳臣,土敦-篾年为不合的儿子。由于各种传说互有出入,为了不忽略任何一种传说,在以前各纪中[我们]*按照一种传说进行叙述,此处[我们又]*记载了另一种传说。就是这些了。

从前述各纪中,我们获悉并确定了如下事实:成吉思汗乃是起源于阿阑-豁阿的所有尼伦诸部中最卓越的人物。

当他所向无敌地崛起后,世人亲眼看到他受到种种天佑。由于他强大无比,遂征服了一切突厥、蒙古部落及其他种族,[使他们]做了[自己的]奴隶。

由于他身份的高贵、[内在]本性的精微,他像是一堆宝石中的罕有的珍珠,他高出于所有各族人民(ṭawāīf)之上,[使他们]置于[自己的]*支配下和最高统治的掌握之中。他的伟大的子孙和著名的兀鲁黑在[全世界]七个地带的六处成了君临天下的王冠和宝座的占有者及幸福的国君。最后,靠着王中之王、宇宙福荫、安拉宗教赞助者所有各族(qabīle͟h)各代人生存柱石马合木·合赞算端(愿安拉保佑吾主享国无疆,尊荣无比!)的荫护下,[伊斯兰教的]基础坚固无比、不可动摇,这是远近突厥、大食人有目共睹之事。只要能如安拉之所愿,这个至尊无上的时代所获得的福荫,将世世代代地不断增长。

尽管在史集第二部分中,将对有关成吉思汗的事迹详加记叙
65 和阐述,但我们先将其中一小部分事迹以简略的序言形式写出来,好让读者知道一个大概,同时下面也将对[成吉思汗的]*后妃及诸子系谱作一较清晰的简述。

让我们在安拉的佑助下[开始]* 叙述吧,——成吉思汗十三岁时丧父。父亲也速该把阿秃儿生前聚集的、听命于他的众多部落,见成吉思汗年幼,都离开了他。母亲月伦-额客[①]是一个十分能干、聪明的[妇女],她竭力保护照管他,照管也速该把阿秃儿身后遗下的家丁、财产、属民、军队和追随者(a'wān)。

成吉思汗多次陷入逆境,泰亦赤兀惕部多次伺机[袭击]他,让他戴上枷锁,而最高真理却[从这些逆境中]拯救了他。由于最高的主的意志早就安排下了要让成吉思汗成为世界的君主,便让他一点点发达起来,让他受尽千辛万苦,磨炼他胜任重任的能力,当他一旦达到[享受]* 君临天下和安宁的甜蜜之时,他便能领略[主的]* 大恩,[对主]感恩不尽。一旦飞黄腾达起来时,他便能制驭每一个人。

虽然逆境重重,他曾经历了千辛万苦,却是一个无比英武的[人],十分干练、明达,是一个有头脑、有见识的人。

由于[成吉思汗]慷慨豁达,他的声誉和事迹便从四周围传开去了,[人们无不]爱戴他。在诸部落群心归向下,他的力量巩固和强大起来,[他的]伴当们战无不胜,而[他的]* 敌人们则俯首屈服。由于他的族人、叔伯兄弟和长辈们(padarān)对他心怀嫉妒,尤其是他的邻部、禹儿惕(营盘)与他紧挨着的泰亦赤兀惕部对他嫉妒更甚,因此对付他们比对付远处的异己显得更为重要——他便先攻打泰亦赤兀惕部,经历了重重困难,终于将泰亦赤兀惕诸部

① aūālūn-aīkeh;《秘史》第 93 节作诃额仑-额客;蒙文 eke——母亲。〔《元史》、《亲征录》作月伦太后〕* 。

大部分歼灭，剩下的人则做了[他的]奴隶，我们[在下面]将详细叙及此事。

接着，他又征服了某些族人及若干近亲蒙古部落。这以后，有一个近亲部落同跟成吉思汗有过旧谊与父子关系的客列亦惕君主王汗勾结到了一起——他们打算一起来袭击他，他们的营盘与禹儿惕互相靠近到了一起。必须采取对策，对付他们的进攻。双方厮杀了好多次，最后成吉思汗终于获胜，将他们全部歼灭。接着他
66 又去对付在他禹儿惕境内的若干蒙古部落，[因为]所有的邻部大部分与他为敌，对他心怀嫉妒。

接着，他与乃蛮王敌对，先是，乃蛮人与客列亦惕君主王汗有仇，成吉思汗与王汗友好，[以前]成吉思汗与他们厮杀过好几次，结下了怨仇。此外，成吉思汗[禹儿惕]的附近地面上的敌人既已肃清，乃蛮人遂与[成吉思汗的禹儿惕]接境，而他的族人与蒙古诸部中的他的某些敌人又逃到了乃蛮人那里，造成了与他敌对的局面。由于这些原因，[成吉思汗]不得不同他们作战，直到将他们全部征服和歼灭为止。

接着，乞台君主阿勒坛汗想让成吉思汗照旧向他称臣屈服。阿勒坛汗是一位高贵、伟大的君主，大部分蒙古、突厥诸部，由于住在乞台境内，历来都向他俯首称臣，所以他十分傲慢自大。此外，如前所述，成吉思汗的若干长辈[1]曾被乞台君主杀死。由于这些原因，他们之间结下了怨仇。当最高真理使成吉思汗强大起来，许多军队聚集在他麾下时，他认为必须报宿仇、雪旧恨，便带着大军

[1] aǰdād wa a'māmn，直译："祖父们和伯叔们。"

去攻打阿勒坛汗。他征服了乞台地区的大部分,歼灭了他们的君主和傲慢的大臣,所有从[蒙古人]剑下幸免的人都屈服于[他]。

过了五年,他把军队留在那里,[自己]回斡耳朵去了。

接着,当他征服也在他的疆域内的吐蕃国与唐兀惕国①后,想再次出征乞台,将乞台一下子占领并征服乞台的邻国、离蒙古不远的哈剌章②地区(这一地区,印度人与哈剌章人[自己]都称做犍陀罗,大食人③则称做罕答合儿)。他果断地决定下了这件大事,但 67
[就在这时][乃蛮]王的儿子古失鲁克汗于其父被杀后,逃到了突厥斯坦④,与若干蒙古部落、成吉思汗的敌人勾结到了一起,占领了哈剌契丹古儿汗⑤统治下的突厥斯坦。古儿汗去世。这个消息

① 蒙文 tanggud,十世纪时在中国西北边境上建立的一个独立的国名,在中国史上以西夏国之名著称。这个国家的疆域包括今宁夏、鄂尔多斯和甘肃的西北部。其居民与藏人有亲缘关系。西夏存在时代从 990 年起到 1227 年被成吉思汗征服为止。

② 哈剌章——今中国云南省。从八世纪起到十三世纪为止,那里为主要住有傣族及藏-缅族部落的独立国家。最初汉人把它称为南诏,后来改称为大理。1263 年,这个国家被忽必烈征服。哈剌章这个名称当系源于突厥-蒙古语“哈剌”(黑)及藏语“章”(藏人迄今称住在云南省丽江和鹤庆县的 MOCO 部落为“章”)。在《元史》卷 121《兀良合台传》上,大理(哈剌章)国的居民被用蒙语称为察罕章(白章)和哈剌章(黑章),或用汉语称做白蛮和乌蛮。关于哈剌章这个名称,参阅玉尔:《马可波罗游记》,1926 年第三版,第 2 卷,64—74 页,考狄尔:《马可波罗》,1920 年,第 84 页;沙海昂:《马可波罗行纪》第 2 卷,第 218 页。关于该地区又称 Kandahar 或 Kandar,见玉尔同上书第 2 卷,第 39 页。

③ 拉施特原文作 tazik(今塔吉克人)——伊斯兰教定居民,主要是伊朗语系居民,值得注意的是,在蒙文编年史中没有遇到 tazik 一语,与此相当的只有“撒儿塔兀勒”一语,由此证明了,在十三世纪时这两个名词并无不同的种族意义。

④ 直译“突厥人地区”。在拉施特书中为东突厥斯坦、谢米列契及位于锡尔河东北的地区。

⑤ 哈剌契丹君主的尊号;关于这个尊号的语源,见第 48 页,注⑤。古儿汗的牙帐(虎思斡耳朵)在楚河流域八剌撒浑城附近。其领地包括今中国伊宁地区及哈萨克加盟共和国的东部。

传到了成吉思汗处,他出征乞台的意图便减弱了。为了镇压古失鲁克作乱,他派哲别带领军队去消灭古失鲁克。古失鲁克听从花剌子模沙·[马合谋]算端的意见,从古儿汗处夺得突厥斯坦这个大国后,古失鲁克和花剌子模沙各占据一部分,故当成吉思汗军队消灭古失鲁克时,花剌子模沙算端便侵占了直到边[堡]讹答剌为止的突厥斯坦全部地区。为了这件事,成吉思汗动了怒。此外,算端有一个号叫海儿汗[1]的母舅亦纳勒出黑,在讹答剌轻率和卤莽地杀死了为了团结、友好目的被成吉思汗派到算端处去的伊斯兰教商人。因此,成吉思汗在狂怒之下忘掉了乞台、至那[2]和哈剌章地区上的事,急忙向突厥斯坦与伊朗地区进军,在诸子和异密们的协助下征服了[这]两个地区。

成吉思汗死后,窝阔台合罕和其弟拖雷汗一起,将乞台国全部占领。他们还同诸侄占领了客剌儿[3]、巴失乞儿惕、不剌儿钦察草原[4]、斡罗思[俄罗斯]、撒耳柯思、阿速等地区,直到极北为
68 止,南面则直打到哈别失[阿比西尼亚]境内。他们还占领了肃

① 亦纳勒出黑(又作亦纳勒赤黑或亦纳勒汗)——花剌子模王的讹答剌都督,号海儿汗。花剌子模王帖怯失算端在下诏给海儿汗时称他为吾儿(farzand),故海儿汗为花剌子模王马合谋的兄弟(可能是异母兄弟)。海儿汗的伊斯兰教名字为塔札丁,而偶像教(突厥)名字为牙罕-脱黑迪("大象降生")。(参阅巴格达人巴哈丁·穆罕默德所编的 at-tawassul ila-t-tarassul,德黑兰 1355 年/1936 年版,第 43—46 页)(A.谢麦诺夫注)。

② 即北中国与南中国。

③ kalar;《秘史》第 270 节作客列勒。即匈牙利语 kiraly(读作基拉利),意为"国王"。《元史》卷 121《速不台传》:"攻马札儿部主怯怜。"可以认为,蒙古编年史家及拉施特都把 kiraly 误认为国名。参阅布列什奈德:《中世纪研究》第 1 卷,第 305、306、329、331 页。

④ 见第 112 页,注③。

良合地区[①]。在蒙哥合罕时代，其弟忽必烈合罕征服了乞台在国内剩下[没有被征服]的地方。其弟旭烈兀汗一下子占领了报达、邪教徒[亦思马因教徒]的堡国、苫国[叙利亚]及伊朗其他地区，一直打到鲁木[小亚细亚]的极边。忽必烈合罕在位时占领了[至那]、合剌章地区及忻都斯坦的一部分。直到如今，成吉思汗的兀鲁黑和子孙依然逐年逐月地将他们领地(mamālik)区域内的地区加以征服。由于成吉思汗及其兀鲁黑洪福齐天，[他们]成就了这些伟业，并将[继续]* 实现这样的伟业。

这些事迹将在后文各处中详细叙述，这里略述一下算做一个引子。现在，让我们在至尊安拉的佑助下来详细列举和记述成吉思汗的后妃(khātun)，让我们简述诸后为他生下的子女以及他们每个人的生平事略。

成吉思汗的后妃、子女

成吉思汗的后妃有五百左右，她们是他从各部落中取得的。若干后妃是他按照蒙古婚礼娶来的，但大部分却是他征服各国(mamālik)、各部落时掳掠来的。但是作为长后(khātūn-i buzurg)与获得充分尊敬的却只有下列五人：

大皇后孛儿帖旭真，弘吉剌惕[②]部首领和君主德那颜[③]的女儿。她在所有后妃中居长、最受尊敬，是威望极高的四个大儿子和

① B本作 sūlīqeh。原文为 sulangqeh，蒙文 solonggs、solongğd；《秘史》第 274 节作莎郎合思——高丽人。〔《元史》作肃良合〕*。

② qnqrat；《秘史》第 61 节作翁吉剌惕。〔《元史》、《亲征录》作弘吉剌〕*。

③ 《秘史》第 61 节作德薛禅。〔《元史》本传作特薛禅〕*。

五个女儿的母亲。[她的]长子为术赤,钦察草原的所有君主与宗王都是他的后裔[1]。

据人们断言:当成吉思汗和篾儿乞惕部作战,篾儿乞惕部获胜时,孛儿帖旭真肚里怀着术赤。篾儿乞惕部俘获了她。由于那时篾儿乞惕部和王汗和好,他们将她送到了王汗处。王汗很尊敬地看待她,由于他和成吉思汗的父亲是故交,将她当做儿媳看待,称成吉思汗为儿子。他的异密们对他说:"你为什么不娶她呢?"他答道:"她是我的儿媳,如果我心怀邪念地看她,就太下贱、太不老实
69 了。"成吉思汗得知这个情况后,便派遣札剌亦儿部撒儿塔黑那颜的祖父撒巴到王汗处去,将妻子要回来。王汗以应份的尊敬将她交给了他。在她返回成吉思汗处的路上生下了术赤。由于路上很危险,无法停下来[给婴儿]准备襁褓,撒巴揉了一小团面粉,将他裹往,并用前襟抱住,小心翼翼地将他无恙地带了回来。由于他是突然地降生到世上的,故被称为术赤。

第二个儿子为察合台。分封给他的疆土起自突厥斯坦,直到阿母河口为止。他的兀鲁思由阿鲁忽、木八剌沙和八剌管辖,现在又由他的儿子都哇和忽都鲁-火者管辖[2]。关于他的诸子世系的详述,以及他[本人]的事迹,见后文。

第三个儿子为窝阔台,他于成吉思汗之后当了合罕,在位凡十

---

① 术赤后裔(金帐汗和白帐汗们)统治钦察草原突厥诸部。

② 察合台为河中察合台王朝(1227—1358年)的奠基者。阿鲁忽为察合台的孙子,第五代察合台王朝汗(伊斯兰教历659—664年,公元1261—1266年)。木八剌为合剌-旭烈的儿子(664[1266]年),其侄八剌汗为察合台的孙子也孙-都哇的儿子(664[1266]—670[1271]年)。都哇汗为察合台系第十代汗(681[1282]—706[1306]年)。

三年。其长子为贵由汗①。海都②和那边的若干宗王都是他的后裔。关于他们的事迹将于后文叙及。

第四个儿子为拖雷，号(laqab)称也可那颜和兀鲁黑那颜③；成吉思汗称他为那可儿。他大部分时间跟随在父亲身边，跟随着父亲征战。“拖雷”[一词]在蒙语中是镜子的意思。自从拖雷死后，镜子[一词]迄今犹须避讳(nām-i ğurūq)。镜子的突厥名为阔思阔(küzgü)。为避讳起见，如今蒙古人遂称镜子为阔思阔④。蒙哥合罕、忽必烈合罕、旭烈兀汗和阿里-不哥⑤都是他的儿子，其后裔铁穆耳合罕和伊斯兰教君主合赞汗⑥——愿他长远在位！——乃是当今合罕和国君；他[成吉思汗]的纯洁氏族的其他支系和子孙都是[世界]各地的汗和君主。[他们]各人的纪传将[于后文]* 分别记述。

成吉思汗这四个儿子，聪慧、勇敢、英武，白璧无瑕。为他们的父亲、军队和民族(ra'iyat)所珍视。他们是成吉思汗国家的四根栋 70
梁。成吉思汗为他们[四人]* 每人建立了一个国家，称他们为四“曲律”，所谓“曲律”是他们对于卓越的人杰、骏马等等的称呼。⑦

---

① 窝阔台为成吉思汗的继承者，当了蒙古帝国的最高统治者(624[1227]—639[1241]年)。他死后，在他的儿子贵由即位前，由其寡后脱列哥那治国。贵由从 644[1246]到 646[1248]年在位。

② 海都，窝阔台的孙子，死于 701〔1301〕年。

③ 《史集》所载拖雷的称号，一为蒙古语，一为突厥语，但意义完全相同(也可——蒙语“大”，兀鲁黑——突厥语“大”)。成吉思汗将分地分封给诸子时，拖雷分得了蒙古地区。贵由死后，最高政权转入其后裔手中。

④ 即不用 tūlūī(蒙语 toli)一词，而改用突厥语 küzgü(镜)。

⑤ 蒙哥——第四代大汗(1251—1257 年)；忽必烈合罕——中国蒙古元朝的奠基者(1259—1294 年)；阿里-不哥——成吉思汗系的一个帝位篡夺者，忽必烈的竞争者。

⑥ 合赞汗——旭烈兀系君主(694[1295]—703[1304]年)。

⑦ 蒙文 külüg——骏马、快马；或豪杰、勇士。

关于这四个儿子的事迹，除了我们在[他们]每人的纪传中叙及外，还有许多事迹记载在《成吉思汗纪》中，我们从那里可以获知。关于诸异密及[由成吉思汗]建立的、分封给诸子的军队的记载，如果最高安拉乐意的话，也将于《成吉思汗纪》中有关诸异密的篇章中详述。

兹将此皇后所生五女之名及其所嫁予的人，记述如下：

长女火臣别吉[①]。最初许嫁给王汗的孙子、鲜昆的儿子秃散-不花[②]，但婚事未成，为此双方失和。后来，她嫁给了亦乞剌思部捏群的儿子孛秃驸马[③]。

次女扯扯亦坚[④]。嫁给斡亦剌惕部主忽秃合别乞[⑤]的儿子脱劣勒赤驸马[⑥]。

第三个女儿阿剌海别吉[⑦]。嫁给汪古惕部主的儿子……[？][⑧]

第四个女儿秃马伦。嫁给弘吉剌惕部主的儿子古儿干驸

---

① fūǰīn-bīkī；fūǰīn 当系 qūǰīn 之讹；参照《秘史》第 165 节：成吉思汗长女名豁真别乞；蒙文 begi——“公主”——妇女名字的组成部分，参阅：符拉基米尔佐夫：《蒙古语尊号别乞和别吉》，载《苏联科学院报告集》，1930 年，第 163—167 页。

② tūsān-būqā；《秘史》第 165 节作秃撒合〔《元史》、《亲征录》同〕*。

③ būtū-kūrkān；《秘史》第 120、202 节作不图及不图古列坚。〔《元史》本传作孛秃〕*。

④ jījkān；《秘史》第 239 节作扯扯亦坚。

⑤ qūtūqeh-bīkī；《秘史》第 239 节作忽都合别乞。〔《亲征录》作忽都花别吉〕*。

⑥ tūrālǰī；据《秘史》第 239 节上说：扯扯亦坚给了忽都合别乞幼子亦纳勒赤；拙赤的女豁雷罕给了其长子脱劣勒赤。

⑦ alāqāī；《秘史》第 239 节——阿剌合别乞。

⑧ ḥ??kūī，音读不明。据《元史》汪古惕部主《阿剌兀思剔吉忽里传》上说，他的儿子孛要合尚阿剌海别吉公主。

马。古儿干是驸马的意思,而他的名字正好就叫古儿干。就是这些!

第五个女儿阿勒塔伦,又名阿勒塔鲁罕①。嫁给斡勒忽讷惕部塔术驸马的儿子札兀儿薛禅②。塔术驸马是成吉思汗的母舅。成吉思汗最爱这个女儿。她的事迹很多,将于后文叙及。

这五个女儿及其夫婿们的事迹很多。他们每个人的世系分载于各传中,某些事迹则见于《成吉思汗纪》、《窝阔台合罕纪》和《贵由汗纪》中,[读者]只消细续上述纪传,就可知道。

大皇后孛儿帖旭真的子女已记述如上。就是这些。 71

二皇后忽兰哈敦③是遵命归顺[成吉思汗]的兀合儿-篾儿乞惕部④首领带儿-兀孙的女儿。他将这个女儿献给了成吉思汗。她为成吉思汗生了一个儿子,名叫阔列坚⑤。[成吉思汗]让这个儿子取得了上述四个儿子的[同等]* 地位(martab<u>eh</u>)。

兹将阔列坚及其直系后裔(farzandān)的宗支记述如下:他有四个儿子,长子名忽察⑥。父亲死后,他被授予六千人,并赐予父位。这个忽察有个儿子名叫兀鲁带⑦。[后来]* 他也继了父位和掌管了父亲的军队,并随侍于忽必烈合罕左右。兀鲁带的儿子也

① altālūn,altālūqān;贝书作 altālūqāān。

② ǰāūr-sāčān;sāčān,蒙文 sečen——贤者,人名的一部分。

③ qūlān-<u>kh</u>ātūn;《秘史》第 197 节作忽兰合敦。据《元史·后妃表》,忽兰皇后主第二斡耳朵。

④ aūhār-mrkīt;据《秘史》第 197 节上说,答亦儿-兀孙(带儿-兀孙)是兀洼思篾儿乞惕部人。

⑤ kūlkān,《元史》第 107 卷,页 6a:阔列坚,成吉思汗第六个儿子。

⑥ 原文 fūǰeh 为 qūč<u>eh</u> 的讹写;见《元史》107 卷,页 6b:忽察。

⑦ aūrūda'īa,《元史》107 卷,页 6b:忽鲁歹。

不干[①],继承父位统辖军队。但当塔察儿那颜的兀鲁黑及乃颜等宗王背叛忽必烈合罕,想同海都勾结起来,被忽必烈合罕得知时,他同其余诸人都被处死了。[②]

三皇后也速干[③],塔塔儿氏。她给成吉思汗生了一个儿子,名札兀儿[④],早年夭折。

四皇后公主哈敦[⑤],乞台君主阿勒坛汗之女。我们知道,她长得不美,但由于其父是伟大的君主,就使她获得身份,受人尊敬。她没有为成吉思汗生下子女。她一直活到阿里-不哥时才死去。这个皇后的斡耳朵里有一个厨子(宝儿赤)名叫哈忽台[⑥],是额儿木克[⑦]之女,声望很高,十分有名。

五皇后也速伦[⑧],也速干的姊妹,塔塔儿氏。

除上列诸皇后外,成吉思汗还有一些地位居长的后妃(khātūn),但她们就不能与这五位正后并列了。其中有一个阿必合哈敦[⑨],
72 是客列亦惕部主王汗弟札阿-绀孛[⑩]的女儿。其妹名必克秃秃迷

---

① abūkān,《元史》107 卷,页 6b:也不干。

② beh yāsā rasānīdan,意译:"处死",直译:"按札撒处置",即处以大法。札撒被认为是成吉思汗所制订的蒙古习惯法。

③ 原文作 bīsūkāt;《秘史》第 155 节作也速干,据《元史》106 卷,页 2a,也速干皇后主第四斡耳朵。

④ ǰāūūr。

⑤ kūnǰū-khātūn;kūnǰū 源于汉语"公主"。

⑥ hqūtāi。

⑦ armūk。

⑧ 原文 bīsūlūn;《秘史》第 155 节作也遂,也速干的姐姐;据《元史》卷 106,页 2a,也速主第三斡耳朵。

⑨ abīqeh-khātūn;《秘史》第 186 节作亦巴合别乞,札合敢不长女。

⑩ ǰāqmbū;《秘史》第 107 节作札合敢不,王罕弟。[《元史》、《亲征录》作札阿绀孛。]*

失旭真①,被成吉思汗嫁给了术赤汗,另一个名叫唆儿忽黑塔尼别吉②的姊妹,则嫁给了拖雷汗。她是[产生]* 四颗大珍珠的纯水中的贝壳,是四个荣耀的儿子的母亲,这四个儿子都长得相貌堂堂,幸运无比,建立了丰功伟业。

他自己娶了这个阿必合哈敦。一天夜里,他突然得了一个梦,遂将她连同她所有的全体族人(khaīl)、仆从(khadam wa ḥašam)、属民(taba')、侍臣③、马群、羊群和金银财宝,除了一个厨子(宝儿赤)及他喝酸马奶用的一只金碗被他留作纪念外,[全部]* 赐给了那夜担任宿卫(kazīk)的异密、兀鲁惕部的怯台那颜④。这件事详见有关兀鲁惕部的篇章中。

另一个妃子古儿别速哈敦⑤,最初是乃蛮王太阳汗的长后⑥。太阳汗很爱她。太阳汗被杀死后,过了一些天,人们把她带到了成吉思汗处,成吉思汗按照蒙古习惯与规矩⑦娶了她。

---

① bīktmūmīš-fūjīn;据《秘史》第 165、169 节,成吉思汗为拙赤娶王罕的女儿察兀儿别乞为儿媳。

② srqūqtnī-bīkī;《秘史》第 186 节作莎儿合黑塔泥别乞〔《元史后妃表》作唆鲁和帖尼。〕*

③ aīū-ağlnīān;见第一分册俄译本第 186 页,注⑥。

④ k(a)htī-nūīān,参阅后面第 76 页,注②。据《秘史》第 208 节,成吉思汗将亦巴合赐给了主儿扯歹。〔据《元史·术赤台传》,成吉思汗将"嫔御木八哈别吉"赐给了术赤台;怯台为术赤台的儿子〕*。

⑤ kūrbāsū-khātūn;据《秘史》第 196 节:古儿别速为乃蛮塔阳罕的母亲。〔《亲征录》作菊儿八速。〕*

⑥ tāyānk-khān;《秘史》第 166 节作塔阳罕;蒙文 dayan-hagan——全民族的汗。参阅符拉基米尔佐夫:《论 Dayan-qaran 这个尊号》,《俄国科学院报告集》,1924 年,第 119—121 页。

⑦ yūsūn-i muğūl。

另一个妃子为唐兀惕王的女儿。成吉思汗[向他]要礼物作纪念，他给了他这个女儿。

有许多君主的后妃和异密的女友做了成吉思汗的妃子，但都没有算做[他的]正后。

成吉思汗有一个由乃蛮部的妃子(qūmeh)所生的儿子，名叫术儿赤[台][1]。这个儿子死在其他儿子之前，他母亲的名字不详。他[成吉思汗]还有一个儿子，名叫兀儿札罕[2]，也死于幼年。他的母亲是一个塔塔儿部的妃子(qūmeh)，名字也不详。

成吉思汗的有声望的后妃及其子女已记述如上。由于四个[大]*儿子声名显赫，他们被称做四"曲律"，即四杰，他们每个人都成了君主，因此在下列成吉思汗直系后裔的世系表中没有列出他们的子孙支系，当我们[在后面]*谈到[他们]每个人时，将对其子孙支系专门地分别记述。至于阔列坚，由于我们不再对他另行记述，故将其子孙支系列举于此。诸女的子孙，由于其父分属于各部落，见于各部落篇章。他们的支系不应列举于此。成吉思汗之像及其诸子支系如下：

---

① 原文作jūrḥtī;《秘史》第130节：主儿扯歹——成吉思汗的将领。

② aūrǰqān。

成吉思汗及其皇后的图像，以及子女支系

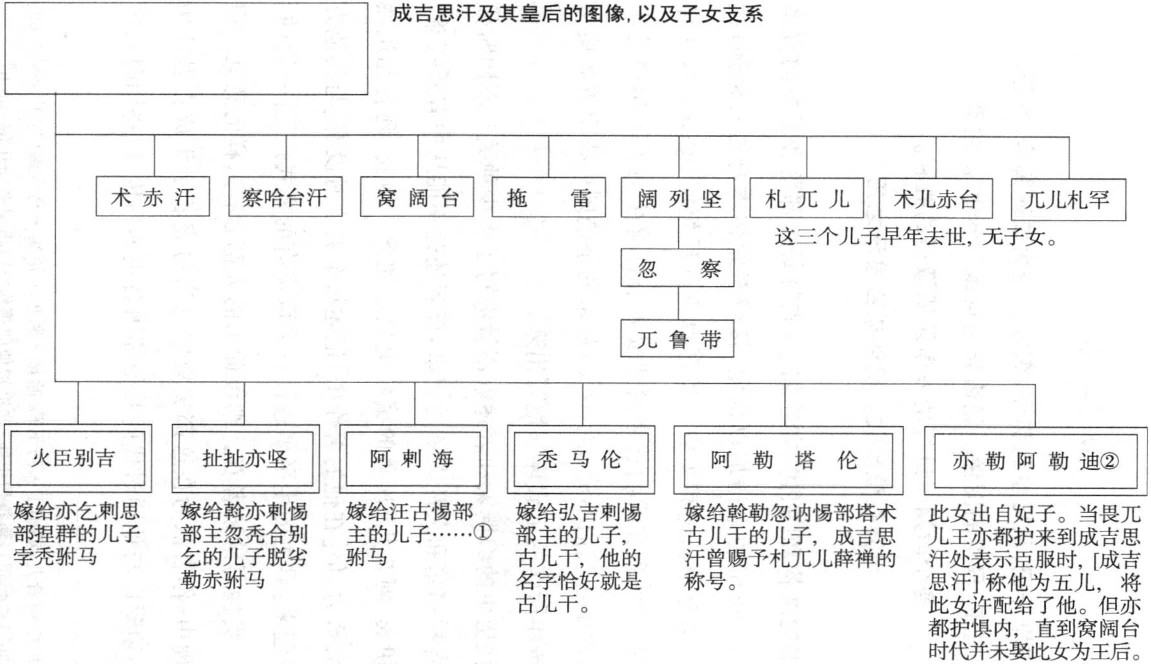

① 原文作j??krī。

② 原文作 aīl-āltī，比较卷一第一分册俄译本第 144 页。

第二部分

成吉思汗纪：从出生到称汗、御极。登大位时御座、后妃、诸王、异密的图像。记诸异密世系(nasab)。述其各个时期中进行的战争及所取得的胜利。记其在位年数。简述成吉思汗之死

73 本书的结构和[叙述]方法如下：先将每个部落和君主的直系后裔(farzandān)的系谱加以确定，接着对纪传本身进行记述；我们在第一部分中已记载了成吉思汗尊贵的后妃们(khatūn)，并详列了他的子女，现在我们就来简述成吉思汗降生后若干年内的本纪，最初的事迹我们不能逐年获知；后来的事迹则可将蒙古名册与史书中按年所作的记载详细地写出来。

以往历史的编撰家和著述家不管编写了多少种关于不同时代的各式各样书籍和杂乱无章的纪事，读者还是不能从中有所获益。已故的伊宾-阿昔儿[①]所著的编年史也是如此。伊宾-阿昔儿虽然作了很大努力，但[在他的著作中]记述每个君主时没有[与其他方面]联系起来，君主的生平事迹没有采取应有的方式按照[一定的]顺序和一贯性写给读者看。细读此书的人都会有这样的意见。根据上述理由，作者认为在这部史集中每当写完若干年成吉思汗历史后，必须附以与他同时代的其他邻国君主的列传，以将同时代中

① 伊宾-阿昔儿，亦咱丁·阿不勒-哈散·阿里·伊宾·马合谋(生于555[1160]年，死于630[1234]年)，阿拉伯史家；这里指他的著作"Kitāb al-Kāmil fi-t-tarih"。

各国君主的[不同]情况构成一个整体写给读者看。由于[纂修]*吉祥合赞史是编写本书、汇集这些事迹的目的,故除在前面那些辽远年代的诸纪中没有遵循这个原则外,都[遵循这个原则]进行记述。成吉思汗及其子女的历史,从成吉思汗出生到去世为止,以及他死后直到如今,在按照适当年代划分出的每个时期中发生的事,就是按照这一方法写成的。[至于]当代其他国家君主的历史,凡确实可靠地知道、并为[叙述的]连贯性所必需的记载,悉以附传形式载入,一直记载到[我们]* 这个至尊的、幸福无比的时代为止,俾使读者能[从整体上]了解全部情况。以下遵照这个原则所采用的形式和方法见诸[下文],愿安拉佑助[我们]。* 74

成吉思汗纪[一]*

从成吉思汗降生之年、始自伊斯兰教历 547 年〔原讹,应为 549 年〕* 11 月的合孩亦勒①即猪年[公元 1155 年]* 初起,到始自 562 年 4 月的下一个合孩亦勒即猪年[1167 年]* 止。

当时成吉思汗的父亲也速该把阿秃儿在世。在[这段时期的]最后一年,即第十三年上,也速该把阿秃儿去世,成吉思汗十三岁时失去了父亲。由于在成吉思汗和他父亲的时代里,星相家不会通过观察星相的方法来确定时间,史家们没有记载年月日,故他[成吉思汗]降生的日期、时辰无从确定。但为全体蒙古宗王、异密

① qāqā-yīl,猪年,十二兽纪年之最后一年。

和大臣们(a'yān)所知、并成为尽人皆知的事实是,成吉思汗享年七十二岁,他死在第七十三年上。可信赖的星相家们记下了他去世的日期,因为[这一天]他的在位到达了宏伟和尽善尽美的极限。据他们说,他于合孩亦勒即猪年秋第二月(māh-i pāīz)十五日去世。尽管这[一年]是从他降生之年[算起]的第七十三年,但他想必生在一年的中间[几个月里]*。按照这个假设,他享年七十二周岁。由于四十一岁以前,他的生活一部分在童年中过去,一部分则在动荡不安的生活中过去,史家们不能逐年获悉这段[时期]的事,故这四十一年的编年史写得很简略,逐年详细记述的只有他一生的晚年,——我们也将遵照这样的[记述]方法将[这一部分]写出来。方法既已确定,现在就让我们按照既定的方法来写从降生起到父亲去世为止十三年内的成吉思汗历史吧。

事情是这样的:当时其父也速该把阿秃儿正处于威风凛凛、极其强盛兴隆之时,他当上了他的先辈们[1]所统辖的所有部落的统治者(ḥākim)和首领(sarwar),诸部推戴他为自己的君主,向他俯首听命,而塔塔儿等其他部落却由于[前册]*《塔塔儿部落》篇中
75 所述的原因,[与他]敌对,他们之间进行了多次厮杀。

在相当于伊斯兰教历 547 年[原讹,应为 549 年]* 的成吉思汗降生之年、上述猪年[公元 1155 年]*,也速该把阿秃儿出征塔塔儿人。他的妻子月伦-额客正怀着成吉思汗。塔塔儿人的君主为铁木真-斡怯和忽鲁-不花[2]。也速该把阿秃儿与他们作战,击

① beh padarān wa a'mām-i ū,字面上意为:"他的父亲们和叔伯们。"

② qūrū-būqā;《秘史》第 59 节作帖木真-兀格和豁里-不花。

溃并征服了[他们]。他得胜归来，将他们的帐庐、马群与畜群洗劫一空。[接着，]他屯驻在迭里温-孛勒答黑[①]地方。过了一些时候，那一年成吉思汗在幸福的预兆下降生了。他的右手掌心里握着一小块干肝块似的凝血。他的额上有着征服世界、掌握世界的明显标志，他的面容透露出幸运与威武的光辉。也速该把阿秃儿那时战胜了塔塔儿人并制服了他们的君主铁木真-斡怯；他战胜了敌人，认为这是个吉兆，便用上述塔塔儿人的君主的名字，给自己的帝王儿子取名为铁木真。当时，也速该把阿秃儿是尼伦诸部、长幼亲属(āqā wa īnī)和族人们的首领。他与其他部落的君主和异密(那些部落由于反抗蒙古人的结果，并按照他们的种类和语言[蒙古种和蒙古方言]看来，今天一概被称为蒙古人，但是在过去，它们每个部落各有某个专有的名号，他们在本性上不同于蒙古人)，尤其是塔塔儿诸部，结下了怨仇。也速该把阿秃儿和那些部落的大多数部落作战、厮杀，征服了[其中]一部分。大部分敌人和朋友都惧怕他的勇敢和攻击，为了活命而向他屈服，[因此，]他的业绩是秩序井然和辉煌灿烂的。在成吉思汗之后，他又生了另外几个子女，有如《也速该把阿秃儿纪》中所述者。

在这十三年期间，他依旧稳固地君临于自己的各部落，每[隔]几个月他就去征伐他的兀鲁思周围的突厥诸部。在多数战斗中，他都取得了胜利。但是有一群族人，正如[俗话]所说："亲人[狠

① 原文讹作 dīkūn-būldāq；B本、贝书作 dīlūn-būldāq；参照《秘史》第59节的迭里温-孛勒答黑。[《亲征录》作跌里温-盘陀山]*。尤连斯基报道说，他发现迭里温-孛勒答黑地方在鄂嫩河右岸，"离尼布楚230俄里，离中国边界8俄里。"见《俄国考古学会东方部丛刊》第2卷第154页。

似]* 蝎子”，出于天生的仇恨心，嫉妒他；但由于没有足够的实力来反抗他，他们在他生前早就在心头种下了仇恨和报复的种子。也速该把阿秃儿于青年时代死去后，泰亦赤兀惕诸部——他的堂兄弟和出自同祖的族人们(khīšān-i padarān)，由于曾在成吉思汗
76 的直系祖先的各纪中阐述过的原因，乃是最强大的[部落]，拥有最多的部属(taba‘)和军队，他们的首领是声名显赫的君主。尽管[该部落]在也速该把阿秃儿时代[向他]屈服，[对他]友好、顺从，但在他统治的最后和他去世的时刻，却不服从他，对他表示敌意。

父亲去世时，成吉思汗才十三岁，他的兄弟们也都是孩子。他们的母亲，斡勒忽讷惕部的月伦-额客，十分聪明和能干。也速该把阿秃儿死后，[他们的]命运陷入困境，他们在这段时期里的详细情况不得而知。从始自伊斯兰教历547年[原讹，应为549年]*11月的成吉思汗降生的猪年(当时他的父亲[还]活着)起，到始自伊斯兰教历562年4月的第十三年上的猪年(那年他十三岁)为止的成吉思汗纪已摘要简述[如上]*，现在让我们接着来写在这十三年内与成吉思汗同时代的各地算端及其他君主们的历史。然后我们再在安拉的帮助及其无比卓越的赞助下来写这十三年以后的成吉思汗纪。就是这些！

[列国传一]*

从[始自]*伊斯兰教历547年[原讹，应为549年]*11月的猪年[公元1155年]*初起，到始自伊斯兰教历562年3月的另一

个猪年[公元1167年]* 止,共十三年。记此十三年内与成吉思汗同时的乞台、至那、客列亦惕、乃蛮、蒙古、畏兀儿、突厥斯坦、客剌儿、巴失乞儿惕、钦察、斡罗思、撒耳柯思、阿速、河中的君主和合罕,伊朗、鲁木[小亚细亚]、苫国[叙利亚]、密昔儿[埃及]的哈里发、算端及其他君主,以及在此期间发生的异事。

当时的乞台、哈剌契丹、女真君主,以及*①当时与成吉思汗同时的摩至那(即汉人所谓的蛮子,而蒙古人却称做南家思)君主传

当时这些地区的统治者,已非出自这些王国古代王族[的后裔]*。[伊斯兰教历]* 289年[公元901—902年],乞台、哈剌契 77
丹②、女真③及蛮子④(又称至那、摩至那或南家思⑤)的国王是一个出自古代王族的人,名叫梁太祖⑥。他在位时,有一个名叫啜里

① 诸本均加有此*号,然后又删掉了。

② 在我们的历史文献上常见的、有别于乞台(契丹)一词的本义(即有别于北中国)的"哈剌契丹"国即"黑契丹"的"哈剌契丹"人一词,在此处意义略有改变。

③ 女真说与满族相近的语言,住在满洲东北部的部族。女真最初处于契丹的统治下,十二世纪初在阿骨打的领导下崛起,大败契丹,阿骨打于1115年称帝,将自己的王朝称为金朝。阿骨打的嗣位者吴乞买,灭掉了契丹王国,并南侵宋土扩展领土。女真国的疆域南抵淮河。金朝在北中国统治了一百多年,其后才为蒙古人所灭。

④ Манзи,源于汉语"蛮子"——南蛮。汉人于古代用这个名词称呼住在中国南方的所有异族。在蒙古时代,"蛮子"一名被用来称呼住在〔南〕*宋国土上的南中国人;北中国的居民则被称为汉人。

⑤ 南家思——南人,由汉语"南家"(南人)+蒙古语复数语尾"思"组成。

⑥ 梁太祖(907—912年),唐亡后、政权归宋室所有之前,五十三年间(907—960年)统治中国的"五代"之一后梁王朝(907—922年)的建立者。

只·阿保机[①]的游牧民族(ṣaḥrānīšīn)的异密崛起。他并吞了乞台、哈剌契丹和女真地区(mulk)。传位至第九世时,女真王崛起,又从哈剌契丹人手里夺取了这个国家,把他们推翻了。伊斯兰教历 419 年[公元 1028 年]及 522 年[公元 1128 年],上述女真王占领了全部乞台领土(mulk);乞台君主高宗[②]为了躲避他们逃到了摩至那,后来他和他的后裔一直在那里抱残守阙。女真王占领了哈剌契丹和女真地区后,自称大辽[③],意即普世之君主。成吉思汗立国(mamālik)后,汉人照着[女真王的]* 这个称号,称他为大王[④],意即向[全]世界发号施令的伟大君主。有关乞台及摩至那帝王的历史和事迹,在他们的册籍中,从古代起,每个帝王逐年有详细记载,我们将于这部吉祥合赞汗史的附纪中详叙。读者若愿一读这些历史的全部内容,可于那里读到。现在将这些国家
78 在这十三年间与成吉思汗同时的上述女真王族的帝王名字列举于此,这些帝王皆有"阿勒坛汗"之号,每个帝王又各有汉语名号如下:

熙宗[⑤]:[在位共]十四年,[在这十三年内在位]五年。

亮太祖[⑥]:[在位共]十二年,[在此期间在位]八年。

---

① 据《辽史》卷 1,页 1a 上说,契丹国的创建者阿保机(907—926 年),幼年小名为啜里只。

② 原文 gāūzūn,汉语"高宗",南宋王朝的第一代皇帝,1127—1162 在位。

③ 原文 rāī-līū——当即汉语"大辽"。啜里只阿保机所建契丹王朝的称呼。见第 3 页,注①。

④ 原文 rāī-ūn;汉语"大王"。

⑤ 原文 ḥīzūn;汉语"熙宗",金朝第三代皇帝(1135—1148 年)。

⑥ līānk-tāīzū,《史集》此名显系海陵炀王(金朝第四代皇帝(1149—1160 年),名亮)的讹写。

在此期间与成吉思汗同时的摩至那(即汉人所谓的蛮子,蒙古人称做南家思)君主传

该国君主起源于自古以来统治乞台、哈剌契丹、女真、摩至那渊源深远的王族。

如上所述,啜里只·阿保机于……年①,通过暴力征服手段占领了乞台、哈剌契丹与女真诸国,战胜并制服了他们。上述女真王崛起后,该国君主的祖先高宗从乞台逃到了摩至那。由于他们的历史将在附纪中详叙,此处不再赘述。这十二年内在位的帝王名字及其在位年数如下:

南宋高宗②:[在位共]四十一年,除过去的二十五年及以后的二年外,[在此期间在位]* 十三年。

突厥斯坦和河中

如上所述,当女真王出兵攻打哈剌契丹,将其灭掉时,哈剌契
丹的一个有势力的异密大石太傅从那里逃到了乞儿吉思、畏兀儿 79
和突厥斯坦地区上。他是一个有智慧而又有才干的人。他有条不紊地从这些地区上将队伍召集在身边,占领了整个突厥斯坦地区。[从而]获得了古儿汗,即伟大的君主的称号(laqab)。这件事发生

---

① 诸本均缺。

② 原文讹作 tmsūn-kāūzūn,应为 namsun-gauzun,汉语"南宋高宗"(1127—1162年)。见上页注②。

在伊斯兰教历522—523年[公元1128—1129年]。后来古儿汗死了，他的一个十八岁的儿子嗣位，也称做古儿汗。他活得很长，共活了92个突厥历年，即95个伊斯兰教历年。他死于伊斯兰教历610年左右[1]。

成吉思汗出生的那年，这个古儿汗三十四岁，在位已有二十五年左右。

在此十三年内，与成吉思汗同时代的突厥斯坦和河中王就是他。

在此期间与成吉思汗同时代的伊朗地区、鲁木[小亚细亚]、苫国[叙利亚]、密昔儿[埃及]及其他[诸国]的哈里发、算端、篾力和阿答毕传

哈里发传

成吉思汗出生时报达[2]哈里发为阿拔思朝木克塔非。他活到伊斯兰教历556年[公元1160—1161年]才去世。其子木思丹只忒[3]嗣立。成吉思汗出生之年密昔儿[埃及]哈里发为亦思马因教

---

① 伊斯兰教历610年，始自公元1213年5月23日。

② 底格里斯河中游的城市，建于古伊朗王国京城克帖西封(阿拉伯语麦答因)废墟的北面巴格达村之地。公元762年至1258年为阿拔思朝哈里发的京城。

③ 阿拔思朝哈里发木克塔非·里俺里剌黑(530[1136]—555[1160]年)及其嗣位者木思丹只忒·必剌黑(555[1160]—566[1170]年)。

徒咱非儿①。他于这一年伊斯兰教历 1 月被弑，其子法亦思②嗣哈里发位。他死于木克塔非去世之年，即 556 年；其堂兄弟阿迪忒③嗣哈里发位。就是这些！

算 端 传

管理呼罗珊④国事的是塞尔柱系的散札儿·伊宾·灭里沙算
端⑤。成吉思汗出生前二年，人们为讨好乌古思人，将他劫走关进
了牢里。[成吉思汗]出生之年，他才结束了俘虏生涯，于伊斯兰教
历 9 月逃到了忒耳迷堡⑥。算端的死敌、哈剌鲁部主(mihtar)阿里 80
伯死后，哈剌鲁人降附了他。后来他得了胃病，由胃病引起赤痢后
死去了。

伊斯兰教历 552 年[公元 1157 年]3 月，乌古思人进犯你沙不儿城⑦，他们进行屠杀、破坏、掳掠[居民]，洗劫了[城市]。

---

① 咱非儿·阿不·满速儿·亦思马因，法提玛王朝君主(544[1149]—549[1154]年)。

② 法亦思·阿不·合昔木·亦撒，咱非儿的儿子及嗣位者(549[1154]—555[1160]年)。

③ 阿迪忒·阿不·马合谋·阿不答剌黑，法亦思的嗣位者。法提玛朝的最后哈里发；567[1171 年]为艾育伯朝撒剌丁废黜。

④ 呼罗珊——中世纪地区名，包括今伊朗东北部、吐库曼加盟共和国南部及阿富汗斯坦西北部。今作霍腊散，系伊朗东北部省名。

⑤ 纳昔剌丁，后来又名木亦咱丁·阿不·合里思·散札儿，所谓“大塞尔柱人”的支系的最后君主(511[1118]—562[1157]年)。散札儿即位前曾当过几年呼罗珊都督。

⑥ 中世纪时阿母河右岸的大城，废墟在今乌兹别克加盟共和国帖尔密兹附近。

⑦ 在蒙古人入侵前，你沙不儿为塔希儿朝时呼罗珊的首邑。该城多次遭到彻底破坏(1153 年乌古思游牧民的入侵，1221 年蒙古人的入侵，以及最后，1280 年发生的地震)。你沙不儿新城建于旧城西面附郭沙的牙黑之地。今为伊朗东北部的城市，位于密什赫德西面。

花剌子模[①]:掌握花剌子模最高政权的是塞尔柱朝柱石,阿忒昔思·伊宾·马合谋·伊宾·必勒格·的斤[②]。他还将突厥斯坦和钦察草原[③]的若干领地(mamālīk)夺取到了手里。伊斯兰教历551年[公元1156—1157年],他患麻痹病死去,享年61岁。其子亦勒-阿儿思兰[④]继承花剌子模沙尊号治理国家。

伊拉克·额者木:坐在伊拉克·额者木京城亦思法杭[⑤]王位上的是塞尔柱王朝的马合谋·伊宾·马合木·伊宾·马合谋·伊宾·灭里沙算端[⑥]。那一年他从附近地区把军队召集起来围攻了报达;双方展开厮战。这时他听得其弟灭里沙和脱黑鲁勒[一世]的儿子阿儿思兰[⑦]及其继父帖必力思阿答毕亦勒迭吉思[⑧]一起围攻下了哈马丹[⑨]。他因此怀着对他兄弟的怨恨,回来反击他们,

① 花剌子模,为古代中亚阿母河下游的文明地区。这个地名最早见于〔古波斯〕* 阿赫明王朝的楔形文字碑上和《阿吠陀经》上。中世纪时,它成为独立的花剌子模沙王朝的领地,最初其中心在乞牙忒,后来则在玉龙杰赤(库尼亚·乌尔根齐)。蒙古人入侵花剌子模后,直到十六世纪初月即别人(今乌兹别克人)建立希瓦汗国之前,花剌子模一直没有人建立过独立的王朝。如今,花剌子模为乌兹别克加盟共和国的一部分。

② 阿忒昔思,事实上为花剌子模沙王朝的头一个独立君主(522[1128]—551[1156]年)。原文将他讹称为塞尔柱朝异密必勒格·的斤的孙子,实际上他是必勒格·的斤的部将和奴隶、塞尔柱朝君主灭里沙时的花剌子模都督阿讷失·的斤的孙儿。

③ 拉施特和东方著述家所谓的"钦察草原"是起自额尔齐斯河以迄第聂伯河的草原地区。

④ 花剌子模王(551[1155]—568[1172]年)。

⑤ 伊拉克·额者木,即波斯伊拉克;亦思法杭,见第207页,注②。

⑥ 伊朗的塞尔柱王朝君主(548[1153]—554[1159]年)。

⑦ 阿儿思兰沙,伊朗的塞尔柱王朝君主(556[1161]—573[1177]年)。

⑧ 亦勒迭吉思系君主;见第150页,注③。

⑨ 哈马丹,古代额克巴塔纳,伊朗西北部(波斯伊拉克)最古老的城市之一;今为巨大的工商业中心。

[但在半途中]他的军队散了。当他到达哈马丹后，便出征亦勒迭吉思的领地（bilād），[途中]患肺炎死去了。临死之前，他命异密们骑上马，并将全部财物，如珠宝、金钱之类以及王室金库中的全部贵重物品，俊美的奴隶和心爱的女奴，全都摆在他面前。他从楼 81
上看到这一切后，哭着说："这些异密、士兵、臣民（atbā'）、亲信（ašiā'）、仆役（khadam）与侍从（ḥašam），织物、布匹、宝石、珍珠和种种珍宝全都丝毫不能减少我的痛苦，也不能延增我的片刻生命。那些拼命聚敛世界荣华富贵的人真是不幸啊！"[说罢，]他将这些财物全部赐给了在场的人。他有一个年幼的儿子，他说："我知道，军队不会服从他的！"——遂将他托付给篾剌合[1]长官（wālī）阿黑松忽儿·阿黑麻别乞[2]，命他将他带去，加以抚育。他死后，异密们分裂为两派，一派倾向其弟灭里沙[3]，另一派倾向其叔速来蛮沙[4]。速来蛮沙来到亦思法杭时，法儿思阿答毕答克列[5]、忽即思丹[6]长官（wālī）沙木剌-突厥蛮及其他异密，以及撒忒剌丁·忽毡迪法官的儿子将亦思法杭交给了他。速来蛮沙要求将哈马丹境内的军队交给他，他们不服从。伊斯兰教历555年[公元1160年]，速来蛮沙进入哈马丹城门时，士兵们聚拢来勒死了他。脱黑鲁

① 帖必力思南面南阿塞拜疆（今伊朗阿塞拜疆）的一座城市，位于乌尔米亚湖东面。在旭烈兀汗时代为旭烈兀朝伊利汗的京城。

② 阿黑松忽儿二世，篾剌合地方小王朝阿答毕，即所谓阿黑篾迪里王朝或阿黑松忽儿王朝的君主（525[1131]—604[1208]年）。

③ 木亦纳丁·灭里沙，木吉撒丁·马合谋的儿子，为伊拉克及曲儿忒斯坦的塞尔柱人所建王朝的君主（547[1152]—548[1154]年）。

④ 速来蛮沙，木吉撒丁·马合谋的儿子（554[1159]—556[1161]年）。

⑤ 法儿思的撒勒葛儿王朝君主；关于此人，见第116页，注⑪。

⑥ 伊朗西南部省名，古代速即安纳（额拉木）。

勒一世的儿子，亦勒迭吉思阿答毕的养子阿儿思兰在哈马丹即位[1]。

鲁木[小亚细亚]王是乞里赤-阿儿思兰的儿子马速忒算端[2]。伊斯兰教历 558 年[公元 1162—1163 年]，他死于阔尼牙城[3]，由他的儿子乞里赤·阿儿思兰继位[4]。

起儿漫[5]君主为阿不勒瓦里思·马合谋·伊宾·阿儿思兰沙·伊宾·起儿漫沙·伊宾·客瓦儿忒·伊宾·察格里伯·答兀忒·伊宾·米哈亦勒·伊宾·塞尔柱[6]。他死于伊斯兰教历 551 年[公元 1156—1157 年]，由他的儿子脱黑鲁勒沙[7]继位。

古耳[8]算端为阿剌丁·忽辛·伊宾·忽辛[9]。他也死于那年，
82 由他的儿子赛甫丁·马合谋[10]继位。他在伊斯兰教历 558 年[公元 1162—1163 年]死于乌古思人手下。上述忽辛篯力的堂兄弟撒木[11]

① 塞尔柱王朝君主。

② 马速忒一世，小亚细亚的塞尔柱人所建王朝算端，510[1116]至 551[1156]年在位(据拉施特说，他在位的最后一年为伊斯兰教历 558 年)。

③ 阔尼牙，小亚细亚塞尔柱人王朝(1077—1300 年)的京城。1257 年被蒙古人攻占。今为小亚细亚(土耳其)南部康尼亚州首邑。

④ 按照林普勒所引用的系谱表，为其侄儿，见第 149 页，注①。

⑤ 伊朗南部省名。

⑥ 木吉撒丁·马合谋一世，起儿漫的塞尔柱人所建王朝君主(537[1142]—551[1156]年)。

⑦ 木黑牙丁·脱黑鲁勒沙(551[1156]—565[1169]年)。

⑧ 占据阿富汗中部的、位于也里和哥疾宁之间的格里鲁德河和希里明德河上游的多山地区。

⑨ 古耳朝君主，554(1159)至 556(1161)年统治古耳，后来又统治了哥疾宁和非鲁思苦黑。

⑩ 556[1161]至 558[1163]年间统治古耳。

⑪ 别合丁·撒木，古耳朝君主，关于此人见后文。

篾力的儿子,古耳人吉牙撒丁·[马合谋]①算端和失合巴丁②算端兄弟俩便成了古耳和哥疾宁的算端。就是这些!

篾力、阿答毕传

昔思田③篾力为纳思儿·伊宾·哈剌甫,他死于伊斯兰教历558年,[这时]他已经年逾百岁;由他的儿子继位。

祃拶答而④君主为鲁思帖木·伊宾·阿里·伊宾·沙赫里牙儿·伊宾·客伦⑤。他死于伊斯兰教历558年。其子阿剌·倒剌·哈散·伊宾·鲁思帖木⑥继位。

伊拉克·额者木阿答毕为亦勒迭吉思;阿塞拜疆[君主]* 为阿黑松忽儿·阿黑麻别乞⑦。

苫国[叙利亚]阿答毕为亦马答丁·曾吉·伊宾·阿黑松忽儿的儿子讷剌丁[·马合木]⑧,他占领了迪马失克[大马士革],还夺取了位于阿昔河⑨上哈马附近的舍咱儿堡和巴勒别克。

---

① 古耳朝君主,伊斯兰教历599年死于也里;关于此人见第208页,注⑤。

② 失合巴丁——后来称做木亦咱丁·马合谋·古里(伊斯兰教历602年被杀死)——古耳王朝最杰出的君主,为王朝第六代君主,事实上也即王朝最后一个君主,在他在位的年代里,古耳王朝强国的强盛和领土扩张达到了顶峰。

③ 昔思田,即今锡斯坦——伊朗东面和阿富汗交界处的省名。

④ 里海沿岸伊朗的一个省名。

⑤ 沙-哈即·鲁思帖木,巴云忒王朝君主,534[1139]至560[1164]年间在位。巴云忒王朝建立于萨珊王朝崩溃之后。沙-哈即为该王朝君主木鲁克·只巴勒的庶子,为王朝最强大的君主;606[1210]年祃拶答而为花剌子模王所征服。

⑥ 伊斯兰教历560至567年间在位。

⑦ 关于此人,见后面第151页,注③及前面第113页,注②。

⑧ 曾吉王朝君主,叙利亚的阿答毕(541[1146]—569[1174]年)。

⑨ 阿昔河,即奥隆特河,为叙利亚最大的河流,流入地中海。哈马,古代额必法尼牙,叙利亚北部奥隆特河上的城市。

迪牙别克儿[1]阿答毕忽忒巴丁·马兀都忒·伊宾·亦马答丁·伊宾·阿黑松忽儿[2]为毛夕里阿答毕的始祖,他夺下了者即剌[3]。

马格里布[4]篾力为阿卜答-木明[5]。伊斯兰教历 556 年[公元 1160—1161 年]他指定其子马合谋为其继位者,命[群臣]* 对他宣誓;他还将领地分予其余诸子。他征服了整个安达鲁西亚地区[6]。立国二百多年的阿勒莫剌甫王朝国家[7],不复存在了。伊斯兰教历 554 年[公元 1159 年]他从富浪人[十字军]处夺得了马黑的牙
83 城[8]。伊斯兰教历 558 年[公元 1163 年],他去世后,由他的儿子马合谋[9]继位。

法儿思[10]君主为撒勒葛儿朝答克列阿答毕[11]。他是一个十分公正、完美的人,对人公平合理已极。就是这些!

---

① 幼发拉底斯河和底格里斯河上游者即剌(上美索不达米亚)的地区名,其首邑为阿米忒,后名迪牙别克儿,今为小亚细亚(土耳其)东部同名州的首邑迪亚巴克尔(当地称做迪亚巴基尔)。

② 毛夕里的曾吉王朝君主(544[1149]—565[1170]年)。

③ 此处系指者即剌地区的者即剌城,位于底格里斯河左岸毛夕里上方。

④ 直译:"日落之地";东方著述家用这个名称称呼突尼斯、阿尔及尔和摩洛哥。

⑤ 北非阿勒莫合忒王朝君主,524[1129]至 558[1163]年在位。

⑥ 东方著述家用安达鲁西亚一语称呼西班牙。

⑦ 阿尔及尔、摩洛哥和西班牙的阿勒莫剌甫(木剌必忒)王朝(448[1056]—541[1147]年)。王朝于 541[1146]年阿不答·木明占领摩洛哥后即不复存在。

⑧ 北非的城市,离突尼斯不远,为法提玛王朝京城。

⑨ 原讹。阿不答·木明的继位者为其子阿不·牙忽卜·玉速甫(1163—1184年)。

⑩ 法儿思——伊朗西南部波斯湾地区的一个省名。

⑪ 法儿思阿答毕撒勒葛儿王朝,1148—1287 年。答克列——该王朝第三代君主(571[1175]—591[1195]年)。原文显系答克列之父及其前王、从 557(1162)年起在位的撒勒葛儿朝君主曾吉之讹。

异 事 志

伊斯兰教历553年[公元1158年]水淹报达城,[城的]大部分街区①如咱法儿、木黑塔列、木克塔迪牙、答儿巴-凯阿儿②、鲁养、合剌别·伊宾·只儿忒等种植场③被冲坏了,哈迪种植场也有一部分[被冲坏了];巴卜·阿咱只的一部分与马木尼牙[街区]的一部分、伊宾·剌即克④种植场和咱法里牙[街区]的一部分也被冲坏了,城墙一下子倒塌了。水淹没了西城阿里麻·伊宾·罕巴剌教长的墓(愿安拉降福于他!)与另一些墓,好些尸体浮起在水面上。

伊斯兰教历557年[公元1161—1162年]8月,有一千个人从谷儿只[格鲁吉亚]到阿塞拜疆地区的朵云城⑤来。他们屠杀了一万多人,掳走了许多人,烧毁了城内大清真寺。阿答毕沙木撒丁·亦勒迭吉思在帖必力思⑥得知了这件事后,召集了大军,出动五万骑兵援助篾剌合君主阿黑松忽儿的儿子阿黑剌忒⑦君主亚美尼亚

---

① 以下整段逐字逐句袭用伊宾·阿昔儿书554[1159]年下的记载(卷2,第164页)。

② 伊宾·阿昔儿书作 darb-al-qabar。

③ qurāḥ(阿拉伯语)——种植场,植树的场地。

④ 伊宾·阿昔儿书作 ibn razīn。

⑤ 朵云一作忒云(答必里),阿拉斯河上的城市,为亚美尼亚伊斯兰教徒君主的京城。今为亚美尼亚埃里温城南面的小镇。

⑥ 见第151页,注④。

⑦ 一作希剌忒,亚美尼亚南部的城市,位于小亚细亚凡湖西岸,今为土耳其的城市。

王速克蛮-苦忒必①,替他们[为朵云人]报复。伊斯兰教历[5]58年2月[1163年1—2月]他来到了谷儿只,厮杀了整整一个月。最后,伊斯兰教军队获胜。他们大肆屠杀,夺得了大批掳获物。此外,在亦思法杭法官之间由于宗教见解上的狂热性敌视发生了战斗。战斗继续了七天。双方互杀了许多人,房屋遭到破坏。邪教
84 徒(mulāhideh,木剌夷)②围攻了可疾云③。就是这些!

现在,从始自伊斯兰教历547[549]* 年11月的猪年[1155年]* 初起,到始自562年4月的另一猪年[1167年]末止,以上十三年内和成吉思汗同时的各国君主传以及在此期间发生的异事已记述如上,如果至尊的安拉乐意的话,让我们重新按照前述方式来记述这十三年以后的成吉思汗的历史吧!

成吉思汗纪[二]*

纪十三岁丧父以后的事。

从始自伊斯兰教历563年3月的忽鲁吉纳亦勒即鼠年[公元1168年]* 初起,到始自伊斯兰教历590年2月的巴儿思亦勒即虎年

---

① 当系522[1128]至579[1183]年间在位的纳昔剌丁·速克蛮二世之讹。原文误引了第一个亚美尼亚王、其祖速克蛮一世的名字。

② 指十叶派的极端教派——亦思马因派教徒。亦思马因派的一个支派的首领哈散尼·撒巴黑在厄尔布尔士山地区建立了一个存在于1090年到1256年为止的国家。

③ 可疾云——中世纪的强堡和大城,接近祃拶答而边境,位于从列夷(在德黑兰附近)通往阿塞拜疆的途中。十三世纪初为蒙古人所毁。十六世纪时曾一度为伊朗京城。今为德黑兰西南、伊朗西北部的大城市。[今名加兹温。]*

[1194 年]* 末止，凡二十七年。最后一年成吉思汗四十一岁，由于这段时期内成吉思汗的生平事迹不能逐年地详细获知，因此予以简述。

在这段时期内，他同泰亦赤兀惕诸部作战、厮杀。他们好几次将他俘获，让他戴上枷锁，而他都在最高造物主的帮助下获免。他很不得意，直到最后，这二十八年过去后，最高真理才使他获得了力量，帮助他，使他的事业转向上升和愈来愈顺利。

当成吉思汗十三岁时幼年丧父，由于他父亲在世时，族人中最有势力的泰亦赤兀惕诸部嫉妒他、暗地里恨他，[如今]他们[对他的儿子便安全]暴露了多年的仇恨。泰亦赤兀惕诸部的两个君主，即阿答勒汗的儿子、合不勒汗的孙子塔儿忽台-乞邻勒秃黑和他的堂兄弟忽里勒把阿秃儿，由于在也速该把阿秃儿生前就胸怀嫉妒，这时便桀骜不驯起来。由于泰亦赤兀惕人是[近亲诸部落中的]最主要支系，[事情]便逐渐达到了这样的地步：过去服从也速该把阿秃儿的其他族人和军队都离开他的孩子，倒向泰亦赤兀惕人那边去了。他们聚到了泰亦赤兀惕人周围，遂使该部落实力充足、强盛起来。其中有些人属于槐因-亦儿坚[1]，意即“森林部落”，因为他们的禹儿惕在森林里。而也速该把阿秃儿及其子女们的禹儿惕当 85
时在斡难河和怯绿连河境内。当也速该把阿秃儿的大部分部属移牧[离开他的家族]投奔泰亦赤兀惕人时，[其余]所有族人们的长老(āqā)脱端-塔忽儿赤[2]也准备迁走。

---

① hūīīn-īrkān；《秘史》第 239 节作槐因-亦儿坚，蒙文 oi-yin irgen——森林民。[《亲征录》：火因-亦儿干。]*

② tahūrči；参照《秘史》第 72 节的脱朵延-吉儿帖。[《亲征录》、《元史·太祖纪》(下文简称《太祖纪》)作脱端-火儿真。]*

当时名叫铁木真的成吉思汗亲自到他那里去，尊敬而谦恭地对他说，要他挨近他住下来。他用蒙古谚语作答，大意是这样的："我已打定主意，决不犹豫，无论如何也不会动摇的！"[说罢，]他就骑上马到[泰亦赤兀惕人那边]去了。成吉思汗的母亲月伦-额客亲自骑上马，高举大纛(ṭūq)，让军队骑上马前去追赶逃走的人，想把他们叫回来。

双方相遇，摆开战阵，厮杀了起来。最后，她要回了那些部落和自己兀鲁思的若干部分。在这次厮杀中，有一位大异密察剌合-额不干老人后脑被箭射伤。

厮杀过后，成吉思汗回来了，他去看望了老人，并问起事情发生的情况，察剌合说道："自你慈父[死]后，我们的部落和军队不服从你，离你而去。我想阻拦他们，但我命中注定要受暗害，因此我突然遭到了打击。"成吉思汗看到他的伤很危险，认定他伤势严重，便大哭起来。他刚走出去，察剌合就死去了。在旭烈兀汗和阿八哈汗时，燕-帖木儿、不儿忽惕和亦帖勒古等异密都是他的后裔(nasl)。就是这些！

叙札木合薛禅开始反对他，札木合投奔了泰亦赤兀惕部落，泰亦赤兀惕、亦乞剌思等部落结成联盟反对[成吉思汗]，当他得知了[这个情况]以后，便组织了十三个古列延，打败了敌人

当时，尼伦苗裔、札只剌惕部的首领和异密札木合薛禅有个亲

属名叫迭兀-答察儿[1],他同几个骑马的人一起到萨里河原野[2]斡列该-不剌黑[3]地方成吉思汗的禹儿惕上去抢劫。札剌亦儿部人拙赤-答儿马剌[4]就住在附近。札剌亦儿部落的祖先由于一群札剌亦儿人杀死了土敦-篾年[的妻子]莫拏伦和他的儿子们,做了成吉思汗祖先的俘虏(asīr)和奴隶(bandeh)。有许多异密出自他们的后裔,其中如亦鲁该那颜。那个迭兀-答察儿去到了那里,想驱走他的 86
牲畜;[这件事]被拙赤-答儿马剌得知了。他送走了辎重(buneh),自己躺在马群和畜群中间。迭兀-答察儿刚向[牲畜]走近来时,拙赤-答儿马剌一箭射杀了他。因此,札木合薛禅和成吉思汗结了怨。他开始作乱,带着自己的部落和军队投奔到了泰亦赤兀惕诸部处。[当时]除他而外,其他部落和支系也都同泰亦赤兀惕人结成了联盟,其中有弘吉剌惕[部]的分支亦乞剌思部,还有属于蒙古-迭儿列勤的豁罗剌思部以及属于尼伦的兀鲁惕和那牙勤[部]。各部互相支援,一致反对成吉思汗,长期与他为敌,同他发生了纷争。

由于他们的反对,成吉思汗弄得筋疲力尽,甚至达到众叛亲离的地步。有一次成吉思汗落到了他们[敌人们]的手里。如[前]所述,速勒都思人锁儿罕-失剌[5]救出了他。在若干年内,发生了各种各样的事,但是最高真理的佑助使成吉思汗的地位重新巩固了,

---

① 《秘史》第 128 节:札木合的弟绐察儿。《亲征录》[《太祖纪》同]* 作秃台察儿。

② sāreh-k(a)h(a)r;《秘史》第 128 节作撒阿里-客额儿;客额儿(蒙文 keger)——草原,地名的组成部分。

③ ūlākāī-būlāq;《秘史》第 128 节作札剌麻山前斡列该-不剌合地面。[《亲征录》、《太祖纪》作玉律哥泉。《华夷译语》:不剌黑——泉。]*

④ ǰūčī-trmleh;《秘史》第 128 节作拙赤-答儿马剌。[《亲征录》:搠只-塔儿马剌。]*

⑤ sūrqān-šīreh;《秘史》第 82 节作锁儿罕-失剌。[《亲征录》作梭鲁罕-失剌。]*

他的部落在某种程度上联合了起来。最后，泰亦赤兀惕人和上述诸部结成联盟，带着三万骑兵向成吉思汗进军，成吉思汗却不知道他们的阴谋诡计①。幸好泰亦赤兀惕部里有个名叫捏群的亦乞剌思部人。因为他的儿子孛秃在成吉思汗处服务，他的心向着成吉思汗。[敌人的]部落驻在古列勒兀②地方，那个地方后来成了成吉思汗的一处禹儿惕。上述捏群③通过两个八鲁剌思部人木勒客与脱塔黑④(他们有事去到那里，[这时从那里]* 回来)将敌人的阴谋诡计和意图报告了成吉思汗。成吉思汗正在答兰-巴勒渚思地方⑤。那两人悄悄地通过阿剌兀惕、秃儿阿兀惕⑥两山间的路，将敌人的出动报告了成吉思汗。成吉思汗获悉了这个情况，马上组织起[自己的]军队，并[将这个情况]通知了拥护他的友盟部落和氏族。[全体]集合起来后，按照万、千、百人点数。总共是十三个古列延。所谓古列延是圈子的意思。

在古时候，当某部落屯驻在某地时，就围成一个圈子，部落首领处于象中心点那样的圈子的中央，这就称做古列延。在现代，当
87 敌军临近时，他们[蒙古人]也按这种形式布阵，使敌人与异己无法

① 《秘史》第129节："札木合……领着他一种并十三部共三万人……要与成吉思汗厮杀。"

② kūrlūū；P、B本作 kūrlūd；贝书作 kūlū；音读不明。[《秘史》第129节：古连勒古地面；《亲征录》：曲邻居山。]*

③ 《亲征录》作捏群的儿子孛徒。

④ 原文为两人：mulqeh wa tūtāq；《秘史》第129节：木勒客-脱塔黑为一人，另一人名叫孛罗勒歹。[《元史·孛秃传》作磨里-秃秃、波栾歹。《亲征录》作慕哥、卜栾台。]*

⑤ ṭālān-bālǰūs；《秘史》第129节作答兰-巴勒主惕；《亲征录》作答兰-版朱思。

⑥ alāūū't-tūrāū't；《秘史》第129节作阿剌兀惕-土儿合兀的岭。[《亲征录》作阿剌乌、秃剌乌两山。]*

冲进来。

这[十三个]* 古列延详列如下①:

第一个:

成吉思汗的母亲月伦-额客,[她所率领的]诸部及[由族人组成的]部属,她的斡耳朵里的侍臣②、仆役(khadam)及属于她个人的[一切]人员。

第二个:

成吉思汗及其子女、那可儿、异密和异密后裔,以及对他具有特殊关系、侍奉他个人的护卫队(kazīktān)。

第三个:

合不勒汗的兄长合赤温的第三代(nasl)不勒塔术把阿秃儿及客列亦惕部的一个分支与合答儿斤部(尼伦[部]的木忽儿-忽兰③为该部首领,曾在呼罗珊的不古来④是他的后裔),以及札兀儿合[据S本。俄译讹作札木合。]* 统率的迭儿列勤诸部之一豁罗剌思部。

第四个:

尼伦-乞颜部人速黑都⑤那颜的儿子迭连吉⑥及其弟火力台⑦,

---

① 《秘史》第120—122节提到了投奔到成吉思汗处来的部落首领和各部落。《亲征录》上列举了十三翼和他们的首领。

② 见第99页,注③。

③ 原文作 mūtūr-qūrān;应作 mūqūr-qūrī,参阅第183页,注②。

④ būkrāī;贝书作 būkūrī。

⑤ sūqdū。

⑥ 原文作 dz?kī;C本缺;贝书作 drngī。[《亲征录》作迭良。]*

⑦ qūrīdāī。[《亲征录》作火力台。]*

以及尼伦不答愓部。

第五和第六：

莎儿忽黑秃-禹儿乞的儿子薛扯别乞及其侄泰出①，以及札剌亦儿诸部。“莎儿忽黑秃”意为身上有胎痣的人；乞牙惕-禹儿勤[部落]为其后裔；异密讷邻即出自其兀鲁黑。

第七：

乞牙惕部的兀秃术忽惕的儿子们和额儿迪吉②，以及他们的部属和私人属民。

第八：

成吉思汗的堂兄弟、蒙格秃-乞颜的儿子敞失兀惕③及其兄弟们，以及以翁古儿④为首领的迭儿列勤巴牙兀惕部。

第九：

成吉思汗的叔父答里台-斡惕赤斤，他的从兄弟、捏坤太师的儿子忽察儿⑤，族人答鲁，尼伦朵豁剌惕部，捏古思-火儿罕⑥、撒合亦惕⑦和嫩真等迭儿列勤部落。

88 第十：

成吉思汗的叔父、忽图剌汗的儿子拙赤汗及其全体部属、

---

① 据《秘史》第122节，撒察别乞与泰出，都是莎儿合秃-主儿乞的儿子。

② aūtūǰūqūd wa ardīkī(贝书作 dānkī)，音读不明。

③ ḥ??lšīūt；P本、贝书作ǰīngšūt。[《秘史》第120节：敞失兀惕。]*

④ aūnkkūr；贝书作 ankūr；《秘史》第120节：蒙格秃-乞颜的儿子翁古儿。[《亲征录》：雍古儿。]*

⑤ qūǰr；《秘史》第123节：忽察儿。[《亲征录》：火察儿。]*

⑥ nkūz-qrğān。[《亲征录》：捏古思、火鲁罕。]*

⑦ sqāit。[《亲征录》：撒合夷，《秘史》作撒合亦惕。]*

(tabā')和扈从(ašīa')。

第十一：

忽图剌合罕的儿子阿勒坛。

第十二：

尼伦轻吉牙惕部的答吉把阿秃儿及尼伦雪干部[①]。

第十三：

察剌合-领昆的儿子坚都-赤那和兀鲁克臣-赤那。他们被称为捏古思人，但他们不是老捏古思人，因为他们属于尼伦部。关于此点，已详述于有关泰亦赤兀惕人的篇章中。

这十三古列延军队，按照[上文]详述的原因，围成圈子驻扎下来。古列延的外形已描述如上。

这样，成吉思汗方面召集了十三古列延的军队。泰亦赤兀惕军队也出动了，他们经过阿剌兀惕-秃儿阿兀惕岑，到答兰-巴勒渚思地方来攻打成吉思汗。双方厮杀起来。在最高真理佑助下，成吉思汗用这十三个古列延歼灭了[敌人]三万骑兵。[②]

在成吉思汗幸福的阳光照耀下，敌人像尘埃消失天空中般地消散了。兀都惕部和不鲁都惕部向他俯首听命。

在那个地方的河岸上，有一片大树林。成吉思汗驻扎在那里，下令在火上架起七十个锅，在锅里将被他抓住的作乱的敌人[活活]煮[死]*[③]。照烈惕部害了怕，马上屈服了。他们将[自己的]

---

① qīnkqīāt 部的 daqī-bahādur；《秘史》第 120 节作速勒都思部人塔乞；《亲征录》作"共吉牙部塔降吉拔都(抄本可能误衍一"降"字)统雪干(参照《秘史》第 120 节的速客干)、札剌吾思为一翼。"

② 按照《秘史》第 129 节，在这次作战中札木合获胜。

③ 《秘史》第 129 节上说，札木合将敌人放在锅里煮了。

住所(khānahā)迁到成吉思汗的禹儿惕上;[但后来]其中某些人又叛变了。

人数众多、实力雄厚、强大可怕的泰亦赤兀惕诸部在这次战争中溃散了,其中每一个人都到了某个地方。

叙玉律把阿秃儿、塔海-答鲁及其所辖的照烈惕部来降,他们齐来效忠于成吉思汗,[但后来]* 他们没有履行诺言,又叛变了①

事情是这样的:照烈惕部的住所(khānahā)在成吉思汗禹儿
89 惕的附近。有一天,他们全体一起出去打猎。他们在横亘在大草原中间的名叫斡札勒-札勒马黑②的山岭上举行围猎(ǰargeh);成吉思汗的兀秃③、即狩猎中心(qalb)和他们靠拢,围猎[圈]就合拢到了一起。狩猎进行得很得手,他们说道:"我们就在这儿同成吉思汗一起过夜吧!"他们共有四百人。由于他们没有带锅和食粮('ulūfeh),有二百人回自己的住所(khānahā)去了,二百人同成吉思汗一起在这里过夜,成吉思汗下令将他们所需要的锅和粮食都给了他们。第二天又进行了狩猎。[成吉思汗]分给他们的猎物超过了他们应得的部分。当他们互手,各自回到自己的营地去时,他们对成吉思汗不胜感激,便说道:"泰亦赤兀惕部将我们扔在一边,

① 参阅《亲征录》。

② ūǰāl-ǰlmq;《亲征录》作斡禅-札剌马思。

③ aūtū',此词尚未阐明。

不理睬我们，过去成吉思汗同我们没什么交情，却厚待我们，给了我们这些礼物。他[真]是关怀[自己的]部属(bandehparwar)和军队的[好]* 君主!”他们一路上对成吉思汗如此地感激，在所有的部落中间传播了他的好名声。

当他们回到自己的营地时，在感激的心情下，部落首领之一玉律把阿秃儿同马忽带-牙答纳[①]商议道:“我们迁到成吉思汗处去，服从他，听他吩咐吧!”马忽带-牙答纳不同意，他说:“泰亦赤兀惕部对我们做了什么坏事？他们同样是[我们的]族人(āqā wa īnī)，我们怎么能平白无故地离开他们，跑到成吉思汗那里去呢!”因为他不同意，玉律把阿秃儿便同塔海-答鲁[②]以及与他们有血亲关系并挨着[住]在一起的照烈惕部落来到了成吉思汗处，对他说道:“我们就像成了没有丈夫的妻子，没有主的马群，没有牧人的畜群!长母的儿子们正在毁灭我们！为了你的友谊，让我们一起用剑去作战，去歼灭你的敌人!”成吉思汗回答玉律把阿秃儿说:“我像个睡着的人，你拉扯我的额发(kākul)唤醒了我！我坐着[动弹不得]，你从重负下拉出了[我]，使我能够站立起来。我要尽力来报答你!”[然后他]安慰了他，给予许多鼓励。

过了一些时候，他们完全住下来后，照烈惕部的这些异密没有履行诺言，又反叛了。他们在各地沿路流浪着，直到最后篾儿乞惕部人忽敦-斡儿长[③]把塔海-答鲁杀死为止。于是照烈惕部丧失了实力，四散走开了。

---

① māqūdāī-īdāneh;《亲征录》作马兀-牙答纳。

② tğāī-dālū;《亲征录》:塔海-答鲁。[《太祖纪》同。]*

③ qūdūn-aūrǰānk;《亲征录》:忽敦-忽儿章;《秘史》第 148 节:豁敦-斡儿长。

后来，照烈惕部的首领(buzurg)为札木合薛禅，他是个聪明、能干和机灵的人，[同时]是个大滑头。成吉思汗称他为义兄弟
90 (andeh)。尽管他遵循义兄弟的规矩，表面上要求[成吉思汗]友好，[对他]很诚挚，[而]暗地里却仇恨[他]，想反对他，将高位夺取在自己手里。[无论]在照烈惕部拥有实力[或]后来该部散开了的时候，他始终妒忌着成吉思汗，表面上他要求友好，骨子里却仇恨[他]。他不止一次地同作乱的[各部落]及他的敌人们勾结，但这些事件的每一次都将于后文叙及。

过了一些时候，上述诸部落聚在一起说道："泰亦赤兀惕的异密们平白无故地压迫、折磨我们，铁木真太子却将[自己身上]穿的衣服脱下来让给[我们]*，从自己骑坐的马上跳下来[将马]让给[我们]*，他是个能为地方操心、为军队操心，将兀鲁思好好地掌管起来的人！"

经过深思熟虑与商议以后，他们都出于自愿来到成吉思汗处归附了[他]。在他的强国的荫护下，他们过着幸福安宁的生活。就是这些！

叙泰亦赤兀惕诸部来到前，速勒都思部人锁儿罕-失剌的儿子赤老罕把阿秃儿和别速惕部人哲别来到成吉思汗处

速勒都思部人锁儿罕-失剌的儿子赤老罕把阿秃儿[①]和尼伦

① 原文作jīlāūqān，sūrqān-šīreh 的儿子；《秘史》第 84 节作锁儿罕-失剌的儿子赤老温。

的一个分支别速惕部人哲别两人都是秃答的部属，并隶属于他的亲军(khawāṣṣ)，秃答是泰亦赤兀惕的一个分支的首领合丹太师的儿子，这两个人[赤老罕和哲别]都离开秃答，来到了成吉思汗处。

赤老罕把阿秃儿离开泰亦赤兀惕部到[成吉思汗处]来的缘故如下：当成吉思汗和泰亦赤兀惕人敌对、展开斗争时，有一天[泰亦赤兀惕人]伺机突然将成吉思汗抓了起来，有如速勒都思部篇章中所述者。赤老罕把阿秃儿曾用计救出了他。

哲别离开泰亦赤兀惕人到[成吉思汗处]来的缘故如下：泰亦赤兀惕部丧失力量后，哲别长时期独自在山里、树林里流浪。当他看到，这样下去没什么好处，在没有出路的情况下，他只好来到成吉思汗处表示奴隶般的顺从，向他屈服(īl šud)了。

此事已详叙于别速惕部篇中，只消仔细读来，便知分晓。

叙八邻部人失儿怯秃-额不干带着自己的儿子纳牙和阿剌黑来到成吉思汗处①

八邻部有个大异密名叫失儿怯秃-额不干②，从这里[伊朗]派
到忽必烈合罕处去的伯颜就是他的后裔。当泰亦赤兀惕部大部分 91
人向成吉思汗表示奴隶般的顺从时，这位异密带着自己的两个儿子纳牙和阿剌黑来到[成吉思汗处]。在成吉思汗和后来的窝阔台合罕、蒙哥合罕时代，纳牙一直健在。他活到了一百二十岁。蒙哥

① 参照《秘史》第149节及《亲征录》。

② širqtu-ābūkān；《秘史》第149节作你出古惕-巴阿邻人失儿古额秃-额不坚及其子阿剌黑、纳牙阿。[《亲征录》作失力哥-也不干，子乃牙、阿剌。《元史·伯颜传》作述律哥图。]*

合罕在位时他说，成吉思汗降生时，他曾在喜庆筵席上吃过肉。这段事见于八邻部之篇中。

这样，当失儿怯秃-额不干带着自己的两个儿子到[成吉思汗处]来时，掳获了……部[①]……的合忽出把阿秃儿和泰亦兀赤惕部首领塔儿忽台-乞邻勒秃黑[②]，将他们押到了名叫……[③]的地方。他们在那个地方待了一些时候，将他们释放掉，他们又逃跑了。同时，札剌亦儿部的分支朵郎吉惕部首领拙赤-札兀儿罕[④]来降，在秃剌忽惕-辛古惕[⑤]地方向成吉思汗表示奴隶般的顺从。就是这些。

记成吉思汗举办的一次宴饮(ṭūī)及其母月伦-额客，以及斡勤-巴儿合黑兀鲁黑的子孙、成吉思汗的堂兄弟乞牙惕-禹儿勤部首领薛扯别乞、泰出及其母亲，叙他们在那次宴饮时发生的争吵，成吉思汗战胜了他们，由此[他们之间]产生了内讧[⑥]

有一天，成吉思汗的母亲月伦-额客、成吉思汗和他的兄弟拙赤-合撒儿、斡惕赤斤那颜，同乞牙惕部禹儿勤分部的领袖薛扯别乞、泰出一起，在斡难河河谷的树林里聚会，准备了母马和盛酸马

① 诸本均缺。

② 《秘史》第149节只提到塔儿忽台-乞邻秃黑一人。参照《亲征录》。[《亲征录》作："失力哥-也不干手执阿忽赤拔都、塔儿忽台二人来，至忽都浑野复纵之去。"]*

③ 原文缺此地名。据《秘史》第149节，他将他们带到了忽秃忽地面。

④ 原文作ǰūči-ǰāūrqeh；《亲征录》作"捌只、鲁钞罕二人率朵朗吉札剌儿部"。

⑤ tūrāqūt-sinkūt。

⑥ 参照《秘史》第130—132节及《亲征录》。

奶的袋子(undūrhā),举行宴饮。

厨子(bāūrčī)在成吉思汗的母亲月伦-额客、薛扯别乞及薛扯别乞的大母(即其父亲的长妻,长于其[生]母)忽忽儿真哈敦[①]面前放了一只盛酸马奶的[合用的]木碗,而在地位低于别人的薛扯别乞的次母、父妾额木亦[②]面前[专门]放了一只盛酸马奶的碗。以示特别优待(bāšlāmīšī kardeh)。忽忽儿真哈敦看到在额木亦面前放的第二只盛酸马奶的碗有偏心,却让她和别人合[喝酸马奶],觉得太受委屈,生了气。因此,她打了成吉思汗的司厨长失丘儿[③]厨子。失丘儿号啕大哭,说:"只因为捏坤太师和也速该把阿 92
秃儿不在世上,才这样打我。"

成吉思汗和他的母亲容忍了这件事,对此什么话也没有说。

在这次宴饮时,成吉思汗的弟弟别勒古台那颜掌管(yāsāmīšī mīkardeh)成吉思汗的系马桩(kirīās,乞列思)和薛扯别乞及其母亲们的[系马桩]。他掌管成吉思汗的马和马夫(ǰilāwdārān)。有一个名叫合塔乞台[④]的合塔斤部人偷盗了马笼头。他是泰亦赤兀惕异密播里[⑤]的那可儿,播里与薛扯别乞一条心,袒护了这个人。由此他和别勒古台那颜对骂起来。[事情]闹到了这个地步:播里用剑砍了别勒古台的肩,砍破了他肩上的肉。成吉思汗的那可儿们都为此跑来了。别勒古台那颜说:"我的伤不要紧,不要忙着向

① qhūrǰīn-khātūn;《秘史》第 130 节:忽兀儿臣合屯。[《亲征录》:忽儿真哈敦。]*

② 原文作 nmūīī;贝书作 tmūnī,写法显然有误;《秘史》第 130 节作额别该,兹据以修正原文写法,改作 īmūīī。[《亲征录》、《太祖纪》:野别该。]*

③ sīūčr;《秘史》第 130 节作失乞兀儿。[《亲征录》:失邱儿,《太祖纪》:失丘儿。]*

④ qtqī-tāī;《秘史》第 131 节:合答吉歹(意即合塔斤部人)。

⑤ būrī;《秘史》第 131 节:不里-孛阔;《亲征录》:播里掌薛彻别吉乞列思事。

他报复,你们为我闹得彼此失和,这可不好!”他竭力阻止发生内讧。但他们见他受了伤,失丘儿厨子又挨了打,便互相纠缠在一起,用树枝互殴起来。成吉思汗的那可儿们占了上风。他们将忽忽儿真哈敦和火里真哈敦[①]抓住,扣留起来。

由此之故,薛扯别乞带着他的部属(atbā')禹儿勤全族人离开了成吉思汗。后来,为互相和解起见,他们将这二位哈敦放还给了他们。双方使者,往还驰马,[商量]缔和,这时突然传来一个消息说:乞台阿勒坛汗[②]的一个大异密丞相[③],向塔塔儿异密篾兀真-速勒图[④]及其部落出兵。当时成吉思汗为了援助[丞相],便去攻打塔塔儿部落。

叙成吉思汗得到如下消息:塔塔儿部的篾兀真-速勒图和其部属(atbā')战败后,逃避开了丞相,带着妻子、儿女迁牧;成吉思汗出兵征讨了他们;叙他们遭受屠戮及其处境;并述丞相册封了成吉思汗[⑤]

有人向成吉思汗报告说,塔塔儿部落由于不服从阿勒坛汗、不

① 原文 tūrinjī;系 qūrinjī(n)转抄之讹;参照《秘史》第 132 节之豁里真。[《亲征录》、《太祖纪》:火里真。]*

② 从 1115 年到 1234 年统治北中国的金朝皇帝,被蒙古人称做“阿勒坛汗”,即“金汗”。这里所说的显然是金朝第五个皇帝世宗(1161—1189 年)。

③ 蒙文 čingsang——蒙古人袭用汉人的称号(即汉语丞相)。《史集》编纂者将这个称号当成了人名。

④ m(a)ujīn-sūltū;《秘史》第 132 节作篾古真-薛兀勒图。[《亲征录》、《太祖纪》作篾兀真-笑里徒。]*

⑤ 参照《秘史》第 133—135 节及《亲征录》。

肯对他俯首听命，但又无力反抗他，在迫不得已的情况下，只得带 93
着妻子、儿女、马群、畜群、族人们（khaīl）、仆役（ḥašam）一起迁牧，［整个部落］* 快要崩溃了。塔塔儿诸部是个人数众多、强大、富有的部落。成吉思汗的祖先自古以来就同他们作战，关于这点将在后文各处详述。

成吉思汗乘机立即将附近的军队召集起来，去攻打斡难河地区的塔塔儿人。他派人通知禹儿勤氏族[1]，让他们也出兵。［成吉思汗的军队］等了［他们］六天，他们没来，成吉思汗便带着他那个古列延的少量军队出动了。他在浯勒札[2]地方，截住了篾兀真-速勒图，击溃了他的军队，捉住杀死了他，并夺取了他们的全部马群、畜群和财产。在这次掠夺中，他们获得了银摇篮和织金床单[3]。由于当时这种［奢侈］品在蒙古人中间很少，因此这件事出了名，被认为是了不起的大事。

由于这次战事极其符合阿勒坛汗及其异密们的意图，故丞相很满意。他对成吉思汗大加夸奖，并将汉语意为“大异密”的札兀惕-忽里的官号（laqab）封给他[4]。事后他回到阿勒坛汗处去了。同时丞相还将意为一国之君的“王汗”的封号给了客列亦惕君主脱斡邻勒[5]。

① yūrkīn；C、L、B 本及贝书作 būrkīn；《秘史》第 133 节作主儿乞。［《秘史》又作禹儿乞、主儿勤；《亲征录》作月儿斤；《元史·博尔术传》作要儿斤。］*

② ūlǰā；C 本作 ūkǰā；《秘史》第 132—133 节作浯勒札河（即今蒙古人民共和国境内乌尔札河，该河流入苏蒙边界上的托列伊湖）。［《金史·内族襄传》作斡里札河。］*

③ 阿拉伯-波斯语 likhāf；按照《秘史》第 133 节为饰有珠宝的被子。

④ ǰāūt-qūrī；《秘史》第 134 节作札兀惕-忽里。［《亲征录》作察兀忽鲁。］* 此词属于何种语言，不清楚。

⑤ tğrīl；《秘史》第 134 节作脱斡邻勒；［《亲征录》作脱怜，《太祖纪》作脱里。］* 关于他的称号王汗见前面第 32 页，注②。

就是这些！

叙成吉思汗决定将他从塔塔儿人处夺得的一部分战利品分给对塔塔儿作战时落了后的禹儿勤部；这时禹儿勤部的一部分人作乱，成吉思汗征讨了他们，[将他们]大部分歼灭[1]

成吉思汗战胜了塔塔儿人及其军队、部属，获得许多战利品后，便想去找禹儿勤部的驻地，将他夺得的东西分一些给他们，于是决定到他们处去。在路上，一部分禹儿勤人勾结了一群作乱的人杀死成吉思汗十个士兵，还有五十个人的马被抢走了，衣服被撕掉了。

这件事传到了成吉思汗耳中，他说："昨天他们用剑砍了我的兄弟别勒古台那颜，当时我们说：让我们讲和吧！——他们不讲和。现在他们同敌人勾结起来了！我迫不得已只好向他们动手！"他在愤怒之中出兵，从草原的路上向他们进攻。他在朵兰-孛勒答
94 黑[2]地方击溃了他们，歼灭、洗劫了[他们]* 许多人。薛扯别乞和泰出带着妻子、儿女和少数[人]逃走，逃出了[成吉思汗军队的]包围。就是这些！

---

① 参照《秘史》第 136 节和《亲征录》。

② tūlān-būldāk；《秘史》第 136 节作朵罗安-孛勒答兀惕。所在地不详。据《秘史》，在客鲁连河沿岸。[《亲征录》作朵栾-盘陀山。]*

叙王汗之弟札阿-绀孛躲开了王汗，将名叫董合亦惕的一个客列亦惕部落聚拢在自己周围，成吉思汗同该部落作战，征服了他们

成吉思汗结束了对禹儿勤部的战事后，便去攻打从其兄处逃出来的客列亦惕君主王汗的弟弟札阿-绀孛，他向他发动进攻，把他打垮了。

客列亦惕部落的一个分支为董合亦惕部[①]，他们永远是客列亦惕君主的奴隶和士兵。曾在我国[伊朗]的阿八赤-秃惕合兀勒异密及其后裔以及其他许多异密都是董合亦惕人，有如《客列亦惕部》篇中所述者。[董合亦惕人]在某个时期内溃散了，[札阿-绀孛战败]后，他们全都来向成吉思汗表示奴隶般的顺服。由于成吉思汗和王汗友好，他将札阿-绀孛和董合亦惕部重新送回到王汗处。此后有一段时期，札阿-绀孛同王汗和好了，直到札阿-绀孛重新起来反对[成吉思汗]并投奔到乃蛮王太阳汗那边去为止，如果最高安拉乐意的话，此事将[于后文]详述。

这二十七年内的《成吉思汗纪》已简述如上，现在让我们来[叙述]这段时期内和成吉思汗同时的乞台、哈剌契丹、至那和摩至那以及哈里发、算端、篾力们的历史，让我们[将这一部分]详述以后，在最高安拉的佑助下再回过头来写《成吉思汗纪》。

---

① tūnkqāīt;《秘史》第 150 节作董合亦惕。[《亲征录》、《太祖纪》作董哀。]*

[列国传二]*

从始自伊斯兰教历 563 年 3 月的忽鲁吉纳①亦勒即鼠年[1168 年]* 初起，到始自伊斯兰教历 590 年 2 月的巴儿思②亦勒即虎年[1194 年]* 末止，共二十七年；成吉思汗在最后一年(590 年)为四十岁。记在此二十七年内与成吉思汗同时的乞台、哈剌契丹、至那、摩至那、突厥斯坦的君主，伊朗地区的哈里发、算端和篾力。并详述在此期间发生的异事。

95 乞台、哈剌契丹、女真君主传

在此期间上列地区的君主[如下]：

亮太祖③：[在位共]* 十二年，除[已在位之]* 八年，[在此期间在位]* 四年。

世宗④：[在位共]* 二十[九]* 年，[在此期间]在位二十三年。

摩至那君主传

南宋高宗⑤：[在位共]* 四十年，[已在位]* 三十八年，在此期

---

① 蒙文 huluğana。

② 蒙文 bars。

③ 见前面第 108 页，注⑥。

④ 世宗：金朝第五代皇帝，1161—1189 年在位。

⑤ 见前面第 109 页，注②。

间在位二年。

孝宗[1]:[在位]* 二十二年。

光宗[2]:[在位共]* 四年,[在此期间]* 在位三年。

突厥斯坦和河中君主传

在此期间,突厥斯坦和河中君主仍为前述古儿汗。

伊朗、鲁木[小亚细亚]、苫国[叙利亚]、密昔儿[埃及]的哈里发、算端、篾力、阿答毕及其他君主传

哈 里 发 传

这段时期之初,报达哈里发为木思丹只忒-必剌黑[3]。他于伊斯兰教历 566 年[公元 1170 年]去世。木思塔迪[4]继位。木思塔迪死于伊斯兰教历 575 年[公元 1180 年]。纳昔儿里迪尼剌黑[5]继位。

---

① 孝宗:南宋第二代皇帝,1163—1189 年在位,共二十七年;《史集》原文误作二十二年。

② 光宗:南宋第三代皇帝(1190—1194 年)。

③ 见前面第 110 页,注③。

④ 阿拔思朝哈里发(566[1170]—575[1180]年)。

⑤ 阿拔思朝哈里发(575[1180]—622[1225]年)。

密昔儿[埃及]：亦思马因派教徒阿迪忒[1]哈里发在位。他于
伊斯兰教历 565 年 1 月 10 日[公元 1169 年 10 月 4 日]去世。如
下所述，[后来，]阿撒答丁·失儿苦黑的侄子撒剌合丁·玉速甫[2]
代替其叔成为密昔儿君主(ḥākīm)，于阿迪忒去世后头一个星期
五将报达阿拔思朝哈里发之名隆重宣读于举行公共祈祷时[3]，密
96 昔儿的亦思马因派王朝遂中绝了[4]。统治马格里布及密昔儿的
[亦思马因派]* 哈里发共十四代，统治年代共为二百七十二年。
就是这些。

算端传

花剌子模：亦勒-阿儿思兰·伊宾·阿忒昔思[5]在位。他于伊斯兰教历 567 年 7 月 19 日[公元 1172 年 3 月 19 日]去世。在位十七年左右。幼子莎勒坛沙[6]继位，但由其母后秃儿罕执政。

---

① 法提玛朝哈里发；关于这个哈里发，见前面第 111 页，注③。

② 艾育伯朝创建者(546[1169]—589[1193]年)，欧洲史籍中作撒剌丁，曲儿忒人，效忠于讷剌丁·马合木在位之初年，被讷剌丁将他同其叔失儿苦黑一起派往埃及。失儿苦黑死后，撒剌丁事实上成为埃及之君主。1187 年，他战胜十字军，夺得了耶路撒冷，闻名于世。

③ 原文为阿拉伯语khuṭbeh，意为：在清真寺星期五祈祷仪式的最后，举行特殊祈祷时，隆重宣读君主之名。在哈里发国各地区中，隆重宣读君主之名于举行公共祈祷时及把君主的名字铸于钱币上为拥有主权的独立政权的特权。据另外一些材料的记载，撒剌丁于伊斯兰教历 567 年 1 月下令在公共祈祷上隆重宣读阿拔思朝哈里发木思塔迪的名字代替法提玛朝的阿迪忒。

④ 即法提玛王朝(297[909]—567[1171]年)，法提玛朝君主是先知的女儿法提玛的(真正的或假冒的)后裔，曾占有北非，后又将埃及和叙利亚并入自己的领地。

⑤ 花剌子模王(551[1156]—568[1172]年)。

⑥ 莎勒坛-沙，阿不·合昔木·马合木——亦勒·阿儿思兰的儿子和继位者。他于 568[1172]年即位，但事实上他并未执政，死于 589[1193]年。

其兄帖怯失[①]在毡的[②]。当时派遣使者去召他前来，被他拒绝了。于是发兵去讨伐他。帖怯失得知后，逃到了哈剌契丹古儿汗处。他答允将花剌子模的帑藏和赋税给古儿汗，并说定了占领[花剌子模]后每年缴纳一定数量的贡税(māl)。古儿汗派自己的驸马富儿马率领大军同帖怯失[出征]*。他们抵达花剌子模时，莎勒坛沙同他的母亲逃到了呼罗珊君主木阿牙答·倒剌[③]篾力处。伊斯兰教历 568 年 4 月 22 日星期二[公元 1172 年 3 月 12 日]，帖迭失在花剌子模即位，他毕恭毕敬地让异密富儿马带上应缴的财币送了他回去。莎勒坛沙的母亲将金银珍宝献给木阿牙答·倒剌，并答允将花剌子模国的领土割给他。[木阿牙答]想取得花剌子模领土，便将军队召集起来，向花剌子模出兵，帮助莎勒坛沙和他的母亲。他们来到现已被[阿母]河水淹没的速普儿里城[④]时，帖迭失已在那里扎下了营。他们的军队只能从沙漠里一队一队地开到，木阿牙答篾力在先锋队里。帖迭失攻打了这支军队，将他们大部分人歼灭了。木阿牙答篾力被俘后押到了他那里。帖迭失下令将他在王帐(bārgāh)前劈为两半。[此事]发生于伊斯兰教历 569 年[公元 1174 年]阿剌法节[⑤]。莎勒坛沙和他的母逃到了的希

① 为阿忒昔思的兄弟，事实上是他的继位者(568[1172]—596[1200]年)。

② 毡的——其废墟在今锡尔河左岸克治尔·奥尔达(过去的彼罗夫斯克)下方。

③ 即你沙不儿的木阿牙答·倒剌·爱捏答儿(死于伊斯兰教历 568 或 569 年)，是 550[1155—1156]—582[1186—1187]年塞尔柱人在呼罗珊(你沙不儿)所建立的地方王朝的始祖。

④ 速普儿里，又作速不儿纳或速巴儿纳。据撒马尼与牙忽特说，这是位于玉龙杰赤通往呼罗珊的路上、距玉龙杰赤二十程的一座小城。今名仍作速普儿里，与拉施特所录之名相同。

⑤ 伊斯兰教历 12 月 9 日，其日麦加朝圣者巡礼麦加附近的阿剌法山。

97 思丹[1]。帖怯失追上来，占领了这个地区，将秃儿罕王后杀死后回去了。莎勒坛沙逃到了继位于沙的牙黑[2]的木阿牙答篯力的儿子秃罕沙[3]处，住了一段时期，又到了古耳算端[4]处；他们对他很尊敬。帖迭失算端在花剌子模站住了脚。他下令将接踵而至的古儿汗使者中的一个杀死，他[古儿汗]* 不满足于按照协议所作的规定，提出了无法接受的蛮横要求，不遵守彬彬有礼的要求。

他与古儿汗因此结仇。莎勒坛沙认为时机对自己有利，便动身到古儿汗处去。古耳朝吉牙撒丁算端让他带了一切必需之物到那里去。[莎勒坛沙]到了古儿汗处，[古儿汗]再次派富儿马率领军队同他那伙人到花剌子模去。帖怯失算端在他们向玉龙杰赤城进军的路上，用质浑[阿母]河水将整个地区都淹没了，并在城里作了作战的准备。富儿马见花剌子模居民不同情莎勒坛沙，便回去了。莎勒坛沙从他手里夺下了一支军队，他们突然袭击了撒剌哈夕，袭击了一个乌古思异密迪纳儿篯力[5]。迪纳儿篯力跳进了城壕里，人们拉住他的头发将他从水里拉了出来，送进了城堡里。莎

① 的希思丹，通常认为就在靠近伊朗边境里海东岸的密什赫德·米斯里安废墟。但那里发现了二座大古城遗址，如今学术文献上还缺乏充足的资料来确定这二处遗址中哪一处是的希思丹。

② 沙的牙黑或名沙亦干，位于1153年被乌古思人所毁的旧你沙不儿城之西，后来在那里建造了新你沙不儿城。新城于1221年再次被蒙古人毁掉。

③ 秃罕沙，你沙不儿的木阿牙答·倒剌的儿子与继位者(伊斯兰教历568—581年在位)。

④ 即统治古耳的独立小王朝古耳朝(1100—1215年)算端。古耳朝的京城主要是在非鲁思苦黑。

⑤ 迪纳儿篯力为乌古思异密，由于他率领乌古思人入侵，灭掉了塞尔柱人的起儿漫王朝。528[1186]年起儿漫王朝灭亡后，他占领了起儿漫，一直占领到541[1195]年后他去世为止。

勒坛沙退到了马鲁①，将哈剌契丹异密遣送了回去。他[从马鲁]
向撒剌哈夕进攻，该城的大部分乌古思人逃散了。城堡(qal'eh)
里的迪纳儿篾力像是满装金币的口袋里的一枚成色不足的底纳
儿②。他遣使到乌古思道领秃罕沙处，[要求]拿撒剌哈夕换巴思
塔木③。秃罕沙将乌马儿·非鲁思苦希异密派去，让迪纳儿将该
堡交给他，到巴思塔木去。当帖怯失算端出征伊拉克来到札者儿
木④时，迪纳儿篾力投奔到了秃罕沙处。秃罕沙派父亲的一个奴
隶合剌·苦失到撒剌哈夕去，并将乌马儿异密召了回来。莎勒坛
沙带着三千人向撒剌哈夕进军。秃罕沙也从你沙不儿带着一万人 98
到那里去。他们交战于伊斯兰教历 576 年 12 月[1181 年 4—5
月]。莎勒坛沙获胜，夺得了无数战利品。他从呼罗珊领地上占领
了撒剌哈夕、徒思及其所辖地区，不停地向秃罕沙袭击，直打得秃
罕沙的军队精疲力竭，他的大臣和异密们都投奔到莎勒坛沙处来。
[秃罕沙]陷入了绝境，他请求帖怯失算端和古耳算端保护，[向他
们]求援，并亲自到也里⑤去了一次，但是没有取得什么结果。就

① 马鲁，1221 年为蒙古人所毁。旧马鲁废墟，位于土库曼加盟共和国拜兰·阿里火车站附近。

② 底纳儿，金币单位。合赞汗所铸的银币(值 6 迪儿赫木)也用此名。文中所说大概是这种贬值的银底纳儿。

③ 撒剌哈夕，今伊朗和土库曼加盟共和国边界上帖詹河中游的城市。巴思塔木，伊朗沙赫鲁德河上阿思塔剌巴忒东南的城市。在呼罗珊境内。

④ 札者儿木——阿思塔剌巴忒东面的城市，位于从你沙不儿通往列夷(今德黑兰附近)的路上。

⑤ 也里〔今名赫拉特〕*，阿富汗西北部格里鲁德河右岸的大城。中世纪时为呼罗珊境内的城市，十二世纪时并入古耳朝领地内，1207 年为花剌子模王占有。1222 年毁于蒙古人，1236 年复兴。

在这不幸的处境中，他于伊斯兰教历581年1月12日星期二[公元1185年4月16日]死去了。他的儿子散札儿-沙[1]继位。散札儿沙的阿答毕忙里伯掌权，苛敛横征。由于不堪他的压迫，秃罕沙的大部分异密投奔到了莎勒坛沙那边。迪纳儿篾力由于害怕莎勒坛沙逃到了起儿漫。[分散在]各地的突厥-乌古思人都投奔到了他那里。伊斯兰教历582年[公元1186年]初，帖怯失算端从花剌子模来到呼罗珊。莎勒坛沙乘机进向花剌子模，但人们没有让他长驱直入。帖怯失陈兵马鲁城下，莎勒坛沙退回去时带着五十个勇士抢渡阿母河，对帖怯失的中军进行了夜袭，进了城。帖怯失退回去了。伊斯兰教历582年3月[公元1186年4—5月][帖怯失]陈兵沙的牙黑城下，对散札儿和忙里伯围攻了两个月。他[同他们]达成和议后，回去了。他派遣"大哈只卜"[2]失合巴丁、罕撒剌儿(司厨)赛甫丁·马儿丹-失儿及哈的卜(秘书)别合丁·马合谋·报达迪同忙里伯举行和谈，订立协议。[帖怯失]算端刚离开他们，忙里伯便[将他们]抓了起来，送到了莎勒坛沙处。他们被关进了牢里，直到兄弟俩和好时才被释放。莎勒坛沙再次进向沙的牙里，[将它]包围起来。由于城民坚守，他向薛卜节瓦儿[3]进军，[朝着城]架起了弩炮(manǰānīk)。薛卜节瓦儿居民辱骂了他。为了报复，他拼命攻[城]。居民陷于绝境，便请正直人士(abdāl)阿黑麻·巴的里司教(洒黑)保护。莎勒坛沙很敬重司教，看在他的面上，赦

① 散札儿沙——秃罕沙的儿子及其继位者(581〔1185〕—595〔1198〕年)。

② hajib-i buzurg——宫廷官号。

③ 薛卜节瓦儿——呼罗珊的城市，位于你沙不儿西面，在你沙不儿通往列夷(在今德黑兰附近)的路上。

免了[薛卜节瓦凡人]的罪。

他遵守[自己的]诺言进入薛卜节瓦儿,在那里只停留了一个钟头,就动身到马鲁去了。帖怯失算端于伊斯兰教历 583 年 1 月 14 日星期五[公元 1176 年 3 月 27 日]陈兵沙的牙黑城下,架起了弩炮。忙里伯陷入绝境,请圣裔①与教长②为自己求情。算端答允
赦他,并对此起了誓。忙里伯这才走出城来。这一年 3 月 7 日星 99
期三[公元 1187 年 5 月 18 日]算端进了城,铺开了公正的地毯。他委派自己的全权大臣(muwakkil)监督忙里伯,让他把被非法抓起来的那些人全部遣返,并按照教长的判决③对于他杀死法官不儿合纳丁一事给予惩罚。

你沙不儿落到了花剌子模王手中。他将儿子纳昔剌丁·灭里沙④留下在那里做自己的代理人,于那年 7 月[1187 年 9 月]回到了花剌子模。莎勒坛沙重新来到你沙不儿城下,围攻[该城]。双方发生战斗,城墙大部分被摧毁。灭里沙不断向父亲报告情况。帖怯失算端便带着大军来了。他命[自己的]一个你沙不儿亲属(muta'alliq)自称是逃出来的人,向莎勒坛沙报告[他的]到来。

---

① 圣裔(赛义德)——先知穆罕默德的真正的或假冒的后裔,后来构成了一个特殊阶层的氏族。

② 教长,阿拉伯语 imam(伊玛目)。伊玛目的含义如下:一,站在全体祈祷者之前,大声宣读祈文的司祈祷者;二,伊斯兰教国家教界与俗界的首领,即哈里发;三,学识渊博的法学家,伊斯兰教法典(沙里阿特)的权威解释者。

③ 判决——费特瓦,其意义如下:(1)伊斯兰教长老根据《古兰经》和穆罕默德言行录(哈迪斯)作出的决定,这种决定不但批准俗界执政者的措施和决议,而且也表达了所谓"亦只马"(ījmā',伊斯兰教权威长老会议)的意志;(2)盖有穆弗提(主教)的印、从各种伊斯兰教权威法典书籍中摘出的片断,供法官(qādzī)判案时下判决用。

④ 纳昔剌丁·灭里沙,帖怯失的儿子,呼罗珊都督,为花剌子模王族。

[莎勒坛沙]焚掉弩炮回去了。帖怯失算端来到你沙不儿,下令重建被破坏的地方。这年,他在祃拶答而过冬。呼罗珊所有异密都来到他那里,求取荣宠。春天,他们来到剌答罕[1]草地。[不久,]贵人们让他[帖怯失]同他的兄弟莎勒坛沙缔结了和约。[帖怯失]算端将札木、巴儿合思和匝儿普勒州[2]赐给莎勒坛沙。莎勒坛沙也赏赐了被忙里伯抓起来押送到他那里的算端的大臣们,将他们遣送回去了。伊斯兰教历585年5月8日星期三[1189年6月25日],帖怯失在剌答罕即位的事四面八方传开去了。他提拔了[自己的]战友,赏赐了他们。这年秋天他回到了花剌子模。莎勒坛沙和古耳算端结了仇。他还同自己的兄弟帖怯失打了好几仗,[如今]他们又在篾儿维鲁惕[3]打起来了。莎勒坛沙潜逃。双方考虑到彼此的利益缔结了和约。[接着,]* 由于莎勒坛沙对其兄蛮横无理,还干了一些被当作破坏和谈口实的事,[帖怯失]算端便于伊斯兰教历586年[公元1190年]从花剌子模出兵攻打他,攻占了莎
100 勒坛沙部下所占据的撒剌哈夕堡,破坏了[该堡]。夏天,他来到剌答罕,贵人们再次在这里为兄弟俩缔结了和约,达成和议。阿答毕马合谋·伊宾·亦勒迭吉思[4]的儿子忽都鲁-亦难赤的母亲忽卜秃巴哈敦,企图毒死塞尔柱算端脱黑鲁勒·伊宾·阿儿思兰沙·伊宾·脱黑鲁勒·伊宾·马合谋·伊宾·灭里沙[5]。算端的一名

---

[1] 剌答罕,呼罗珊(伊朗东北部)的城市,在今密什赫德西北。

[2] 匝儿普勒,为呼罗珊(伊朗东北部)的州名。巴合儿思城,今已不存在。

[3] 篾儿维鲁惕,即马鲁察叶可,位于阿富汗西北木尔加布河上游。

[4] 即阿塞拜疆亦勒迭吉思朝君主阿答毕马合谋·者罕·别黑列汪的儿子。

[5] 塞尔柱人的伊朗支系的最后一个君主脱黑普勒二世(573[1177]—590[1194]年)。

女奴提醒了算端[酒中有毒]*，算端说："你来喝了吧！"她喝下后死去了，算端便将忽都鲁·亦难赤关进了牢里。忽都鲁·亦难赤[从牢里]*释放出来后，于伊斯兰教历588年[公元1199年]遣使到帖怯失算端处向他报告伊拉克国中可喜的消息，[同时]向他求援，要他攻打脱黑鲁勒算端。算端马上向伊拉克进军。忽都鲁·亦难赤[对自己的举止]很后悔，他来到[塔巴剌黑]堡，加强该堡防御。[帖怯失]算端进抵列夷[1]，在一两天内攻占了塔巴剌黑堡[2]。他的军队夺得了许多战利品。这年，[帖怯失]在列夷境内过夏。由于[当地]气候恶劣，他的军队死了很多人。脱黑鲁勒算端得知帖怯失算端和亦难赤的敌对关系后，送去了礼物。双方遂开战了。帖怯失在列夷留下了一名突厥异密塔木合赤带领军队，自己回去了。在路上，探子们赶来报告说，莎勒坛沙围攻了花剌子模。[帖怯失算端]急忙向花剌子模进发。当他到达的希思丹时，一些消息灵通的探子来[报告说]，莎勒坛沙已回去了。[帖怯失]算端便向花剌子模行进。冬天，他休息欢乐了一番，春天，出征呼罗珊，去攻打他的兄弟。当他到达阿必维儿忒[3]时，贵人们想为兄弟俩缔和，但没能成功。这时，撒剌哈夕堡的守将(kūtwāl)察吉儿将堡主(aṣḥāb-i qal'eh)押起来，向阿必维儿忒派遣急使，请算端前来。算端马上向那里进发；守将将城堡帑藏献给了[他]。两天后，伊斯兰教历589年9月的最后一天[公元1193年9月29日]星期四夜里，

① 列夷，古代剌葛城。伊朗西北部最古老的城市之一，1220年被蒙古人占领后毁掉了，其废墟在今德黑兰南面。

② 列夷北部的堡寨。建于六世纪，1192年为塞尔柱朝脱黑鲁勒二世所毁。

③ 呼罗珊古城之一，其废墟在今土库曼加盟共和国卡阿赫卡火车站附近。

萨勒坛沙忧愁而死，[帖怯失]算端取得了对萨勒坛沙领地和帑藏的占有权。他派遣急使到花剌子模去见他的儿子忽忒巴丁·马合谋①，将你沙不儿封赐给了他；他又将马鲁给了原你沙不儿都督(wālī)、他的长子纳昔剌丁·灭里沙。在那些地区(mamālik)建立起了自己的儿子们的政权。就在那些天里，有消息传来说，脱黑鲁勒算端破坏谈判，将塔木合赤从列夷赶了出来，夺回了塔巴剌黑堡。[帖怯失]算端决定进行报复，便于伊斯兰教历590年初[公元1193年]向伊拉克进军。忽都鲁·亦难赤带了伊拉克异密们出来
101 迎接他，在西模娘②同他相遇。

[帖怯失]算端让他回去率领伊拉克军队担任先锋(muqaddameh)。脱黑鲁勒算端在距列夷三程的地方扎下了营；举起了抗战的旗子。亦难赤刚来到，[脱黑鲁勒]就向他冲杀过去，他手握他所引以自豪的作为王权标志的沉重圆锤，朗诵着《列王纪》③中的诗，驰马向前猛冲：

尘土飞扬，这位将军刚临近，
我们光荣的骑士的脸就变黄了！
我举起这柄锤，
一挥之下将把这支军队当场收拾掉。
我从马上发出嘶吼，
大地就像是磨子，将把他们一个个磨碎！

他使出了狮子般的力量将这柄带有牛头形锤头的大锤向几个

① 即后来的阿剌丁·马合谋，见第278页，注④。
② 西模娘——城名，位于列夷东面、在列夷通往巴思塔木的半途中。
③ 中世纪时中亚与伊朗的大诗人费尔道西(卒于935年)的叙事诗《列王纪》。

骑士挥去，但是在杀得热火朝天的时候，他的锤敲到了自己的坐骑的膝部，马倒下了。这时，忽都鲁·亦难赤追上来想杀他，没认出是他。[脱黑鲁勒]算端为了让他认出来，从脸上拿掉了盔。亦难赤认出了他，说道："你正应该死在这里！"——遂一击之下杀死了他。他的尸体被驮在骆驼上，运到了帖怯失算端处。帖怯失鞠躬感谢最高真主。出于对纳昔儿哈里发的服从，他将脱黑鲁勒的脑袋送到了报达，躯体则于伊斯兰教历 590 年 3 月 29 日[1194 年 3 月 1 日]星期五吊到列夷集市的绞架上。脱黑鲁勒算端的一个心腹被送到了尼咱马-木勒克·马速忒宰相处，[宰相]问道："脱黑鲁勒连伊斯兰教君主的突厥先锋队都挡不住，这就是他的全部光荣么？"那个心腹立即答道：

胡曼勇力胜毕任[①]，

时运不济，英豪也受辱。

帖怯失算端从列夷向哈马丹进军，占领了伊拉克的大部分堡寨[②]。纳昔儿哈里发期望[帖怯失]算端将伊拉克的一部分交给"大底万"[③]。由于算端不同意，哈里发派遣自己的宰相木爱答丁·伊宾·哈撒卜带着颁赐荣耀的袍子和赐物、授予国家领地的诏书[到他那里]去。宰相来到阿撒答巴忒[④]时，算端的周围已集合了

① 费尔道西叙事诗《列王纪》中的一个英雄。

② 此处及以下各处均系指波斯伊拉克而言。

③ 底万(波斯语 dīwān)——总册、清册，有官衙、诏令、会议的意义，后来又有按字韵顺序编成的诗人诗集的意义。大底万，意为内阁、国库、中央政府。这里显然是管理土地、征收地税的国家机构的意思。

④ 中世纪伊朗曲儿忒斯坦的城市，位于呼罗珊通往报达的途中，在哈马丹和坎果维尔之间。

102 一万多名曲儿忒人和阿拉伯人。[宰相]愚蠢地派人通知算端道："[大]底万赐予你荣耀的长袍和领有国家领地的诏书。国家宰相为了这件大事到这里来了，为了执行这项恩典，要求算端带着少量的人以极大的恭顺态度出去迎接他，步行到宰相马前去。"算端怀疑到话里有诈，派出军队，向报达人冲杀过去。宰相逃走了，哈里发京城的光荣受到了侮辱。军队一直追赶他到迪纳维儿才返回[①]。[帖怯失]算端来到哈马丹，派遣税吏（'ummāl）向伊拉克地区征税。他将亦思法杭赐给忽都鲁·亦难赤，让他当了伊拉克大异密。他将列夷给了自己的儿子玉讷思汗，让他当了阿答毕及马牙出黑军队的统将。[然后]他才满意地回到呼罗珊去了。途中，他听到由于马鲁气候恶劣，他的儿子灭里沙生病了，便把他叫来。儿子到了徒思，病愈了。父亲重新封他管辖你沙不儿，并将呼罗珊的领地[②]分给马合谋算端，命他跟随在自己左右。

在伊拉克·额者木[波斯伊拉克]：脱黑鲁勒在位；亦勒迭吉思的儿子者罕·别黑列汪为其阿答毕。者罕·别黑列汪死后，乞即勒·阿儿思兰[③]想当阿答毕，但未能成功。关于算端的叔父的事已经在上文帖怯失算端的历史中谈过了。

在鲁木[小亚细亚]，管理阔尼牙、昔瓦思和凯撒里牙[④]国事的

---

① 废墟在今伊朗库尔迪斯坦坎果维尔与克尔曼沙之间比苏通山附近。

② iqtā'，复数 īqtā'at（阿拉伯语）——封地、封邑。有世袭领邑的意义。

③ 斡思蛮，马合谋·者罕·别黑列汪的兄弟，后来在阿塞拜疆嗣承了他的王位（581[1186]—587[1191]年）。

④ 昔瓦思（希腊语塞瓦斯梯雅）与凯撒里牙——今小亚细亚（土耳其）中部克治尔·伊尔马克河（阿拉伯著述家的哈米思河）流域的大城。十二世纪时昔瓦思为塞尔柱人在小亚细亚所建王朝的京城，凯撒里牙为其第二大城。

是亦咱丁·乞里赤-阿儿思兰伊宾·马速忒·伊宾·乞里赤-阿儿思兰[①]算端。他与马剌的牙[②]领主宗农·伊宾·答失蛮互相敌对。乞里赤-阿儿思兰占据了宗农的地面。[宗农]逃到了阿勒颇阿答毕讷剌丁处[③]。讷剌丁开来军队援助他,占领了昔瓦思、马剌失堡[④]及两堡所辖的许多地方。乞里赤-阿儿思兰派遣使者[向讷剌丁]要求[索回被他夺去的地方]。讷剌丁不理。[这时]* 突然传来了富浪人出征的消息。讷剌丁同意缔和。他将军队留下,交给了宗农。直到宗农去世为止,昔瓦思一直是[宗农]的领地,他死后 103
昔瓦思才重新归乞里赤-阿儿思兰统治[⑤]。

起儿漫王是脱黑鲁勒沙·伊宾·马合谋·阿不勒法瓦里思[⑥]。他也在伊斯兰教历 563 年末[公元 1168 年]去世。他有四个儿子,即:阿儿思兰沙,秃儿罕沙,秃兰沙与别黑剌木沙[⑦]。由于乌古思人的入侵,起儿漫国事陷于紊乱。战乱、杀人、抢劫,一直发生到一位乌古思异密、你沙不儿长官(wālī)秃罕沙·伊宾·木阿牙忒之婿迪纳儿篾力到来为止。伊斯兰教历 583 年 7 月[公元

---

① 乞里赤·阿儿思兰二世,马速忒的儿子和嗣位者(551[1156]—584[1188]年)。

② 马剌的牙(希腊语密里帖纳)——中世纪时拥有坚强堡寨的一座城市,今为小亚细亚(土耳其)南部幼发拉底斯河上游马拉梯亚州的首邑。

③ 曾吉朝阿答毕。

④ 马剌失,今斋汉河上的城市,同名的州在小亚细亚(土耳其),靠近叙利亚边境。

⑤ 答尼失蛮迪朝的宗农·伊宾·马合谋(537[1142]—560[1165]年)。答尼失蛮迪王朝领有客帕朵乞牙及昔瓦思、恺撒里牙、马剌的牙诸城。这些领地后来被乞里赤·阿儿思兰并为小亚细亚塞尔柱人的领地。

⑥ 塞尔柱朝的木黑牙丁·脱黑鲁勒沙(551[1156]—565[1170]年)。据伊宾·阿昔儿说,脱黑鲁勒沙死于伊斯兰教历 565 年。

⑦ 关于他们,见林普勒:《伊斯兰教王朝》,第 127 页,巴托尔德的注释。

1187 年 9 月]他占领了起儿漫京城古瓦失儿[①]城,引导国事走上了轨道。

古耳和哥疾宁算端为吉牙撒丁·[马合谋]及失合巴丁[·马合谋·古里]。伊斯兰教历 570 年[公元 1193—1194 年]古耳朝失合巴丁算端同忻都国王厮杀了起来。印度人被击溃,国王被杀。据说这位国王拥有七百头战象,辖有百万人民。

箴力、阿答毕传

祃拶答而王为阿剌丁·哈散·伊宾·阿里·伊宾·鲁斯帖木·伊宾·沙黑里牙儿[②]伊拉克和阿塞拜疆阿答毕为亦勒迭吉思[③]。563 年[公元 1167—1168 年]箴剌合领主(ṣāḥib)阿黑松忽儿[④]向哈里发京城请求于公共祈祷上隆重宣读其恩主塞尔柱朝的马合谋·伊宾·马合木的名字,并用他的名字铸币。这个消息传到了哈马丹阿答毕亦勒迭吉思处,亦勒迭吉思是阿儿思兰·伊宾·脱黑鲁勒·伊宾·马合谋·伊宾·灭里沙[⑤]的继子的阿答毕,事实上成为其全部领地的领主。亦勒迭吉思动了怒,派遣其子马合谋·者罕·别黑列汪带着军队去攻打阿黑松忽儿。双方交战。阿黑松忽

① 一作巴儿答昔儿(维黑·阿儿答失儿),在今克尔曼城之地。在布伊朝和塞尔柱朝时代为起儿漫省首邑。

② 诸本皆同;应作阿剌·倒剌·哈散·伊宾·鲁思帖木·伊宾·阿里·伊宾·沙黑里牙儿;为木鲁合·只巴勒王朝的巴云忒氏后裔。

③ 阿塞拜疆亦勒迭吉思朝始祖舍木撒丁·亦勒迭吉思(531[1136]—570[1174]年)。

④ 见前面第 113 页,注②。

⑤ 统治伊拉克与库尔迪斯坦的塞尔柱朝君主(556[1161]—573[1177]年)。

儿被击溃,逃到了篾剌合边境上鲁因的思[1]堡。者罕·别黑列汪围攻了该堡。最后他们缔结了和约,者罕·别黑列汪回到了哈马丹父亲处。这件事发生在伊斯兰教历 563 年[公元 1167—1168 年],伊斯兰教历 567 年[公元 1171—1172 年],阿答毕亦勒迭吉思 104
在哈马丹去世。其子马合谋·者罕·别黑列汪当了阿答毕。他的势力很大,算端脱黑鲁勒·伊宾·阿儿思兰[2]坐在王位上[只不过]能以算端之尊在星期五公共祈祷上被宣读一下名字,并把名字铸在钱币上,实际的执政者却是者罕·别黑列汪阿答毕。

篾剌合领主阿黑松忽儿死后,其子法剌客丁[3]嗣位,由于他们据有帖必力思[4],者罕·别黑列汪出兵将法剌客丁包围在鲁因的思[堡],派遣其弟乞即勒·阿儿思兰去围攻帖必力思。篾剌合守军将他手下的两个人捉进了城里。法官撒忒剌丁赐给这两个人荣誉的长袍,将他们遣回者罕·别黑列汪处。者罕·别黑列汪对这件事很喜欢。他们听从法官的话缔结了和约:帖必力思给[者罕·别黑列汪],篾剌合归法剌客丁领有。者罕·别黑列汪让乞即勒·阿儿思兰管辖帖必力思,自己回到伊拉克去了。他去世后,乞即勒·阿儿思兰来到伊拉克,想效法其兄当独揽大权的阿答毕。但脱黑鲁勒算端已经长大成人,能够自立了,对他没有好感。因此他

---

① 一作鲁云的思,巨堡。据可疾云尼说,该堡距篾剌合三英里;据牙忽忒说,该堡在帖必力思附近(卷二,第 875 页)。

② 伊朗塞尔柱王朝的脱黑鲁勒二世。

③ 阿黑篾迪里阿答毕地方王朝的君主,参阅第 113 页,注②。

④ 帖必力思,南阿塞拜疆、即今伊朗阿塞拜疆的城市。在蒙古征服时代是阿答毕地方王朝的首邑。在蒙古人时代为旭烈兀朝京城,极端繁荣。今为伊朗阿塞拜疆的首邑及大工业中心。

们厮杀了起来。乞即勒·阿儿思兰被击溃。[他的]军队大部分到了算端这边,他有一段时期失势,不掌权。后来[乞即勒·阿儿思兰]势力恢复,他召集军队将算端捉起来戴上镣铐。每天敲五次自己家门前的罐鼓[①],企图篡位。伊斯兰教历587年8月[公元1191年8—9月]的一个夜里,他正睡在哈马丹自己家里。有一个人杀死了他,这个人是谁,不知道。人们认为[他的]被杀与下列事实有关:在这一[时期]左右,由于狂热的宗教仇恨他曾将沙非派教长木塔里必战友中的几个贵人绞杀在亦思法杭集市的绞架上——但愿安拉对他们称心如意!安拉从战争中拯救信徒!

毛夕里[②]与迪牙别克儿的领主为:阿答毕讷剌丁·马合木·沙迷的弟弟阿答毕忽忒巴丁·马兀都忒·伊宾·曾吉·伊宾·阿黑松忽儿[③]。他于伊斯兰教历565年[公元1170年]去世。幼子
105 赛甫丁·哈即[④]嗣位;伊斯兰教历571年[公元1176年]他与密昔儿[埃及]君主(wālī)撒剌合丁作战,赛法丁潜逃。他死于伊斯兰教历576年2月[公元1180年6—7月];其弟亦咱丁·马速忒嗣位。亦咱丁死于伊斯兰教历589年8月最后一天[公元1193年8月]。

① 原文 naqqapeh——罐鼓,naqqareh beh nām-ī khūd zadan——"为显耀自己敲起罐鼓",意为"宣布自己为君主"。乞昔勒·阿儿思兰于1191年俘获脱黑鲁勒后取得了算端尊号。

② 者即剌(上美索不达米亚)首邑。伊斯兰教历521年[公元1127—1128年]亦马答丁·曾吉战胜塞尔柱人后并为曾吉朝领地。后来亦马答丁·曾吉被迫承认艾育伯朝撒剌丁的最高政权。从伊斯兰教历607年起,巴忒剌丁·鲁鲁占有毛夕里,巴忒剌丁最初是曾吉朝末主的宰相,伊斯兰教历642年以后则成了独立的君主。伊斯兰教历642年,他降了伊儿汗旭烈兀。毛夕里今在伊拉克国境内。

③ 曾吉朝君主(544[1149]—565[1170]年)。

④ 赛甫丁·哈即二世(564[1169]—572[1176]年)。

海法堡[①]与迪牙别克儿大部分地区的领主是木只剌丁·合剌-阿儿思兰·伊宾·倒忒·伊宾·速克蛮·伊宾·斡儿脱克[②]。他死后，其子讷剌丁·马合谋嗣位；讷剌丁死于伊斯兰教历 581 年[公元 1185—1186 年]。其子忽忒巴丁·速克蛮[③]嗣位。

苫国[叙利亚]阿答毕为讷剌丁[④]。伊斯兰教历 567 年[公元 1171—1172 年]他沿着报达大道设置了鸽驿。这种鸽驿迄今还使用着。伊斯兰教历 568 年 10 月[1173 年 5 月]，以密昔儿[埃及]领主撒剌合丁不参加对富浪人[十字军]的圣战为借口，[讷剌丁]出征密昔儿，[但接着]他就病了，于该月 11 日[5 月 27 日]去世。他的十一岁的儿子亦思马因嗣立，人们把他称做撒里黑篾力[⑤]。亦思马因死后，其叔毛夕里领主忽忒巴丁·马兀都忒的儿子赛甫丁·哈即夺取了他所统治的国家。

密昔儿[埃及]君主(hākim)与篾力为沙的·伊宾·篾儿汪的儿子[⑥]曾当过帖克里惕[⑦]征税人的曲儿忒人阿撒答丁·失儿苦黑。

---

① 塞尔柱朝的强堡，位于者即剌(上美索不达米亚)底格里斯河上。后为海法城。

② 海法的斡儿秃克王朝君主(539[1144]—562[1166]年)。

③ 统治到 597[1200]年为止。

④ 叙利亚阿答毕讷剌丁·马合木；关于他见第 115 页，注⑧。

⑤ 曾吉朝的撒里黑·讷剌丁·亦思马因(569[1174]—577[1181]年)。

⑥ 有名的艾育伯朝撒剌丁的叔父阿撒答丁·失儿苦黑；伊斯兰教历 564 年 5 月 22 日去世。他的后裔统治着希木思，见前面第 138 页，注②。

⑦ 帖克里惕——底格里斯河右岸城市，在撒马剌北面。九世纪时木塔昔木哈里发所建。十世纪中叶并入者即剌(上美索不达米亚)，后并入伊拉克。十一世纪，在塞尔柱朝脱黑鲁勒伯占领该城前，隶属于半独立的领主。从 1149 年起，并为别格帖斤朝领地，1190 年又隶属于阿拔思朝。艾育伯朝的撒剌丁诞生地。今为土耳其的一座小地城。

由于亦思马因哈里发阿迪忒①势衰，他的宰相沙兀儿想篡夺政权；阿迪忒派人向苫国[叙利亚]阿答毕讷剌丁求援，与宰相对抗。讷剌丁派这个失儿苦黑带二千人[到他那里]去。宰相怕失儿苦黑到来，便篡夺了国家政权，并向富浪人[十字军]求援。失儿苦黑渡过尼罗河，登上西岸。两军交战，富浪军战败，他们逃散到河岸上躲了起来。失儿苦黑占领了亚历山大里亚。他将其侄撒剌合丁·玉速甫留在那里，自己进入赛忒-阿剌[上埃及]，占领了[那里]，富浪人则统治着密昔儿[埃及]和客希列[开罗]。

宰相沙兀儿的儿子客米勒·疏札遣书至讷剌丁[·马合木]阿
106 答毕处请求和好，并愿每年向他纳贡(māl)。讷剌丁同意了。伊斯兰教历 564 年[公元 1168—1169 年]，失儿苦黑占领了密昔儿，当了两个月零五天[密昔儿]君主(ḥākim)，同年 6 月 22 日[公元 1169 年 3 月 24 日]去世了。其叔撒剌合丁当了密昔儿君主(ḥākim)。他派遣其兄沙木撒丁·[秃兰-沙]②占领了讷别[努比亚]地区，夺得了许多战利品。他还派遣[他]占领了也门地区(dīār)。伊斯兰教历 565 年 1 月的第二个星期五[公元 1169 年 10 月 2 日]阿迪忒去世，他在公共祈祷上隆重宣读报达哈里发的名字。

这年，他与讷剌丁为了争夺密昔儿领地(mulk)，造成了敌对关系。伊斯兰教历 571 年[公元 1175—1176 年]他与毛夕里及领有迪牙别克儿一部分地区的领主(ṣāhib)赛甫丁·哈即交战。赛甫丁溃

① 法提玛王朝哈里发。

② 木阿咱木·秃兰沙一世——艾育伯朝撒剌丁的兄弟，伊斯兰教历 569[1174]年为艾育伯朝征服了阿拉伯；577[1181]年去世。

逃。撒剌合丁·玉速甫占领了讷剌丁阿答毕的儿子撒里黑篾力统治下的地区,如蛮必只城及其所辖地区,围攻了撒里黑篾力所在的阿勒颇堡[①]。由于[该堡]很难攻取,他回去了。伊斯兰教历581年[公元1185—1186年]他占领了篾牙法里勤[②],并企图占领毛夕里,但[这件事]没有成功。后来,在他去世之前,他完成了若干伟业,从富浪人处夺得了迪牙别克儿等许多地区。他的子弟、亲属们分别以他的名义统治着那些领地。伊斯兰教历589年[公元1193年]他在迪马失克[大马士革]城去世。他指定长子讷剌丁·阿里为其继承人,讷剌丁遂嗣立于迪马失克,被称为阿甫答勒[③]篾力。[他的]近亲(aqrabā),即苫国诸城长官[向他]称臣。[他的]另一个兄弟斡思蛮(人称阿即思篾力)[④]在密昔儿。他竭力想[脱离自己的君主]独立,便于伊斯兰教历570年(公元1174—1175年)前来围攻迪马失克[大马士革]。阿甫答勒向其叔阿迪勒[⑤]篾力求援。阿迪勒与阿勒颇领主(sāḥib)咱喜儿·哈即篾力,合木领主、塔乞丁的儿子纳昔剌丁·马合谋,希木思领主[⑥]、伟大的失儿苦黑的孙子阿撒答丁·失儿苦黑及所有各路军队,从毛夕里和迪牙儿别克儿来援助阿甫答勒篾力。阿即思篾力见阿甫答勒地位稳固,便同意缔结和约。协议如下:贝

---

① 即叙利亚的北部;蛮必只城今已不存。

② 篾牙法里勤,阿拉伯语讹作迈法尔卡特,亚美尼亚语作木帕尔金,希腊语作马尔提罗波利斯。者即剌(上美索不达米亚)的一座大城,位于底格里斯河上游阿米忒(今迪亚巴克尔)东北。

③ 艾育伯朝的讷剌丁·阿里,从582[1186]年起统治大马士革,从伊斯兰教历589年起成为王朝君主,592[1196]年被废黜,伊斯兰教历622年去世。

④ 艾育伯朝的阿即思·亦马答丁·斡思蛮,589[1193]至595[1198]年统治埃及。

⑤ 艾育伯朝的赛甫丁·阿不·别克儿。关于此人见下面第213页,注④。

⑥ 希木思(额灭撒)——叙利亚阿昔河(斡伦特河)上的城市。

塔·木客答思[耶路撒冷]及隶属于密昔儿的巴勒斯坦州归阿即思篾力所有;迪马失克[大马士革]、别忒列牙[布特里纳]与高耳州①归
107 阿甫答勒所有,者巴列、剌忒乞牙②和沿岸地区归咱喜儿所有;以前为阿迪勒篾力在密昔儿所占有的领地[仍]归阿迪勒。于是,这些领主们(mulūk)便各自回到自己的领地去了。

马格里布[北非]的篾力是玉速甫·伊宾·阿巴·木明③;他从北非诸州中夺取了客甫薛地区。

法儿思阿答毕最初为答克列④。他死后,英勇无比的阿答毕木咱法剌丁·撒忒·伊宾·曾吉即位。

异　事　志

伊斯兰教历 565 年[公元 1169—1170 年],苫国[叙利亚]、迪牙别克儿及富浪地区发生了大地震,毁掉了那些地区上的许多城市。安拉无所不知、法力无边!

从始自伊斯兰教历 563 年 3 月的忽鲁吉纳亦勒即鼠年[1168 年]* 初到始自伊斯兰教历 570 年[原讹,应作 590 年]* 2 月的巴儿思亦勒即虎年[1194 年]* 末,以上二十七年内与成吉思汗同时的合罕、哈里发、算端、篾力传已记述如上,[现在]* 让我在最高安拉的帮

① 高耳——约旦河流域的地区名,位于耶路撒冷与大马士革之间(牙忽忒书,卷三,第 822 页)。

② 叙利亚沿海城市。

③ 阿不·牙忽卜·玉速卜一世,阿勒莫合忒王朝君主,558[1163]至 580[1184]年统治北非。

④ 法儿思撒勒葛儿王朝阿答毕。

助与其卓绝的佑助下来[记述]这段时期以后的成吉思汗纪！就是这些。

成吉思汗纪[三]*

从始自伊斯兰教历 591 年 3 月的讨来亦勒即兔年[1195 年]* 末起，到始自 599 年 6 月的合孩亦勒即猪年[1203 年]* 初止，凡九年，在最后一年成吉思汗为四十一岁[原讹，应作四十八岁]*

在这九年内，他同王汗友好，对篾儿乞惕君主脱黑塔和乃蛮王的兄弟不亦鲁黑汗作战，[接着]又对泰亦赤兀惕、豁罗剌思、亦乞剌思、朵儿边、塔塔儿部作战，还对合塔斤、撒勒只兀惕部作战，直 108
到把他们征服为止。[后来]他又消灭了王汗、篾儿乞惕部主、乃蛮王太阳汗，被尊称为成吉思汗。

叙成吉思汗与王汗友好的早期①

事情是这样的：成吉思汗的父亲也速该把阿秃儿由于是近邻，很早就十分友好、和睦。也速该把阿秃儿曾于王汗遭难时多次帮助过他，[把他]从不可挽救的深渊中救出来。他们彼此以义兄弟（安答）相称。成吉思汗由于[阿拉伯语所说的]“亲谊世继”的关

① 参照《秘史》第 150、151、152、177 节和《亲征录》。

系，按照世谊称他为义父①。王汗是客列亦惕、董合亦惕及客列亦惕其他各部落的君主。他们以人数众多的部落、军队和古代的君主驰名，他们与蒙古诸部相似：在风俗、习惯、方言、词汇(luğat)上彼此相近。王汗原名脱斡邻勒②，用突厥语及客列亦惕部落语来说则是屯黑鲁勒③。这是他们对一种飞禽的称呼④，这种飞禽尽管谁也没有见过，但却为人们所知，就像西方的安卡鸟⑤那样地出名。人们肯定地说：这种飞禽跟鹰很相像，嘴和爪子坚硬似钢。它一次能击落、捕杀二三百只鸟雀。人们说："我们没见过[这种飞禽]，但还是相信有这种[飞禽]，因为猎人和游牧民常常见到这样的事：有时在某个地方会从空中落下一二百只各种鸟雀，有的身首分异，有的翅膀撕裂、腿折断。由此可见，一定有一种可怕的飞禽杀死这些鸟雀，它的爪子该有多么坚硬呀！"这种飞禽就被称做屯黑鲁勒⑥。蒙古人也知道这个词的意义，但他们称它为[脱斡邻勒]⑦。他[王汗]的本名就是这个意思。后来，按照前述原因，乞台阿勒坛汗的宰相丞相册封他为王汗，意即"一国之王"。王汗的祖父名为马儿忽思⑧。马儿忽思有两个儿子，长子名为忽儿札忽

---

① amdeh(原文如此!)；I本作 andeh；P本、贝书作波斯语 padar(父亲)。

② ṭğrl；S、I、P本及贝书作 ṭğrīl。《秘史》第104节：王汗之名为脱斡邻勒。

③ tūnqrūl。

④ 贝书如此；诸本作 mīkehāstand；P本作 mīkhāhand。

⑤ 安卡鸟——伊斯兰教史籍中一种神话的鸟名，与有关高加索山的传说相联系。按照迷信的说法，这种鸟的影子落到人的身上，这个人就注定要当帝王(与神话的忽马伊鸟的伊朗旧说相当)。

⑥ dūnkrūl；L本作 qūnkrūl；I本作 tūānkrū；贝书作 qunkrūl。

⑦ 诸本均缺。

⑧ mrğūz。

思-不亦鲁黑汗①,“不亦鲁黑”这个词为“命令”之意。乃蛮王太阳汗有一个兄弟,[也]名不亦鲁黑汗,此人将于后文叙及,这里提及此人,是为了让[读者]不要将这两个人混淆起来。马儿忽思的另一个儿子为古儿汗。突厥斯坦与河中的哈剌契丹王也叫古儿汗。古儿汗大概是“威武”的意思②。忽儿札忽思-不亦鲁黑汗有好几 109
个儿子;[一个]是号称王汗的脱斡邻勒,另一个叫额儿客-合剌③,第三个名叫札阿绀孛④,札阿绀孛原名客列亦台⑤。他们还有好几个兄弟,但脱斡邻勒成了父亲的继位人。客列亦台幼年曾为唐兀惕部俘去。他在他们那里住了一些时候,成为[他们中间的]有实力者,受到尊敬。由于他聪明、能干,获得了札阿绀孛的称号。“札阿”是地区(wilāyat)之意,“绀孛”意为大异密,[合起来]意即“一地区的大异密”。尽管最初他同自己的兄弟王汗和睦相处,后来他却二次离开了他,这些情况将于后文叙及。

额儿客-合剌盘算着当领袖与夺取王位,他同王汗进行竞争。最初他同王汗一起杀死了与他联盟的其余诸弟,接着他又向他进

---

① qūrjāqūz-būīrūkhq-ān;《秘史》第150节作忽儿察忽思-不亦鲁黑。[《亲征录》、《太祖纪》作忽儿札胡思-杯禄。]*

② 《秘史》第141节作古儿罕,傍译作普皇帝。此处为哈剌契丹主的尊号。关于这个尊号及其语源,见伯希和:《蒙古人与教廷》,第22、23页;符拉基米尔佐夫:《源于〈五卷书〉的蒙古故事集》,1921年版,第148页;玉尔:《马可波罗行记》,第1卷,第232页。

③ arkeh-qrā;《秘史》第151、177节作额儿客-合剌。[《亲征录》、《太祖纪》作也力可-合剌。]*

④ ja'qāmbū;《秘史》第107节作札合-敢不。[《亲征录》、《太祖纪》作札阿绀孛。]* 原文这个人名的语源,显然与藏语“札”(藏文 rgya,大国)十藏语“绀孛”(藏文 mk'an-po,师、长)相当。

⑤ A本作 krābtī;L、B本及贝书作 krāī;P本作 krātī。

行袭击,关于这点将[于下文]叙及。

当王汗与成吉思汗友好和结盟时,札阿绀孛与成吉思汗结成了义兄弟(安答)。成吉思汗将札阿绀孛的一个女儿阿必合别吉娶做了自己的妻子,[后来]他又将她赐给了怯台那颜;他为自己的长子术赤娶了另一个女儿必克秃惕迷失旭真;还为拖雷娶了第三个女儿唆儿忽黑塔尼别吉。他[札阿绀孛]还有一个女儿,嫁给了唐兀惕国王。这个女儿非常美丽,[容貌]净洁。成吉思汗占领唐兀惕[国]时,杀死了国王,竭力搜寻这个女人,但没有找到。

王汗有两个儿子:长子鲜昆,意即汉语"相公"[①](khudāwandzādeh);幼子名为亦忽[②],他的女儿脱忽思哈敦[③],也被成吉思汗为拖雷汗娶做了妻子。拖雷汗死后,旭烈兀汗将她从拖雷汗处继承了过来[娶了她]*。

王汗同也速该把阿秃儿友好与结拜兄弟的原因如下:王汗于父亲不亦鲁黑汗死后,由于争夺[④]忽儿札忽思的继承权(mulk)杀死了下列自己的好几个亲兄弟与侄儿:台-帖木儿太师、不花-帖木儿等弟及……[⑤]

110 由于这个原因,他的叔父古儿汗同他作战。王汗被击溃后,[在各地]流浪了一些时候后,躲到了也速该把阿秃儿处。也速该

① 汉语"相公",意即俄语 барич(贵族地主之子、少爷)。

② aiqū;L 本作 a?qūš;贝书作 aigūr;据《秘史》第 164、166 节,王汗仅有一子,即桑昆或你勒合-桑昆,《亲征录》作亦剌合-鲜昆[《太祖纪》同]*。

③ tūqūz-khātūn。

④ tāmājāmiši——争吵、竞争。

⑤ 诸本均缺。《秘史》第 150 节作"王汗将父忽儿察忽思-不亦鲁罕的诸子杀戮";《亲征录》:"汪可汗杀戮昆弟。"

把阿秃儿出兵援助他；他击溃了古儿汗，[将他]赶到河西[①]去了，将他的领地夺取过来，交给了王汗。由此他对王汗有恩，他们结成了兄弟(安答)。其后，王汗的弟弟额儿客-合剌看到王汗杀死了长幼宗亲，势力强大，便逃到了乃蛮地区亦难赤汗处。亦难赤汗很怜悯他，过了一些时候帮助了他。他出兵将客列亦惕部落和军队从王汗处夺取过来，并将王汗赶跑了。

当时也速该把阿秃儿已经死了。王汗行经三国(wilāyat)，到了突厥斯坦国王哈剌契丹古儿汗处。突厥斯坦也同畏兀儿诸城[②]和唐兀惕诸城一样，正发生内乱(būlqāq)，他仍然不得栖身在那儿。

他窘困已极，身边只有五只奶水充足的山羊和两三匹骆驼，借以维持生活。他在这种困境中流浪了一些时候后，听到了成吉思汗强盛的传闻。由于他与他父亲也速该把阿秃儿的交情，他在相当于伊斯兰教历582年[原讹，应为592年]* 的鲁亦勒即龙年[1196年]* 春，来到了距成吉思汗禹儿惕不远的古泄兀儿湖[③]地方，[过去]他们曾与也速该把阿秃儿一起在这个地方住过，他[从那里]派遣自己的两个那可儿塔海[④]与雪也垓，[⑤]沿着怯绿连河往上走，到成吉思汗处去通报自己的到来。成吉思汗骑马迎接他。

---

① 原文qāšin，源于汉语“河西”，意即黄河以西之地，为西夏或唐兀惕国的领地。唐兀惕，参阅前面第91页，注①。

② šahrhā-i wīğūr。

③ kūsākū-nāū'ūr；L、I、P本及贝书作kūskū-nāū(ū)r；《秘史》第151节作古泄兀儿海子；《亲征录》作曲薛兀泽。

④ tğaī；《秘史》第151节作塔孩把阿秃儿。[《亲征录》：塔海。]*

⑤ sūākī；《秘史》第151节作速客该-者温；《亲征录》作雪也垓。

他们会见时，王汗说：“我又饿又乏！”成吉思汗心里很怜悯他。他从蒙古人处征收了忽卜出儿①给他，将他安顿在自己的古列延和斡耳朵的中央，用应分的尊敬待他。

秋天，他们一起驻扎在合剌温-合卜察勒，②意即“黑林”隘的河谷上。由于王汗与也速该把阿秃儿曾结为兄弟，他与成吉思汗便认了父子，并举行了宴饮。春天，他们商议好后，去征讨禹儿勤残部，成吉思汗击溃[他们]后，进行了洗劫，一部分禹儿勤人逃脱
111 到帖烈徒之隘③。成吉思汗袭击了他们……④，俘获了薛扯别乞和泰出。就是这些！

叙成吉思汗征讨篾儿乞惕部主脱黑塔，将他们打败后，把全部掳获物送给了王汗⑤

相当于伊斯兰教历 573 年[原讹，应为 593 年]* 的莫孩亦勒即蛇年[1197 年]*，成吉思汗去攻打篾儿乞惕异密脱黑塔。尽管

① 关于此词，见第一分册俄译本 135 页注①。

② kraūn-kpčāl;《秘史》第 150、177 节作合剌温·合卜察勒，“合卜察勒”是“狭谷”、“隘”的意思。《亲征录》作“会于土兀剌河上黑林间”。参照第 177 节：结义之地为“土浯剌因合剌屯”，即“土浯剌河边黑林内”。

③ 原文作 tālādūbīn-amsreh;《秘史》第 136 节作帖列秃·阿马撒儿，第 162 节作帖列格秃·阿马撒儿；《亲征录》作帖列徒之隘；蒙文 amsar——隘、口子；此词波斯文应作 tālādūīin amsreh。参照《秘史》第 136 节的 teletu amasar-a，词缀-a 表明此词为处所格。拉施特原文中使用这个名称时带有处所格后缀，表明《史集》的编纂者，直接采用了蒙文原文，参阅下面第 168 页，注①。

④ 原文为意义不明的动词 mūğū-tğāmīšī kardeh；贝书作 mūğeh-tğāmīšī；《亲征录》译作“……灭之”。

⑤ 参阅《亲征录》。

篾儿乞惕部落是蒙古人之外的一个单独的部落，它却很强大。他们战于合剌思-木剌思①。在不到怯绿连河，离薛灵哥河②不远的莫那察③地方，他击溃了篾儿乞惕的一个分支兀都亦惕-篾儿乞惕人④，[对他们]进行了屠杀和掠夺。他将这次战争中夺得的东西，全部给了王汗与他的那可儿们。

这以后，在相当于伊斯兰教历 594 年的秣邻亦勒即马年[1198 年]* 时，王汗势力重又巩固，他又成了部属和军队的领袖。他未与成吉思汗商议，便去攻打了篾儿乞惕人，并在不兀剌原野⑤上打败了他们。他杀死了脱黑塔的儿子脱古思别乞⑥，俘获了脱黑塔的两个女儿忽秃黑台⑦和察剌温⑧，并押走了脱黑台的两个兄弟忽都⑨、赤剌温及仆(k͟haīl)役(ḥadam)们。夺得的所有一切，他一点也没有给成吉思汗，脱黑台别乞逃到了蒙古东部薛灵哥河上的巴儿忽真⑩地

---

① qrās-mūrās。《亲征录》:"上发兵哈剌哈河。"

② 《秘史》第 105 节作薛凉格，即贝加尔湖的主要支流色楞格河。[《元史·巴而术阿而忒的斤传》作薛灵哥河。]*

③ mūnǰā;《亲征录》作莫那察山[《太祖纪》同],《秘史》第 177 节作木鲁彻-薛兀勒。

④ ūdūūt;《秘史》第 102 节作兀都亦惕-篾儿乞惕。[《亲征录》作兀都夷。]*

⑤ būqū-k(a)h(a)r;L、I、P 本作 būqr-k(a)hre͟h;《亲征录》作捕兀剌川。

⑥ tūkūr-bīk;L 本作 nkūn-bīk;C 本作 tkūn-bīk;P 本作?kūz-bīk;贝书作 tkūz-bīk;《秘史》第 157 节作脱古思别乞。[《亲征录》作土居思别吉。]*

⑦ qūtūqtāī;C、L 本作 qūtūqtā;《秘史》第 157 节作忽秃黑台。[《亲征录》作忽都台。]*

⑧ 《秘史》第 157 节作察阿仑;《亲征录》作察勒浑。在《秘史》中为脱黑塔的女儿，按照《亲征录》则是他的妻子。

⑨ 原文讹为 tūdā，应作 qūdā;参照《秘史》第 157 节的忽图;《亲征录》作和都。

⑩ brğūǰīn;《秘史》第 177 节作巴儿忽真-脱窟木;《亲征录》作八儿忽真之隘[《太祖纪》同]*;试比较贝加尔湖东岸支流巴尔古津之名(在布里亚特蒙古自治共和国境内);参阅第 1 分册俄译本第 150 页，注⑦。

方，到了名叫巴儿忽惕的蒙古部落处，这个部落是由于住在巴儿忽真[地方]而得名的。迄今他们还叫这个名字。就是这些！

112 叙成吉思汗与王汗同去征讨乃蛮王不亦鲁黑汗

相当于伊斯兰教历 595 年的豁你[①]亦勒即羊年[1199 年]*，成吉思汗与王汗同去攻打乃蛮不亦鲁黑汗。尽管当时的乃蛮王是不亦鲁黑汗的哥哥太阳汗，但不亦鲁黑汗不服从他的哥哥，独立地占有了军队和地面。他们俩彼此关系极坏。乃蛮王的尊号多半为古失鲁克汗或不亦鲁黑汗。“古失鲁克”一词为“威武”、“君长”之意。乃蛮人坚信，古失鲁克对迪甫和彼里[②]有挤他们的奶和用他们的奶制取酸奶的权力，他对其余的野兽也有同样的[权力]。后来，乃蛮异密们说：“这实质上是造孽”，于是禁止[挤奶]。因此，他就不再挤奶了。太阳原名台不花。乞台君主封他为大王，意为“汗之子”[③]，在他们的语汇中，汗的称号只是个中等的尊号。由于蒙古人不懂汉语，语言不同，因此他们[将大王]念做太阳，[这个名字]便传开去了。他们的父亲名叫亦难赤-必勒格·不古汗[④]。“亦难赤”是“有信仰”的意思，“必勒格”为尊号。“不古汗”是畏兀

① qāīn，蒙文 honin。

② 波斯语，为伊朗神话中的善恶两种神，此处被用在蒙古信教上。

③ tāī-wānk，大概源于汉语“大王”(古读作 dai-on)。参阅符拉基米尔佐夫论“太阳汗”语源的文章(《论 Dayan qaran(太阳汗)的称号》，载《俄国科学院报告集》，1924 年，第 119—121 页)。

④ bkūr-khān；L、P 本作 blkeh bkū-khān；I 本作 blkeh īkeh-khān；贝书作 īkeh tūkū-khān。

儿人坚信曾有过的一个伟大的君主之名。太阳汗的儿子，他的继位人，为古失鲁克汗。有关他的事，将于后文详述。

总之，成吉思汗与王汗去征讨不亦鲁黑汗和阿勒台山附近乞湿泐-巴失①地方他的部落。他们包围了这个部落，进行了掠夺。不亦鲁黑汗逃到了乞儿吉思地区范围内的谦谦州地区②。他的一个名叫也迪-秃黑鲁黑③的异密出去巡哨(karāwūlī)。“也迪-秃黑鲁黑”是突厥语“掌管七旗之人”的意思。成吉思汗的哨兵们刚发现他们，他们就疾驰而去。[也迪-秃黑鲁黑和他的部下]向山上逃去。当他们到达山顶时，他们的异密也迪-秃黑鲁黑的马肚带断了，他连同马鞍一起仰面跌倒了。[成吉思汗的哨兵们]捉住了他，将他带到了成吉思汗处。那年冬天，不亦鲁黑汗的一个名叫可克薛兀-撒卜 113
剌黑④的异密驻在这一带。“可克薛兀”意为由于咳嗽与胸疾说话嘶哑的人。“撒卜剌黑”⑤为地名，人们按这个地名来称呼他。一天，成吉思汗和王汗在乃蛮地区上一处名叫拜答剌黑-别勒只儿⑥的

① q?rbl-bāš；C、I本及贝书作 qzīl-bāš；P本作 qīzīk bāš；《秘史》第158节作乞湿泐-巴失海子。相当于今新疆北部乌伦古湖。[《亲征录》、《太祖纪》作黑辛八石之野。]*

② km-kmǰīūt。谦河为叶尼塞河的旧名，叶尼塞河的上源之一名为谦奇克河。后缀-ut 表示蒙文复数。所指的是叶尼塞河上游地区。这里可能是部落名称。

③ yīdī-tūqlūq。

④ kūksū-sābrāq；C、L、I、P本作 kūksū-sāīrāq；B本、贝书作 kūksā-kusrāq；《秘史》第159节作可克薛兀-撒卜剌黑，第163节作可克薛古；[《亲征录》《太祖纪》作“曲薛吾、撒八剌二人”。]*

⑤ 原文讹作 sīrāq。

⑥ bāībrāq-bīlǰīreh；bāībrāq 系 bāītarāq 传抄之讹；比较《秘史》第159节的巴亦答剌黑-别勒赤儿；[《亲征录》：拜答剌-边只儿之野。]* 蒙文 belčigir～belčiger(口语作 belč-īr～belčēr)——牧场。可能是拜达里克河谷，该河发源于蒙古人民共和国杭爱山脉的主脉，从杭爱山南麓流下来。

地方同这个异密作战。这个地方被称做拜答剌黑的原因是:从前乃蛮王曾从汪古惕君主处娶过一个名叫拜答剌黑的姑娘。他们[乃蛮人和汪古惕人]一同来到这个地方,举行了婚宴。"别勒只儿"意为草儿繁茂的草原。这两个名称合在一起,构成了这个地名。蒙古人不大懂得这个名称的意义,将拜答剌黑念成了巴思答剌黑。就是这些!

叙成吉思汗和王汗一起去征讨不亦鲁黑汗军队的异密可克薛兀-撒卜剌黑,王汗狡猾地逃开了成吉思汗,可克薛兀-撒卜剌黑追上了王汗的兄弟,将他的马群和畜群全部侵占并赶走了①

成吉思汗和王汗相会于上述地方,同可克薛兀-撒卜剌黑作战。当他们打了一仗以后,双方将军队重新进行了整顿,以便[再]战。到了夜里,军队一长串地驻扎下来,决定早晨进行厮杀。王汗在自己军队的[营]地上燃起了火,连夜翻过……②山,退走了。到了早晨,跟成吉思汗一起来的老是口是心非、包藏祸心的一个尼伦大异密札只剌惕部人札木合薛禅认出了王汗的大旗(tūq),便驰马到他那边说道:"汗中之汗啊,你要知道:我的长幼宗亲像群雀儿,要从驻夏牧地(yāīlāq)到冬营地(qīšlāq)上去,这也就是说,我的亲

---

① 参照《秘史》第159节及《亲征录》。

② 诸本均缺。《秘史》第159节:"却逆那合剌-泄兀勒河去了。"[《亲征录》作哈薛兀里河。]*

人(khīš)成吉思汗要想逃走,而我呢总是说:我是你的雀儿!"这样假仁假义地挖苦了[他们]。兀卜只儿台·古邻把阿秃儿①听到这些话以后说道:"这种假仁假义的话不像是在朋友与族人之间说的话!"他是王汗的大异密。"兀卜只儿台"这个词意为当地生长的一种红果,妇女们用这种红果代替红粉擦脸。因为古邻把阿秃儿天生红脸,所以人们将他与这种红果相比,用这个名字称呼他。据说,成吉思汗那里有用[这种]果子制成[类似]脂蜡[之物]擦胡子的习惯。当王汗用这个狡计离开了[成吉思汗]退走到[另一地区] 114
时,前面已谈过的已屈服于王汗的②篾儿乞惕君主脱黑台的弟弟忽都和脱黑台的儿子赤剌温③两人由于王汗不在,立即又起来作乱了,他们收拢了自己的军队和领地(mulk)。成吉思汗看到王汗这一无耻行径时说道:"王汗想让我遭殃,将我推到火中,自己却[毫无损伤地]回去了!"因此,成吉思汗也回来了。他来到了名叫萨里-客额儿的地方。王汗[那时]到了名叫塔塔黑-土忽剌的地方④。他的兄弟你勒合-桑昆⑤和札阿-绀孛两人带着自己的家丁(khaīl)、仆役们随后跟来,到了额垤儿-阿勒台⑥地方。这个地方

① ūbjīrtī-qūrīn;C 本作 ūbj?rtī;I 本作 bjīrtī;贝书作 ūjīr;《秘史》第 160 节作兀卜赤黑台·古邻把阿秃儿;《亲征录》作曲怜拔都。

② beh īlī darāwardeh būd。

③ 《秘史》第 162 节作脱黑脱阿的二子忽图、赤剌温。[《亲征录》:和都、赤剌温。]*

④ tātāq-tūqūkeh;C、I 本作 tātan-tūqūleh;贝书作 tātāl-tūqūleh;《亲征录》作"汪可汗至土兀剌河"。

⑤ nīlqeh-sngūn;《亲征录》作亦剌合-鲜昆。按照《秘史》和《亲征录》,鲜昆或桑昆为王汗的儿子。

⑥ aīdrū-āltāī;《秘史》第 161 节作额垤儿-阿勒台[《亲征录》:也迭儿-按台]*;所说的大概是色楞格河右岸支流依德尔河沿岸地方。

有一条河和许多树林。可克薛兀-撒卜剌黑带着军队跟踪追来，在这个地方突然追上了他们，把他们的全部财产洗劫一空，[夺走了他们的]马群与畜群。他从那里向王汗兀鲁思边境[进发]，驱走了他的全部家丁、亲信、族人，又将帖烈徒之隘[①]边境上的牲畜驱走后，便回去了。你勒合-桑昆和札阿-绀孛单身逃脱出来，到了王汗处。王汗把军队交给自己的儿子鲜昆，派他立即去追击作乱者，又派了急使去见成吉思汗，将情况告诉他，向他求援。就是这些！

叙王汗请求成吉思汗帮助他击退夺走他的辎重(būneh)、畜群的乃蛮军队，成吉思汗派遣四个大异密夺回了[被夺走的]财产，还给了王汗[②]

当王汗重又势穷力竭时，他派了个急使去对成吉思汗[说道]："乃蛮部抢劫了我的军队和部落。我请求我儿将四根台柱，即成吉思汗麾下的四员勇将派来帮助我，他们或许[能从乃蛮人处]夺回我的军队和财产。"因此，成吉思汗将孛斡儿出[③]那颜、木华黎国王[④]、孛罗忽勒那颜[⑤]和赤老温把阿秃儿四个人带着战士全都派去

① dldū-āmāsreh；《秘史》第162节作帖列格秃·阿马撒儿；参照前面第162页，注③。

② 参照《秘史》第163节及以下各节，以及《亲征录》。

③ būrǰū；《秘史》第163节作孛斡儿出；比较后文原文的 būūrǰī、būqūrǰī。[《亲征录》、《太祖纪》及《元史》本传均作博尔术。]*

④ mūqlī-kūiān；《秘史》第163节作木合黎。[《亲征录》、《元史》作木华黎。]*

⑤ būrāğūl-nāyān；《秘史》第163节作孛罗忽勒。[《亲征录》、《太祖纪》作博罗浑，《元史》本传作博尔忽。]*

援助王汗。在他们到来之前,乃蛮军队击溃了鲜昆,杀死了王汗的两个大异密的斤-忽里①和亦秃儿干-余答忽②。他们刺伤了鲜昆坐骑的腹部,鲜昆差点儿跌下[马]来被俘走。正当他们溃败下来 115
时,[成吉思汗的]四个异密赶到了。

出征时孛斡儿出那颜[向成吉思汗]禀告道:"我没有快马,"③便要了成吉思汗的一匹名叫"只乞-不列"的名马④。[关于这匹马]*,[在本书中]将有好多处描写到它。成吉思汗将这匹马交给他时说:"当你想让它奔驰起来时,可用鞭子抚一下它的鬣毛,但不可用鞭子抽打它!"当时孛斡儿出见鲜昆的马受了伤,他马上就要被抓走,便驰近去救他,将自己的马让给鲜昆,自己骑坐只乞-不列马。但不管他抽打那马多少下,它老也不奔驰起来。孛斡儿出丢开它走了。[这时]*,他突然记起了成吉思汗的话。便用鞭子抚弄了一下[它的]鬣毛,[登时]*马就像闪电般地疾驰起来,直到赶上鲜昆和军队为止。他们一起截住了那可儿们,整队后,便向作乱者发动进攻,把他们打跑了。他们夺回了[被乃蛮人夺走的]王汗的军队、部落、财产和牲畜,还给了他,[然后]*毫无损伤地凯旋而归,回到了成吉思汗处。

王汗对[成吉思汗的]这次援助很满意,对他说了[种种]感谢的话,十分感激。他[对成吉思汗]说道:"去年我在敌人面前又一

---

① tnkīn-qūrī;贝书作 tīgīn-～;《亲征录》作迪吉-火力。

② ītūrkan-dqū; A 本作 īnūrkān-qūī; C、L、I 本作 ītūrkān-īdqū; 贝书作 ītūrkānyūdqū;《亲征录》作亦秃儿干盏塔兀;《秘史》第 177 节作忽巴里-忽里与亦秃儿坚。

③ asp-i ǰīlkū。

④ ǰīkī-būreh;比较蒙文 boro(灰色)。

次逃跑了，我饿着肚子、赤身裸体地到我儿成吉思汗处来。他收留了我，让我吃得饱饱的，遮蔽了我的裸体。我欠你这么多情分该怎样来还你呢，我该怎样来报答你呢，荣耀的我儿啊？！”后来有一天，据说王汗请孛斡儿出那颜来，想给他一些礼物。孛斡儿出在怯薛队中，佩戴着成吉思汗的箭筒（kīš），他向成吉思汗禀告道：“王汗请我去！”［成吉思汗］说道：“去吧！”［孛斡儿出那颜］解下箭筒交给另一个人后，便走了。王汗给他穿上外衣，赠给他十个金“满忽儿”①。“满忽儿”一词基本上是这些部落的用语。他们把比大桶子（jīlbeh）还要大的很大很大的碗（kāseh）称做“满忽儿”。现在因为我们不了解这个词的确切含义，我们把小碗称做“满忽儿”。孛斡儿出拿了这些碗后，到成吉思汗处向他表示奴隶般的顺从。他屈膝将碗拿给［成吉思汗］看，向他禀告道：“我有罪！”成吉思汗问道：“为什么？”［孛斡儿出］禀道：“因为我扔下了成吉思汗的箭筒，却为了这些东西到王汗处去了。如果在［我］轮值的班次上出了问题，有人袭击了你，罪过就在于我！”成吉思汗嘉许了他说的这些话，对他开恩说道：“将这些碗拿去吧，这是你的！”

这件事过去后，那年冬天，有消息传来说，逃到巴儿忽真去
116 的篾儿乞惕君主脱黑台又卷土重来了。成吉思汗同拙赤-合撒儿商议后，认为这个消息不可靠，［两人］就不再注意了。就是这些！

---

① manqūr；此词未能阐明。

叙成吉思汗和王汗于萨里河原野上举行会议(忽里勒台),以及他们去征讨泰亦赤兀惕人①

这以后,相当于伊斯兰教历596年的必陈亦勒即猴年[1200年]*春,成吉思汗和王汗相会于萨里河原野上,召开了会,举行了会议(忽里勒台)。据说,当他们聚在一起举行会议时,王汗企图将成吉思汗抓起来。在宴饮时,八邻部人阿速那颜起了怀疑,便将刀子插在靴筒内。他坐在王汗和成吉思汗中间,吃着肉,边谈边回过头来看。因此王汗知道,他们已经猜到了他的背叛行为,不能下手。为了这件事,[后来]*成吉思汗将八邻万户赐给了阿速那颜。

这次会议后,他们去征讨泰亦赤兀惕人。那时,泰亦赤兀惕人的君长为安忽-合忽出、忽里勒、忽都答儿②与地位低于他们的兄弟、族人,如塔儿忽台-乞邻勒秃黑等异密。"塔儿忽台"是名字,"乞邻勒秃黑"为"嫉妒者"的意思。逃到巴儿忽真的篾儿乞惕君主脱黑台别乞,这时派了自己的兄弟忽都和斡儿长③到泰亦赤兀惕人处去帮助[他们]。

---

① 参阅《亲征录》。

② ankā-qhāqūǰū wa qrīl;C本作 qūhāqūǰū wa qūrīl;贝书作 ankqūhūqūǰū wa qrīl;qūdūdār;比较《亲征录》的沆忽-阿忽出、忽怜、忽都塔儿别吉。比较《秘史》第148节列举的泰亦赤兀惕人阿兀出把阿秃儿、豁团-斡儿昌、忽都兀答儿。

③ qūdū 和 ūrǰānk;贝书作~和 ūrǰān;《亲征录》作忽敦-忽儿章,为一人;比较《秘史》第141节的豁敦-斡儿长,第148节的豁团-斡儿昌。

这伙人全都会聚在斡难河地区的蒙古草原上。成吉思汗和王汗奔向他们，断杀起来。泰亦赤兀惕诸部战败后逃跑了。成吉思汗的军队驰马追击塔儿忽台-乞邻勒秃黑和忽都答儿到月良古惕-秃剌思[①]地方，在那里将两人杀了。安忽-合忽出[②]与脱黑台别乞的兄弟忽都和斡儿长一起逃到了巴儿忽真境内。忽里勒躲到了乃蛮部里。安忽-合忽出[③]为“拥有众多侍从者”的意思。据说，就是他挑起了成吉思汗和泰亦赤兀惕人之间的内讧与敌对。

叙合塔斤部和撒勒只兀惕部结盟，发誓立约，他们与成吉思汗和王汗作战，战败后逃跑了

合塔斤、撒勒只兀惕两部以前同成吉思汗结了怨，几年以前成
117 吉思汗同札木合薛禅一起派遣使者到他们那里去，想同他们讲和。在古代，蒙古人有如下习惯：他们的文书多半用巧妙地押韵的隐喻进行[口头]传述。这个使者也用这种方式进行了口头传述。当使者通过这种方式传述了[成吉思汗的]话，他们没有听懂。[这时]有一个伶俐的小伙子猜到了[这些话的意思]*，便对他们说：“这些话的意思很明白，成吉思汗告诉[我们]说：‘与我们不是一家子的蒙古部落，[如今]成了我们的朋友，[与我们]结了盟。我们既是

① alīkūt-tūrās；C、L本作lnkut-tūrās；贝书作ānkūt-tūrās；比较《亲征录》的月良秃剌思。

② ankqū-hā’qūjū；L本作ankqū-hāqūǰū。

③ ankqū-hūǰū；C、L、P本作ankqū-hqūǰū；贝书作ankqū-hūqūǰū。

一家子，就应该结盟做朋友，快快活活[过日子]！’”①

由于极端的妒忌心与生性下贱，他们没有同意，也没有对使者表示应有的尊敬。他们从锅里将连同羊血煮在一起的、像……②那样的羊的脏腑取出，泼在他的脸上，辱骂了他，使他受辱而归。因此[他们同成吉思汗]结了冤仇。以前，合塔斤、撒勒只兀惕部多次同成吉思汗作战，同泰亦赤兀惕部联合，特别是同属于泰亦赤兀惕人的一个支系的合丹太师的儿子秃答、忽里勒、塔儿忽台-乞邻勒秃黑联合。他们听命于泰亦赤兀惕部，胡作非为，一心一意与成吉思汗为敌。③

当大部分泰亦赤兀惕人由于上述原因被击溃、一部分人逃走后，合塔斤部和撒勒只兀惕部聚[到了一起]。朵儿边、塔塔儿、弘吉剌惕部同他们结成了联盟。他们互相立下了蒙古人中间最重的誓约。订立誓约的方式如下：他们一起举剑砍杀牛马，并说道：“天地之主请听吧，我们立下了什么样的誓约啊！看这些牲畜的燥根！如果我们不遵自己的誓言，破坏誓约，让我们落得跟这些牲畜同样的下场！”就这样，他们立下誓约，要互相结盟，同成吉思汗和王汗作战。

当他们出征时，阿勒赤的父亲弘吉剌惕部人德薛禅，暗中派人报告成吉思汗道：“[你的]敌人订立誓约，结成了联盟，齐心协力地

---

① A、S本作khairğāmīšī kardan；P本作khairqāmīsī k～；C本作ǰīrğāmīšī k-；贝书作ǰ?rğāmīšī k-；ǰīrğāmīšī从ǰirgamak(沉溺于欢乐，蒙语作ǰirga，阿尔泰语作 irğā)一词派生来，意为欢天喜地、享乐。(参阅第396页，注②)。

② sqtū，音读与意义不明，参阅第1分册俄译本第179页。

③ 以下原文可参阅《亲征录》。

朝你们方面出动了！”成吉思汗得知以后，便同王汗一起，从斡难河附近的虎图泽①出发，去反击这些部落。双方相遇于捕鱼儿海子②，他们面对面地摆开队伍，激战起来。

最后，成吉思汗又取得了胜利，敌人被击溃了。就是这些！

118 叙札-阿绀孛与其兄王汗内讧，[他]同他的儿个异密商谈，[接着]* 他逃往乃蛮王处③

此后，在这一年冬天，王汗从怯绿连[河]稍向前移牧，沿着通向忽八-海牙④[山]的路上行进；另一些人跟随他去游牧，三三两两地(beh jirgeh)走着。不料他的兄弟札阿-绀孛派人对他的异密阿勒屯-阿倏黑、额勒-忽里、额勒-忽惕忽儿、忽勒-巴里⑤说：“我哥哥的性格忧郁，弄得没有一个地方能有安宁；他的坏脾气毁掉了所有的长幼宗亲，并逼得他们跑到哈剌-契丹国去了。像他这样的习性、脾气不会让[自己的]兀鲁思有太平日子。我们跟着他干吗？”阿勒屯-阿倏黑与王汗一条心，他没有将这些话瞒住。王汗下令将额勒-忽里与额勒-忽惕忽儿抓起来上了枷锁，带着枷锁押进了他的帐幕里。他取下他们所戴的枷锁，对额勒-忽惕忽儿说道：“我们

---

① qūtūn-nāūūr；《亲征录》作虎图泽[《太祖纪》同]*。

② būīr-nāūūr，蒙古人民共和国和呼伦贝尔边界上的贝尔湖。

③ 参照《秘史》第152节及《亲征录》。

④ qūbeh-qīā；《亲征录》作忽八海牙或忽八海牙儿，比较《秘史》第148、151节之忽巴合牙。

⑤ altūn-āšūq，āīl-qūrī，āīl-qūtqūr(aīl-qūnqūr 之讹)，kūl-būrī；《秘史》第152节作阿勒屯-阿倏黑、额勒-忽秃儿、忽勒巴里、阿邻太子；《亲征录》作浑八力、按敦-阿述、燕-火脱儿、延-晃火儿。

逃到唐兀惕国去时，说过些什么话？”——显然，他们在那里说过某些话，立过某种不得违犯的誓约——“我真没想到，你会这样！”——他朝着他的脸唾了一口。在场的全体异密都照着他的样子，朝着他的脸上唾了一口。这时阿勒屯-阿傒黑禀告道：“我也参与了这次商谈，但我不容许有人蓄意反对自己的君主，我不认为离弃自己的职守是什么高尚的行为！”

在这以后，札阿-绀孛同王汗的四个大异密额勒-忽里、额勒-忽惕忽儿、纳邻-脱斡里勒[①]与阿邻-太师[②]因此而投奔到王汗的敌人乃蛮王那边去了。

札阿-绀孛从路上派遣使者到乃蛮王处说着：“阿勒屯-阿傒黑向我的兄弟告发了我，使我在他眼里看来就像腐臭的肝和死牲口一般。因此我不同他一条心了，[现在]* 我以赤诚的心来投奔你！”接着他们一起到乃蛮王太阳汗处去了。王汗与他们决裂后，在忽八海牙地方过冬，成吉思汗在乞台境内扯克扯儿[③]地方过了冬。就是这些！

叙成吉思汗征讨篾儿乞惕异密阿剌黑-兀都儿、泰亦赤兀惕人的若干异密以及跟他们在一起的塔塔儿人，打败了他们[④]

接着，成吉思汗去征讨篾儿乞惕、泰亦赤兀惕和塔塔儿[部]的

① qarin-tgril；qarin 为 narin 之讹写；比较《亲征录》之纳怜-脱怜。

② alīn-taīsī；《秘史》第 152 节作阿邻-太子。

③ čākāǰār；比较《秘史》第 61、67、94、142 节的扯克扯儿。[《亲征录》、《太祖纪》作彻彻儿山。]*

④ 参照《秘史》第 153 节及《亲征录》。

若干异密。他们的名字为：篾儿乞惕人阿剌黑-兀都儿[①]、泰亦赤兀惕人乞儿罕太师[②]、塔塔儿人察忽儿[③]和客勒别克儿[④]。他们全
119 都是部落的首领和当代的尊贵人物。他们会聚在一个地方。阿剌黑-兀都儿是当代杰出的人物，是有声望人物中的荣显者，是有着无限权力欲的人。当时巴牙兀惕部有个贤明的老人。他说："乞牙惕-禹儿勤部的薛扯别乞想登大位，但他没有这个[福]* 分。札木合薛禅经常让人们互相冲突，行使种种口是心非的奸计来推进[自己的]事业，也没能成功。拙赤-八剌(即成吉思汗的兄弟拙赤-合撒儿)也有这种野心。他倚仗自己的力气和神射，但也不成功。篾儿乞惕部的阿剌黑-兀都儿有谋取大权的野心，表现出一定的魄力和伟大，但也一无所获。只有这个铁木真(即成吉思汗)，具有称王称霸的相貌、气派和魄力。他毫无疑问，定能成就霸业。"他是按照蒙古习惯用隐喻的韵文说这些话的。最后事情果然不出他所料：成吉思汗成了君王，除他兄弟外，歼灭了所有这些部落，至于这些部落是如何被歼灭的，将于下文各处叙及。这里由于谈到了阿剌黑-兀都儿，我们插叙了这段话，[现在]让我们回到正文上来吧。

成吉思汗出兵攻打这一帮人，他在答兰-[捏]木儿格思[⑤]地方

---

① alāq-ūdūr；比较《亲征录》的阿剌-兀都儿[《太祖纪》同]*。

② qirqān-tāišī；比较《亲征录》：哈太石。[《亲征录》贾敬颜校本作乞儿哈·太石。]*

③ ǰāqūr；《亲征录》作察忽斤-帖木儿。[《亲征录》贾校本作"察忽〔儿〕·斤·帖木儿。"]*

④ klbkr；L 本作 klikr；贝书作 klbk；音读不明。

⑤ 原文作 tālān-mūrks，mūrks 看来有误；比较《秘史》第 153 节的答兰-捏木儿格思，在哈拉哈河地区。[《亲征录》作答兰-捏木哥思。]*

追上了他们，与他们作战，使他们屈服后，进行了掠夺，这一个部落群(ṭāīfeh)逃走了，他们又聚到了[另]* 一个地方，那时拙赤-合撒儿煽动和挑拨成吉思汗赶走了弘吉剌惕部，弘吉剌惕部对于到成吉思汗处来很后悔，不再信赖他了。为此，成吉思汗生拙赤-合撒儿的气，认为责任在他。

叙弘吉剌惕部投奔札只剌惕部札木合薛禅，弘吉剌惕部和亦乞剌思、合塔斤等部拥立札木合为古儿汗，他们企图同成吉思汗作战，有人将这个情况报告了成吉思汗，成吉思汗把他们打败了[①]

接着，始自伊斯兰教历 597 年 5 月的塔乞忽[②]亦勒即鸡年[1201 年]*，弘吉剌惕部遭到袭击，失去了首领，便投奔了札木合薛禅，他们和亦乞剌思、豁罗剌思、朵儿边、合塔斤、撒勒只兀惕诸 120
部共同商议后，在犍河[③]地方举行了聚会，拥立札木合为古儿汗。古儿汗[一词]意为算端和国王们的主君。他当了古儿汗，便想去攻打成吉思汗。

有一个名叫火力台[④]的人，听到了他们商议的事和这些话。

---

① 参照《秘史》第 141 节和《亲征录》。

② dāqīqū，蒙文 takiya。

③ km；《秘史》第 141 节作刊-沐涟；比较《亲征录》的犍河[《太祖纪》同；《元史·召烈台抄兀儿传》作坚河。]* 即今额尔古纳河右岸支流根河。

④ qūrīdāī；《秘史》第 141 节作豁里歹；据《亲征录》，向成吉思汗通报消息的是抄吾儿[《太祖纪》同]*。

他为了一件重要的私事来到他的女婿、豁罗剌思部人篾儿乞台家里，对他说了这件事。篾儿乞台对火力台说："他应当将这些话报告给成吉思汗！"于是他将自己一匹耳上有个瘤子的浅色马给了他，让他骑上它前去。火力台说："你既打发我去，何不给我一匹可以充分倚赖的、精力充沛的浅色马。"篾儿乞台没有给他[所要的]马，火力台便骑着上述那匹马动身了。在路上，他碰见一个古列延，即一支成环形屯驻的军队。这个古列延的首领(khdāwand)是槐因[-亦儿坚]部落，即森林部落的忽兰[1]把阿秃儿，它[这支军队]* 显然隶属于泰亦赤兀惕诸部落。他到那里时，正是夜里。豁罗剌思部人合剌-篾儿乞台[2]带着自己的那可儿在这个古列延里巡哨(ǰīsāūl būdeh)。他们将他抓住，并认出了他。由于合剌-篾儿乞台倾向成吉思汗，便帮助了他，给了他一匹快马打发走了，并说道："如果你想逃开敌人，骑在这匹马上谁也追不上你。如果有人逃开了你，你就能追上他。你骑上这匹马去吧！"

火力台刚从那里走出，就在路上碰见了一群带着白毡帐到札木合处去的人，他们想把他抓起来，但他疾驰而去，从他们眼前消逝了。他到成吉思汗处报告了那些话后，成吉思汗马上带着他出征。他们同札木合交战于亦迪-豁罗罕[3]地方，击溃了他。弘吉剌惕部在这个地方归附了[4][他]。

---

① qūlān;《亲征录》作忽兰拔都。

② qrā-mrkītāi;《亲征录》作哈剌-篾力吉台。

③ yīdī-qūrqān;《亲征录》作"战于海剌儿-帖尼-火罗罕之野"。海剌儿即满洲的额尔古纳河支流海拉尔河。原文 yīdī 可能是 tīnī 的讹写。

④ beh īlī darāmadand。

接着，始自伊斯兰教历 578 年[原讹，应为 598 年]5 月的那孩[1]亦勒即狗年[1202 年]* 春，成吉思汗从忽勒灰-昔鲁主勒术惕[2]河岸上出兵攻打阿勒赤-塔塔儿和察罕-塔塔儿人[3]。他下令：任何人不得抢夺战利品，必须在战争结束、敌人被歼灭后，才可去捡拾战利品，并将全部战利品平分。全体都同意了。但忽图剌合 121
罕的儿子阿勒坛、捏坤太师的儿子忽察儿和成吉思汗的叔父答里台-斡惕赤斤没有遵守自己的诺言，没等战事结束，就去抢夺战利品。成吉思汗不同意这样做，派去忽必来和哲别从他们手中夺回了战利品。为此，他们怀恨在心，叛变了[他]，暗地里倒向了王汗一边。后来，他们成为造成成吉思汗和王汗决裂的部分原因。他们同王汗一起对成吉思汗作战，最后全都被杀死了。就是这些！

叙乃蛮王的弟弟不亦鲁黑汗和篾儿乞惕君主脱黑台别乞同塔塔儿、合塔斤等部落联合，他们率领大军来攻打成吉思汗，由于大风雪，他们在山里覆没了[4]

接着，在上述狗年[1202 年]* 秋，乃蛮王的弟弟不亦鲁黑汗、

① nūqaī，蒙文 nohai。

② hlqū-slǰ?ūlǰūt；C 本作 sīlǰīūlǰūt；I 本作 sīlǰ?ūt；B 本作 slǰ?ū?ǰūt；《秘史》第 153 节作兀勒灰-失鲁格勒只惕；《亲征录》作兀鲁回-失连真河。

③ ālčī-tātār wa čǧān-tātār；《秘史》第 153 节上提到了察阿安-塔塔儿、阿勒赤-塔塔儿、都塔兀惕-塔塔儿与阿鲁孩-塔塔儿；《亲征录》上只提及头两个部落：按赤-塔塔儿和察罕-塔塔儿[《太祖纪》同]* 。

④ 参照《亲征录》。

篾儿乞惕君主脱黑台别乞同朵儿边、塔塔儿、合塔斤、撒勒只兀惕诸部以及他们的首领阿忽出把阿秃儿①和斡亦剌惕部君主忽秃合②别乞(这帮人[过去]曾多次同成吉思汗和王汗作战,逃跑,[后来]* 躲到上述不亦鲁黑汗处并同他联合了起来)全部出动,带着大军来同成吉思汗和王汗作战。成吉思汗和王汗在扯克扯儿和赤兀[儿]孩③地方设立了哨所。一个哨兵从上述地方回来,报告说乃蛮军已逼近来了。成吉思汗和王汗从忽勒灰-昔鲁主勒只惕④地方迁牧,朝兀惕古城墙方面撤退。那个地方[后来]* 是合剌温-只敦⑤边境附近塔察儿-阿合⑥的禹儿惕。上述城墙和筑在乞台边境的亚历山大城墙相仿。

王汗的儿子鲜昆位于侧翼。他进到森林里,穿过森林可通向[上述]城墙。还没等他到达那里,不亦鲁黑汗[发觉了他们]说:"看,蒙古部!让我们把他们全体一下子击溃吧!"他派出合塔斤部人阿忽出⑦把阿秃儿、篾儿乞惕部人脱黑台别乞的弟弟忽都同由乃蛮军队和蒙古诸部组成的先头部队(manqleh)一起前去。他们到达鲜昆处,开始部署战斗,但是没有厮杀就回来了。鲜昆也向前

---

① āqūtū-;B、P本作 aūqūqū-;贝书作 aūqūtū-;可能是 anqū-(h)aqūčū 的讹写;比较《亲征录》的阿忽出拔都,《秘史》第142节的阿兀出把阿秃儿,并参照第171页,注②。

② qūtūqeh;《亲征录》作忽都花别吉;《秘史》第142节作忽都合别乞。

③ ǰkčr wa ǰbūqāī;ǰbūqāī 为ǰīū(r)qāī 传抄之讹,比较《秘史》第142节的彻克彻儿和赤忽儿忽。[《亲征录》作彻彻儿、赤忽儿黑山。]*

④ aulqūī-sīlīǰīūlǰīt;参照前面第179页,注②。

⑤ qrāūn-ǰīdūn;《秘史》第183节作合勒温-石质敦,比较前面第162页,注②的 qrāūqpčal。

⑥ tāǰār-āqā。

⑦ ḥākūǰū;《亲征录》作阿忽出拔都,参照前面第171页,注②与第172页,注②。

进，进入了兀惕古城墙[地区]。当时[乃蛮人]作起致风雪的巫
术[1]来。巫术的要点为：念咒并将各种石头投入水中，大雨就来 122
了。[但]这阵风雪却朝着他们反刮过来。他们想从这些山里退回来，却在阙奕坛[2]地方陷住了。众所周知，乃蛮不亦鲁黑汗的部属以及与他联合的那些蒙古部落，在这个地方由于严寒把手足冻坏了。大风雪使许多人畜从高处滚下来摔死了。成吉思汗与王汗驻扎在阿剌勒[3]（意即岛）的边缘。这时，札木合带着推戴他为古儿汗的人们同不亦鲁黑汗一起来了。由于他们落到了这么[惨]的处境中，他[札木合]重新倒向成吉思汗方面，洗劫了立他为君的那些部落的帐庐（k̲h̲āne̲h̲），到成吉思汗处来表示奴隶般的顺从。成吉思汗与王汗经过[兀惕古]城墙[地区]，到名叫阿卜只合阔迭格儿[4]的冬营地上驻冬。这个冬营地过去曾属于弘吉剌惕部所有；当忽必烈合罕与阿里-不哥作战时，他们曾在这个地方厮杀过。这是一片无水的沙漠，当地居民只能饮用雪水。

---

① 原文为动词ǰādāmīšī kardan，源于突厥动词ǰādāmaq（yādāmaq）——用札答或牙答石使雨、雪与暴风雨吹向某人或某物。将拉施特下面关于巫术的要点的文字同一段有关佛教的粟特文字进行比较，是很有意思的。那段粟特文字中详细描述了呼雨及停雨的仪式。文中首先谈到了举行仪式时所用石头的魔法性质，然后详细描述了念咒及与此相伴的动作（邦旺尼斯特：《粟特文录》第 3 段，第 59—73 页，巴黎，1941 年版）。还可参阅在一段卢尼体突厥文中所载的有关石头的超自然性质的描述（SPAW，1910 年，第 296—306 页）。

② I 本作 kūtīān；B 本作 ālūsān；贝书作 kūītan；原文作 kūtbān，为 kūītān 传抄之讹；比较《亲征录》之阙亦坛[《太祖纪》作阙奕坛]*（蒙文 küiten——冷）。

③ āpāl，《亲征录》作"……倚阿兰塞为壁"。

④ alǰīe̲h̲-qūtqūr S 本作～-qūnqūr；I 本作 alǰīe̲h̲-qū?qr；B 本作 aīǰle̲h̲-kūtl；贝书作 aīǰke̲h̲-qūnqr；应作 abǰīqe̲h̲-qūtqr；比较《秘史》第 187 节的阿不只阿-阔迭格儿及第 191 节阿卜只合-阔帖格儿。[《亲征录》作阿不札-阙忒哥儿。]*

那年冬天，成吉思汗为长子术赤汗聘娶鲜昆的妹妹抄儿别吉[①]，王汗为鲜昆的儿子秃思-不花[②]聘娶成吉思汗的女儿火臣别吉[③]，但事情都没能成功，因此双方便有些不和谐起来。就是这些！

叙札木合来到王汗的儿子鲜昆处，拉拢鲜昆同他及其他部落结盟、对成吉思汗采取敌对行动；成吉思汗同他们交战于合剌阿勒只惕-额列惕[④]地方

由于札木合是最先嫉妒成吉思汗和对他不怀好意的人，他极端狡猾、生性奸恶，因此乘着这个有利时机他跑到鲜昆处说道："我
123 的兄长成吉思汗同太阳汗一条心，他不断派遣使者到他那边去！"他用热烈的言辞，将这个思想铭刻在鲜昆心中，鲜昆天真地信以为真，便毅然对他说道："一旦成吉思汗去出征时，我们的军队就从[四面八方]来到，将他打垮！"

成吉思汗的叔父答里台-斡惕赤斤和他的堂兄弟忽图剌合罕的儿子阿勒坛以及捏坤太师的儿子忽察儿，如上所述，由于当他们同塔塔儿人作战时违令抢夺战利品，成吉思汗曾从他们处夺回了

① ǰāūūr-bīkī；《秘史》第 165 节作察兀儿别乞。[《亲征录》、《太祖纪》作抄儿-伯姬。]*

② tūs-būqā；《秘史》第 165 节作秃撒合[《亲征录》、《太祖纪》同]*。

③ 比较《秘史》第 165 节之豁真别乞[《亲征录》、《太祖纪》作火阿真-伯姬，《元史·诸公主表》作火臣别吉]*。

④ qlālǰīt-ālāt；贝书作 qlātǰīn；比较《秘史》第 170 节的合剌合勒只惕-额列惕。[《亲征录》：合兰只之野，《太祖纪》：哈阑真沙陀。]* 本段可参阅《秘史》第 166 节及《亲征录》。

战利品，他们怀恨在心，——因此他们也都同意了这些话。忙忽惕部人塔海-忽剌海①和尼伦合答儿斤部首领木忽儿-忽兰②，全都同这帮人联合，想把成吉思汗打垮。这时，鲜昆独自离开父亲迁到了名叫额列惕③的地方。他派遣自己的一个异密塞罕-脱端④去见父亲，而他[自己]作了部署，让成吉思汗军队和鲜昆军队交错驻扎，以便伺机进行袭击，他还同札木合进行了商议。鲜昆称札木合为义兄弟（安答），他同成吉思汗也是义兄弟。[鲜昆]通过上述使者[向王汗]禀告道："这个人对于你的契交、情谊存有野心。月伦-额客的儿子成吉思汗图谋叛变，我们想先下手打垮他！"王汗认为这些话很不可靠，应予斥责，便说："札木合是个能说会道的人，这个人不可靠，不要听他的话！"就在这时，过了几天成吉思汗就在离他们远点的地方驻扎下来。直到相当于伊斯兰教历 599 年的猪年[1202—1203 年]* 春时，鲜昆才又派遣使者很坚决地对父亲说："为什么聪明人、头脑清醒和有远见的人，不听对他说的这样一些话呢！"王汗听到这些坚决的言辞时说道："我们同他[成吉思汗]是安答，他不止一次慷慨地接待我们，用牲畜和种种东西帮助过我们，我们怎么可以谋害他，对他动[坏]主意呢？我该怎么办呢？我阻止了你们多少次，你们总是不听！让我这副老骨头得到宁息吧！如今你们不听话了！你们如果干出了这件事，上帝保佑，让他们忍

---

① ṭğāī-qūlātī；S 本作～-qūlā?āī；I 本作～-qūlān；B 本作～qūlāqī；原文 qūlātī 系 qūlāqī 之讹；《亲征录》作塔海-忽剌海。

② mūqūr-qūrān；S 本作 m?qūr-qūrān；I 本作 mūqūrās；《亲征录》作木忽儿-好兰。

③ alt(?)。

④ sāīqān-tūdān；S 本作 sābqān-būdān；B 本作 sābğān-būdān；I 本作 sāīqān-tūdān；贝书作 sātqān-tūdān；《秘史》第 167 节作撒亦罕-脱迭额。[《亲征录》作塞罕-脱脱干。]*

受[这一切]吧！”①他说完这些话后，非常悲伤。

他们偷偷地烧掉了成吉思汗所在的牧场，没让他知道事情是
124 怎么发生的，他们想好了[如下]主意：“以前他要为他的儿子术赤娶我们的女儿抄儿别吉，我们没有许给他。现在我们去告诉他，如果他前来举办让我们吃喝的定亲筵席②，我们就将姑娘许给他。他如果来了，我们就把他抓起来！”

他们派遣不花台-乞察惕③去办这件大事。在乃蛮人和某些蒙古人的语言中最初称厨子为“乞沙惕”，[后来]* 蒙古人把它念成了“乞察惕”。成吉思汗得到这个通知后，便带着两个那可儿出发了。途中，他在帖卜-腾格里的父亲晃豁坛部人④蒙力克别乞-额赤格家里息脚，在那里过了夜。早晨，他同蒙力克别乞-额赤格商议后，[没有继续前行，]他派人去答复说：“我们的马消瘦了，要将它喂肥，我们派一个人来筹办此事，并吃定亲筵席吧！”⑤接着成吉思汗遣回了使者，并[回]* 到了自己家里。

这以后，王汗和鲜昆企图出兵攻打成吉思汗，而成吉思汗却不知道这事。王汗的一个大异密也可-察兰⑥，回到家里对他的妻子

① čidāmiši kunand，源于突厥语动词 čidamaq(忍受、忍耐)(布达戈夫书第 1 卷第 471 页)。

② būlǰr；贝书作 yūlqī；《秘史》第 168 节作不兀勒札儿——定亲筵席、订婚庆会。[《秘史》第 168 节此词傍译作“订婚筵席”，《太祖纪》：“布浑察儿，华言许亲酒也。”]*

③ būqdā-qīǰāt；S 本作 būqdā-qīǰāt；I 本作 tūqdāī-q?jāl；B 本作 aūqdāī-ftǰāt；贝书作 aūqdāī-qnǰāt；《亲征录》作不花台-乞察；《秘史》第 168 节作不合台和乞剌台两人，据《秘史》上说，这两个人是成吉思汗派去赴筵的。

④ qūnktān。

⑤ 参照《亲征录》：“越明日有篾力-也赤哥谋，使回汪可汗曰：我牧群羸弱，方从思之，合命一人赴彼宴足矣！”

⑥ īkeh-ǰārān；《秘史》第 169 节作也客-扯连。[《亲征录》作也可-察合兰。]*

阿剌黑-因敦①说:"如果有人去把发生的事告诉给成吉思汗,成吉思汗一定会给他许多恩典和好处。"妻子回答说:"可别让人听了你说的这些乱七八糟的话,再添枝加叶!"[这时,]也可-察兰的牧马人乞失里黑②从马群里送马奶来。他站在帐房外面听到了这些话,便对自己的那可儿把带说道:"你听,他们在说些什么?"察兰的儿子纳邻-客延③站在外面磨箭头。他[也]听到了父母交谈的话,便说道:"啊呀,他们真该割舌头!你们刚才说了些什么话?把秘密全给泄露出去了!"把带猜到了[是些什么事],便对乞失里黑说道:"我已明白了是些什么事!"他们俩急忙动身,很快地报告了成吉思汗。如今尽人皆知的所有的答剌罕④,[如]花剌子迷-答剌罕、脱罕-答剌罕、撒答黑-答剌罕等,都是这乞失里黑与把带的后裔。从那时起直到现今,他们和他们的部落、氏族(qabīleh)都成了答剌罕和大异密。

接着,当成吉思汗听懂了这些话后,他下令将帐庐(khāneh)迁到名为昔鲁主勒只惕⑤的林子里,自己则留在名为阿剌勒的地方。他将[自己的]全体战士派到山后卯-温都儿⑥地方巡哨。[这 125

① ālāq-īndūn;S本作～-īt?dūn;I本作～-bdūn;B本作～-īndūn;贝书作～-nīdūn;此名大概有误;比较《秘史》第169节的阿剌黑-赤惕。

② qīšlīq;《秘史》第169节作乞失里黑。[《亲征录》、《太祖纪》作乞力失,《哈剌哈孙传》作启昔礼。]*

③ bā'rīn-k(a)h(a)n;B本作～-kūhn;bā'rīn为nārīn之讹写;比较《秘史》第169节纳邻-客延。[《亲征录》作纳邻。]*

④ ṭarkhān;蒙文darhan——自由自在;关于此词,见第一分册俄译本第171页,注①与188页,注⑥。[《秘史》作答儿罕,《元史》作答剌罕。]*

⑤ sīlūjāljīt,参照前面第179页,注②。

⑥ mūūndūr;《秘史》第170节作卯温都儿。[《亲征录》作莫运都儿。]*蒙文mağu(坏)十öndör(高)。

时，]王汗到了卯-温都儿山前生长红柳、蒙古人称做忽剌安-不鲁合惕①的地方。额勒只带那颜的两个那可儿，一个名叫泰出，另一个名叫札卜乞台-也迭儿②，当他们将马赶回马群里去时，发现了敌人，他们立即驰马报告了正在合剌阿勒只惕-额列惕③地方、什么也不知道的成吉思汗。成吉思汗马上出动。太阳升起到一杆矛那么高的时候，双方军队已面对面摆开了队伍。由于成吉思汗的军队人少，王汗人多，他同异密们商议道："我们该怎样采取行动呢？"当时为他效劳的异密中，有一个兀鲁惕部人怯台④-那颜，另一个为忙忽惕部人忽亦勒答儿薛禅⑤，[这两个部落]互相有亲属关系。当兀鲁惕与忙兀惕两部落叛离了成吉思汗，投奔泰亦赤兀惕部时，他们俩却没有倒戈，仍忠心耿耿地为他效劳。

成吉思汗[对出现的情况]进行商讨时，怯台那颜用鞭子抚弄着马鬣，犹豫不决。成吉思汗的义兄弟忽亦勒答儿薛禅说道："汗啊，我的安答！我飞驰上前把大旗插到敌人后方名叫阙奕坛⑥的山岗上去，显一显我的勇气。我有几个儿子，如果我死了，成吉思

---

① <u>kh</u>ūlān-yūrqāt；I本作<u>kh</u>ūlān-brqāt；B本作<u>kh</u>ūlāl-brqāt；应作<u>kh</u>ūān-būrūqāt；比较《秘史》第170节的忽剌安-不鲁合惕；蒙文 ulağan burğasu——红杞柳。《亲征录》作忽剌阿、卜鲁哈二山。

② ǰbkītāī-aīdr；贝书作ǰnktāī；I、B本作～-andr；《亲征录》作也迭儿。

③ 原文作 klālǰīn-ālt；见前面第182页，注④。

④ k(a)ht(a)ī；《秘史》第171节作主儿扯歹[《元史》作术赤台，卷120有传；怯台为术赤台之子，《史集》中有关怯台的事迹，在《元史》、《秘史》中都是属于术赤台的。]* 参照前面第99页，注④。

⑤ 《秘史》第171节作忽亦勒答儿。[《元史》作畏答儿，卷121有传。]*

⑥ qūtīān；B本作 qūtbān；为 qūītān 之讹写，参阅前面第70页，注⑥。

汗将会把他们抚育成人!”另一个异密,忙忽惕人别只怯儿汗[①]对成吉思汗说道:“行了!在神的佑护下跃马向他们冲过去吧,一切听最高真理裁决吧。”忽亦勒答儿说了短短这几句后,便跃马上前了,最高的造物主帮助他越过敌人,将大旗插上了阙奕坛山岗。成吉思汗也与其他异密们一起[向敌人]冲杀过去。他们首先打跑了王汗最好的军队客列亦惕部的分支只儿斤[②]部。接着又击溃了客列亦惕分支合亦惕部[③],然后击溃了王汗的一个大异密忽邻-失烈门太师[④],王汗的秃鲁花军[⑤]与怯薛丹几乎也要被歼灭掉。[这时]鲜昆[向成吉思汗军队]冲杀过来。他们用箭射伤了他[鲜昆]* 的 126
脸部,这一次冲杀以后,客列亦惕军势已衰,他们停止了[进攻]*。威胁[成吉思汗]全军覆没的危险没有发生。在蒙古诸部中,这次战役以“合剌阿勒只惕-额列惕之战”闻名,迄今人们还不断地讲述它,这个地方在乞台边境上。由于[客列亦惕部]人多,成吉思汗抵

---

① bājikr-khān。

② jīrkīn;贝书作jrkīn。[《秘史》作只儿斤;《亲征录》、《太祖纪》作朱力斤。]*

③ 原文 qūnkqāīt 为 tūnkqāīt 之讹写;比较《秘史》第 170 节之董合亦惕。[《亲征录》、《太祖纪》作董哀。]*

④ qūrīn-sīlūn-tāīšī;S 本作~-šlūn-~;I 本作 qūrī-slūn;B 本作 qūrī-šblūn-~;贝书作 qūrī-šīlū-~;《秘史》第 170 节作豁里-失列门-太子。[《亲征录》、《太祖纪》作火力-失烈门-太石。]*

⑤ trqāq;《秘史》第 191 节作土儿合黑,意为警卫、卫士[《秘史》旁译作散班]*;《秘史》第 170 节作土儿合兀惕,意为卫队、值昼卫队[《秘史》旁译作护卫]*。《秘史》第 191 节的客卜帖兀勒,意为值夜卫士[《秘史》旁译作宿卫]*;《秘史》第 191 节之客失克田,意为近卫军、亲军,为汗的卫士之通称。[《秘史》旁译作护卫,《元史》作怯薛丹或宿卫]*。参阅第 45 页,注①。

[土儿合黑,元代音译作“秃鲁花”或“秃鲁华”。《元文类》卷 41《政典·军制》:“取诸侯将校子弟充军,曰质子军,又曰秃鲁花军。”四部丛刊本黄溍文集卷 25,页 1b:“秃鲁花者,译言质子也”。]*

挡不住,便退却了。当他后退时,大部分军队已离开了他,他就向巴勒渚纳[①]退去。这个地方有几条水不多的泉,泉水不够他们和牲口喝。因此他们从污泥中挤出水来喝。后来,他[成吉思汗]离开这个地方,去到了下面讲到的地方。当时跟随成吉思汗一起到过巴勒渚纳的人不多。他们被称为巴勒只温惕,这是同他一起到过这个地方、没有抛弃他的人。他们享有确定的权利,与众不同。当他离开那里后,如[下文]所述,一部分军队与若干部落又追随他来了。

叙成吉思汗传谕弘吉剌惕部异密帖儿格-阿马勒[来归附]*,他带着自己的部属(atbā')与追随者(ašīā')归顺了[成吉思汗][②]

成吉思汗从合剌阿勒只惕-额列惕之战回来后,[他同他的军队]在客勒帖该-合答地界[③]斡儿-沐涟[④]河地方聚集并清点了军队(那既是个河名又是个大的山腰地带的名称,塔察儿[⑤]的部落就住在那里)。[总共]*有四千六百人[⑥]。他们从那里迁移到合剌阿勒真河[⑦]后,分成了两部分。成吉思汗带着两千三百人沿着河的一

---

① bālǰīūneh;《秘史》第182节作巴勒渚纳海子。[《亲征录》、《元史》作班朱尼河。]*

② 参照《秘史》第176节及《亲征录》。

③ qltkāī-qdā;贝书作qlktāī-qdā;《秘史》第191节作合勒合河斡儿讷兀地的客勒帖该合答地。合勒合河即流入贝尔湖的哈拉哈河;《亲征录》作斡儿弩兀遣惑哥山岗。[《亲征录》贾校本作斡儿弩兀·遣忒哥山岗。]*

④ aūr-mūran,参阅上面注③。

⑤ ṭğāčār。

⑥ 《亲征录》与此同;《秘史》第175节作2600人。

⑦ qlālǰīn;参照第182页注④。

岸前进，另外二千三百人同兀鲁惕、忙忽惕部一起沿着另一岸前进。他们沿着河流朝下走。途中来到了弘吉剌惕部的一个异密与首领帖儿格-阿马勒[1]的营地边界上。他们派遣一个使者去对他说："过去我们互称兄弟和姻亲，你们照规矩享有母舅的权利[2]，如果你们[同我们]友好，我们就做[你们的]同盟者和朋友。如果你们[与我们]为敌，我们也就[与你们]敌对。"由于[弘吉剌惕人]作出了友好的答复，他们[同成吉思汗]和好一致了，成吉思汗迁到名为董哥泽和脱儿合-豁罗罕[3]的湖和河边驻扎下来。他们[在那 127
里]安营休息，以消除一路上的疲劳。

叙成吉思汗派遣使者去见王汗，提到了他过去对他的恩惠[4]

接着，成吉思汗派遣亦勒都儿勤部人阿儿孩-者温[5]到王汗处去当使者，让他去对王汗说："现在我们驻扎在董哥泽和脱儿合-豁

---

① trkeh-āmāl;《秘史》第 176 节作帖儿格·阿篾勒田·翁吉剌惕，意即名叫帖儿格和阿篾勒的翁吉剌惕部人。[《亲征录》：帖木哥-阿蛮。]*

② rāh-i hālawī dārand。

③ qūnkeh-nāūūr tūrqeh-qūrūqān；qūnkeh 讹，应作 tūnkeh；比较《秘史》第 177 节之统格-豁罗罕；《亲征录》作"遂行至董哥泽、脱儿合-火儿合的地方"[豁罗罕，《秘史》旁译作小河]*。

④ 参照《秘史》第 177 节及《亲征录》。

⑤ artāī-ǰīūn；artāī 为 arqāī 的讹写；比较《秘史》第 177 节的阿儿孩-合撒儿。据《秘史》上说，与他一同派去的还有雪格该-者温。《史集》原文中的两个人名于转抄时被并成了一个，应作 arqāī(qāsār wa sūqātāī)ǰīūn；前后文均应作相应更改。[《亲征录》、《太祖纪》作阿里海。]*

罗罕边，这里草儿长得好，喂肥了我们的骟马。如今，我的汗父啊，[想一想]过去你的叔父古儿汗对你说的话吧！他说：'你没有为我留下我哥哥不亦鲁黑汗的地方，你杀死了我的两个兄弟：台-帖木儿太师和不花-帖木儿！'当时他因而把你逼走了，将你赶到了合剌温-合卜察勒①，围住了你，你从那里逃出来时只带了几个人——[那时]难道不是我的父亲[从那里]将你救出来的吗？[后来]* 他又同你一起去远征。"

"难道不是有两个泰亦赤兀惕部人，一个名叫兀都儿-忽难②，另一个名叫巴合只③带着你同几个人一起动身？从那里出来后，他们经过名叫合剌不花④的地方和草原，通过秃烈坛-秃零-古惕⑤地方，行经秃烈坛-秃零-古惕⑥地方、合卜察勒⑦高地，到了古泄兀儿海子⑧地方。那时[我的父亲]在忽儿班-帖列速惕⑨地方找到了你的叔父古儿汗，从那里追赶他，击溃了他，他只带着二三十人逃

---

① qrāūn-qbǰāl；《秘史》第 177 节作合剌温-合卜察勒。[《亲征录》作合剌温之隘。]* 参照前面第 162 页，注②。

② ūdūr-qūiān；qūiān 为 qūnān 的讹写；比较《秘史》第 177 节的忽难；《亲征录》作兀都儿-吾难。

③ būqāǰī；比较《秘史》第 177 节之巴合只。[《亲征录》作八哈只。]*

④ krābūqā；《亲征录》作哈剌不花山谷。

⑤ tūlātān-tūlān-kūtī；《亲征录》作秃烈坛-秃零古。

⑥ tūlātān-tūlān-kūī；C、B 本作 ～-～-kūtī；贝书 qūlān-tūlān-kūtī；原文讹，《亲征录》作盏速坛盏零古。参照《亲征录》上文之秃烈坛-秃零古。抄写者或编者误将一个地名重复了两次。

⑦ q?čāk；S 本作 q?čāk，C 本作 q?ǰāl；贝书作 qbčāl；《亲征录》作阙群隘；参照《秘史》第 111 节的合卜察勒——狭谷、隘。

⑧ kūsāū(ū)r-nāūūr；贝书作 kūšāūr-nāūūr；《秘史》第 177 节作古泄兀儿-纳浯儿。[《亲征录》作曲薛兀儿泽。]*

⑨ qūrbān-tlāsūt；《秘史》第 177 节作忽儿班-帖列速惕[《亲征录》作塔剌速野]*。

出来。[古儿汗]逃到了河西地区，从那时起就再也没有从那里出来露过面。这样，我的仁慈的父亲从古儿汗处夺回王位，交给了你。因此你才和我父亲结成兄弟，我也就称你为汗父。这是我对你的第一个恩德！”

“还有，我的汗父啊，你的部属躲到云端里去了，散失在太阳落 128
山的地方，散失在乞台的札兀忽惕[①]地区中间了。我大声呼喊札阿-绀孛义兄弟，脱帽、挥手招呼[②]。这样我才把札阿-绀孛义兄弟带了出来，当我带他出来时，敌人为了复仇设下了埋伏。篾儿乞惕部军队又追赶了札阿-绀孛义兄弟。我宽宏大量地[又]救了他，怎么可以[谋]害从札忽惕[地区]、即从乞台地区救出札阿-绀孛义兄弟，还从篾儿乞惕人手中救了[他]的那个人呢？我为你杀死了我的哥哥，干掉了我的弟弟，如果要问他们是谁？薛扯别乞是我的哥哥，泰出-忽里是我的弟弟。这是我对你的第二个恩德！”

“还有，我的汗父啊，你像是冲破乌云的太阳来到了我那里，你像是逐渐冒出来的火苗来到我那里。我没有让你挨过半天饿，我让你吃得饱饱的，我没有让你赤身裸体过一个月，我遮蔽了你的全身！如果[有人]问：‘这是什么意思呢？’——我是说，在合迪黑里黑山[③]

① ǰāūqūt;《秘史》第281节作札忽惕，金帝国的人民；参阅第247页，注④。

② dilāmīšī kardan，源于突厥（鞑靼）语动词 tilāmāq——召唤、呼唤、请求、要求。原文有误。比较《亲征录》：“父汪可汗！汝其时如埋云中，如没日底。汝弟札阿-绀孛居汉塞之间，我发声轰轰之。”

③ qāīnlīq;A本作 qānīqlīq;应作 qātīqlīq;比较《秘史》第177节的合迪黑里黑-你鲁兀（合迪黑里黑山脉），从语源上研究可能相当于下面的原文：qātnklīq? [《亲征录》作哈丁黑山；《太祖纪》作哈丁里。]*

地方,也就是长白杨树的地方,在山后木里彻黑-薛兀勒[①]地方,我进行厮杀,掠夺了篾儿乞惕部,夺取了他们的全部马群、畜群、帐幕、斡耳朵和好衣服,[全都]给了你。”

“我确实做到,没有让你挨过一天饿,没有让你赤身裸体过一个月——这是我对你的第三个恩德。”

“当篾儿乞惕部还在不兀剌原野[②]上的时候,我们派出急使到脱黑台别乞处去探听情况。由于时机有利,你没有等我就出兵了。你赶在我前头,在那里俘获了脱黑台别乞的妻子、兄弟。你娶了忽秃黑台哈敦[③]和察剌温哈敦[④],带走了脱黑台的兄弟忽都和他的儿子赤剌温。你将兀都亦惕-篾儿乞惕[⑤]部的兀鲁思全部侵占,什么也没给我。接着,当我们去征讨乃蛮人时,我们在拜答剌黑-别勒只儿[⑥]地方,面对他们摆开队伍时,被你擒获后屈服于你的忽都和
129 赤剌温,又带着军队和全部什物逃跑了,同时可克薛兀-撒卜剌黑统率着乃蛮军队来了,把[你的]兀鲁思洗劫一空,这时我派出孛斡儿出、木华黎、孛罗忽勒、赤老温四人,将你的兀鲁思[从敌人处]夺回交还给了你。这是我[对你]* 的第四个恩德。”

---

① mūrīčāqsūl;《秘史》第 177 节作木鲁彻-薛兀勒,[《亲征录》作木奴叉笑力之野];参照第 162 页,注②。

② būqreh-k(a)h(a)reh;《秘史》第 152 节作不兀剌-客额儿;[《亲征录》作不剌川]* 。参阅第 163 页,注⑤。

③ qūtūqtāī-khātūn;《秘史》第 157 节作忽秃黑台。[《亲征录》作忽都台。]

④ člğūn-khātūn;《秘史》第 157 节作察阿仑。[《亲征录》作察鲁浑。]*

⑤ ūdiūt;《秘史》第 102 节作兀都亦惕-篾儿乞惕。[《亲征录》作兀都夷。]*

⑥ bāīdādāt-bīljreh;I、C、L、B、P 本作?āidriq;贝书作 bāī-brāq;应作 bāīdārāq;比较《秘史》第 177 节的巴亦答剌黑-别勒赤儿;参照第 165 页,注⑥。

“还有，我们从那里一起来到勺儿合勒-崑[①]山旁，忽兰-必勒塔-秃兀惕[②]所在的合剌[③]河畔地方，在那里订立了盟约，我说，如果有牙和舌的蛇用牙和舌伸到我们中间时，只要我们还能用嘴和牙说话，我们彼此绝不分离，这也就是说，当有人在我们之间说一些有意、无意的话，在我们没有碰头商量加以证实以前，我们不要信以为真，我们不要变心，彼此绝不分离。现在，我们没有碰头商量，也没有将有人故意在我们中间制造的话查问一下，你就信以为真，拿它作为根据离开了[我]。”

“还有，我的汗父啊，后来我像鹰[④]一般地向赤兀儿忽-蛮[⑤]山飞去，飞过捕鱼儿海子，为你抓住了灰腿的鹤。如果你要问：‘那是谁呢？’——那就是朵儿边部和塔塔儿部！我再次变为宽胸的鹰，飞过阔连海子[⑥]，为你抓住了灰腿鹳，交给了[你]。如果你要问：‘那又是谁呢？’——那是合塔斤部、撒勒只兀惕部与弘吉剌惕部[⑦]。现在这些部落却被你用来吓唬我了。这是我对你的另一个恩德。”

“还有，我的汗父啊，你对我有过什么恩德呢，我从你得过什么好处呢？我对你有这么些恩德，曾多次施惠于你。我的汗父啊，你

---

① ǰūrqāl-qūn；B本作～-qūl；《亲征录》作卓儿完忽奴；《秘史》第177节作勺儿合勒崑山。

② hūlān-bīltā-tūūt；C、L本作 hūlā-～；《亲征录》作忽剌阿班答兀[《秘史》第177节作忽剌阿讷山兀惕孛勒答兀惕]*。

③ qrā；《亲征录》作哈儿哈山谷。

④ snkqūr，蒙文 šinxur——鹰。

⑤ ǰūr̀qū-mn；《亲征录》作“自赤忽儿黑山”。参照第180页，注③的ǰīūrqāī。

⑥ qūl<u>eh</u>-nāūūr；呼伦池。

⑦ 原文 qūnqūt；L、C、I、B本及贝书作 qūnqūrāt。[俄译作 Дункаит(?)，《亲征录》作弘吉剌。]*

为什么要吓唬我，你为什么不过自由安宁的日子。你为什么不让你的儿子、儿媳酣睡？我，你的儿子，从来也没说过：我所分得的份子太少，想要多一些，或者嫌它不好，想要好一些！大车的两个轮子有一个折断时，就再也不能[乘坐它]游牧了。套车的犍牛劳累了，如果赶车的人只有一个，把犍牛解开，放去[吃草]时，贼人就会偷走。如果赶车人不把犍牛解开，老[套在]车上，犍牛就会消瘦、倒毙。大车的两个轮子如果折断了一个，犍牛想拉也拉不动。如果犍牛过于使劲，就会损伤自己的颈项，以致精力耗尽再也不能拉车了。”

“我就好比是你的大车上的两个轮子中的一个！”

这就是成吉思汗派人去向王汗说的话。他又特地派人去对阿勒坛和忽察儿说：“你们俩想杀我，想将我扔到黑暗的国土上或埋到地下！”

“以前，我首先对把儿坛把阿秃儿的子孙薛扯和泰出说道：我
130 们斡难河营地上怎能没有君主呢？我竭力[劝]* [你们]说：‘你们来当君主和可汗吧！’你们不同意，我没有办法。我对你忽察儿说：‘你是捏坤太师的儿子，当我们的汗吧！’你推辞了。我对你阿勒坛说：‘你是忽图剌合罕的儿子，他曾登临大位，现在你还来当君主吧！’你也推辞了。当时你们坚持对我说：‘你来当汗！’——我照着你们说的当了汗，并说：‘我绝不让祖居沦丧，绝不允许破坏他们的规矩、习惯(yūsūn)！我一旦当了君主，并统率许多地区的军队时，一定要关怀[我的]部下，夺来许多马群、畜群、游牧营地、妇女、儿童给你们。我将为你们点火烧①草原上的野兽，将山地的野兽

① 原文为动词 ūtrāmīšī kardan，源于突厥动词 utramaq(原作 utlamda)——点火、点燃。

赶到你们方面来。[如今]你们俩,阿勒坛和忽察儿,不得让任何人屯驻在三河地区[①]。'"

他还让人去对脱斡里勒说:"吾弟脱斡里勒啊,你是我祖先门前的奴隶,我是在这个意义上称你为弟,因为察剌合-领昆和屯必乃合罕两人抢来了你父亲的祖父那黑塔-孛斡勒[②]。那黑塔-孛斡勒的儿子为速该-孛斡勒[③],速该-孛斡勒的儿子为阔阔出-乞儿撒[④],阔阔出-乞儿撒的儿子为撒亦合-晃塔儿[⑤],撒亦合-晃塔儿的儿子就是[你]* 脱斡里勒。你想抢夺谁的兀鲁思?如果你也抢夺我的兀鲁思,阿勒坛和忽察儿俩不会[将它]给你的,不会允许你享用[它]的。每个起得早的人,都喝了汗父青锺(kāseh-i jung)里的[酸马奶]*。你们以为我大清早起得比大家晚,没有喝到嘴,因为大家都嫉妒[我]。如今你们[喝]干了汗[父]* 青锺里的酸马奶[⑥]。脱斡里勒啊,你也喝吧,能喝多少就喝多少吧!"

"如今,阿勒坛与忽察儿,你们俩尽心为[汗]* 父效劳吧[⑦]。不

---

① 原文作 bar sarī se<u>h</u> rūdkhāne<u>h</u>;参照下面第 197 页,注②。

② nūqte<u>h</u>-būūl;《秘史》第 180 节作斡黑答-孛斡勒;《亲征录》何本作塔塔,说郛本、汪本作诺答。孛斡勒,蒙文 boğol——奴隶。

③ sūkāī-būūl;《秘史》第 180 节作速别该-孛斡勒;《亲征录》作雪也哥。

④ kūkǰū-qsār;C、L、I 本及贝书作～-qīrsā;《秘史》第 180 节作阔阔出-乞儿撒安。[《亲征录》作阔阔出-黑儿思安。]*

⑤ 原文 sāīke<u>h</u>-qunktr;《秘史》第 180 节作也该-晃塔合儿;《亲征录》作折该-晃脱合儿。

⑥ 原文意为青锺;《秘史》第 179 节作阔阔充,意即青锺。在古代,蒙古人有一种专门在汗的帐庐内调制的特种酸马奶。中国作家把它称做青湩——透明的(乌黑透亮的)酸马奶。

⑦ 原文作 tūqǰāmīšī karde<u>h</u> bigardīdand;《亲征录》作"善事",俄译据之,因 tūqǰāmīšī 的语源和意义不明。

要说：以前的[种种]事情，都是仗着札兀惕-忽里[1]干出来的。不要到你们落空的时候才想起我。我的汗父性情喜怒无常。如果像我这样的人让他厌烦了，你们不久也会使他厌烦的。因为你们现在在他那里，将要[同他一起]度过今年，将[同]他度过就要来到的冬天。”

131 “还有，我的汗父啊，派遣使者来吧，最好将阿勒坛-阿倏黑[2]和忽勒巴里[3]两人或其中一人派来。在作战的那天，那里遗留下木华黎把阿秃儿[4]的一头配有鞍子和银马勒的黑马，你让他们也带来吧。让鲜昆义兄弟将必勒格别乞[5]和脱端[6]两人或其中一人派来吧。让札木合也派两个使者来。让出剌和合赤温[7]俩，阿赤黑和失伦[8]俩，阿剌-不花和带亦儿[9]俩，阿勒坛和忽察儿俩都派遣使者来吧。这些使者都来了，如果我朝上走[10]，就让他们到河的上游捕鱼儿海子旁[11]来找我吧，如果我朝下走[12]，向合巴合儿-合勒塔

① 《秘史》第134节作札兀惕-忽里，是金朝当局由于成吉思汗战胜塔塔儿人而赐给他的官号。

② altān-ašūq；《亲征录》作按敦-阿述；《秘史》第152节作阿勒屯-阿倏黑。

③ qūl-bārī；贝书作～-būrī；《亲征录》作运八力(浑八力的讹误)。《秘史》第152节作忽勒巴里，第177节作忽勒巴里-忽里。

④ 《亲征录》作忙纳儿拔都。

⑤ bīlkeh-bīkī；A、S本作～-btkī；《秘史》第181节作必勒格别乞。[《亲征录》作必力哥别吉。]*

⑥ qūdn；C、L、I、P、B本作 tūdn；《秘史》第181节作脱朵延。[《亲征录》作脱端。]

⑦ qājīūn；《秘史》第181节作合赤温。

⑧ ajīq 与 šīrūn；《秘史》第181节为一人——阿赤黑-失仑。[《亲征录》作阿赤-失兰。]*

⑨ tāīr；《亲征录》作带亦儿。

⑩ 《亲征录》作“如我东向”。

⑪ 《亲征录》作“纳儿脱怜·呼陈辎兀之源”。[贾校本作“纳儿脱邻·呼陈·脑儿之源”。]*

⑫ 《亲征录》作“如我西向”。

儿罕[1]走去，驻扎在三河[2]，让[他们]到那里去找我吧！”

当这些急使到了[那里]* 向王汗转达了这些话时，王汗说：“是他有理，[我们]* 对他不公正。但是让我的儿子鲜昆来答复这些[话]吧！”

叙述鲜昆答复成吉思汗说：“咱们断杀吧，胜者为汗！”[3]

鲜昆说：“他[现在]怎么还称我为义兄弟呢？[有一次]他把[我]称做脱卜脱黑-孛黑[4]，[如今]被他称做汗父的我的父亲，曾被他称为乞迪阿失-额不干[5]！我正要派遣使者向他宣战哩！如果他战胜了，我们的兀鲁思是他的，如果我们战胜了，他的兀鲁思就是我们的！”

说罢这些话，他向自己的两个大异密必勒格别乞和脱端下令道：“我们出征吧！举起大旗，敲起鼓来，将马儿牵来，让我们骑上马向成吉思汗进军！”当成吉思汗派遣使者到王汗处时，他收服了弘吉剌惕部最主要的部分，去到了巴勒渚纳。豁罗剌思部赶跑了

---

① q?qāī-qāltrqān；C、L、I 本作 qbqār-qāltrqān；贝书作 qīqar-qāltūrqān；《亲征录》作哈八剌汉答儿哈。

② 《亲征录》作“顺忽儿班不花诸思河来会”。

③ 参照《秘史》第 181 节及以下诸节，以及《亲征录》。

④ 原文 tūbtūkh-būkh，讹；参照《秘史》第 181 节及《亲征录》。[《亲征录》贾校本作“特以觋视我耳”。]*

⑤ kīdīšī-ābūkān；《秘史》第 181 节作乞都阿赤-额不干，意为杀人成性的老人。

亦乞剌思人孛秃①。孛秃被他们击溃后，到那里[巴勒渚纳]归附
132 了成吉思汗。他们同住在那里，同饮巴勒渚纳之水。当时拙赤-合撒儿离开了成吉思汗独自生活。王汗的军队在合剌温-只敦②地方袭击了他的妻子和儿女。他自己逃到[成吉思汗处]来。他穷困已极，失掉了一切生活资料，只能煮野兽的尸体和察鲁乞③为食。由于吃[这样]的食物，他消瘦了。在巴勒渚纳的营地上，他追上了成吉思汗。

在合剌阿真-额列勒地方同成吉思汗作战后，王汗来到了[乞忒]*忽鲁合惕-额列惕④地方。成吉思汗的叔父答里台-斡惕赤斤、成吉思汗的叔祖忽图剌合罕的儿子阿勒坛-者温⑤、成吉思汗叔父捏坤太师的儿子忽察儿别乞、札只剌惕部人札木合，八邻部落，那黑塔-孛斡勒兀鲁思里的速额该⑥和脱斡里勒、名叫塔海-客额邻⑦的忙忽惕部人塔海-忽剌海⑧、塔塔儿部异密忽秃-帖木儿⑨——所有这些人联合在一起约定[如下]："我们去突袭王汗，自己当君主；既不与王汗合在一起，也不与成吉思汗合在一起，不

① 原文 būqū，讹，应作 būtū；《亲征录》作孛徒。

② qrāūn-ǰīdūn；《秘史》第 183 节作合剌温-硕敦。[《亲征录》作哈剌温-只敦山，《太祖纪》作哈剌浑山。]*

③ 一种软底皮鞋。

④ 原文作 qīt-qūlqāt-ālt；音读不明；《亲征录》作只感忽庐。[贾校本作"只忒忽卢"。]*

⑤ altān-ḥīūān；C、L、I 本作 altān-ǰīūn；《亲征录》作按弹-折温。

⑥ sūlkāī；C、L、I、P 本作 sūākāī；B 本作 sūkāī；参照第 195 页，注③。

⑦ tğāī-k(a)h(a)rīn；贝书作 tğāī-k(a)h(a)rī。

⑧ tğāī-qūlāqāī；《亲征录》作塔海-忽剌海。

⑨ qūtū-tīmūr。

去管[他们]。”他们商议的这些话传到了王汗处，他便攻打了他们，把他们洗劫一空。

由此之故，答里台-斡惕赤斤和一个[蒙古]尼伦部落及客列亦惕部的分支撒合亦惕部[1]，以及嫩真部[2]向成吉思汗俯首听命，归附了他。阿勒坛-者温、忽察儿别乞和塔塔儿部人忽秃-帖木儿逃到乃蛮太阳汗处去了。

叙述成吉思汗从斡难河上发兵征讨王汗，王汗的战败及其被太阳汗的一个异密豁里-速别出[3]杀死在乃蛮地区，鲜昆为合剌赤部的一个异密乞里赤-合剌[4]所杀，并叙成吉思汗登临大位[5]

相当于伊斯兰教历 599 年的上述猪年夏，成吉思汗饮水于巴勒渚纳。这年秋天，他从那里出发，在斡难河上游召集了自己的部属(atbā‘)、徒众(ašīā‘)，出兵征讨王汗。

他用拙赤-合撒儿的名义派遣众所周知的拙赤-合撒儿的部下 133
与那可儿照烈惕部人哈柳答儿[6]和兀良合惕部人察兀儿罕[7]两人

① sāqīāt;《亲征录》作撒合夷;《秘史》第 122 节作撒合亦惕。
② nūnḥīn;C、L 本作 nūḥīn;贝书作 qūnkqāīt;《亲征录》作嫩真。
③ qūrī-sūbājū;《秘史》第 188、189 节作豁里-速别赤;《亲征录》作火里-速八赤。
④ qlīč-qrā;《亲征录》作黑邻赤-哈剌。
⑤ 参照《秘史》第 183 节及以下诸节，以及《亲征录》。
⑥ qālīūdār;《秘史》第 183 节作合里兀答儿。[《亲征录》作哈柳答儿。]*
⑦ jāūūrqān;《秘史》第 183 节作察兀儿罕。[《亲征录》作抄儿寒。]*

做使者到王汗处去。他教他们去[对王汗]* 说,拙赤-合撒儿派我们来说:“我满心想念我的哥哥,但谁能说出他[该有多么]* 愤恨呢?尽管我想找条出路,但我无法摆脱困境与他联合。我听说,我的妻子、儿女在我的汗父处。我的住所早就已经是用枯枝和草搭成的,土块石头做了我的枕头。我没有心爱的人儿伴睡。我信赖汗父,因此悄悄地派了这两个使者到汗父处来,[向他]要回自己的部落、军队、妻子、儿女,我要同全家(khān-ū-mān)一起[向他]俯首听命,赤诚地归附[于他的部落中]。”

由于尽人皆知,[这两名]* 使者是拙赤-合撒儿的人,[王汗]过去早就知道他们跟随着他,因此他丝毫没有怀疑到他们是成吉思汗派来,教[他们]这样说的。由于当时成吉思汗的事业动荡不定,拙赤-合撒儿流离失所,[王汗]将这些话完全当做了最真诚的话。他赞许了使者所说的话,尊敬地待他们,将他们送了回去。他派了自己的一个那可儿亦秃儿干与他们同行。他在泡胶水用的角上滴了几滴血,让他们送去[给拙赤-合撒儿]作为誓盟,因为蒙古人有互相沥血立誓的习惯。三人一起动身后,在路上走着。[这时,]成吉思汗正从那方面带着军队向王汗进军。哈柳答儿的视线突然落到了成吉思汗的大旗上。他怕亦秃儿干发觉[大旗]后逃走,因为他骑的是匹好马。他立即下马,借口马蹄里嵌进了石头、马跛足[难行]*,将马的前腿举起,让亦秃儿干下马,向他说道:“你来抓住马的前腿,让我把马蹄弄干净吧!”亦秃儿干抓住了马的前腿,哈柳答儿[为马蹄]除了几次[石头],让亦秃儿干不得空闲。突然成吉思汗带着军队来到了。他没对亦秃儿干说什么话,就把他送到拙赤-合撒儿处去了,因为合撒儿在这次战争中,由于要取回他的全家和财产，步行着落了后。成吉思汗派那两个使者走在前面做向导。他连夜不停地驱马前行，一直到了名叫者只儿-温都儿[①]的地方赶上王汗为止。他们厮杀了起来。[成吉思汗]击溃王汗，夺取了[他的]全部领地(mulk)，将所有的客列亦惕人全部俘获。王汗和他的儿子鲜昆带着几个人安全地逃了出来。途中，王汗说道："我离开了我所不该疏远的人呢，还是离开了本该疏远的人呢？举目无亲、袭击、悲痛、苦难、流离失所、无依无靠——[凡此种种]*，都是脸上长肿包的那人造下的孽才使我遭受到的！"他的这些话是暗指自己的儿子鲜昆而说的，鲜昆的脸上和面颊上长着肿包，由于他愤怒已极，才这样地提到他，而不称呼他的名字。战 134
败逃出来后，一路上他们来到了乃蛮地区……[②]地方。乃蛮王的两个异密，一个名叫豁里-速别出，另一个名叫帖迪克-沙勒[③]，在那里巡哨，便将他抓起来杀死了。他们将他的头送到了自己的君主太阳汗处。太阳汗不赞成这样做，他说："为什么将这样伟大的君主杀死呢？应当将他活着带来！"为了显示[王汗的]*伟大、[应受]尊敬，他命令将王汗的头镶上银子，在自己的宝座上摆了若干时期，关于此事已于客列亦惕和乃蛮的篇章中叙及。

当王汗被抓住杀死时，王汗的儿子鲜昆逃出。他经过蒙古地区(wilāyat-i muğūlistān)无水原野边界上的一个名叫亦失黑-巴

---

① ǰǰīr-undūr；《秘史》第185节作者者额儿-温都儿。[《亲征录》作彻彻儿运都山，《太祖纪》作折折运都山。]*

② 诸本均缺；据《秘史》第188节，为的的克撒合勒地面涅坤水。[《亲征录》作涅坤乌柳河。]*

③ tātīk-šāl；C本作 taīnk；B本作 tābīk；贝书作 tīk；《亲征录》作火里速八赤和帖迪沙。

剌合孙[1]的村子，逃到了波黎吐蕃[2]地区。他洗劫了那些地区的一部分地方，在那里住了一段时期，大肆蹂躏。吐蕃的部落和居民们集合起来，将他包围在一个地方，要抓住他。[但]他于战败后安全地从那里突围，从那些部落手中逃脱出来。他逃到了忽炭和可失哈儿[3]境内的一个名叫曲薛居-彻儿哥失篾[4]的地方。当地异密和长官、合剌赤部的一个异密乞里赤-合剌将他抓住杀死了。据说，后来这个异密将他擒获的鲜昆的妻子和儿子送到了成吉思汗处，[他自己也]归顺了成吉思汗。客列亦惕部君主的结局就是如此，这个家族的王统就这样地中断了。愿普世万民长享太平！

叙成吉思汗于征服伟大的君主王汗、王业已定后，登临了汗位

叙述成吉思汗如何击溃王汗的军队，打败他和他的儿子，将他们打跑，于是客列亦惕部屈服于他，他占有了这个国家和兀鲁思。还谈到这一年冬天，即相当于伊斯兰教历599年的猪年冬天，他如

---

① aīšīq-blqsūn；B本作as?q-īāḥsūq；贝书作ašq-blğsūn；《亲征录》作亦即纳城，即亦集乃城。参阅玉尔：《马可·波罗行纪》卷1，第223—225页。

② būrī-tbbt，即到了西藏地区；《亲征录》作波黎吐蕃部。

③ 中世纪时东突厥斯坦（中国突厥斯坦，即今新疆维吾尔自治区南部）的两大文明地区，各拥有同名之城。

④ kūsātū-čārkāšmeh；贝书作kūsākūǰ-ārkšeh；比较《亲征录》的曲先居彻儿哥思蛮之地。[贾校本作曲先城彻儿哥思蛮之地。]*

何狩猎于帖篾延原野①，如何从战争中凯旋而归，幸福如意地驻扎 135
在自己的营地上和无比幸福的帐营里。

还谈到，他取得了如此伟大的胜利，王业已定，各部落便从四面八方来向他请降、求和，以及他[如何]举行了大聚会，还谈到，感谢这伟大的恩赐，他于订立完善和严峻的法令(yāsāqhā)以后，幸福地登上了汗位②。

从始自伊斯兰教历 591 年 3 月的讨来亦勒即兔年[1195 年]* 初到始自伊斯兰教历 599 年 6 月的屯古思③亦勒即猪年[1203 年]* 末为止，共九年内的成吉思汗纪已详述如上，现在我们来简述这几年内与成吉思汗同时代的合罕、哈里发、算端、篾力、阿答毕的历史，[然后]再在至高无上的安拉的帮助及其卓绝的佑助下来写成吉思汗纪。

[列国传三]*

从始自伊斯兰教历 591 年 3 月的讨来亦勒即兔年[公元 1195

① īmān-k(a)h(a)reh；C、L 本作 qāīmān-～；贝书作 tmā'n-～；写法有误，应作 tāīmān-k(a)h(a)reh；比较《秘史》第 190 节的帖篾延-客额儿，参照下面第 222 页，注②。原文内容参照《秘史》第 190 节及《亲征录》。

② c 本增出下面一段文字："……遂被加上了这个尊号。"成"为强大、坚强的意思，"成吉思"为其复数，它与哈剌契丹的伟大君主所拥有的古儿汗[称号]是一个意思，[即强盛伟大的君主的意思]。当忽里勒台上的宴饮结束后，他便去征讨不亦鲁黑汗。不亦鲁黑汗当时正在兀鲁黑-塔黑境内速合水地方猎禽，什么事情也不知道。成吉思汗像是无法逃避的命运似地突然袭来，消灭了他。他们夺取了他的领地、帐庐、妻子和儿子。其侄古失鲁克汗于父亲太阳汗被杀死后，逃到叔父不亦鲁黑汗处。篾儿乞惕[部]君主脱黑台别乞当时也跑到了他那里。他同他们俩躲到了乃蛮地区边境上的也儿的石地方。关于他们的事将于后文叙及。就是这些！"

③ 突厥语 dunguz，蒙文 gahai——猪。

年]* 初起，到始自伊斯兰教历 599 年 6 月的屯古思亦勒即猪年[公元 1203 年]* 末止，共九年；记述这九年内与成吉思汗同时的乞台、摩至那、哈剌契丹、突厥斯坦及河中诸合罕，伊朗、苫国、密昔儿[埃及]及马格里布[北非]的哈里发、算端、篾力与阿答毕传，并简述在此期间这些国家中发生的异事。

乞台君主传

世宗①：[在位共]* 二十九年，[除已在位的]* 二十三年，[在此期间在位]* 六年。

136 显宗②：[在位]* 一年。

章宗：[在位共]* 十九年，[在此期间在位]* 二年。

摩至那君主传

光宗③：[在位共]* 四年，[除已在位]* 三年，[在此期间在位]* 一年。

宁宗④：[在位共]* 三十年，[除已在位]* [二十]二年，[在此期间在位]* 八年。

---

① 世宗，金朝第五代皇帝(1161—1189 年)。

② 显宗，世宗的儿子，事实上他没有当皇帝，只是当世宗到现在中国的东北去时，他代替父亲在今北京留守过一年(1184—1185 年)。世宗死后，他的儿子章宗(1190—1208 年在位)即位，才将他追谥为显宗。

③ 光宗，南宋第三代皇帝(1190—1194 年)。

④ 宁宗，南宋第四代皇帝(1195—1224 年)。

哈剌契丹、突厥斯坦及河中君主传

在主册中缺乏记载。

伊朗、苫国[叙利亚]、密昔儿[埃及]与鲁木[小亚细亚]的哈里发、算端、篾力和阿答毕传

哈 里 发 传

这几年内报达阿拔思朝哈里发为纳昔儿·里迪尼剌黑①。忽即思丹征服后,他派自己的宰相木爱·答丁·伊宾·合撒卜去占领伊拉克·额者木。当他来到火里汪②时,者罕-别黑列汪的儿子忽都鲁-亦难赤前来见他。宰相很尊敬他,他们便一起向哈马丹进发。哈马丹驻扎着花剌子模沙的军队,统将为马牙出黑。宰相带着军队到来时,他们向列夷退去,哈马丹便降附了宰相。[哈里发军队]同忽都鲁-亦难赤一起向花剌子模沙追上去。花剌子模人战败,一直逃到了古儿罕③。哈里发军队从巴思塔木及答木罕④折回,

① 见前面第 137 页,注⑤。

② 火里汪——伊朗库尔迪斯坦古城之一,位于呼罗珊通往报达的途中,在克尔曼沙与哈尼勤之间。火里汪西面为萨珊朝所建哈思里·失林的废墟。

③ 古儿罕,一作朱里章(古代吉儿客尼牙),里海东南岸地区名,在的希思丹与祃拶答而之间。

④ 答木罕——呼罗珊(北伊朗)西部城名,在德黑兰之东。

137 占领了列夷。由于花剌子模军队已从境内肃清，忽都鲁·亦难赤和伊拉克异密们决定率兵反抗[阿拔思朝]宰相。他们转向列夷，发起了叛乱。宰相围住了列夷，忽都鲁·亦难赤向兀别[1]奔去，宰相的都督(šihneh)不让他[到那里去]，[于是他就]带着军队向怯列只[2]奔去。宰相追踪而至，双方展开了战斗；忽都鲁-亦难赤溃逃。宰相来到了哈马丹，于伊斯兰教历……年[3] 10月初去世。花剌子模沙追踪而至，从墓内拖出他[的尸体]焚烧，并将他的首级传送到花剌子模，说是在作战时杀死了他的。就是这些！

算　端　传

花剌子模沙帖怯失算端[4]统治着花剌子模，伊拉克的一部分及呼罗珊。在这段时期之初，他向畏兀儿海儿·塔忽汗[5]出兵。双方展开战斗，帖怯失算端战败，退回了花剌子模。伊斯兰教历593年4月(公元1197年4—5月)，他的太子灭里沙[6]去世。帖怯失于长时期悲痛之余，将灭里沙的长子罕都汗召到花剌子模，并立忽忒巴丁·马合谋[7]为王位继承者。罕都汗和忽忒巴丁便结下了仇怨，在忽忒巴丁当了算端以后，罕都汗便逃到敌人那边

① 兀别，今赫拉特东面的村子。

② 见第291页，注②。

③ 原阙。

④ 阿剌丁·马合谋的父亲及前一个算端，见第139页，注①。

⑤ 所说的是1195年帖怯失远征速黑纳黑及1198年忽忒巴丁战胜海儿·塔忽汗的下一次远征。

⑥ 纳昔剌丁·灭里沙，花剌子模沙王朝帖怯失的儿子，镇守着呼罗珊(卒于593[1197]年)。

⑦ 他就是花剌子模沙阿剌丁·马合谋，见下述第278页，注④。

去了。

结果，忽忒巴丁统治了呼罗珊。伊斯兰教历 594 年[公元 1197—1198 年]帖怯失派他去征讨海儿·塔忽汗。双方展开战斗，塔忽汗[战败]逃跑。忽忒巴丁将他连同异密们一起俘获，带到父亲那里。花剌子模沙赦免了他，仍让他当[众异密的]君主。这年 3 月[1198 年 1—2 月]，他听到，以他的名义统治伊拉克的马牙出黑由于伊拉克离[花剌子模]很远，图谋叛乱。[花剌子模沙]到列夷去征讨他。马牙出黑得知后逃跑了。算端军队向他追去。马牙出黑一直逃到马儿丁[①]边境上，躲在一座堡寨里。[算端军队]* 对堡寨进行围攻，最后把他抓住，带到了花剌子模沙那里。在一群贵人(buzurgān)的求情下，花剌子模沙赦免了他，但为了惩罚他们[马牙出黑及其党羽]作乱起见，他命令他们住在边境上的一个堡寨(ṣağr)里度过残生。算端占领了亦思法杭[②]，[将它]交给了自己的儿子塔 138
札丁·阿里沙[③]。他从那里出兵围攻阿剌模忒堡[④]。列夷沙非派首领撒忒剌丁·马合谋·瓦赞曾在这个堡中被刺死，宰相尼咱马丁·马速忒·伊宾·阿里也在那里被刺伤。伊斯兰教历 596 年 6 月[公元 1200 年 3—4 月]帖怯失命令忽忒巴丁·马合谋进攻忽希思丹[⑤]。

---

① 马儿丁——在阿米忒(迪牙别克儿)西北，为者即剌的大城，城有巨堡名巴思(鹰)，此城后名哈勒阿惕-沙赫别或客剌惕-苦黑(山堡)。今为靠近叙利亚边界的土耳其的一座城市。

② 波斯伊拉克的要邑之一；是十六世纪末至 1736 年的伊朗京城(在薛非甫朝君主阿拔思一世时代，城中建造了好些辉煌的建筑物)。

③ 花剌子模沙的儿子，统治着曲儿忒斯坦。

④ 阿剌模忒(鹰巢)。亦思马因教徒的主要山堡之一，位于可疾云城北面的鲁忒巴儿。阿剌模忒住着亦思马因(阿撒辛)教派的首领。1256 年蒙古人将该堡攻占后毁去。

⑤ 忽希思丹——呼罗珊南部的山地，十一世纪时成为亦思马因教徒的中心。

马合谋出发了。他对秃儿失思堡[①]围攻了四个月。[同时]算端从花剌子模向邪教徒(mulahideh)进军。当他来到沙黑里思丹[②]时,伊斯兰教历596年9月19日[1200年7月2日]在察希·阿拉伯[阿拉伯井]地方患赤痢死去了。当时立即派出急使将讣告带给他的儿子忽忒巴丁·马合谋。他的儿子立即赶到了沙黑里思丹。

丧仪举行后,他坐上了王位;[群臣]* 上以阿剌丁[教运隆兴之意]的尊号(laqab),他又被称为散札儿。关于他[在位]三年的历史和事迹,将如最高安拉之所愿紧接着在下一段古耳算端传中记述。

在古耳、哥疾宁[③]、呼罗珊的一部分和忻都、辛都[④]:坐在王位上的是吉牙撒丁[⑤]算端与失合巴丁[⑥]算端。吉牙撒丁算端得知花剌子模沙去世后,他三天不敲罐鼓,为他举哀。花剌子模沙的儿子灭里沙的儿子罕都汗害怕其叔阿剌丁·马合谋算端,请求吉牙撒丁算端保护他,向他求援。吉牙撒丁答应给予帮助。[先是,]阿剌丁算端派突厥人札黑儿到马鲁当了异密。吉牙撒丁算

---

① 后为忽希思丹(伊朗东北部)的州名,一名速勒塔纳巴忒,在你沙不儿城南面。今已不复存在。

② 原文作吐火罗思丹。

③ 速列曼山里的大城,差不多在今阿富汗的中央。哥疾宁旧城在今城之北。哥疾宁头一次在1148年为古耳人所毁,后来在1221年又为成吉思汗所毁,最后在1326年为旭烈兀朝蒙古人所毁。该城位于通往印度的商道上,在1161年被古耳朝占领以前,是哥疾宁王朝的京城。

④ 辛都,印度西北部。

⑤ 马合谋·伊宾·撒木,古耳朝君主,阿富汗与印度西北部的算端(558[1168]—599[1202]年)。

⑥ 哥疾宁王吉牙撒丁·马合谋的兄弟与藩臣(伊斯兰教历569—602年[公元1173—1205年]),见第115页,注②。

端便派塔里寒[1]都督(wālī)马合谋·伊宾·合藏去见札黑儿,对他恩威并施,并说道:"你在举行公共祈祷时隆重宣读我的名字,并用我的名字铸币吧!"[札黑儿]答道:"如果吉牙撒丁能担保我的安全,我就归附他!"

由于吉牙撒丁见花剌子模沙没有实力,便想侵占呼罗珊领地。 139
他从忻都将兄弟失合巴丁召来,打算[同他]一道去征服呼罗珊。吉牙撒丁在兄弟到来前,[先]* 占领了必阳只迭黑和马鲁察叶可[2]。伊斯兰教历 567 年 6 月(公元 1201 年 3—4 月)兄弟俩带着军队去征服呼罗珊。札黑儿遵守前约,将马鲁城交给了他们。他们将城交给了灭里沙的儿子罕都汗。他们从那里进向撒剌哈夕,和平地占领了该城。他们将[撒剌哈夕]交给了他们的堂兄弟曾吉异密,并将涅撒[3]与阿必维儿忒赐给他做世袭领地。[接着]他们占领了徒思[4],派人到你沙不儿去见阿里-沙·伊宾·花剌子模沙,让他放弃该州。阿里-沙带着当地的花剌子模军队准备抵抗。他们加强城墙上的防御工事,进行作战的准备。吉牙撒丁亲自同儿子们一起出征;战斗开始了。吉牙撒丁算端用手对城墙指了指,几座城楼与城墙[立时]就倒塌了。古耳人认为这是出自[神]佑与奇迹,[一齐]* 叫喊起"安拉万岁"[5]来。花剌子模人吓得躲进了大清真

① 塔里寒——木尔加布河流域东部的城市,位于该河上流,今已不复存在,见第 311 页,注②。

② 今木尔加布河上游的宾德和密鲁察克,在土库曼加盟共和国南部和阿富汗西部。

③ 呼罗珊的最古老的城市之一,城的废墟距今土库曼加盟共和国阿什哈巴德城西南 18 公里。

④ 呼罗珊最古老的城市,城的废墟在今伊朗北部密什赫德东南 25 公里之地。

⑤ 即安拉阿黑巴儿!

寺。你沙不儿居民将他们赶出了城,他们全都遭到了古耳人的掠夺。阿里-沙被俘获后,古耳人将他押着徒步去见吉牙撒丁。[这时,]他的母亲在场。她对吉牙撒丁说:"难道你就这样对待王子们吗?"吉牙撒丁答道:"不![我将]* 这样来对待[他们]*!"——[说着,]* 他挽着阿里沙的臂,拉他与自己并坐。他将你沙不儿交给自己的堂兄弟与女婿即阿丁·马合谋·伊宾·阿不·阿里,将阿里沙[交给了自己的]兄弟失合巴丁,本人到也里去了。失合巴丁侵入忽希思丹,进行了屠戮、掠夺。忽希思丹长官(ḥākim)派人去见吉牙撒丁说:"我们之间曾建立过联盟与协定,你的兄弟为什么侵扰我们的地面?"吉牙撒丁算端派人对兄弟说:"你为什么蹂躏我的朋友的地面? 从那里撤走吧!"失合巴丁拒绝了。[当时]使者说:"我是奉吉牙撒丁之命前来的!"失合巴丁说:"算了吧!"使者拔出剑来,砍掉了牙帐(bārgāh)上的绳子,失合巴丁极不乐意地退出了[忽希思丹],由于[对自己的兄长]满心愤恨,他没有在哥疾宁停留,退到了忻都。伊斯兰教历 598 年[公元 1201—1202 年],花剌子模沙阿剌丁·马合谋算端夺回了古耳算端从其走卒处夺得的呼罗珊地区。事情是这样的:失合巴丁算端到忻都去后,阿剌丁算端派人到吉牙撒丁算端处提出责问,末尾是这么几句话:"我希望你代替我的父亲,支持和帮助我反对哈剌契丹,从他们处夺回我的地面。你没能做到这一点,但你至少不应侵犯我的领地。我期待着你放弃我的领地,否则请指定作战日期吧!"

这件事的结果是:花剌子模沙经过多次军事袭击与战斗后夺
140 回了呼罗珊,并围攻了也里。失合巴丁算端听到也里被围,就来到呼罗珊,打算进攻花剌子模。马合谋算端还没等失合巴丁来到,就退回花剌子模去了，并决水淹没了道路。水退走后，失合巴丁向花剌子模出兵。双方展开大战。最后失合巴丁获胜，击溃了花剌子模人。就在这时，古耳朝算端吉牙撒丁·阿不勒法忒黑·马合谋·伊宾·撒木于伊斯兰教历 599 年 5 月[公元 1203 年 2—3 月]死去了，遗下了一个儿子马合木。[讣]告传到了徒思他的兄弟失合巴丁处。他来到也里，举行哀悼。花剌子模算端向河中的统治者哈剌契丹人请求保护并求援。哈剌契丹人开来大军攻打古耳人。这支军队的统将是塔剌思人塔阳古[①]；撒麻耳干算端阿甫剌昔阿卜家族的斡思蛮算端[②]随同他一起[出征]。失合巴丁算端见形势不利，便在夜间点起火回去了。马合谋算端追了上来。当他到达哈咱剌思普[③]地区时，古耳人返身[同他们]* 作战。但最后他们逃跑了。失合巴丁带了几个人逃了出来；他亲手杀死了四头象。[花剌子模人]从他那里捉住了两个汉人。古耳人[退]到安忒忽忒[④]时，哈剌契丹军队追上了他们，于是又展开了战斗。[古耳]军队在两面夹攻下大部分被歼灭。算端带了几百个人进了安忒忽忒堡。哈剌契丹军队在城墙上打开了一个缺口。最后，双方缔结了和约，由古耳人将另一头象交给[花剌子模人]后退走。失合巴丁跳出这个深渊后，带着九个人来到塔里寒。塔里寒都督(wālī)忽辛(合儿迷勒的儿子)[⑤]为他准

---

① 塔阳古是哈剌契丹的一个封建主。他的领地的首邑为塔剌思(今江布尔)。

② 斡思蛮·伊宾·亦卜剌希木，撒麻耳干哈剌罕朝的最后君主(1204 年前即位)。1212 年被花剌子模沙·马合谋废黜。

③ 哈咱剌思卜，今为乌兹别克加盟共和国花剌子模省的地区中心。中世纪时为重要的防御据点。

④ 安忒忽忒，今安德霍伊，阿富汗突厥斯坦的一座城市，在今阿富汗卡塔干省。

⑤ 亦咱丁·忽辛·伊宾·哈儿米勒，也里长官(见：巴托尔德，《突厥斯坦》，第 386 页)。

备了帐幕和酒宴。他从那里带着忽辛跟随自己到哥疾宁去。当古耳人战败的消息传开去后，失合巴丁的旧奴塔札丁·要勒都思，企图占领哥疾宁堡，但守将没让他占领该堡。由于谣言四传，合剌赤部与其他叛贼们大肆骚乱。失合巴丁算端来到哥疾宁后，下令杀死要勒都思。异密们为他求情，请求赦免。爱别·巴勒必儿①进到木勒丹②；杀死了[当地]长官(walī)，占有了该州，他说："算端已经被杀死了，自今以后我就是算端！"失合巴丁算端来到忻都，将他连同所有那可儿们一起抓住杀死，[将该州]*重归国家管辖。

141 鲁木[小亚细亚]算端为速来蛮·伊宾·乞里赤·阿儿思兰③。伊斯兰教历597年9月[公元1201年6—7月]，经过数天围攻，他从其兄弟木亦咱丁·怯亦撒儿沙处夺得了马剌的牙④城。他从那里向阿儿赞·鲁木[额儿节鲁木]进军。当地历来的统治者[篾力]马合谋·伊宾·撒里秃合的儿子出来迎见，求和。算端将他抓起来，带上了镣铐。他用武力夺取了阿儿赞·鲁木，这个家族的王朝就此中绝了。愿普世万民长享太平！

篾力与阿答毕传

在此期间之初，祃拶答而和伊拉克·额者木的篾力与军队统

---

① aībak-i bālbīr，此名第二部分音读不明；比较拉维尔提所录的写法 aībak-i kapạk 与 aībak-i tal(Tabakati Nasiri，卷一，第476、477页注)。为担任古耳朝统将的一名突厥奴隶。

② 印度北部(吉列姆河下游)的城名和地区名。

③ 鲁克纳丁·速来蛮二世，属于塞尔柱系，塞尔柱人在小亚细亚鲁木所建王朝的算端(597[1200]—600[1203]年)。

④ 马剌的牙，见第149页，注②。

将(muqaddam)为者罕·别黑列汪的儿子忽都鲁·亦难赤。他死后,异密们和者罕·别黑列汪会聚在一起,推阔克彻[①]当自己的统将。他们占领了列夷及附近地区,并向亦思法杭进攻。[这时]他们听到了哈里发军队到来的消息,便派遣使者去见这支军队的统将赛法丁·脱黑鲁勒,声称准备归顺哈里发。当脱黑鲁勒来到哈马丹时,阔克彻出来迎接了[他]。他同他们一起来到亦思法杭,占领了[此地]。[接着]他派遣使者到哈里发的京城里去,请求[让他]管辖列夷、亦思法杭、阔木、柯伤、阿维、撒维直到马思答罕[②]为止的地区,条件是以上诸地区仍算作"大底万"的一部分,但由他担任长官(ḥākim),经管税收。他的请求被批准了,诏敕颁发下来了。过了一段时期,他的事业隆盛,军队众多。

在阿塞拜疆……[③]

迪牙别克儿箧力是撒剌合丁·玉速甫的兄弟阿迪勒,[④]他从阔克[⑤]到迪马失克[大马士革]来见自己的侄儿阿甫咱勒箧力[⑥],被委派去管辖迪牙别克儿。有关他及迪牙别克儿其他领主的事将紧

---

① 阔克彻(原文作 kūkčeh)——为从阿塞拜疆亦勒迭吉思朝者罕·别黑列汪阿答毕的奴隶出身的统将。哈马丹地方小王朝的始祖。

② 列夷、亦思法杭与哈马丹之间的地区名;忽木与柯伤位于亦思法杭和列夷之间的途中;马思答罕、撒维、阿维在德黑兰西南,即德黑兰和哈马丹之间。

③ 原阙。

④ 阿迪勒,即赛甫丁·阿不·别克儿(撒法丁),艾育伯朝君主,后来统治大马士革(592[1196]—615[1218]年)及埃及(596[1200]—615[1218]年)。撒剌合丁·玉速甫,即纳昔儿·撒剌合丁·玉速甫(撒剌丁),艾育伯朝君主,564[1169]—589[1193]年统治埃及。

⑤ kūk;L,I,B 本作 krk。音读不明。

⑥ 即讷剌丁·阿里,艾育伯朝君主,见前面第 155 页,注③。

接着在[下面]苫国及密昔儿传中记述,为避免重复,不在此处赘述。

142 在苫国[叙利亚]和密昔儿[埃及]:由于前述原因,在撒剌合丁·玉速甫诸子之间签订了如下和约:贝塔-木客答思[耶路撒冷]及起自属于苫国的领地直到密昔儿为止的巴勒斯坦地区,归阿即思·斡思蛮①篾力所有;迪马失克、塔巴里牙、高耳州等处归阿甫咱勒,者巴列、剌忒乞牙及[地中海]沿岸也归阿甫咱勒篾力所有;他们的叔父阿迪勒篾力在密昔儿的世袭领地,仍旧归他所有。过了一段时期,阿即思篾力毁约,从密昔儿率领军队到苫国来,想从其兄弟处夺取迪马失克。阿甫咱勒和阿迪勒便联合起来反击他。由于他无力与他们对抗,只得退回了密昔儿;[当时]阿甫咱勒与阿迪勒二人结成了联盟,准备从阿即思处将密昔儿夺归阿甫咱勒所有,[然后]* 将迪马失克给阿迪勒。他们这样作出决定后,便召集军队,向密昔儿[进军]。他们率领着由曲儿忒人组成的军队。阿迪勒暗中通报了阿即思,让他召集军队,站稳脚跟。阿甫咱勒商议了一下,认为后方有敌人、也就是富浪人,不宜急于出兵密昔儿,因此他总没有采取较坚决的行动,一直拖到最后他们达成如下和议时为止,即:贝塔-木客答思、法列思的纳、塔巴里牙及兀儿敦[河流域]②归阿甫咱勒所有,而阿迪勒到密昔儿阿即思处去,阿即思的世袭领地依旧[归他占有]。阿甫咱里来到了迪马失克。阿迪勒在阿即思的伴同下到密昔儿去了。伊斯兰教历 539 年阿迪勒篾力同

---

① 阿即思·亦马答丁·斡思蛮,艾育伯朝君主,见前面第 155 页,注④。

② 兀儿敦——约旦河。塔巴里牙——古代迪维里阿答城,在巴勒斯坦迪维里阿答湖(加里来海)西岸,约旦河经过该城向南流去。

阿即思篾力带着军队从密昔儿进入苫国，围攻了迪马失克。阿甫咱勒的异密们出卖了他，他的领地被夺，本人被押送到了撒儿合忒堡。密昔儿遂归了阿即思，而迪马失克归了阿迪勒。阿甫咱勒·阿里从牢狱里派一个人去见报达哈里发纳昔儿，用[下面的]两句[阿拉伯]双行诗向他求救：

我的主啊！阿不·别克儿和他的战友
斡思蛮在愤怒中向阿里举起了剑，
他向这个名字看了看，
想在名字的末尾见到开头的字母！[1]

伊斯兰教历 595 年 1 月 20 日[1198 年 11 月 23 日]密昔儿领主阿即思·斡思蛮去世。异密们聚会在一起，去请阿甫咱勒前来。3 月 15 日[1199 年 1 月 16 日]他来到密昔儿境内。他的诸弟、诸异密与密昔儿的贵人们前来迎接他，他的兄弟灭里·木阿牙忒·马速忒[2]与[异密]法里剌丁·彻儿客思两人都做好了接待贵客的一切准备。他去到了兄弟家里。法黑剌丁·彻儿客思是大异密，由于这件事产生了猜疑而逃跑了。他跑到贝塔-木客答思[耶路撒冷]，占领了那里。曾与阿甫咱勒交恶的纳昔儿的奴隶[诸异密]，如：合剌札·咱儿忒古失、撒剌·松苦儿及纳不鲁思[3]领主迈蒙· 143
开撒里结成了以法黑剌丁·彻儿客思为首的整个叛乱集团。[异

① 阿里('alī)这个名字的开首标有短元音符 a，如果将短元音符 a 标于尾元音 ī 之上，就成了'alaīa，意即"向我"。

② 艾育伯氏(卒于伊斯兰教历 606 年)。

③ 巴勒斯坦城名，古代涅阿波里(Неаполь)。参照伊宾·阿昔儿书：qarāǰeh az-zarakash(ǰarkas)，sara-sunqūr 及纳不鲁思领主 maimūn al-qathrī(也是纳昔儿的马木鲁克人)(第 12 卷，第 93 页)。

密]彻儿客思派人通知阿迪勒篾力说:“你来吧,我们将帮你占领密昔儿!”[这时]阿迪勒正在围攻马儿丁,一心想占领[马儿丁];他也不想放过密昔儿。同年3月7日[1199年1月8日]阿甫咱勒进入客希列[开罗]城。他听得[异密]彻儿客思逃跑了,纳昔儿的一群异密同他勾结在一起。他便将纳昔儿在密昔儿的一部分党羽,如沙乞儿、爱别、阿甫塔思和亦勒别吉·法里思[①]等勇士抓起来关进牢里。这样,阿甫咱勒便在密昔儿站住了脚。他是赛法丁·巴儿客者篾力的恩主(mudabbir)。苫国领主派人请阿甫咱勒占领迪马失克。阿甫咱勒没有接受这一请求,拖延了下来。这件事传到了阿迪勒处,阿迪勒便将自己的儿子客迷勒留在马儿丁,自己赶到迪马失克,从贝塔-木客答思召见诸大臣、即纳昔儿的党羽们。他们立即来到;他的儿子客迷勒篾力也来了。阿迪勒完全倚仗他们的支持。阿甫咱勒见事情不成,便回密昔儿去了;其弟咱喜儿在合列卜[阿勒颇],其党羽失儿苦黑则在希木思[埃密萨]。

伊斯兰教历596年[公元1199—1200年]阿迪勒篾力召集军队进攻密昔儿。阿甫咱勒带了少量军队出来迎战,战败后退到了撒儿合忒堡。[后来,]他占领了篾牙法里勤、合尼[②]和只鲁儿[③]。阿迪勒篾力在密昔儿站住了脚。他将自己的名字隆重宣读于公共

---

① šqīr wa aībk afts wa īlbkī al-faris;比较伊宾·阿昔儿书:šaqīr(at),aībak fatīs及ilbagī al-fārīs(第12卷,第93页)。

② 篾牙法里勤,见前面第155页,注②。哈尼——者即剌(上美索不达米亚)的一座城,位于底格里斯河上游,在阿米忒(今迪亚巴克尔)北面,今已不存在。当时在它的近旁有著名的富铁矿开采场。

③ 原文作ǰīlūr;L、I本作ǰ?lǰr;伊宾·阿昔儿书作ǰabal-ǰūr(第12卷,第106页)。

祈祷时，并用自己的名字代替满速儿篾力[1]的名字铸币。阿甫咱勒在其弟合列卜[阿勒颇]长官咱喜儿篾力[2]的支持下，重新夺取迪马失克，但没有成功，两兄弟遂再次与阿迪勒签订和约如下：蛮必只、阿法米牙、哈法儿塔卜及属于马阿剌的两个地区连同合列卜归咱喜儿所有，而速篾亦撒忒、撒鲁只、剌思·爱因及合木邻[3]归阿甫咱勒所有。

在这几年里，毛夕里领主阿儿思兰沙[4]召集军队来夺取属于 144
阿迪勒的合儿兰[5]和鲁希。散札儿领主忽忒巴丁·马合谋[6]及马儿丁领主尼昔宾跟他一起前来。当他们到达合儿兰时，炎夏来到，许多士兵病死了。

阿迪勒篾力的儿子法亦思[7]在合儿兰；他派人请求讲和。讷剌丁·阿儿思兰沙听到阿迪勒、咱喜儿、阿甫咱勒三篾力已签订和

---

① 满速儿·马合谋，艾育伯朝君主，595[1198]—596[1200]年统治埃及。

② 吉牙撒丁·哈昔，艾育伯氏，582[1186]—613[1216]年统治阿勒颇。

③ 换言之，咱喜儿取得叙利亚北部：马阿剌是合列卜省首邑，而该省同名城市合列卜（今阿勒颇）为叙利亚北部第二大城。阿甫答勒取得剌客和速篾亦撒忒（原文讹作沙木沙忒或失木沙忒）之间的幼发拉底斯河湾的者即剌（上美索不达米亚）西部。《史集》编者将速篾亦撒忒城和沙木沙忒城混淆起来了。沙木沙忒（希腊语阿尔索波萨特）位于巴鲁牙（今帕鲁）和希思因·即牙忒（今哈尔普特）之间，在幼发拉底斯河东岸支流上，十三世纪时大概已成为废墟。速篾亦撒忒城位于底格里斯河右岸，在阿米忒（迪亚巴克尔）西面，通常划入者即剌。十三世纪的地理学家牙忽忒已经指出有人将这两个地名混淆为一，这是颇有趣的事。撒鲁只城（希腊语萨莫萨塔）位于剌客和速篾亦撒忒的中途。剌思·爱因在幼发拉底斯河左岸支流哈不儿河上流（希腊语列赛纳，在今霍博尔思河上）。

④ 讷剌丁·阿儿思兰沙一世，曾吉氏，毛夕里阿答毕（589[1193]—607[1211]年）。

⑤ 者即剌的一座城，在剌客北面幼发拉底斯河左岸支流上。

⑥ 出自曾吉王朝。

⑦ 法亦思·亦卜剌希木，艾育伯氏。

约,他便也缔结了和约回去了,[其他诸人]* 也全都回去了。

伊斯兰教历 599 年 1 月[1202 年 9—10 月]阿迪勒篾力派其子阿失剌甫·木撒篾力①带着军队去围攻马儿丁。围攻没有成功,合列卜长官咱喜儿篾力派人向其叔报告了这件事,并以和谈的调停人自任。阿即思篾力②同意[和谈]*,但提出[如下]*条件:马儿丁领主须给[他]一千一百五十迪耳底纳儿,将他的名字列于公共祈祷上,并用他的名字[铸]币。

同年,咱喜儿篾力从其兄弟阿甫咱勒处夺取了纳只木堡③,阿迪勒篾力也从他那里夺取了撒鲁只、合木邻和剌思·爱因,他就只剩下速蔑亦撒忒了。

马格里布篾力是阿不答·木明的儿子牙忽卜·伊宾·玉速甫④。他同富浪人展开了激战。伊斯兰教历 595 年 4 月 18 日[1199 年 2 月 16 日]他在马黑的牙……⑤去世。其子马合谋继位⑥。举行暴乱反抗他父亲的马黑的牙城居民,归顺了他,他遂稳固地统治着他的领地。

在法儿思……⑦。

---

① 阿失剌甫·木咱法剌丁·木撒;艾育伯氏,曾统治过大马士革(从伊斯兰教历 626 年起)、美索不达米亚(627[1229]—628[1230]年)及额篾思。

② 阿即思·亦马答丁·斡思蛮,艾育伯氏;见第 155 页,注④。

③ 一作只思里·蛮必只,即蛮必只桥;阿拉伯作家作客勒—阿惕—纳只木(星堡)或希辛·蛮惕必只(蛮惕必只堡)。是守卫从者即剌通往北叙利亚(实即蛮必只城)的主要道路上的幼发拉底斯河上的桥梁的强堡,以此得名。

④ 阿不·玉速甫·牙忽卜·满速儿,北非阿勒莫合忒(木瓦黑希)王朝君主(580[1184]—595[1199]年)。

⑤ 原文 slā,意义不明。

⑥ 马合谋·合非儿(595[1199]—610[1213]年);原文讹作马合木。

⑦ 诸本均缺。

起儿漫篋力为乌古思异密迪纳儿①。

伊斯兰教历 591 年 11 月[1195 年 10—11 月]，这段时期的头
一年，他患脑炎去世。其子阿剌丁·法鲁黑沙原为巴木②领主 145
(ḥākim)，如今根据继承权坐上了王位。乌古思首领(mihtar)赛甫丁·阿勒普·阿儿思兰脱离了他。伊斯兰教历 592 年 7 月[1196 年 7 月]，法鲁黑沙去世。乌古思人大肆蹂躏。接着帖别思③长官(šiḥneh)亦里忒率领大军来到，他在起儿漫将花剌子模沙的名字列于公共祈祷上。讷思列惕·佐兀赞阿答毕当了篋力。他派遣自己的都督(naib)火者·剌即阿丁到宫廷里去。接着花剌子模人忽撒马丁·乌马儿取得政权。花剌子模沙死后，乌古思人又兵临城下。忽撒马丁死后，其子继位。[他的臣民]见他不能为他们谋福利，将他赶出了城。亦客④[长官]木巴里思与[其]弟前来反击乌古思人。乌古思统将阿勒普·阿儿思兰战败，向法儿思逃去。亦客篋力由于同法儿思[有仇]，退回自己的国土上去了，阿勒普·阿儿思兰从亦客回去了，尼咱马丁便当了领主(ḥākim)。接着，以前到呼罗珊去的迪纳儿篋力的儿子阿札木沙回来了，他勾结了乌古思人，城民抓起了尼咱马丁，交给了他。阿札木沙遂当了篋力。从法儿思开来一支军队索取尼咱马丁，人们又把他交了出去。

---

① 灭里·迪纳儿，乌古思异密；见第 140 页，注⑤。

② 起儿漫地区的城名，在今克儿漫城东北。

③ 帖别思一作帖别赛因，忽希思丹(呼罗珊南部)城名。伊宾·阿昔儿把它称为亦思马因之城(第 12 卷，第 76 页)。今古尔善。

④ 法儿思舍班合列(一作舍班乞牙剌)州的堡寨，法儿思当时处在法思鲁氏地方王朝的统治下，法思鲁氏的祖先在萨珊王朝时代就领有了法儿思。

在昔思田……①。

异事志……②

从始自伊斯兰教历591年3月的讨来亦勒即兔年[1195年]*初起，到始自伊斯兰教历599年6月的屯古思亦勒即猪年[1203年]*末止，凡九年，最后一年成吉思汗四十九岁。在此九年内与成吉思汗同时，从东方到西方的各国合罕、哈里发、算端、篾力及阿答毕传已简述[如上]*。[现在]*让我们在最高安拉的佑助下来记述这段时期以后的成吉思汗纪。

146 ## 成吉思汗纪[四]*

从始自伊斯兰教历600年6月的忽鲁吉纳③亦勒即鼠年[1204年]*初至始自伊斯兰教历606年8月的秣邻亦勒即马年[1210年]*末止，凡六年。最后一年成吉思汗五十六岁。在这段时期内，他与太阳汗作战并杀死了他，然后建九脚白旄纛④，获得了成吉思汗的尊号。他数次征讨唐兀惕，与篾儿乞惕君主脱黑塔及太阳汗的儿子古失鲁克作战，并召畏兀儿王来降。

---

①② 诸本均缺。

③ qūlūqineh，蒙文 huluğana。

④ tuq-i nuhpāyeh——九脚旄纛；蒙文 tuğ——纛、大旗（参阅第54页，注①）；《秘史》第202节：也孙·阔勒秃·察合安·秃黑——九脚白旄纛。当系悬有九尾的大旗（在突厥人和蒙古人处数字9具有象征意义，常表示献赠礼物的最大数目）。

叙汪古惕君主将太阳汗出兵的意图报告了成吉思汗[①]

始自伊斯兰教历 6 月的忽鲁吉纳亦勒即鼠年[1204 年]* 春[②]，乃蛮王太阳汗派遣名叫卓忽难[③]的使者去对汪古惕君主阿剌忽失-的斤-忽里[④]说："据说，这些地区内出了一个新王(他是指成吉思汗而言)，我们深知，[天上]有个太阳，又有个月亮，但是地上在一块领地上怎能有两个君王？你做我的右手，出兵助我，让我们将他的箭筒(kīš)夺了，也就是说将他的称号(manṣab)夺了吧！"

阿剌忽思派他的一个亲信[⑤]脱儿必答失[⑥]去见世界君主成吉思汗，将这个情况报告了他。这样他以最好的方式归顺了成吉思汗。这件事已于前册叙及。就是这些！

---

① 参照《秘史》第 190 节及《亲征录》。

② 《秘史》第 193 节。

③ A 本作 ḥūqā?ān；S、L 本作 jūqāqān；B 本作 qāmān；贝书作 qūdāyān；《秘史》第 190 节作月忽难，为阿剌忽失-的吉惕-忽里的使臣。[《亲征录》作"太阳可汗遣使月忽难"；阎复《高唐忠献王碑》作卓忽难，太阳汗使臣。]*

④ alāqūš-tīgīn-qūrī；《秘史》第 190 节作阿剌忽失-的吉惕-忽里。[《元史》卷 118 本传作阿剌兀思-剔吉-忽里。]*

⑤ 原文为 yakī az hawāss-i ū。

⑥ 原文(A 本)作 tūrīndāš；B 本作 tūrbīdāsī；《秘史》第 190 节作脱儿必塔失，为塔阳罕使臣。[《亲征录》作朵儿必塔失，为阿剌忽思使臣。]

叙成吉思汗去征讨太阳汗,太阳汗战败①

虽然成吉思汗[过去也]* 知道太阳汗与他为敌,[但现在]他又从使者脱儿必答失关于上述事件的话中证实了[这点],于是他于鼠年春,在帖篾格[原野]秃勒古勒主惕[地方]②举行了忽里勒台。异
147 密们同声说道:"我们的马瘦,让我们喂肥了马,秋天出兵吧!"成吉思汗的叔父③斡惕赤斤那颜说:"那可儿们啊,为什么我们要拿马瘦做理由呢?有一次我们就听到过这类话,但我们还是出征了!怎么可以让太阳汗来抓我们呢——让我们去抓他吧!让人们说:太阳汗就擒于此!我们的声名将远扬!至于我们抓住他呢,还是他抓住我们呢,[那只有]伟大的天神知道!好了,让我们出兵吧!"

[接着,]成吉思汗的兄弟别勒古台对成吉思汗说:"如果乃蛮部夺了你的箭筒,我们的骨头就埋不到一起了。他们仗着广大的兀鲁思与众多的马群、羊群,妄图统治我们。但他那广大的兀鲁思、众多的马群和畜群有什么用呢?要是我们胜利了,难道还夺不了他们的箭筒不成!"

成吉思汗同意了他的话,遂于……月④十五出兵,想同太阳汗

---

① 参照《秘史》第 190、193—196 节及《亲征录》。

② 原文作 tmqīeh-ī-īn-tūlkūlǰūt;L、I 本作 tmqeh-īeh-īn-tūlkūl-ǰūt;贝书作 nmqeh-baīn-tūlkūlǰūt;《秘史》第 190 节作帖篾延-客额儿秃勒勤扯兀惕;参照第 203 页,注①。[《太祖纪》、《亲征录》作帖麦该川。]*

③ 原讹,应作"弟"。

④ 诸本均缺。《史集》原文谈到了两次出征;《秘史》第 193 节只提及第一次出征;据《秘史》载,成吉思汗于鼠年四月十六出征;而《亲征录》记载了春、秋两次出征。

在合勒阿惕河[①]流域的客勒帖该-合答地方作战。他们在这次出征中逗留了若干时期，却没有遇上作战的机会，同一鼠年秋天，他们重新全部集合起来，派遣忽必来[②]和哲别为先锋(manğaleh)出击。太阳汗在沆海地区[③]阿勒台河谷里。先锋队便回来了。篾儿乞惕君主脱黑台、逃到那里去的客列亦惕异密阿邻太师、以忽秃合别乞为首领的斡亦剌惕部、札只剌惕部人札木合，以及朵儿边、塔塔儿、合塔斤、撒只勒兀惕诸部落全都聚到了太阳汗处。正好有一匹浅色马，肚下拖着一副反转来的鞍子从成吉思汗军队那边跑到了乃蛮军队中间。乃蛮人见那匹马很瘦，太阳汗便同异密们商议道：蒙古人的马瘦，可挑动他们来战[④]，我们缓退，让他们追上来，[这么一来]他们的马就更羸弱了，我们的马却很轻健，然后我们停住，与他们作战。太阳汗的上述大异密速别出-豁里回答道："你的父亲亦难赤汗未尝让人见到自己的脊背与自己马的臀部，你呢却一下子就胆小起来了！看来必须去把古儿别速哈敦请来"——古儿别速是他的宠妻。这个异密说罢这些话后，怒气冲冲地走开了。因此太阳汗迫不得已地出兵了。成吉思汗对拙赤-合撒儿下令道： 148
"你掌管中军(qūl)[⑤]！"他亲自对军队阵式进行了布置[⑥]。当札木合薛禅从远处看到成吉思汗军队的战斗队形(yāsāmīšī)时，便对

① 原文作 qlāat；参照《秘史》第 191 节：合勒合河的客勒帖该合答地。[《亲征录》作哈勒合河建忒该山。]*

② 《秘史》第 193 节、《亲征录》均作忽必来；《史集》原文误作忽秃剌。

③ qnkqāi——阿尔泰山北面的杭爱山脉，《秘史》第 194 节作"康孩地面的合池儿水边"；《亲征录》作"营于沆海山的哈只儿-兀孙河"。

④ ǰang-i sag kardeh——直译："进行狗打架"。

⑤ 蒙文 ğol——中心、中央、中军。

⑥ čarik-rā yāsāmīšī mikard。

那可儿们说道:"看啊,[我的]义兄弟成吉思汗军队的阵势和战斗队形真是与众不同!乃蛮部落甚至牛腿上的皮也不留给别人,谁也得不到他们的好处。"说罢这些话,他转身离开他们,退出[队伍],从战场上骑马走掉了。

那天他们进行了大战。到了夜里,太阳汗的军队战败后逃跑了,不敢再战。太阳汗身上负了多处重伤。他躲在难以攀登上去的山坡上,豁里-速别出等几个异密跟随着他。他尽管费尽力气想爬上山去再战,但由于伤势严重无能为力。当时,豁里-速别出对别的异密和那可儿们说:"等一等,让我来说几句话吧,我知道,我说的话能让他振作起来!"于是他说道:"太阳汗啊,我们在山下,要爬上山坡去。起来,让我们去厮杀吧!"他听到了这些话,但却动也不动。豁里-速别出又说道:"太阳汗啊,你的哈敦们,尤其是你所宠爱的古儿别速,全都打扮好了,将斡耳朵收拾好了等着你呢。起来,我们[到她们处]去吧!"这些话他也听到了,但他一动也不动,他爬不起来。豁里-速别出对那可儿们说:"只要他还有半点力气,他总会动一动或回答[我们]* 的。现在,在我们看到他死去前,让我们在他面前厮杀吧,让他看我们战死吧!"他们下了山坡,进行激战,直到[全部]战死为止。成吉思汗想活捉他们,他们无论如何也不让,直到战死为止。成吉思汗很惊奇,对他们的坚贞忠诚十分赞许,他说道"有这样那可儿的人,还有什么可悲伤的呢"。因为是在夜里,太阳汗的军队被击溃后,在成吉思汗军队的追击下,由于过分惊恐逃进了陡峭的山里。夜里,许多乃蛮军队的士兵从陡山上、从名为纳忽-崑[①]的陡坡上滑下来,滚下来、跌死了。这次战事为

---

① nāqūqūn;《秘史》第 196 节作纳忽崑。[《亲征录》作纳忽崖。]*

蒙古诸部所周知，十分有名。朵儿边、塔塔儿、合塔斤和撒勒兄兀惕部全都在这次战争后屈服了，俯伏在成吉思汗脚下。篾儿乞惕部没有降顺，逃跑了，太阳汗的儿子古失鲁克也逃走了。古失鲁克于战败后逃到了自己的叔父不亦鲁黑汗处。就是这些！

叙成吉思汗去征讨篾儿乞惕部，及该部之被征服[①]

这以后，就在相当于伊斯兰教历 600 年的同一鼠年冬，成吉思
汗出兵征讨篾儿乞惕君主脱黑台别乞以及过去与太阳汗在一起、
太阳汗战败后逃到他麾下来的许多部落。他们在路上首先遇到了
篾儿乞惕部的一个分支——兀洼思-篾儿乞惕[②]，该部首领(mu- 149
qaddam)与酋长(buzurg)名叫带儿-兀孙，屯驻在迭儿思-沐涟河[③]
上流。他们说："我们不想打仗！"带儿-兀孙带了自己的女儿忽兰
哈敦[④]来到成吉思汗处，献给了他[⑤]。[接着]他们[向成吉思汗]禀
告道，他们没有兀剌黑[⑥]和牲畜，不能随同成吉思汗出征。成吉思
汗下令将他们划分为百户，为他们设置了长官(šiḥneh)，将他们留

---

① 参照《秘史》第 197 节及《亲征录》。

② aūūāz-mrkīt;《秘史》第 197 节作豁阿思-篾儿乞惕；但《秘史》第 102、109、117 节作兀洼思-篾儿乞惕；《亲征录》作兀花思-篾儿乞。

③ 《秘史》没有提到这个地方。《亲征录》："至迭儿恶河源不剌纳矮胡的地方。"[《亲征录》贾校本作"迭儿思河源……"。]*

④ qūlān;《秘史》第 197 节作忽兰-合敦；[《元史后妃表》作忽兰皇后。]*

⑤ 原文 hūl ǰāmīšī kard——源于突厥语动词 hūlǰāmaq(原作 ūlǰamaq)——对长者表示尊敬，屈膝并吻其手。

⑥ 突厥语 ulag，蒙文 ulağa——驮用或骑用牲畜。

在辎重队(ūgrūq,奥鲁)里。成吉思汗刚走开,他们又叛变了,抢走了辎重。留下看守辎重的少数人员集合起来,[与叛乱者]作战,夺回了被抢走的全部东西,那个部落逃跑了。

成吉思汗按照通过的决定,将兀都亦惕-篾儿乞惕[1]部[及木丹[2]部、脱脱邻[3]部和另一个][4]名叫剌准[5]的[部落,在名叫台合勒岗[6]的][7]寨子(qal'eh)里包围起来。他将他们全部抓起来后,回去了。脱黑台同其诸子逃到了太阳汗的弟弟、拥有独立领地(mulk)和军队的不亦鲁黑汗处。以带儿-兀孙为首领的兀洼思-篾儿乞惕部叛变后,到了薛灵哥河地区合剌温-合卜察勒[8]寨,在那里屯驻下来。

成吉思汗派孛罗忽勒那颜和赤老罕[9]把阿秃儿的弟弟沉白[10]两人统率着[11]右翼军去镇压他们;他们到了那里,将躲在寨内的该部落全部擒获。

---

① aūdīūt-mrkīt;《秘史》第102节作兀都亦惕-篾儿乞惕。[《亲征录》作兀都夷-篾儿乞]*。

② L、P、B本及贝书作 mūdn;《亲征录》作麦古丹。

③ L、P、B本作 būdāūlīn;贝书作 tūdāūlīn;《亲征录》作脱脱里。

④ A、S、C、I本缺。

⑤ rǰūn;贝书作 hū'n;《亲征录》作掌斤(一作孛斤)。

⑥ L、P、B本作 adbğāl;贝书作 dāīqāl;《秘史》第198节作台合勒。[《太祖纪》、《亲征录》作泰寒寨。]*

⑦ A、S、C、I本缺。

⑧ A本作 kūrū-qpčāl;L本作 ğūrū-~;《亲征录》作哈剌温隘,参照前面第190页,注①。

⑨ ǰīlāūqān;《秘史》第84节作赤老温[《亲征录》、《太祖纪》同]*。

⑩ ǰīmbāī;《秘史》第198节作沉白。

⑪ 原文为动词 tūsāmīšī kardan,见第1分册俄译本第99页,注⑤。

叙成吉思汗出征，又名唐兀惕的合申地区及合申的被征服①

当始自伊斯兰教历 601 年 6 月的忽客儿②亦勒即牛年[1205年]* 幸福地莅临时，成吉思汗整集军队去征讨被称做唐兀惕的合
申地区。他们进入该地区后，先到了力卜勒乞③寨(qal‘eh)，该寨 150
修筑得非常牢固。他们包围了它，在短时期内攻了下来，将寨墙和基础全部平毁。他们从那里进到克邻-罗失④城，这是座很大的城，他们攻下了它，进行了洗劫。[接着，]他们又占领了唐兀惕若干其他地区，进行了洗劫，并将那些地区找到的牲畜全部驱走。[然后]他们带着许多战利品和无数骆驼、牲畜回来，以奴隶顺服之礼来见成吉思汗。就是这些！

叙成吉思汗召集大会(忽里勒台)，建九脚白旄纛，获得了"成吉思汗"的称号。他出兵征讨半数乃蛮人的君主不亦鲁黑汗，俘获了不亦鲁黑汗⑤

当始自伊斯兰教历 602 年 7 月的巴儿思亦勒即虎年[1206

① 参阅《亲征录》。

② hūkr；蒙文 uker，突厥语 uguz。

③ A 本作 līblkī；L 本作 l?kī；I 本作 lībkī；贝书作 likī；《亲征录》作力吉里。

④ A 本作 klnk-lūšī；L 本作 kl?-kūšī；贝书作 klnk-ūsī；《亲征录》作落思；参照后面 379 页的邻-罗失。

⑤ 参照《秘史》第 202 节及《亲征录》。

年]* 幸福地莅临时,初春,成吉思汗下令建九脚白旄纛,隆重地召集举行了大忽里勒台。在这次忽里勒台上他获得了“成吉思汗”的尊号。献上这个尊号的是晃豁坛部蒙力克别乞-额赤格的儿子、人称帖卜-腾格里[1]的阔阔出。“成”是强大、坚强的意思,“成吉思”是这个词的复数,它与哈剌契丹的伟大君主所戴的古儿汗[称号]是一个[意思],都是强盛伟大的君主之意。这次会议和忽里勒台结束后,他们便出兵征讨不亦鲁黑汗。不亦鲁黑汗[当时]正在兀鲁黑-塔黑[2]境内莎合兀[3]河地方猎禽[4],什么事情也不知道。成吉思汗及其军队像是无法逃避的命运似地突然袭来,消灭了他。他们夺取了他的领地、帐庐(<u>kh</u>āneh)、妻子、儿女、马群和畜群。其侄古失鲁克汗于父亲太阳汗被杀后,逃到了叔父不亦鲁黑汗处。
151 如前所述,篾儿乞惕君主脱黑台别乞也跑到了他那里。他们俩躲在乃蛮地区边境也儿的石[5]地方。如果伟大的安拉乐意的话,他们的结局将于下文叙及。

---

① 蒙语原始资料中如此;波斯语原始资料中均作 but-tangrī;据《秘史》第 244 节,珊蛮帖卜-腾格理名叫阔阔出,为蒙力克-额赤格的儿子。《秘史》上提及此人和成吉思汗的登位无关。关于此名的语源,见符拉基米尔佐夫:《蒙古文献中所提到的帖卜-腾格理》,《俄国科学院报告集》,1924 年,第 116—117 页;又见伯希和在《通报》(第 15 卷第 627 页)上的论文。

② ūlğ-ṭāq;《秘史》第 158 节作兀鲁黑-塔黑。[《亲征录》、《太祖纪》作兀鲁-塔山。]*

③ 原文作 āb-i sūqāū‘u(波斯语 āb——水、河);S 本作～-sūǰāūū;C、I 本作～-sūǰāū;P、B 本作～-suǰā;贝书作-sūǰā‘ū;《秘史》第 158 节作澉豁黑水。[《亲征录》作莎合水。]*

④ qūšlāmīšī-mīkard<u>eh</u>。

⑤ 额尔齐斯河:《秘史》第 198 节:“于额儿的失不黑都儿麻地面根源行。”不黑都儿麻——额尔齐斯河右岸支流,在东哈萨克斯坦。

叙蒙古人称做合申的唐兀惕地区之被征服①

始自伊斯兰教历603年7月的兔年[1207年]* 秋，由于唐兀惕地区经常作乱，不纳贡赋(māl)，没有表示[应有的]尊敬，成吉思汗再次出兵征讨他们，当时他将整个地区征服，如意地凯旋归来。就是这些！

叙乞儿吉思异密及乞儿吉思地区的归顺②

同年，就在兔年，成吉思汗派遣阿勒坛、不剌两使者到乞儿吉思异密与首领(ḥākim)处去。他们先到了名叫……③、当地异密名叫……④的地区。接着[又到了]名叫也迪-兀仑⑤、当地异密名叫斡罗思-亦纳勒的地区。两[地]* 异密十分敬重那两个使臣，他们派了两个使者，一个名叫亦里克-帖木儿，另一个名叫阿惕乞剌黑⑥，带着一头白鹰(sunqūr-i sapīd)偕同成吉思汗使臣回去，归顺了成吉思汗。就是这些！

---

① 参照《亲征录》。

② 参照《秘史》第239节；关于乞儿吉思，参阅巴托尔德：《吉尔吉斯人(历史概述)》，苏联科学院出版社，伏龙芝，1945年。

③④ 诸本均阙。

⑤ 贝译如此，意为"七地"；A本作 ītī-afrūn；I、B本作～-afzūn；贝书作 iidī-aūrūn。阿·阿·谢麦诺夫推测其音读为也迪-沐咗——七河。此处及下面的原文请参照《秘史》第239节："至万乞儿吉思种处，其官人也迪、亦纳勒、阿勒迪额儿、斡列别克-的斤也归附了，将白海青、白骟马、黑貂鼠来拜见拙赤"及《亲征录》。

⑥ A本作 aīqīrāk；I本作 atq?rak；C、P本 anqīrāq；贝书作 aīq?rāk；《秘史》第238节作阿惕-乞剌黑。[《亲征录》作亦力哥-帖木儿、阿忒-黑拉二人。]*

叙篾儿乞惕君主脱黑台别乞的就擒，如前所述，脱黑台曾多次作战、兴乱，这时才被杀死①

始自伊斯兰教历 604 年 7 月的龙年[1208 年]*，当成吉思汗征服了唐兀惕和乞儿吉思地区、这些地区的异密都归附了他后归来时，他驻扎在自己的营地(khānahā)上。他在那里度过了夏末。冬天，他幸福地出兵征讨脱黑台和古失鲁克，这两人于征讨不亦鲁黑汗之役后，到了也儿的石[河]地区。巡哨队和前锋(pīšraw)在
152 路上突然遇到了以忽秃合别乞为首领的斡亦剌惕部。由于该部无力作战、抵抗，他们屈服了，他们给成吉思汗军队带路，[把他们]突然带到了篾儿乞惕君主脱黑台别乞和太阳汗的儿子古失鲁克处，将他们两人包围起来，把他们的家人、财产、马群和畜群洗劫一空。脱黑台被杀死了，古失鲁克带着几个人冲了出去，躲到了哈剌契丹古儿汗地区。他在那里住了若干时期；古儿汗很宠爱他，称他为儿，过了一些时候，将自己的女儿嫁给了他。关于他的结局，将于后文叙及。

叙畏兀儿部的归顺及成吉思汗对其君主亦都护的恩赐②③

始自伊斯兰教历 605 年 8 月的蛇年[1209 年]* 春，畏兀儿君

① 参照《秘史》第 198 节及《亲征录》。
② “恩赐”原文作 siūrġamiši farmūdan。
③ 原文请参照《秘史》第 238 节及《亲征录》。

主亦都护听得人们说成吉思汗伟大、坚强、慷慨好义(当时畏兀儿人向[哈剌契丹]古儿汗纳贡,[古儿汗]* 在他们之上指派了他的一个名叫少监①的大异密做监国(šiḥneh)②),便倾向成吉思汗方面,杀死了监国少监,准备派遣使者到成吉思汗处来。这个消息传到了成吉思汗耳里,他便派了两名使臣,一个名叫阿勒普-兀奴克③,另一个名叫答儿拜④到亦都护处去。他们到了那里,亦都护对他们的莅临十分高兴,对他们很尊敬,表示了各种好感。他派遣别儿古失-亦失-亦忽赤⑤、阿勒斤-帖木儿-秃秃黑⑥两个使臣同他们一起去觐见成吉思汗。他通过他们禀告道:"我从来往的人们处听得[吾]* 王、世界征服者、宇宙之主的强盛、伟大、威严和坚强,便起来造了哈剌契丹君主古儿汗的反。我愿派遣使者完整、详细地[向您]报告我所知道的有关古儿汗的情况及其他任何情况,忠心耿耿地[为您]效劳。在考虑这些事的当儿,我仿佛觉得天空中乌云驱散,晴日当空。在阳光照射下,江面上冰封尽消,一江净水。我整个身心欢腾了起来。自今以后,我要将全部畏兀儿国土献上,做成吉思汗的奴隶和儿子!"为此他禀告了全部情况。如前所述,

---

① 原文作 šūkm。

② 阿拉伯语 šiḥneh——意为中央政权所委派的方面大员,由他来监督地方行政机关及税收。

③ P、B 本及贝书作 alp-aūtūk;《亲征录》作按力也不奴(一作按力不也奴)。

④ C 本作 drbāī;L 本作 dūzbāī;I 本作 dūrpāī;P、B 本及贝书作 drbān;《亲征录》作答儿拜(一作答儿班)。据《秘史》第 238 节,亦都兀惕派往成吉思汗处的使臣名叫阿惕乞剌黑及答儿伯。

⑤ brkūš-aīš-aiğūčī,音读不明;比较《亲征录》的别吉思。[《亲征录》贾校本作"别古思"。]*

⑥ alğīn-tīmūr-tūtūq;《亲征录》作阿邻帖木儿。

153 脱黑台别乞在作战时中箭落马被杀死。他的兄弟忽都和他的儿子赤剌温、马札儿①、篾儿干②(意即神箭手,由于此人善射,故称此名)——简言之,他们全部四人于这一战后跳下马来,想把脱黑台的尸体搬走,但由于没有充足的时间,他们急忙将他的头割下,从也儿的石河岸上逃走了。他们来到畏兀儿地区,派了一个名叫额不干③的使者去见亦都护。亦都护杀掉了这个使者。为此他们[与畏兀儿人]在名为襜河④的河谷里作战,[战败后]*逃跑了。他们四人同古失鲁克一起离开那里,进到后文将述及的另一地区。由于亦都护知道他们是成吉思汗的敌人,他不向他们屈服,同他们作战,[将他们]赶跑了。他派了自己的四名那可儿⑤:阿儿思兰-斡怯、札鲁黑-斡怯、普剌惕-的斤、亦纳勒-海牙-松赤⑥到成吉思汗处报告了这一情况。[成吉思汗]根据以前的情况,对这一举动很赞许。当上述两位使者同成吉思汗的使臣一起来到,禀告了这些话时,获得成吉思汗的垂青,他下令[降下]如下诏敕:“如果亦都护真诚[为我们]效忠,可让他亲自从他的财产和帑藏中拿出一些东西来进贡。”为此,他再次派遣阿勒普-兀奴克和答儿拜前去。他们到了那里,亦都护打开金库的门,取出些认为适宜的财物,动身到

---

① mājār;L本作 mājāz。

② 原文讹作 nūrkān;C、L、I、P、B本作 tūrkān;贝书作ǰīūq 和 kultūqān-mrkān;《亲征录》列举了脱脱别乞的四个儿子:火都、赤剌温、马札儿、秃薛干。

③ 原文作 abūkān;《亲征录》作别干。

④ ǰm-mūrān;《亲征录》作崭河;《元史》卷122,第36页[《巴尔术阿而忒的斤传》]*作襜河。

⑤ 《亲征录》提及了四名使者,但只列举了其中三人之名:阿儿思兰斡乞、孛罗的斤、亦难海赤仓赤。

⑥ 原文作 arslān-aūkā wa ǰāruq-aūka wa pūlād-tigīn wā aīanl-qīā-sūnkǰī。

成吉思汗陛下处来。成吉思汗再次遣使至亦都护处，是相当于伊斯兰教历 606 年的秣邻亦勒即马年[1210 年]* 夏天，那年夏天他屯驻在自己的斡耳朵里。亦都护准备[到成吉思汗处来]，但到了秋天，他还没有来，[这时]成吉思汗征讨又名合申的唐兀惕去了。他到达阿里孩①城，整顿了②唐兀惕领地。唐兀惕王将女儿嫁给了他，他遂凯旋而归。当[成吉思汗]顺利地归来时，亦都护来到了[他那里]。哈剌鲁君主阿儿思兰汗也归顺了(beh īlī dar āmād)。由于这是相当于伊斯兰教历 607 年的豁纫亦勒即羊年[1211 年]*
春天的事，故有关亦都护之事的结尾将于下文叙及阿儿思兰汗时 154
讲到。愿普世万民享受太平！

从始自伊斯兰教历 600 年 6 月的忽鲁吉纳亦勒即鼠年[1204 年]* 初起，到始自 607 年[原讹，应为 606 年]* 8 月的秣邻亦勒即马年[1210 年]* 末止，共七年，最后一年成吉思汗五十六岁，这七年内成吉思汗纪已详述如上。现在让我们来简述这七年内与成吉思汗同时代的、从东方到西方各领地上的合罕、哈里发、算端、篾力、阿答毕传。

然后，我们再回来详述这段时期之后的成吉思汗纪，谨如伟大安拉之所愿！

[列 国 传 四]*

从始自伊斯兰教历 600 年 6 月的忽鲁吉纳亦勒即鼠年[公元

① 原文作 araīqaī；I、B 本作 arlqī；arīkai，蒙文 irgai 或 irgai hoto——蒙古人对宁夏回族自治区宁夏城的称呼。《亲征录》上称做孛王庙。[阿里孩即西夏中兴府。]*

② yāsāmīšī farmūdeh。

1204 年]* 初,到始自伊斯兰教历 606 年 8 月的秫邻亦勒即马年[公元 1210 年]* 末止,凡七年。记这七年内与成吉思汗同时的乞台、摩至那、女真、哈剌契丹、突厥斯坦、河中诸合罕及伊朗、苫国、密昔儿、马格里布、鲁木的哈里发、算端、篾力与阿答毕传,并简志这七年中发生的异事。

乞台君主传

章宗:在位共十九年,除去已在位的二年及剩下的十年,在此期间在位七年。

摩至那君主传

宁宗:共在位三十二年,除去已在位的八年及剩下的十七年,在此期间在位七年。

突厥斯坦与河中君主传

上述古儿汗在位。

哈里发传

155 阿拔思朝纳昔儿·里的尼[剌黑]为报达哈里发。

算端传

花剌子模,呼罗珊的一部分,及伊拉克的算端为阿剌丁·马合谋·伊宾·花剌子模沙。如前所述,由于他的父亲死后,他的侄儿罕都汗举兵反抗他,古耳算端便向他进兵,从他的诸子及都督们处夺取了呼罗珊的大部分城市,他们展开了战争,[算端的]地位颇有所动摇。在这几年中,正如下面将详细叙述的,正当古耳算端的地位重新恢复起来时,失合巴丁死了——于是马合谋算端便向山里进兵。他地位稳固了,便去出征呼罗珊。也里长官(wālī)合儿迷勒[的儿子]亦咱丁·忽辛在别的异密归降他之前,最先归附了他。他派人告诉[算端],让他快到也里来。

但算端怕哈剌-契丹[古儿汗]会赶在他前面将巴里黑一带夺取过去,便先向巴里黑地区进兵。当他来到也里时,合儿米勒的儿子亦咱丁·忽辛,便出来迎接[他],将城交给了他。古耳朝吉牙撒丁[·马合谋]算端的儿子吉牙撒丁·马合木的异密不从命。算端的军队骑马向他们驰去,驱散了他们。算端来到巴里黑时,该堡长官(wālī)来见他,将城堡与金库的钥匙交给了他。呼罗珊又处于他的统治下了。在这几年中,他占领了祃拶答而,征服了起儿漫。并从对钦察[草原]发动的圣战中凯旋而归。

606 年[公元 1209—1210 年],河中完全处于他的政权之下,他将自己的女儿嫁给了撒麻耳干斡思蛮算端。

鲁木算端为鲁克纳丁·速来蛮·伊宾·乞里赤-阿儿思兰[1]。他的侄儿,安可剌[2]领主,在一座堡寨里已经坚守了相当长的时期。鲁古纳丁算端尽管围攻了好多次,始终没将它攻占下来。最

---

① 鲁克纳丁·速来蛮二世——塞尔柱朝君主,鲁木算端。

② 者罕沙,脱黑鲁勒的儿子及其在额儿节鲁木的嗣位者。安可剌(古代安乞剌)——即今土耳其首都安卡拉。

后他们约定，由他给侄儿一个地方换取这座堡寨。其侄交出堡寨，动身了。这时，鲁克纳丁派队伍追上去，将他连同所有的兄弟、儿子一起杀死。五天后，这一叛卖与毁约行为遭到了报复，鲁克纳丁在曲坚只被捕，第七天死去了。其子乞里赤·阿儿思兰[1]继位。伊斯兰教历 602 年 7 月[公元 1206 年 2 月 11 日—3 月 13 日]，吉牙撒丁·怯亦-豁思罗兀·伊宾·乞里赤-阿儿思兰算端[2]从其侄
156 儿乞里赤·伊宾·速来蛮处夺回了[领地]，他所持的理由是：以前当吉牙撒丁统治阔尼牙[3]时，鲁克纳丁强夺了他[的领地]，吉牙撒丁逃到了苫国，请求咱喜儿篾力保护。他在那里没有获得厚意接待，便又动身到阔思坦丁尼牙[君士坦丁堡]去了。那里的国王[篾力]厚待了他，并赐给他一块领地。他在那块领地上安居了下来，娶了一个巨绅的女儿为妻。富浪人占领阔思坦丁尼牙时，吉牙撒丁逃了出来，住在那个贵绅的堡寨里。其后，他的兄弟鲁克纳丁死了，当异密们向其子乞里赤宣誓时，一个大异密[4]起兵了。他通知吉牙撒丁说："你来吧，我为你夺取政权！"吉牙撒丁来后，他们便带着大军向阔尼牙进攻。鲁克纳丁的儿子就在阔尼牙城里，他[从城里]出来同他们交战。吉牙撒丁战败后逃跑了。当时阿里撒莱居民赶走了自己的领主(ḥākim)，将吉牙撒丁接进城去。阔尼牙居民说："同他们比较起来，他应该当我们的领主才是，因为他以前就是

---

① 乞里赤·阿儿思兰三世(600[1203]—601[1204]年)。

② 怯亦·豁思罗兀一世，塞尔柱朝君主，鲁木算端(601[1204]—607[1210]年再次在位)。

③ 见第 114 页，注③。

④ amīrī az ūmarā-i aūǰ。

我们的领主(ḥākim)”他们遂将别的人赶出了阔尼牙,请他来实行统治。他抓起[自己的]侄儿及其那可儿们,[将他们]关进了牢里。

吉牙撒丁的弟弟、曾被鲁克纳丁抢走领地的马剌的牙领主海撒儿沙在苫国,他做了阿迪勒[·撒法丁]篾力的女婿,住在鲁合城[①]中。当他听到有关他兄弟的消息后,就前去见他,但他没有获得好意接待,就又回到鲁合[城]去了。阿甫答勒篾力的速篾亦撒忒,是合儿塔必耳忒领主(ṣāḥib)[②]。人们将他的名字列在公共祈祷上。

古耳、哥疾宁以及忻都的一部分地区的算端是失合巴丁[③]。伊斯兰教历 602 年 1 月[公元 1205 年 8 月 18 日—9 月 17 日],他出征别尼·果可儿[部][④]。出兵的原因是:失合巴丁在花剌子模境内被前来援助花剌子模沙马合谋算端的哈剌契丹军队打败后,谣传四起,说他已不在人世——皈依伊斯兰的撒兰的卜所在之地苦希·术迪领主剌札·撒勒[⑤]的儿子又成了叛教者了,合剌只的臣民与纳贡者,即别尼·果可儿好汉们,由于失合巴丁已死的谣传,发动叛乱,沿路抢劫。当失合巴丁将他的奴隶、将木勒丹夺取在手 157
里的里克·塔勒[⑥]抓起来杀死后,他派马合谋、伊宾、阿必、阿里到

---

① 鲁合或额迭撒——者即剌西部的城市,今土耳其乌尔法城。

② 合儿塔必耳忒,阿拉伯著述家作希辛·即牙场——者即剌(上美索不达米亚)幼发拉底斯河东支流上的堡寨,今哈儿普特——小亚细亚(土耳其)哈尔普特省的首邑。

③ 木亦咱丁·马合谋·古耳(死于 602[1206]年);参阅第 99 页,注②。

④ 原文作 banī-i kūkkar 或 farzandān-i kūkkar;直译:“果可儿后裔,果可儿部。”(参照拉维尔提:Tabakati Nasiri(1881 年版)卷一,第 482—484 页注)。果可儿部——山里的印度部落之一,居住在吉列姆河中游,今散居在旁遮普。

⑤ 剌札·撒勒,异写见拉维尔提书同处。kūh-i ǰūdī(术迪山)或ǰūdī——印度北部的山区,在西旁遮普拉戈尔和加兹尼之间,在今巴基斯坦境内。

⑥ aīk-nāl;L 本——līnk-tāl;参照前面第 212 页,注①:爱别·巴勒必儿。

剌合兀儿与木勒丹[①]去当都督(naīb),让他送来两年[未缴的]贡税,好让他[失合巴丁]准备对契丹进行的圣战。马合谋派人答复他说:由于别尼·果可儿人沿路进行抢劫,根本不可能从剌合兀儿和木勒丹送来贡税。

失合巴丁派自己的奴隶忻都统将忽忒巴丁·爱别[②]到他那里去;尽管威胁利诱并施,他们全不理睬。[不断]有人从辛都和忻都国边境地区来向他们诉苦。

算端取消了对契丹的远征,于伊斯兰教历602年3月[公元1205年10月16日—11月15日]去征讨他们。他听得,他们带着大军驻在只列木和速答剌之间[③],他急忙骑马前进,于4月25日[公元1205年12月10日]追上了他们。一场大战发生了,从黎明一直打到正午。忽忒巴丁·爱别率领军队突然来到,向他们冲杀过来。他们大败,许多人被杀。印度人退到了大山里,燃起了熊熊大火。当伊斯兰教徒向他们逼近来时,他们便向火中奔去,就此全部烧死了。

安拉说道:"显然亏损的东西,会在今世和来世失掉吧!"[④]

伊斯兰教徒军队夺得了大量战利品,以致一底纳儿能买五名奴隶。[有一个]别尼·果可儿人于其父老兄弟自焚时逃了出来,至于术迪领主剌札·撒勒的儿子,他躲到忽忒巴丁·爱别那里,多

① 剌合兀儿:拉合尔,北印度吉列姆河上游的城市,今为旁遮普首邑。582[1186]年被古耳朝马合谋征服,木勒丹城则于伊斯兰教历571年被他所征服。

② 一个突厥奴隶,古耳朝马合谋的统将,后来成为德里的独立君主,印度马木鲁克王朝的奠基人,662[1206]年至667[1210]年在位。

③ 只列木——印度河左岸支流吉列姆河上游的城市;速答剌——北印度的城市,在瓦集拉巴德西北。

④ 《古兰经》,二十二章,第11节。

次求他庇护。忽忒巴丁好意地接受了[他的请求]*，请算端[赦免了]他。算端在剌合兀儿住到 7 月 15 日[公元 1206 年 2 月 26 日]，接着他来到了哥疾宁，派人[通知]范延长官(ṣāḥib)别合丁·撒木①，让他发兵出征撒麻耳干。

8 月[公元 1206 年 3 月]初，他渡过答米牙克②地方辛河[印度河]上只里渡口，扎下营来，他的军队有一半驻扎在河上。由于他使果可儿人溃散了，屠杀和掳掠了许多人，因此有几个印度人来行刺他。一天，午睡以后，他们突然从河里爬了上来，[当时]他正在 158
帐幕里，他们向他刺了将近二十刀。过了一些时候，有人进来，见他倒在举行祈祷的小地毡上被杀了。他们猜想，[这]是印度“非带”们③干的。异密与大臣们会聚在木爱答·木勒克宰相处宣誓，要在新君继位以前保卫金库和领地。他们将他的伤口缝合起来后，见他伤势严重，[便将他]抬上轿子，连同金库中二千个驴载的驮包一起送到哥疾宁去。当算端之死已经显然[无可挽回]时，异密们意见分歧了；有些人支持范延领主失合巴丁·撒木，有些人则支持吉牙撒丁算端的儿子吉牙撒丁·马合木。一群堕落的哥疾宁法学家(fuqahā)对他们的奴隶说，人类之师毛兰法黑剌丁·剌即④曾与

① 沙木撒丁·马合谋之子，古耳朝范延支系的君主(死于伊斯兰教历 602 年)。

② 原文作 dmīl，系 dmīk 之讹写；答米牙克——吉列姆河以西之地，位于通往哥疾宁的路上。

③ fidāī(阿拉伯—波斯语)——直译：“(为宗教或政治理想)牺牲生命者。”这个名词在此系指亦思马因教的信徒，即操纵在亦思马因教上层分子手中充当盲目工具的那些亦思马因教走卒，他们被派去暗杀阿剌模忒亦思马因领主的政敌。

④ 即阿不·阿卜答剌黑·马合谋·伊宾·斡马儿·伊宾·忽辛·伊宾·哈散·伊宾·阿里·泰米，巴克里、塔巴里斯坦、剌即人，有名的中世纪哲学家和法学家，544[1150]年生于列夷，606[1209]年死于也里。

花剌子模沙相约，他将派人按照他的意见将失合巴丁算端杀死。失合巴丁的奴隶与党徒便袭击了毛兰法黑剌丁；他躲避到了木爱答·木勒克宰相处，宰相用计救他免祸，他将他派到远处去，使他免遭毒手。范延领主(ḥākim)失合巴丁·撒木的生平如下：其父沙木撒丁·马合谋·伊宾·马速忒是吉牙撒丁[·马合谋]与失合巴丁[·马合谋]的表兄弟，他们曾将自己的姊妹嫁给沙木撒丁为妻，并将范延[赐给他]* 做领邑。在他们的保护下，他的势力达到山里。这个妻子为他生了一个儿子，也就是撒木。他死后，突厥妻子所生的长子阿拔思继位。[两]算端[对此]不喜，他们撤换了他，让他那号为撒木的外甥巴合丁嗣了位，并继续将范延赐给他做领邑。他的事业兴隆，获得了许多财产。当失合巴丁去世后，一部分古耳人支持他，想让他[撒木]当哥疾宁领主(ḥākim)，但突厥奴隶却拥戴吉牙撒丁算端的儿子吉牙撒丁·马合木。古耳人派人去请他，两天后他到哥疾宁来了，[这时]* 他得了极重的头痛病，他自己十分清楚，他就要病死了。于是，他将自己的儿子阿剌丁和者马剌丁①叫到自己身边说道："到哥疾宁去吧，者马剌丁继承[我]。你们和吉牙撒丁·马合木讲和，让他取得古耳和呼罗珊，而哥疾宁和忻都归阿剌丁所有！"当失合巴丁
159 [·撒木]* 死后，他的异密们聚到了忻都，[撒木]有一个聪明的奴隶，即他的副官爱别，他们便拥立了他。他在那里及附近地区以忻都的沙木撒丁算端为人所知。忽巴察占有了辛都、剌合兀

① 阿剌丁，602[1205]至 603[1206—1207]年在位于哥疾宁，者马剌丁——602[1205—1206]至 609[1212—1213]年在位于范延，被花剌子模沙所杀。

儿和木勒丹等地。咱不里思丹和哥疾宁于内讧与战乱发生后为塔札丁·要勒都思[①]所占领,也里和非鲁思苦黑则处于吉牙撒丁算端的儿子马合木异密的统治下。也里都督合儿迷勒的儿子亦咱丁·忽辛投降了花剌子模沙马合谋算端。就是由于这些内讧,古耳算端强国[②]不复存在了,而花剌子模沙算端的地位与事业却日益隆盛。就是这些!

篾力、阿答毕传

在祃拶答而和伊拉克·额者木:阔克彻统治着[直到]列夷、哈马丹[为止]的地区。者罕·别黑列汪还有另一个名叫爱秃格迷失的奴隶,他召集军队,与阔克彻作战。阔克彻被杀,爱秃格迷失夺取了他的领地,向者罕·别黑列汪的孙子月即别[③]献上君主(malik)的尊号,自任这块领地的摄政(mudabbir)。

在阿塞拜疆和迪牙别克儿:毛夕里领主为阿答毕讷剌丁·阿儿思兰沙[④];其堂兄弟忽忒巴丁·马合谋[⑤]为散札儿领主[⑥],而木咱

---

① 纳昔剌丁·忽巴察和要勒都思——突厥奴隶(ğulām),古耳朝马合谋手下的统将。

② 古耳王朝于其君主马合谋被杀死后,实际上便灭亡了。马合谋名义上的继承者,其侄(非鲁思苦黑的)马合木只统治阿富汗斯坦西部,死于606[1211]年。阿富汗斯坦东部及哥疾宁为忽巴察所占有,北印度则为在德里建立马木鲁克王朝的爱别所占有;后来忽巴察又把忻都置于自己的统治之下。

③ 月即别·木咱法剌丁,为亦勒迭吉思朝最后一个阿塞拜疆阿答毕(607[1210]—622[1225]年)。据林普勒所引用的世系表,他是马合谋的儿子。

④ 阿儿思兰沙一世,曾吉朝君主,见第217页,注④。

⑤ 忽忒巴丁·马合谋,曾吉朝主(594[1197]—616[1219]年)。

⑥ 散札儿,者即剌幼发拉底斯河右岸支流上的大城,位于毛夕里西南。所谓"大塞尔柱"王朝最后的君主散札儿的诞生地。

法丁·阔克不里·伊宾·宰纳丁·阿里[①]为亦儿必勒[②]领主。讷剌丁与忽忒巴丁敌对。密昔儿王阿迪勒[③]篾力派遣使者去拉拢忽忒巴丁,忽忒巴丁降附了阿迪勒篾力,将他的名字列于公共祈祷上。讷剌丁得知后,向尼昔宾[④]进军,夺取城市,围攻堡寨。有消息传来说,亦儿必勒领主木咱法剌丁入侵毛夕里诸州(a‘māl),洗劫了尼涅维[⑤]。因此,[讷剌丁]便退回来了,打算向亦儿必勒进军。当他到达毛夕里·苦黑涅[老毛夕里]城时,他才知道,关于木
160 咱法剌丁[入侵]的消息有所夸大。于是他便到塔勒·阿法耳[⑥]去了——[这时,]有消息传来说,阿迪勒的儿子阿失剌甫·木撒篾力[⑦]从合儿兰到剌思·爱因来援助散札儿及尼昔宾领主忽忒巴丁。亦儿必勒领主木咱法剌丁,海法和阿米忒[⑧]堡领主,者即剌领主及答剌[⑨]领主在尼昔宾会合后,向毛夕里诸州进军。讷剌丁从

---

① 木咱法剌丁·阔克不里·伊宾·阿里,别格帖斤王朝的第三代、即最末一个君主(586[1190]—630[1233]年)。他由其兄赛甫丁(撒法丁)指定为亦儿必勒和沙黑儿祖耳的嗣君;他没有儿子,死后亦儿必勒遂为阿拔思朝哈里发所占有。

② 亦儿必勒——古代阿儿别剌——者即剌的城市,位于幼发拉底斯河左岸支流:大小咱布河之间。

③ 艾育伯朝君主撒法丁,见前面第138页,注②。

④ 尼昔宾——希腊文:尼西比斯——者即剌(上美索不达米亚)的一座要邑,位于希尔卡斯河上。十四世纪时几乎完全成为废墟。

⑤ 此处及下文的尼涅维可能是指古代尼涅维牙城,城的废墟与毛夕里隔岸相对,即在底格里斯河彼岸。

⑥ 塔勒·阿法儿,者即剌的强堡和村镇,位于散札儿及毛夕里之间(牙忽忒书,卷1,第863页)。

⑦ 艾育伯氏,见前面第138页,注①。

⑧ 阿米忒——者即剌的城市,一作哈剌·阿米忒;后名迪牙别克儿(今名迪亚巴克尔);今土耳其同名州首邑。

⑨ 答剌——者即剌的城市,在幼发拉底斯河上,位于马儿丁和尼昔宾之间。

塔勒·阿法耳进向哈法儿·咱马儿[①],想攻下它来。他同上述这些人作战;讷剌丁军队溃败,他[本人]带着四个人逃到了毛夕里。[敌]军追了上来。阿失剌甫[篾力与上述诸领主]一起来到了哈法儿·咱马儿,进行了洗劫。接着[双方]* 达成和议,讷剌丁退回到塔勒·阿法儿去,[一切]如旧。

苫国和密昔儿的强大君主为阿迪勒篾力。如前所述,他的子弟、亲属都是那里各块领地(mulk)上的篾力。在这几年中,他们生活中值得载入史册的新事件,已见于[上述]* 迪牙别克儿篾力传。

马格里布篾力为马合木·伊宾·牙忽卜·伊宾·玉速甫·伊宾·阿卜答-木明[②];他的地位很稳固。

内鲁木[③]即阔思坦丁尼牙:在此期间,阔思坦丁尼牙被富浪人(十字军)占领了。他们攻占了古老的怯撒剌族鲁木[拜占庭]国王(malik)的领土,灭掉了这个古老的王族[④]。事情是这样的:鲁木[拜占庭]国王娶最伟大的富浪国王(malik)之一,即法兰西国王之妹为妻。她为他生了一个儿子。过了若干年后,鲁木国王的弟弟,也就是这个年轻人的叔父,将他的兄长鲁木王抓起来,刺瞎了他的眼睛,将他关进了牢狱。他的儿子逃到了舅父处。这时大部分富

① 哈法儿·咱马儿——毛夕里的村镇(忽牙忒书,卷 4,第 288 页)。

② 马合谋·纳昔儿——阿不·玉速甫·牙忽卜·满速儿的儿子,阿勒莫哈忒朝君主(595[1199]—610[1213]年);原文讹作马合木。

③ rūm-ī andarūn(内鲁木)。拉施特用这个名称称呼巴尔干半岛、小亚细亚及伯罗奔尼撒半岛的拜占庭,以区别于用来称呼塞尔柱朝所占领的小亚细亚领地的外鲁木(rūm-ī bīrūn)一名。

④ 见下面第 245 页,注①。

浪军会合起来,正打算到苫国和密昔儿去征服贝塔·木客答思[耶路撒冷]。当他们[富浪人]听到这件事后,便到阔思坦丁尼牙去援助[鲁木王]父子。他们来到那里后,年轻人的叔父带着军队[从城
161 里]出来,同他们作战。希腊人战败后溃散了。国王躲进了城里。富浪人围住了城。城里有这个年轻人的一群党羽,他们在城里放火;城民[跑去]救[火],他们便打开城门,让富浪人进了城。鲁木国王逃跑后,富浪人立这个年轻人为国王,放出了他的父亲。[但]王权在这个年轻人[手中]名存实亡。富浪人向他及城民索取庞大的赎金(māl),希腊人无力缴纳。他们便将教堂里和耶稣大十字架上的金子以及经上的镀金全部刮下聚敛起来,[但]还是不能[满足]要求。这件事引起希腊人的反感;他们杀死了年轻人,将富浪人从城里赶了出去,关上城门准备作战。富浪人围攻了城市,展开了多次激战。希腊人派遣[使者]向外鲁迷领主乞里赤·阿儿思兰算端[1]求援。但他没有派来援军。希腊人便落到了困境之中。由于阔思坦丁尼牙是座大城,那里所住的富浪人有三万。这些富浪人便和城外的富浪人取得联系,在城里放起火来;城里有四分之一地区起火。当下他们打开城门,让富浪军进了城;富浪军屠杀、掠夺了三天。希腊人退到了大神庙[2]里,富浪军朝大神庙开来。主教、神父和修士们带着福音书与十字架[从神庙里]出来请求保护。[富浪人]不理,将他们一下子全都杀死了,并洗劫了教堂。富浪人有三个篾力:一个叫都克思,是剌忒乞牙领主,最初在海船上,[现在]老了,

① 乞里赤·阿儿思兰三世,塞尔柱系君主。
② 所说的显然是圣索菲亚教堂。

眼也瞎了。他骑在马上时,另一个人[为他]* 牵着马[领路]*。第二个名叫马儿乞思,是法兰西国王的统将。第三个名叫康特·弗兰德儿,他的军队人数最多。当他们攻下阔思坦丁尼牙后,他们抽签来决定,谁该是城主(ḥākim)。连抽三次,都抽中了康特·弗兰德儿的名字,他就当了该城及所辖地区的篾力。[威尼斯人]都克思取得了几座海岛,法国人马儿乞思取得了海湾以东的剌忒乞牙、也思尼克等城。在全部[领地]中康特·弗兰德儿只取得阔思坦丁尼牙。由于[希腊人]毁约,这些领地就不再归[鲁木王]管辖了①。

法儿思阿答毕为撒忒·伊宾·曾吉。伊斯兰教历 602 年 10 月[公元 1206 年 5 月 11 日—6 月 9 日],他派自己的侄儿马合谋·伊宾·节亦丹进兵起儿漫,将那块领地连同[领地上的]堡寨一起占领了。

起儿漫:在这段时期的最后三年,起儿漫篾力即这位马合谋。 162
昔思田和尼木鲁思:……②。

异 事 志

伊斯兰教历 600 年[公元 1203—1204 年],苫国、密昔儿、鲁木

① 所说的是十字军侵占君士坦丁堡及拜占庭帝国并在那里建立了所谓拉丁帝国一事。所说的古老的怯撒剌氏族系指科姆年王朝。鲁木蔑力——拜占庭皇帝——安格尔王朝的伊萨克二世,其弟安格尔·阿列克塞三世;伊萨克二世的儿子安格尔·阿列克塞四世逃到威尼斯后,便带着十字军回到君士坦丁堡来。“剌忒乞牙领主”都克思——威尼斯首领恩里科·丹多洛(原文的 lādikī 当系 bndūqīeh——威尼斯);马儿乞思——博尼法齐·蒙非尔拉特;弗兰忒儿的康忒——弗兰德尔伯爵巴尔都因,取得拉丁皇帝的尊号及君士坦丁堡领地。

② 诸本皆阙。

[小亚细亚及拜占庭]、昔可里牙[西西里]和塞浦路斯[岛]又发生了一次大地震,地震一直波及到毛夕里及伊拉克境内。地震在苫国造成了严重的破坏。同年,谷儿只[格鲁吉亚]人侵入阿塞拜疆,大肆杀掠。他们从那里向阿黑剌忒前进,来到了马剌思只儿忒①。他们在无人抵抗的情况下,[大肆]杀掠,带走了[许多]* 奴隶。最后阿黑剌忒领主把军队召集起来,并向阿儿赞·鲁木领主乞里赤·阿儿思兰的儿子[求援]。乞里赤·阿儿思兰的儿子派来军队援助阿黑剌忒领主。他们追上谷儿只人,同他们展开了激战。谷儿只异密及大部分军属战死。残部逃窜。伊斯兰教徒带着大批战利品及无数奴隶凯旋而归。安拉无所不知!

这七年内和成吉思汗同时代的、从东方到西方的各国合罕、哈里发、算端、篾力、阿答毕传及异事志已简述[如上]。[现在]让我们谨遵伟大安拉的意愿来详细记述这七年后一定时期内的成吉思汗纪。

成吉思汗纪[五]*

从始自伊斯兰教历 607 年 8 月的豁你亦勒,即羊年[1211 年]*,也就是他出征乞台、同乞台君主阿勒坛汗作战之年初起,到始自伊斯兰教历 614 年 11 月的巴儿思亦勒即虎年[1218 年]* 末止,凡七年。[这段时期的]最后一年,成吉思汗 64 岁。

在此期间,他先巩固了乞台方面的事业后归来。然后结束了

① 阿黑剌忒(或希剌忒)——南亚美尼亚大城,见第 117 页,注⑦。马剌思只儿忒(此为阿拉伯语名称;亚美尼亚语作马纳兹客尔特,希腊语作曼集客尔特)——者即剌强堡,在阿黑剌忒北面,位于幼发拉底斯河东支流左岸。1071 年,拜占庭人和塞尔柱人在此发生了奠定塞尔柱人对小亚细亚统治的决战。

对古失鲁克和篾儿乞惕君主忽都的战事,擒灭了降而复叛的乞儿 163
吉思、秃马惕等部。

叙哈剌鲁君主和[畏兀儿]亦都护的归顺①

相当于伊斯兰教历 607 年的羊年[1211 年]* 春天,哈剌鲁汗阿儿思兰汗到成吉思汗处表示臣服,归顺了他。

他将表示归顺的礼物进献②到怯绿连[河]地方。紧接着在他之后,畏兀儿王亦都护也来到那里,向至尊表示臣服。他进献了表示归顺的礼物,并奏道:"若蒙成吉思汗垂青③,顾念臣下老远听到消息后立即前来而予抬举的话,请赐我以红袍(qabā-i āl)金带,让我做成吉思汗四子[以外]的第五子;我将更加顺从,更加[为他]竭诚效劳(kūč dādan)!"成吉思汗明白他的意思是要求[娶自己的]* 女儿,遂说道:"我把女儿给[他],让他做[我的]五儿吧。"就是这些!

叙成吉思汗远征乞台、哈剌-契丹、女真的开始;他占领了蒙古人称做札兀忽惕④的诸国的大部分地区

始自伊斯兰教历 607 年 8 月的羊年⑤[1211 年]* 春天,当成吉

① 参照《秘史》第 238 节及《亲征录》。

② ūljāmīšī kard。

③ sīūrğāmīšī。

④ ǰāūqūt;此名除见于伊斯兰教徒著作中外,仅见于《秘史》第 281 节,作札忽惕,汉译作金人,即金朝皇帝的臣民们,原文这一段记载可参照《秘史》第 247 节。

⑤ 蒙文 honin。

思汗要发兵出征乞台国(bilād)时,他[深怕]溃散的诸部落会重新联合起来举行叛乱,便首先派出被称为答兰-秃儿合黑-脱忽察儿的弘吉剌惕部人脱忽察儿率领着两千人到[河的]下游去担任巡哨①,为的是他[自己]到乞台国去时,将脱忽察儿留在后方防备大多数人已被他征服的蒙古、客列亦惕、乃蛮等部落[的残余起来作乱]*,并守护[他的]斡耳朵。当他采取了这些预防措施,把军队组织起来后,便于同年秋天顺利地出征乞台、哈剌-契丹、女真诸地以及蒙古人称做札兀忽惕、汉人②用汉语称做乞台的地区去了。至于该地区的边界,它与摩至那以哈剌-沐涟[黄河]为界,直抵大海,摩至那即乞台人所谓的蛮子③;它另一面与主儿扯接
164 界。"主儿扯"为蒙古人所用的名称,在汉语中称做女真④。第三条边界与哈剌契丹地区及其草原[接壤]。所有的[哈剌契丹]*部落都是游牧民,与蒙古游牧民有亲属关系。他们的语言(luğat)、外貌和风俗习惯彼此相似。在汉语中,哈剌契丹人(ahl)被称做契丹大石⑤。

另一条边界与不久前归附了成吉思汗的一些地区相接。这些

---

① 《亲征录》:"遣将脱忽察儿率骑三千出哨西边戎。"

② A本作k̲h̲ān-āzhi;B本作k̲h̲ān-zī;I本及贝书作k̲h̲ān-zhī(贝译作 Хан-Зы);试比较汉语"汉人"——蒙古时期对北中国居民的称呼。

③ manzī,汉语"蛮子"——南中国居民。参阅第107页,注④。

④ A本作 nūǰī;B本作 tūḥī;汉语女真或女直。L本作:"该地区濒临大海,土地辽阔,当时人口稠密,其东面也是人烟稠密的国家,契丹人称之为蛮子;另一面则与主儿扯接界。"

⑤ ǰīdn-yār;P本作ǰīdān-bār;贝书作 ḥīdān-tāzī。音读不明——可能应读作 ḥīdān-i tāzī,契丹—大食,即契丹—伊斯兰教徒。

地区中的每个地区各有一定名称和各自的君主。当地居民的外貌、风俗习惯与乞台及忻都相近①。他们有各种信仰(maz(a)hab),[例如],其中有一个部落有在牙上装金壳(ğilāf)的风俗②,他们吃东西时将金壳脱下,吃好后再将它装在牙上。如今,他们的酋长的儿子在成吉思汗身边侍奉他,做了他的厨子(bāūrčī)。

上述地区一部分和吐蕃接界,另一部分和哈剌章地区③接界。汉人称哈剌章为大理④,意即"大国"。这块领地(mulk)土地辽阔,如今也归附了合罕。他们[居民]中的某些人跟汉人一样,[肤]色是白的,又有某些人也跟汉人一样,[肤色]* 是黑的。忻都语与客失米儿语称这一地区为犍陀罗⑤,称乞台地区为至那,称摩至那地区为摩诃至那,意即大至那。由于我国[伊朗]* 与忻都距离近,常有忻都商人来此,故我国也按照忻都居民所用的名称,称之为至那、摩至那,但[后者]* 原作摩诃至那。哈剌契丹、主儿扯、乞台和摩至那的历代君主在乞台与摩至那的史册上均有完备、详细的记载,这些记载已分别加到我们这部尽善尽美的《史集》中了。

以上简述了这些地区的概况和名称,现在还让我们来[记述] 165
成吉思汗远征乞台的历史吧。成吉思汗发兵出征后,首先来到了

① L本作:"……但大部分[居民]的外貌和风俗习惯与契丹和忻都相近,因为这个地方属于契丹和忻都地区。"

② 汉语"金齿",波斯语 zardandān(金齿),为马可·波罗书中的民族名和地名,见玉尔:马可·波罗书,卷二,伦敦,1926 年版,第 84 页。

③ 中国云南省。见第 91 页,注②。

④ 原文(A本)作 rāī-līū,应作 dāī-līū。汉语称哈剌章地区为大理国。

⑤ A本标有元音符,作 kundar;L本作 kndūz;贝书作 kndr(贝译作 Кандер)——[阿富汗]* 坎大哈。见前面第 91 页,注②。

塔勒湖[①]，占领了大水泺[②]和白登城[③]。他们从那里前进，攻占了乌沙堡[④]、昌州[⑤]、桓州[⑥]、抚州[⑦]诸城。

成吉思汗的儿子术赤、察合台、窝阔台攻占了云内、东胜、武州、宣州[朔州]*、宁州[丰州]*[⑧]诸城。他们占领了属于女真人的一座名叫西京[⑨]的大城，该城有许多宏丽的房屋，还将该城所辖据说包括七十万户人的地区整个占领了。他们没有遍历这个地区就离去了。同年秋天，他派遣哲别去攻打女真大城——东京城[⑩]。哲别到了那里，没有围城就折返，慢慢地后退了。消息一站站地传了过去："军队已经回去了，走得很远了。"当哲别走了五十程，使居

---

① 原文作 tl；L本作 pl；贝书作 tl（见译作 Тель）。大概是塔勒诺尔湖，地图上作达赖诺尔湖，在察哈尔省多伦诺尔湖北面。

② A本（原文）作 sū；贝书作 tīsū；《亲征录》作大水泺。

③ A本（原文）作 bāūnīī；S本作 bāūtī；I本作 māūī；贝书作 bādīnī，应作 badančan；比较《续通鉴纲目》的白登城。

④ 贝书作 tūšā，应作 ūšā；比较《亲征录》的乌沙堡。

⑤ A本作 frǰnk-ǰīū；S、I本作 fūčnk；C本作 frḥīk；贝书作 qūǰnk（贝译作 Худжен-чжеу），比较《亲征录》的昌州。

⑥ 原文作 qūn-ǰīū；《亲征录》作桓州；C、L本增出："和 sūq-ǰīū"（朔州）。

⑦ L、P本作 qūn-ǰīū；比较《亲征录》的抚州。今为哈喇-巴剌合孙废墟，在长城附近张家口通往乌兰巴托的路上，离张家口50公里。

⑧ 原文 ūn-ūī，比较《亲征录》的云内；tūnk-čīnk，C、L本作 tūǰīnk，比较《亲征录》的东胜；nū-ǰīū，贝书作 tū-ǰīū，《亲征录》作武州；sūq-ǰīū，B本、贝书作 sūn-ǰīū，《亲征录》作宣州；原文 yūnk-ǰīū 讹，应作 nūng-ǰīū，《亲征录》作宁州。[按：《亲征录》之"宣宁"为金的宣宁县，并非宣、宁二州，俄译者此处显误。从波斯原文看来，此二州名译作朔、丰，较接近于原文。——汉译者]

⑨ A本作 īkīn；C、B本作 sbkn；贝书作 skīn；《亲征录》：西京。金时北中国有五京：(1)北京——今热河大宁城；(2)南京——今河南省开封市；(3)东京——今满洲沈阳南面的辽阳；(4)西京，今山西省大同市；(5)中都，今北京。

⑩ A本作 tūng-kīng；《亲征录》作东京。

民确信军队已退走了时，他留下辎重(ūğrūk)，挑了些快马出发了。他日夜急驰，出其不意地突然来到城下，将城攻了下来。同时，成吉
思汗驻军于抚州城下[1]，将城围攻了下来。女真军异密九斤……、招 166
讨……、万奴……、监军[2]等万夫长，率领大军前来了[3]。他们停驻在哈剌温-只敦附近的野狐岭[4](如今合罕的军队在那里度夏[5])，摆开了战阵[6]。乞台军统帅巴胡沙和参政[7]同女真军统帅九斤进行商议。他[对九斤]说："成吉思汗的军队洗劫了抚州城，瓜分了战利品(ūlǰāī)。他们漫不经心地牧马于山麓下，消息不灵。如果我们突然向他们进攻，就可以把他们击溃。"九斤答道："他那里很巩固！我们同增援来的马步大军一起出动吧！"他们商量好后，就出兵了。当成吉思汗得到消息时，[他的]军队煮好了食物，正在进

---

① A 本作 qāū-ǰīūīī；C 本作 fāū-ḥīūī；B 本作 aqāū-ǰūīī；贝书作 fāūǰīū；比较《亲征录》的抚州。

② 原文作 kīūkīn-fārdū wa ǰīūtāīī wa aūneh wa anū mārdū wa kmkn；原文显讹，兹据《亲征录》和《续纲目》加以还原。《亲征录》上谈到了两位女真统将：招讨九斤和监军万奴。《续纲目》也同。招讨为中国的高级军衔，意为"授予全权，使专主征伐者"，监军意即"军队的监督者"。抄写者或编者将官号和姓当成了人名，因此造成了混淆。

③ bāšlāmīšī kardeh。

④ khūnkān-dbān；《秘史》第 247 节作忽捏坚答巴安，旁译作野狐岭，为张家口西北的山岭。

⑤ 原文 yāīlāmīšī mīkunand，头一个词为源于突厥动词 yāīlāmaq(在夏营地上)的名词。

⑥ yāsāmīšī kardeh。

⑦ 原文记载了两个人名：bāqūšeh(C 本作 bāqūseh；L 本作 bākrseh；P 本作 yāqūšeh)和 ḥm-ǰīn(C 本作 sm-ǰīn)；《亲征录》作参政胡沙，胡沙为名字。《续纲目》作完颜胡沙，以姓氏代替了官号。此处可能是抄写者或《史集》编者将官号当成了人名，故原文应作 bā(n-yān) qūšeh čam-ǰīn(或 sam-ǰīn)，这样就和汉文完颜胡沙参政完全相当。由于将同一个人的名字和官号当成了两个人名，因而谓语成了复数。

餐。他们倒掉锅里的东西，急忙出发。他们出动两支队伍（ǰūq）来到名叫桓州[①]的地方，等候敌人来到。这时乞台阿勒坛汗军队的统帅九斤[召见了其他异密们]。当时，乞台、哈剌契丹和女真君主都是女真部人；女真部之前的乞台君主则属于哈剌契丹和乞台部落，有关记载见于乞台史中，可以从那里获悉详情。同成吉思汗及其军队作战的这位君主是女真部和女真地区人，为大金王·阿骨
167 打[②]的后裔。阿骨打是名字，其余部分为尊号。蒙古人将这个阿骨打称做合忽台[③]，将属于他的后裔的所有君主都称做阿勒坛汗。与成吉思汗及窝阔台合罕作战的最后一个阿勒坛汗的名字，汉语作守绪[④]。关于其生平结局，将于后文详述。以上[对读者]稍加阐述，[现在]还让我们言归正传。

当时成吉思汗把军队分为两队，摆开战阵，监视着敌人的到来。阿勒坛汗军队人数很多，统帅九斤召来了另一个名叫明安[⑤]的异密，对他说："你以前到过蒙古人中间，认识成吉思汗，你去对他说：'你看到我们这儿有什么不好的地方，而要带着军队来攻打我们呢？'如果他回答时出言粗鲁，你就指责他！"明安照着九斤的话到成吉思汗处去说了。成吉思汗下令将他抓住关押起来，等作战以后再来问他的话。当时两军相遇，厮杀起来。蒙古军尽管人数不多，却很快地击溃了乞台、哈剌契丹和女真军队。[蒙古人]杀

---

① 比较《亲征录》的獾儿觜。

② I、C本作 rāī-kmzīān-aqūdeh；B本、贝书作 rāī km-wn bān-aqūdeh；rāī 当作 dāī（汉语"大"）。aqūdeh：女真酋长阿骨打，北中国金王朝（1115—1234年）的奠基人。

③ hāqūtī。

④ sūseh；当时在位的金帝名为允济。可能拉施特在这里误写了金朝末帝守绪的名字，参照前面第7页，注⑦。

⑤ 《亲征录》作明安。

了许多人，整个原野都充满了血腥气。他们向逃兵追去，一直追到会河堡[1]地方，在那里遇上了统帅胡沙[2]所率领的先头部队。[蒙古人]也将他们击溃了。这是一次很大的仗，很出名；直到如今，成吉思汗野狐岭之战还为蒙古人所知，并引以为荣。这次战役消灭了乞台和女真的著名人物。成吉思汗从那里幸福如愿地回去了。他讯问了[战前]被抓起来加以[看管]的异密明安[带来]的话，对他说道："我在哪一点上惹了你，你要当着大家的面说[我]的坏话？"明安说："我早就想来归附你，但我怕他们怀疑我，不放我来。当九斤要派一个人来对你说这些话时，我就自告奋勇借这个机会到你这里来了。如果没有这个机会，我怎么能来呢？"成吉思汗赞许了他的话，将他释放了。

接着[蒙古人]攻下了一座大城——宣德州[3]，毁掉了这座城。 168
他们从那里进向一座大城：德兴府[4]，该城所辖地区有许多瓜田、果园，酿酒极多。当他们到了那里，由于当地守军众多，力量很强，他们不敢逼近去，便退了回去。[后来]他们派拖雷汗同弘吉剌惕部人阿勒赤那颜的儿子赤古驸马[5]带着军队[到那里]去。他们同乞台人交战，击溃了他们，登上城头，攻下了名叫术阿[6]之堡，然后

---

① A本作 aqbūqā-bū；B本作 qbūqātū；贝书作 qīūqābū；《亲征录》作会合堡。[《金史·卫绍王纪》作会河堡。]*

② 异读：qūšeh；《亲征录》作胡沙。见第 251 页，注⑦。

③ 原文 sūn-īt-ǰūīī（此处 sūn-īt 系 sūn-tī 的讹写），贝书作 sūn-tī-ǰīūī，比较《亲征录》的宣德府。今察哈尔省宣化市，位于北京北面。

④ A本作 tānīfu；I本作 mānīqū；贝书作 tāīnqū；应作 tāsīn-fū；《亲征录》作德兴府。今察哈尔省保安城，位于宣化东南。

⑤ 据B本及贝书，其余诸本作ǰīkū-kūrkhān；《秘史》第 202 节作赤古-古列坚；《亲征录》作赤渠。

⑥ C本作 ḥūl；B本作khū（音读不明）。

回来了。[后来]* [城民]复叛。成吉思汗亲自出兵，攻下这座城后把它毁掉了。接着，他进抵阿勒坛汗的一座名叫怀来[1]的大城，那里由阿勒坛汗的一个有威信的异密高琪总帅[2]带着大军驻扎着。高琪是名字，总帅即万夫长的意思。[成吉思汗]和他交战，击溃了这个异密，直追到名为“察木察勒”[3]的关隘里，杀死了许多人。“察木察勒”为“关隘（darband）”或“山中凿出之地”的意思。阿勒坛汗军队在山的峡谷里到处筑寨，建立防御工事，加以防守。成吉思汗留下两个弘吉剌惕部异密：一个名叫怯台[4]，另一个名叫薄察[5]，带着军队把守在这个关隘的一端，他亲自沿着关隘的另一端前进，到了名叫紫荆口[6]的另一个关隘。阿勒坛汗听到这个消息后，急忙派遣名叫奥屯[7]的异密带着大军去阻挡成吉思汗，不让
169 他通过那里走到原野上来。[但]成吉思汗[已经]出了哈合勒合[8]（意为关隘，darband），在这位异密来到之前，派哲别带着军队去防守“察木察勒”隘口。[哲别]出其不意地突然向敌人举行袭击。留下把守关隘的上述怯台那颜和薄察两人来同他[成吉思汗]* 相

① 原文（A本）作 hūīlī；I、B本作 hūāīlī；《亲征录》作怀来。今察哈尔省怀来城，位于北京和张家口的半途中。

② gīūkī-jūnkšī——拼写有误；比较《续纲目》的金将术虎高琪，一作秦州刺史术虎高琪。

③ A本作jīm jāl；L、I本作jmjāl（贝书作<u>kh</u>bčāl），大概是jān-jīal 的讹写；比较《秘史》第247节之“察卜赤牙勒”——北京西北四十公里外的关隘居庸关的蒙古名。

④ qtāī；比较《亲征录》的怯台，[《太祖纪》作可忒]*。

⑤ 《亲征录》作薄察，[《太祖纪》作薄刹]*。

⑥ 原文作 sī-kīnk-kīū；比较《亲征录》的紫荆口：河北省西北部的山隘和古代关堡名。

⑦ 原文作 nūdūn；S、C本作 tūdūn；L本作 tūdān；应作 qūdūn；参照《亲征录》的奥屯。

⑧ q?ḥīq<u>eh</u>；C本作 qbǰq<u>eh</u>；P本作 qnǰīq<u>eh</u>；贝书作 qhlq<u>eh</u>。比较蒙文 hağalğa：关口（比较同义的波斯语 darband 及 timur qahalğa（铁门关）这个地名）。

合。这以后,成吉思汗派遣怯台那颜带着五千骑兵把守在通往中都城[1]的路上。他亲自出兵,驻扎在出产涿州丝绸的涿州[2]城门旁。围城二十天后,将城攻了下来。接着他派遣术赤、察合台和窝阔台到山的右面去攻占这个方向上的地区。

他们占领了从保州[3]城起,直到怀州、孟州[4]为止的全部城邑、堡寨,还攻下了两座大城,其中一座蒙古人称做巴剌合孙,[5]汉语称为真定府[6]。这座城很大。另一座小一些,名叫威州[7]。这两座城都被他们攻下了。接着[蒙古人]经过这些地方,到了哈剌-沐涟[黄河]边上——这是一条大河,发源于吐蕃地区。这条河经过乞台地区流入大海,河上没有一处渡口。[蒙古人]从那里回来,沿途洗劫了东平府[8]和……[9]府。成吉思汗派遣拙赤-合撒儿、弘吉剌惕部人阿勒赤那颜[10]、自己的幼子术儿赤台[11]和弘吉剌惕部人薄察共四人分左右两路去攻打沿海地区。他们出发后,攻占并毁坏了蓟州和易州城[12],还攻占了沿途的所有堡寨,然后回来了。成吉思

---

① 原文作ǰūng-ṭāyī;《亲征录》作中都,即今北京市。

② 《亲征录》作涿州。

③ 原文作 bū-ǰīū;《亲征录》作保州。

④ 原文作一个城名 ḥūī-mīng-ǰīū;《亲征录》作两个城名:怀州和孟州。《史集》原文于 ḥūī 下省略一“州”字。

⑤ 原文作 blğāsūn,蒙文 balağasun(城)。

⑥ 原文ǰīng-gīng-fū;比较《亲征录》的真定府。

⑦ 原文作 waī-ǰīū;《亲征录》作威州。

⑧ 原文 tūng-mn-fu;《亲征录》无此名。

⑨ 诸本均缺。

⑩ 《亲征录》作斡陈(一作斡律)。

⑪ 《亲征录》作拙赤解。

⑫ 原文作 kī-ǰīū 和 lī-ǰīū,大概是 čū-ǰīū 和 yī-ǰīū(?)的讹写;比较《亲征录》的“涿、易二州”。

汗本人和又名也可那颜的拖雷汗率领中军从中路前进，他们没有
170 侵犯东平府、大名府[1]这两座大城，也没有在那里停顿。他攻下了一路上所有的村镇、城邑和哈撒必[2]，进行了破坏，然后回来了。在此之前，他召回了木华黎国王，派他去打名叫密州[3]的大城。木华黎攻下这座城后，停驻在中都城境内，等待和成吉思汗会合。中都城过去被蒙古人称做汗八里，如今由合罕重建，名为大都[4]。那里是阿勒坛汗的都城之一。[这座城]很大，守军众多，力量很强。成吉思汗幸福地莅临那里时，木华黎国王和他会合到了一起。

从成吉思汗出兵乞台起，到他进抵中都城郊时，已过了整整二年，即相当于伊斯兰教历 607 年的羊年[1211 年]* 和相当于伊斯兰教历 608 年的猴年[1212 年]*。在这段期间，[成吉思汗]征服了上述全部城邑、地区和堡寨。就是这些！

叙成吉思汗陈兵中都城郊；阿勒坛汗送来公主请降；阿勒坛汗回到南京[5]城；[蒙古]军围攻中都，攻占了中都[6]

接着，始自伊斯兰教历 609 年 9 月的塔乞忽亦勒即鸡年[1213

---

① 原文作 tng-bng-fu 和 tāī-mīng-fū；《亲征录》未提及。[当为《亲征录》的东平、大名两府]*。

② kaṣabeh，阿拉伯语，此处指各省的州中心。

③ 《亲征录》作密州，今山东省诸城。

④ khān-balīğ——帝都，为忽必烈于 1264—1267 年在今北京之地所建，见前面第 255 页，注①。

⑤ A 本作 nmking；P、B 本作 tmling；汉语“南京”，今河南省开封市。

⑥ 参照《秘史》第 248 节及《亲征录》。

年]* 春三月，成吉思汗驻扎在上述中都城境内。阿勒坛汗就在这座城里。在其他异密参加下，他与其军队的统帅名叫九斤、号(laqab)称元帅①(意为统率全军的异密)者进行商议；九斤就是曾与成吉思汗打过一次仗的前述异密。[提出的问题是：]“蒙古军[不习惯于]天气热全都病倒了，现在我们就去同他们作战吗？”另一个官居宰相的异密福兴丞相②说：“不行，我们征集来的军队，妻子、儿女都在外地，无法知道他们每个人的想法。如果我们败了，他们全部走散，即便我们把蒙古人打败了，我们的军队也全都跑到妻子、儿女处去了。祖宗社稷所在、帝王之尊，岂可为此孤注一掷！事情务必三思而行！现在只好遣使请降，等[蒙古人]退走后，我们 171
再另作商议吧！”

阿勒坛汗同意了这些话，遂遣使到成吉思汗处，并将自己的女儿公主③哈敦送了去。他派了一位德高望重、官居宰相的异密福兴丞相④同自己的女儿一起前去。[使臣们]到了那里[成吉思汗的帐营里]，传达了使命，献上那女子。成吉思汗对他们的俯首听命很满意，便回去了。上述异密送成吉思汗过“察木察勒”⑤，直送到麻池⑥地方而返。

---

① A本作 yūng-šāī；S本作 tūng-šī；B本作 ūšūk-tāī；汉语“元帅”。

② 原文 tūnkūn ǰīng-sāng；应作 yūng-kīng-～；比较《秘史》第248节的王京丞相；《亲征录》作完颜福兴。

③ 汉语“公主”。

④ A本作 būlīng-ǰīng；S本及贝书作 būkīng-ǰīnk；B本作 tūnīng-ǰīnk；L、P本作 ?ūkīng-ǰīng；P本增出“bābk”；应作 fū-kīng čīng-(sāng)；比较前文“完颜福兴”。

⑤ L、C本作ǰbḥl；I本作ǰmǰāl；B本作ǰmāl；贝书作 ḥbčāl(贝译作 Хабчал)。参阅第254页，注③。

⑥ 原文作 māǰī；比较《亲征录》的“野麻池”。

同年，四个月后阿勒坛汗跑到了南京城，在那里定居下来。这座城位于哈剌-沐涟[黄河]岸上。据人们断言，这座城特别大，四周[达]四十程。在古代，它就是乞台君主的京城。[城]有三重特别坚固的墙[1]，有河，还有无数花园、菜园。阿勒坛汗留下他的儿子守卫中都，让两个高贵的(buzurg)异密福兴[丞相][2]和尽忠左相[3]做他的辅弼(nūkar)。

当阿勒坛汗走到涿州城时，在他后面跟上来的哈剌契丹军队在良乡[4]地方追上了他。[阿勒坛汗]下令将以前发给他们的武器夺走。他们问道："凭什么[要我们缴械]*？"——遂拒绝执行命令，进行反抗。当时[阿勒坛汗]*处死了这支军队的统将详稳[5]。由此之故，[哈剌契丹军]叛变，推举三个人(一个名叫斫答[6]，另一个叫比涉儿[7]，第三个叫札剌儿[8])为首领，退回去了。这个消息传到了走在全军最后的阿勒坛汗异密福兴丞相处。他立即派遣军队
172 到城郊必经之途上，不让哈剌契丹军过桥[9]。

① 原文作 seh bārū；L 本作 ḥīsār——堡寨。

② 原文作 mūkīng；比较《亲征录》的"丞相完颜福兴"，参照前面第 257 页，注②。

③ L 本作 sū-ǰūng č ing-sāng；B 本作 sūn-ǰūng ǰ???a?g；贝书作 fū-kī-nū?g sīn-ǰūng；比较《亲征录》的丞相完颜福兴、左相秦忠。[秦忠，《金史》《宣宗纪》作尚书左丞抹捻尽忠]*。

④ C 本作 līng-līngeh-kīlū-sūn；I 本作 dīkūn-līngeh-l??k-l??keh；B 本作 īng-līng-kīlsun；音读不明；《亲征录》的"良乡"可能与原文 l??k-sūn 相当。

⑤ A 本作 snk-ūneh；C、B 本作 skūneh；贝书作 snkqūneh；比较《亲征录》的"素温"。

⑥ A 本作 ḥīd?a；S 本作 ḥīndā；C、L、I 本作 ǰnīd；贝书作 ǰnīdā；比较《亲征录》的斫答。

⑦ C、L、I 本讹作 nīrān；比较《亲征录》的"比涉儿"。

⑧ 原文作 bīlār；C、B 本作 bīlān；比较《亲征录》的"札剌儿"。

⑨ 比较《亲征录》的"卢沟"，北京的卢沟桥波斯名称又作 pul-i sangin(石桥)。

哈剌契丹军到了那一带归附阿勒坛汗的塔塔儿部。他们和塔塔儿部联合,派一千人从渡口渡河,让他们绕到守桥军后方。他们赶跑了[阿勒坛汗]军,歼灭了一部分人,夺取了残部的马匹、武器和粮食(āzūq),交给了自己的军队。过桥后,他们将阿勒坛汗的太子及其异密们放牧在中都城郊的马群和羊群赶走,充分装备和供应了自己的军队。

这件事发生时,有一个哈剌契丹人留哥①见乞台地区大乱,便将和哈剌契丹部牧地(yūrthā)邻接的女真地区和大城夺取在手里。这些地区名叫东京②和咸平③。他自称辽王④,意即"一国的算端"。哈剌契丹异密斫答和比涉儿从那里遣使向成吉思汗请降。由于阿勒坛汗太子及其异密们在中都城里,他们[使者]无法通过那里向成吉思汗表示臣服,便停留在中都的彼方。自称辽王者也遣使向成吉思汗请降。他亲自在使者之后,前来谒见成吉思汗,象拜见长辈那样地尊敬他,献上了礼物(ūlǰāmīšī kard)。成吉思汗很赏识他,封他为元帅(汉语万夫长之意)。还交给他镇守广[宁]和锦府⑤两座大城及所辖地区。

阿勒坛汗向南京城进发后,封大异密万奴招讨使⑥为管辖乞台全国的异密和都督。后来,由于告密人和进谗言者在[阿勒坛

① I本作 līūgī;B本作 abūgeh;比较《亲征录》的"耶律留哥"。

② B本作 būnk-l??g;比较《亲征录》的"东京"。

③ 原文作 kmbīng;贝书作 fmīng;比较《亲征录》的"咸平"。

④ A本作 lī-wāng;C、L、I本作 lī-ūng;比较《亲征录》的"辽王"。

⑤ 原文作 kīūang 和 čing-fū;《亲征录》只谈到一座城:广宁府。

⑥ 原文作 fūǰīū-tāīšī;fū 系(aūn)nū 的讹写;比较《亲征录》的"招讨也奴",也奴当作万奴。[《太祖纪》作蒲鲜万奴。]*

汗]面前告发了他，他被撤了职。这位[异密]便倒向成吉思汗方
173 面，为他效劳①。他来[见成吉思汗]之前，先派其子铁哥②入侍。[既而]* 复叛，自称东真王③(汉语“一国的算端”之意)。这些事都是由于成吉思汗征服了乞台和女真的大部分地区回去后发生的。阿勒坛汗是[成吉思汗的]死敌，[他的]异密和人民则动摇不定，一会儿倒向这边，一会儿又倒向那边，由于大部分领地和地区无人过问，每个异密就像诸侯割据时代那样地自立为王(khāqān)和成为某块领地上的君主(sultān)。

阿勒坛汗派太子同异密福兴、尽忠去镇守中都城后，过了五个月，太子将城交给异密们，自己跑到南京父亲处去了。

成吉思汗派撒勒只兀惕部人三木合把阿秃儿和降后受重用的女真人明安带着蒙古军行经中都地区，带领来了从阿勒坛汗处逃走、从中都城[郊]* 遣使[来降]* 的哈剌契丹军队和那一带的军队④。他们带着这些军队一起围住了中都[城]。由于阿勒坛汗一直听说，中都城里既无“塔合儿”⑤，又无供军队和居民食用的储粮，便派遣被称为元帅⑥的万夫长带着其他三个异密，即庆寿、林坎赛、李英⑦，将“塔合儿”和食物运到中都城里去。他下令让每人背三“卡

---

① behḥidmat darāmad。

② 原文作 t(a)geh；《亲征录》作铁哥。[《太祖纪》作帖哥]* 。

③ S、L、I 本作 tūng-kīng-wāng；比较《亲征录》的“东夏王”。

④ 据《亲征录》，这一事件发生在 1215 年。

⑤ tağār：粮(阿拉伯同义语：azūqeh)，并且还是重量单位，tagar 或 sartagar 原为向居民征收的供给驻防军的丁税。

⑥ 《亲征录》作“元帅李英”。

⑦ 原文作 kūng-sū(B 本作 kūig-sū)和 rīmkām-sāī(贝书作 duwwum kāmsāī)和 lī-fīng。原文显讹；《亲征录》上为两人：元帅李英和检点庆寿。《史集》的编者或抄写者大概将人名和官号混淆起来了。原文当作：“庆寿和元帅李英。”

非兹"(汉语"升")①粮,甚至万夫长元帅也不例外。当他们带着"塔合儿"出发后,元帅沿着通往涿州旋风寨②的路前进,其余的异密们由另一条路前进。在名为青戈③的地方,成吉思汗军队突然出现在 174
他们面前,夺走了这两支部队所携带的一切东西。由于"塔合儿"和饲料('ulūfeh)没有运到中都城,当地居民饥饿过度而吃人肉或死掉。被阿勒坛汗留下与太子同守中都城的福兴丞相,也在绝望中服毒而死。另一个名叫尽忠④的异密,遵照他的遗嘱,逃到南京地区阿勒坛汗那里去了。被成吉思汗派去同三木合把阿秃儿一起[出征]*的明安进入了中都城,遣使向成吉思汗报告道:"托成吉思汗的福,我们攻下了中都城!"这时成吉思汗在桓州⑤地方。他派遣诨名为失乞⑥的塔塔儿部人忽秃忽那颜(忽秃忽是成吉思汗在路上捡到、交给自己的妻子抚养的孩子)、翁古儿宝儿赤⑦和合儿孩-合撒儿⑧三人前往,将中都城里阿勒坛汗的帑藏运来。阿勒坛汗离开这座城时,将国库、官产留交给了受委托的代理大员哈答留[守]⑨、国

---

① C、L、I、P、B 本作 sīm;可能是汉语"升";但《亲征录》却作"斗"(相当于 10.35 公升),看来更为正确。

② 原文作 sūn-ǰū (ǰo)-ǰīū bīsā;P 本作～-bīšaī;贝书作 īsaī;《亲征录》作涿州旋风寨。

③ 原文作 sīng-biī;贝书作～-bī;《亲征录》作霸州青戈。

④ 原文作 sūng-ǰūng,《亲征录》:秦忠[《金史》:抹撚尽忠]*。

⑤ 原文作 qūn-ǰīū,《亲征录》:桓州。

⑥ 《秘史》第 252 节作失吉忽秃忽。

⑦ b?gkūr;I 本作 ūāngūr;B 本作 angūkūr;《秘史》第 252 节作汪古儿保兀儿臣。[《亲征录》作雍古儿]*。

⑧ 原文作 hārqāī;B 本讹作ǰūčī;《秘史》第 252 节作阿儿孩-合撒儿。[《亲征录》作阿儿海-哈撒儿]*。

⑨ A 本(原文)作 qā?līū;L 本作 qāblīk;B 本作 āīl?ūeh;贝书作 qāīlīū;《秘史》第 252 节与《亲征录》作哈答。参照原文下文的 qdā。这个人名的第二部分 līū 当系汉语"留守"的第一字"留"(见下页注②),全名应作 qātā līū sū。

和①两位异密。在汉语中这个职位(manṣab)称做留守②。他们两人和[阿勒坛汗的]其他异密们向[成吉思汗的]上述异密们献上了织金服和珍物(tangsūqhā)等礼物。翁古儿宝儿赤和合儿孩-合撒儿接受了礼物,而忽秃忽那颜拒绝了。接着,上述异密们打开了全部库藏,并将阿勒坛汗的司库官、名叫哈答③的异密带去[见成吉思汗]。成吉思汗向忽秃忽那颜问道:“哈答给过你什么东西没有?”忽秃忽答道:“给过,但我没有收下!”[成吉思汗]问道:“为什么[不收下]* 呢?”忽秃忽说:“[因为]* 我想起了你在我们攻下城来之前,不论是一根绳子、一块小手帕,一切都是阿勒坛汗的。现在,我们占领了它,一切东西就都属于成吉思汗的了。怎么能把他的东西偷偷摸摸地送人呢?因此我什么东西也没拿!”成吉思汗说:“忽秃忽识大
175 体!”——遂加倍地器重他,并责备了翁古儿宝儿赤和合儿孩-合撒儿。乞台司库官将自己的孙子崇山④献给成吉思汗后,便回[到城里]去了,他[从那里]去到了七斤帅[的]* 通州城⑤。阿勒坛汗的一部分女真异密,如:张复⑥、张镬柄⑦、众哥、也思郎⑧等据守在位

---

① A本(原文)作fūi,S、I、P、B本及贝书作qūī;《亲征录》作“国和”。

② 原文līū-sū;贝书作lī-sū;汉语“留守”。

③ 原文作qdā;参照上页注⑨。

④ A本(即原文)作jūng-šāī;B本、贝书作nkšāī;《亲征录》作崇山。

⑤ C、L本作tūng-ǰīūn skīng-sāī;贝书作qūng-ǰīū sīkīng-sāī;原文有误;《亲征录》作“时金通州元帅七斤率众来降”。《史集》原文误将城名“通州”与异密名七斤帅连到了一起。

⑥ 原文ǰāng-qū;《亲征录》作张复。

⑦ 原文作ǰāng-kūkīng;《亲征录》作张镮柄。[《亲征录》贾敬颜校本作张镬柄。]*

⑧ A本(即原文)作ǰūnkā-ašū-lng(或līng);C、L本作ǰūbzhā-ašū-lng;《亲征录》作众哥也思。[《亲征录》贾敬颜校本作众哥、也思瓦郎,并注曰:众哥即河间公移剌众家奴,《元遗山文集》作移剌众哥;也思瓦郎,疑“瓦”是衍文,屠寄以为杨寿的异译。]*

于沼泽间的信安[①]大城里。[成吉思汗]来到那里时,他们都归附了[他]。就是这些!

叙成吉思汗派三木合把阿秃儿率领军队去征讨乞台国,接着又派脱栾扯儿必去征讨乞台国[②]

接着,相当于伊斯兰教历 610 年的狗[③]年[公元 1214 年]*,成吉思汗在古兀勒[④]地方,他派遣上述三木合把阿秃儿率领一万蒙古军去征讨阿勒坛汗的国土。三木合经过唐兀惕地区,到了那座特别大的京城(pādšahnišīn)京兆城[⑤]。那里气候炎热。有一座像帖木儿-合普那样的关口(darband),名叫潼关[⑥]。[三木合]攻克并毁坏了那一带的城邑、堡寨和汝州[⑦]地区。接着在阿勒坛汗所在的南京地区境内,他到达[杏]花营[⑧]地方,洗劫了……城。[⑨] [接 176

① 《亲征录》作信安。

② 参照《亲征录》。

③ 那孩。

④ kūāū-ūl;C、L、I 本作 kūū-ūl;贝书作 kūaūl;音读不明;其中可能包含有突厥语 kül(湖)。《亲征录》作鱼儿泺(参阅《北京传教士团汇刊》第 4 卷第 398 页注 184)。

⑤ kīng-ǰābnū;I 本作 kīng-ḥānbū;S、C 本作 līng-ḥānbū;《亲征录》作京兆,今陕西省西安市。

⑥ 原文(A 本)作 yīng-fān;C、L 本作 qān;P、B 本作 qān-fū(n);贝书作～-qūān;应作 tūnkqān;《亲征录》作潼关。

⑦ 参照《亲征录》:汝郡。

⑧ A 本作 fīū-n?k;S、P、B 本及贝书作 qīū-īnk;应作(sin-)qīūīnk;《亲征录》作杏花营。

⑨ 原文作 qūbtbū;贝书作 qūītū;《亲征录》作"大掠河南"。河南,省名,当时其首邑为南京,即今开封市。

着，]他们返回来，到达陕州[①]，渡过哈剌沐涟[黄河]，到了名叫北京[②]的大城。该城有阿勒坛汗的两个女真异密，一个名叫寅答儿[③]，另一个名叫监军斜烈[④]。两人走出城来，降顺了[成吉思汗]。三木合完成这些事后，就到成吉思汗处去了。接着，成吉思汗将蒙古、乞台[汉]* 军交给蒙力克-额赤格的儿子脱栾把阿秃儿[⑤]，[将他]派到乞台去。[军队]进发时，首先破坏了汉语称做真定府[⑥]的察罕-巴剌合孙，征服了当地居民。[蒙古人]又去攻打一座大城东平府[⑦]，决河水灌城，但是该城不降。他们[终于]占领了该城所辖全境，这才回去了。接着阿勒坛汗的军队又夺回了这些地区。就是这些！

叙[以前]归附过成吉思汗的一个女真异密张鲸[致]*[⑧]举叛，成吉思汗派木华黎国王去重新征服他[⑨]

接着，相当于伊斯兰教历 611 年的忽鲁吉纳亦勒即鼠年[1216

---

① 《亲征录》作陕州。

② A 本作 tīkīn；C 本作 bīkīn；I 本作 nbkīr；贝书作 qbkīn；《亲征录》作北京。

③ A 本作 īpndar；C、L、B 本作 apndūr；I 本、贝书作 īndr；应作 īndūr；参照《亲征录》：元帅邪答忽[《元史》作寅答虎]*。

④ 原文 fīnšr-sālī；C 本作 fīšr-t̲h̲ānī；I 本作 nīšr-t̲h̲ānī；P 本作 qīnsr-t̲h̲ālī；贝书作 qnsr-t̲h̲ālī；音读不明，可能应作 qīn-sūn-t̲h̲ālī；《亲征录》作监军斜烈，人名“斜烈”和原文第二部分t̲h̲ālī 相当，原文第一部分大概是汉语官号的讹写。

⑤ 《亲征录》作脱脱栾阇儿必；《秘史》第 202 节作脱仑扯儿必。

⑥ 《亲征录》作真定。

⑦ 原文 tūngīn-fū；贝书作 ǰīng-zīnqū；应作 tūng-pīnfū；《亲征录》作东平。

⑧ A 本作 ǰīngī；I 本作 ḥīlǰī；P 本及贝书作 ǰng-ǰī；《亲征录》作张鲸。[《亲征录》贾敬颜校本作“张致”。]*

⑨ 参照《亲征录》。

年]*,有消息传到成吉思汗处说,锦州①城女真异密张鲸[致]*复叛,以前张鲸[致]*曾归顺了[蒙古人],成吉思汗授以女真领地内的……②、……③、……④等城。[如今]*他自称辽西王⑤(为汉语算 177
端的意思)改元大汉⑥,十分狂妄自大——[成吉思汗]遂派木华黎国王[去征讨他],派[他]带着左翼军捉住了[张鲸[致]*],重新征服了这些地区。就是这些!

叙成吉思汗从乞台国回来,驻扎在自己的斡耳朵境内

成吉思汗在上述三四年内征服了属于乞台领地的上述城邑、堡寨以后,便从该国凯旋而归。同年,鼠年,他幸福如愿地驻扎在自己的斡耳朵里。就是这些!

叙成吉思汗派遣速别台把阿秃儿带着军队去征讨篾儿乞惕部,以及篾儿乞惕部的最后命运⑦

当成吉思汗如上所述结束了乞台地区的征战回来时,听得篾

① 原文 k?m-ǰīū;《亲征录》作锦州。

② A本作 km-ītī;L、C、I本作 kr-??ī;B本作 kmnī;贝书作 kmbnī;音读不明;《亲征录》未提及此城名及下二城名。《亲征录》作:“张鲸以锦州、广宁等郡来降。”

③ C本作 fālšī;原文作 fānšī。

④ C、L本作 kūl-īng;P本作 kūk-līg;B本作 kūk-lng。

⑤ 原文 līū-šī-wāng;《亲征录》作辽西王。

⑥ C、L本作 ṭāī-fān-yīl;I本作 ṭāī-fān-nīk;B本作 ṭāīfā-yīl;贝书作 ṭāīqānīk;《亲征录》作“改元大汉”。

⑦ 参照《亲征录》。

儿乞惕部(如前所述,成吉思汗过去曾多次和他们作战,杀死了他们的君主脱黑台别乞及其兄弟和诸子,他们的军队遂溃散了)脱黑台别乞的弟弟忽都和他的三个儿子赤剌温、马札儿、篾儿干以前逃到了乃蛮地区边境,[如今]* 在峻岭重重、跋涉艰难的地方重新纠合了一伙人,想和他对抗。成吉思汗[立即]采取了对付他们的手段。

相当于伊斯兰教历612年的牛年[公元1217年]*,成吉思汗派遣速别台①把阿秃儿带着军队去征讨忽都和他的侄儿们。他下令为军队制造许多大车,牢固地钉以铁钉,使大车不致在石头中间行进时很快就损坏。[接着]他又命令弘吉剌惕部人脱忽察儿把阿秃儿(成吉思汗出征乞台时曾让他率领两千巡哨队留在后方保护辎重(ūğrūq)和斡耳朵,他[在那里]驻守了一段时期)同速别台把阿秃儿一起出征。脱忽察儿追上他后,与他一起进发,到了蒙古地
178 区的崭河②。他们在那里与忽都作战,击溃了篾儿乞惕部,将他们全部歼灭,除[脱黑台的]* 幼子篾儿干以外,篾儿乞惕人一个也没剩下。篾儿干善射。他被抓住带到了术赤处。由于他善射,[术赤]遣使至成吉思汗处请求赦免他。但是,成吉思汗[以前]从他们[篾儿乞惕人]处吃过种种苦头,[当时]* 他想道:“不行! 再也不能让他们作乱了!”于是派人答复术赤说:“我为你们争得了这么多国家和军队,[区区]* 篾儿干算得了什么!”这样,就把他也杀掉

① 原文作 sbūdāī(他处又作 sūbādāī);《秘史》作速别额台。[《元史》作速不台。]*

② 原文作ǰm-mūrān;《亲征录》作崭河。[《秘史》作垂河,《元史·速不台传》作蟾河。]*

了，这个部落遂全部绝灭了。就是这些！

叙成吉思汗派遣孛罗忽勒那颜征讨以带都剌-莎合儿为首领的秃马惕部，打败了秃马惕部，孛罗忽勒在这次战争中阵亡[①]

同年，牛年，成吉思汗得知：以前归顺过他的秃马惕部首领带都剌-莎合儿[②]，当他到乞台去时又起来作乱了；这个部落组成了独立的军队，善战，好作乱——于是他派八邻部人纳牙那颜及都儿班那颜去征讨他们。纳牙那颜推托有病。人们向成吉思汗报告了[这一情况]，他稍想了想，就派孛罗忽勒那颜代替他去。孛罗忽勒听到后，向异密们问道："是你们在主上面前提到我的，还是主上自己想到的？"他们说："是主上自己想定的。"孛罗忽勒当时说道："我去为成吉思汗谋取幸福，但我是代替别人去的！"他将妻子、儿女托付给圣上后，便出发了。他擒获了秃马惕部，消灭了[他们]，[自己也]* 战死了。成吉思汗听到孛罗忽勒那颜所说的话后，想起了他的功劳，对他的死去很悲伤，他很怜悯他的子女，说道："我要像心肝般地看待他留下的[子女]*，他们不要悲伤，我会很好地爱护他们的！"后来他尊敬地抚养他的子女，给他们各种恩赐，经常关怀他们。就是这些！

---

① 参照《秘史》第 240 节及《亲征录》。

② C 本作 tāītūqeh-sūqār；《秘史》第 240 节作歹都忽勒-莎豁儿；《亲征录》作带都剌-莎合儿。

叙成吉思汗封木华黎为“国王”，派[他]率领军队去征讨乞台国①

始自伊斯兰教历 614 年 11 月的巴儿思亦勒即虎年[1218 年]*，成吉思汗封木华黎为“国王”。封他为“国王”的原因是：以前成吉思汗曾将他派到女真地区边境上去。女真诸部称他为“国
179 王”②，意即“一国之君”。[成吉思汗]再次派他到那边去时说道：这个称号是个幸福的征兆，便封给了他。还拨给了他一万汪古惕部队、一千混成③部队、四千兀鲁惕部人、孛秃驸马率领的二千亦乞剌思部人、忽亦勒答儿的儿子蒙可-哈勒札④率领的一千忙忽惕部人、阿勒赤那颜率领下的三千弘吉剌惕部人、木华黎国王的弟弟带孙⑤率领的一千札剌亦儿人，除蒙古人以外，还有吾也而元帅⑥、[耶律]* 秃花元帅⑦率领的哈剌契丹和女真军。由于吾也而、秃花[以前对他]很忠心，[木华黎]* 遂将召集起来的[哈剌契丹、女真]* 军交给他们俩统率，让他们俩都当了万夫长，“元帅”[的称号]* 意即“万夫长”。[成吉思汗]将[上述]* 全部军队完全交给木

---

① 参照《亲征录》。

② 《秘史》第 202 节作“国王”。

③ A、C、L、I 本及贝书作 qūšīqūl，显然源于突厥动词 qušmaq(košmaq)——合并。

④ C 本作 mungkā-qālǰeh；《秘史》第 202 节作蒙可和哈勒札，为两个人名。《亲征录》作木哥汉札。[《元史·太宗纪》作蒙古寒札]*。

⑤ 《亲征录》作带孙。

⑥ A、S 本作 ūiār-ūang-šāī；《亲征录》作乌叶儿元帅。[《元史》本传作吾也而]*。

⑦ A 本作 tūan-ūang-šāī；C、L、I、P 本作 tūğan-～；贝书作 tūğāī-an-gšāī；《亲征录》作秃花元帅。[《元史》本传作耶律秃花]*。

华黎国王[指挥]。他还将乞台地区[汉地]* 和女真领地上已经征服的人民托付给他，让他保护他们，并尽可能地将尚未归附的人民征服。

阿勒坛汗在南京城里，他毕竟还统治着乞台国的一部分，在他周围聚集了全部军队。有关他的情况及其结局将于《窝阔台合罕纪》中述及，因阿勒坛汗的乞台国要到窝阔台时代才完全被征服。

成吉思汗将这个地区托付给木华黎国王时，召集了全部左右翼军及其他部队出征突厥斯坦和伊朗，但在出征之前，他认为必须先去讨平乃蛮部古失鲁古及各处作乱的其他诸部，当下他履行了这个意图。就是这些！

叙古失鲁克逃到哈剌契丹古儿汗处，古失鲁克对古儿汗背信弃义，古失鲁克被杀及蒙古人完全灭亡了乃蛮君主的强国

同年，虎年，哲别那颜率领成吉思汗的军队在巴达哈伤[①]山地境内撒里桓[②]峡谷里捉住了古失鲁克汗，将他杀死了。情况是这样的：古失鲁克于父亲太阳汗被杀后，逃到了叔父不亦鲁黑汗处。

① 巴达哈伤，阿母河上游的山岭地区，其首邑在今阿富汗巴达克山境内法伊咱巴德的地方。

② 通常认为即帕米尔的东南部，位于今近中苏边界处中国境内（为阿母河流域和塔里木河流域的分水岭）。但是，据另一些资料，古失鲁克被杀于巴达哈伤维咱儿河谷。原文所说的地方当系位于法伊咱巴德以东的广阔的舍瓦盆地上的萨雷科尔湖附近地方；马可·波罗对这个地方有很精彩的描写。其位置已为玉尔所确定（《马可·波罗行记》，第 169 页注⑦）。

180 不亦鲁黑汗被杀死以后，他同篾儿乞惕君主脱黑塔一起逃了出来，成吉思汗亲自再次征讨了他们。脱黑塔被杀死以后，古失鲁克又逃了出来。如前所述，他经过别失八里[1]到了苦叉[2]地区境内，接着于始自伊斯兰教历 604 年 7 月的龙年[1208 年]*，从那里到了哈剌契丹王古儿汗处。从上述龙年起，到他在巴达哈伤境内被杀的那年止，共为十一年。成吉思汗与古失鲁克的父亲太阳汗作战，将太阳汗杀死，古失鲁克逃出来的那一年相当于伊斯兰教历 600 年的鼠年[1204 年]*，过了四年他才来到苦叉地区，所以总起来是十五年。据说，古失鲁克来到古儿汗的斡耳朵时，让自己的一个亲信用自己的名字进去见古儿汗，自己则冒充马夫(kūtālčī)坐在门口。当时[古儿汗的妻子]古儿别速[3][从帐幕里]出来，见古失鲁克[坐在门口]*，便说道："你们为什么不把他带进来？"遂让人将他带了进去，古儿汗的异密们感到很受委屈。古儿别速是古儿汗的长后，她有一个名叫浑忽[4]的女儿当下就爱上了古失鲁克。过了三天，这个姑娘就嫁给了他。由于她掌握着大权，所以不许人们[给她]戴上顾姑冠[5]。她宣布，她要按照汉女的习惯戴"尼克扯"[6]

---

① 别失八里，即鄂尔浑碑铭上所提到的北方回纥京城，汉语"北庭"，其废墟在今古城以西 47 公里，靠近新疆维吾尔自治区孚远县。多勒别热夫曾作过考察(《俄国考古学会东方部集刊》第 22 卷，1915 年，第 77—121 页)。

② 东突厥斯坦吐鲁番地区的古城之一；为中世纪早期中央亚细亚的巨大经济与文化区。9—10 世纪时并入回纥国疆域内，这时其意义已不及吐鲁番。

③ A 本作 krīsū；S 本作 krīsū；C、L、I 本作 krbsū。

④ 原文作 qunqū；I 本作 aūṭqū。

⑤ būğtāq；《秘史》第 74 节作孛黑塔黑——古代蒙古已嫁妇女所戴冠饰。[《蒙鞑备录》作顾姑冠]*。

⑥ 意义不明。

而不戴顾姑冠。她让古失鲁克放弃基督教,迫使他信奉了偶像
教[1]。概而言之,当古失鲁克在古儿汗处获得保护时,古儿汗是统
治突厥斯坦和河中的所有各国和地区,拥有大量军队、武装、人民、
侍从(khaīl-u ḥašam)的伟大君主,花剌子模王马合谋算端的祖先
按照条约必须[向他]每年进贡三千底纳儿,[老花剌子模王还]*
给[自己的]子孙留下了遗嘱,让他们忠于这一点,永远不背叛,因
为他是[他们的]坚强支柱。由于强敌(即蒙古、乃蛮以及其他享有
盛名的突厥人)在后,古儿汗十分尊敬他。过了一些时候,古儿汗
将女儿嫁给了他,古失鲁克就跟在古儿汗身边了。过了若干时期,
花剌子模王马合谋算端崛起,他侵占了古耳和哥疾宁算端的国家、
呼罗珊和伊拉克地区,还侵占了突厥斯坦的一部分,十分强大,于
是他摆脱了向偶像教徒[缴纳]"哈腊只"[2]的义务,不再履行同古 181
儿汗之间订立的条约。花剌子模王从各方面将军队召集起来,率
领军队向不花剌前进,以征服河中地区。他向邻近的君主,其中包
括阿甫剌昔阿卜氏的撒麻耳干王斡思蛮算端[3]告捷,用漂亮的诺
言鼓舞他们。由于各国君主长期受古儿汗压迫,长期期待着[解
放],他们都接受了马合谋算端的建议,同他缔结了协定。他还暗
地里送消息至古失鲁克处,诱他背叛古儿汗。由于古失鲁克目睹
古儿汗地位摇摇欲坠,并见到古儿汗东部诸大异密都不服从他,而
向世界征服者成吉思汗君王请求保护,也由于古儿汗的许多异密

---

① butparastī(波斯语),直译:偶像崇拜。

② kharāj(中世纪波斯语 harār):一种征收实物和部分货币的地租。此处意为藩臣向宗主缴纳的贡赋。

③ 见第 211 页,注②。

和他一条心，[同时]又听说父亲太阳汗和他们的旧奴(bandeh)都还在山里——一种非分的愿望开始折磨着他：他想把父亲军队的残部召集起来，按照旧俗将他们摆成战阵，靠这支军队和跟他同心的一部分古儿汗军队就能占领古儿汗的[全部]国家，这样大事就成了。按照魔鬼的诱惑和这些卑鄙的念头，他对四面楚歌的古儿汗变了心。他拿定了这个主意，对古儿汗说道："我离开我的国土(ulūs)和人民(qaum)已经很久了。成吉思汗现在正忙于同乞台国作战。我听说，我的许多部落和军队流落、分散在叶密立①、海押立②和别失八里境内。当他们听到我[的音讯]时，便到处聚集起来反抗自己的敌人。如果古儿汗准许我去，我就去将他们召集起来。我要在[古儿汗]患难之时帮助他，只要他活在世上，我将对他竭诚效忠，听他吩咐，绝不违言！"古儿汗由于心地单纯听信了他的话，准许他去。古失鲁克离开他回去了。他来到突厥斯坦的消息传开去以后，被成吉思汗赶跑的他父亲的部落和军队的残余，都聚到了他的麾下。他[率领他们]四出袭击，掠取战利品，人数逐渐增多，军队、武装不断加强起来。于是[古失鲁克]向古儿汗进军，攻打了他的国家的城邑，[将它们]夺取到自己手里。古儿汗年迈体衰，无力抵抗。而古失鲁克获悉马合谋算端向古儿汗出征的消
182 息以后，更壮了胆。双方来往使者不绝。他们作出决定，算端从西面向古儿汗进攻，古失鲁克从东面进攻，到中部[将他]消灭。如果算

① 伊犁河流域的城市，在今塔城附近(在塔尔巴哈台)，哈剌契丹人所建。今已不复存在。

② 中世纪时伊犁河流域的城市。阿·恩·伯恩斯坦以为即敦吉纳古城遗址(在哈萨克加盟共和国的一个省城塔勒迪-库尔干西南18公里)。

端赶在[古失鲁克]前面，则一直到阿力麻里[1]、忽炭和可失哈儿为止的地区将归算端所有。如果古失鲁克赶在算端前面，则这个国家直到别纳客忒河[2]为止[的地区]将全部归他所有。双方约定好之后，古失鲁克抢了先。古儿汗的军队在远方，他急速地驰去，在八剌撒浑[3]地方袭击了古儿汗。[古儿汗]及附近地区的军队同古失鲁克作战，古失鲁克战败。古失鲁克被击溃后，退下来重整队伍，将军队重新装备起来。[同时，]花剌子模王马合谋算端同撒麻耳干算端斡思蛮一起，也向古儿汗出兵了。当时他来到了塔剌思[4]地区，古儿汗的统将塔阳古[5]带着大军驻守在那里。

双方展开了战斗。塔阳古被马合谋算端擒获，他的军队被击溃了。当古失鲁克得知古儿汗处于逆境的消息以后，便作好战斗准备，马上出兵，乘古儿汗军队分散的时候向他进攻，将他包围起来。由于古儿汗没有[别的]出路，便要向他屈服称臣。古失鲁克

① 伊犁河流域谢米列契的一座城市。最初为伊犁地区的首邑，后来成为察合台汗国的京城。16 世纪时已成废墟。巴托尔德认为，即忽都鲁-帖木儿陵墓所在的阿利姆图。阿·恩·伯恩斯坦则误认为，即阿拉木图市附近的阿利姆图（见他的论文：《阿拉木图省的古迹（据 1939 年考察资料）》，载《哈萨克加盟共和国科学院通报》，考古编，1948 年第 1 分册，第 79—91 页）。

② 即直到锡尔河为止，换言之，即将东突厥斯坦、伊宁地区及谢米列契归他所有。

③ 八剌撒浑，其废墟在今哈萨克加盟共和国楚河流域，距托克马克城西南 24 公里。十世纪时即已被提及。最初为哈剌汗朝的京城（十一世纪至十二世纪前半期），后为哈剌契丹京城（虎思斡耳朵——十二世纪后半期）；蒙古时代被称为豁-八里——好城，十六世纪时不复存在。

④ 塔剌思，后为奥利耶阿塔，今哈萨克加盟共和国江布尔城，六世纪时即已在鄂尔浑碑铭上被提及；为大商业中心和强国的堡寨，十六世纪起不复见于原始资料上。

⑤ 哈剌契丹封建主之一，其领地中心为塔剌思（今江布尔）。

不许，把他看作父亲，表面上尊敬他，名正言顺地将古儿汗统治下的突厥斯坦地区和他的王位夺取到自己手中。过了二年，古儿汗忧伤而终，三百零五年间积累起来的帑藏、财物、军队和动产全部落到了古失鲁克手中，称王了好几年。

这些事件发生之初，他[又]* 娶了……部[①]的一个女子为妻；此女迫使他信奉了偶像教(butparastī)。当他的王业在哈剌契丹领地上获得巩固后，他对臣民横施苛政暴敛，进行残暴的压迫。他每年派遣军队到那边的伊斯兰教地区[②]，糟踏和焚烧谷物。由于
183 谷物多年不收，粮食缺到了极点；人们还迫不得已地服从了[他所下的]让军队驻进城里的命令。每个户主[③]的住房里，都住下了[古失鲁克的]一个士兵。伊斯兰教徒之间产生了仇恨和不和。多神教徒想做什么就做什么，没有人能反抗[他们]。[古失鲁克]从那里向忽炭地区进发，占领了[那里]。他强迫那里的居民放弃穆罕默德教，强迫他们在[如下]* 两件事中间进行选择：或者信奉基督教三位一体说；或者信奉偶像教，改穿汉服。他想利用暴力和政权用证据和道理来揭发[伊斯兰教]教长。他通过传令官在城内宣布，要将穿学者和笃信宗教服装的人全部赶到野外去。按照[这个]命令，忽炭的教长们一下子全部出了[城外]。这些人们的领袖阿剌丁·马合谋·忽炭亦教长挺身而出，到古失鲁克处语言锋利

① 诸本均缺。

② 即可失哈儿、忽炭伊斯兰教区及其邻近地区。

③ kadkhudā(波斯语)，这个名词见于中世纪波斯文载籍中，在中亚及伊朗很流行；中世纪时可使用于从小封建贵族到上层农民("自耕农")的各类居民，通常表示社长或里正。在现代伊朗表示"村长"、"家长"，在中亚还有"长妻"的意思。

地道出真理。他们展开了有关宗教的辩论。当时语音越来越响亮，真理压倒了谎言，学者压倒了不学无术之徒，阿剌丁教长在同古失鲁克争辩中取得了胜利，——古失鲁克目瞪口呆、惊慌失措。他愤怒地恶毒谩骂起来，骂的话简直不像是对[安拉]至圣使者说的。[当时]马合谋教长说："真教的敌人啊，愿灰土堵住你的嘴吧！"古失鲁克下令将他抓起来，用各种酷刑拷打他，马合谋坚强地忍受了拷打。受尽各种折磨后，他被钉死在他的学堂门前的十字架上了。由于他的去世，伊斯兰教徒的事业一下子蒙上了阴影，异教徒们对伊斯兰教徒的暴虐行为公然猖獗起来。

人们举手祈祷，被压迫者祈祷的箭突然射中了[他们]心目中的靶，世界征服者成吉思汗君王的军队驱逐了这个偶像教徒暴君。事情是这样的：如上所述，成吉思汗派木华黎国王统率大军镇守[乞台]国和东方，他自己便摆脱乞台的战事向西域进军。

他派出哲别那颜带着大军担任先锋去反击古失鲁克。这时古失鲁克在可失哈儿城中。蒙古军还[没]展开战斗，古失鲁克已逃跑了。哲别那颜与那可儿们通过传令官宣布：每个人都可以有自己的信仰，保持自己祖先的[宗教]规矩。住在城里伊斯兰教徒家里的古失鲁克士兵全部被消灭了。蒙古军到处追逐古失鲁克，追得他走投无路。最后他在巴达哈伤境内山里迷了路；[蒙古人]在名叫撒里桓的峡谷里将他抓起来杀死后，回去了。他们从巴达哈
伤获得现金、宝石等大量战利品。[由此]明显无疑地[可见]：任何 184
人想抗拒穆罕默德教[的传播]，不久就会垮台、毁灭，而扶持和巩固阿赫默德神典的人、甚至不是它的信徒的人，将日益倍增其幸福，加官晋爵，延年益寿！

古失鲁克有个姊妹名叫额昔思[①]，她有几个儿子：一个名叫月失木惕，另一个叫完泽-额不干，第三个叫阿八赤。阿八赤[麾下]*有两千人；他有个兄弟，名叫不术-额不干，已故。不术的儿子名叫爪忽[②]。他和哈只的儿子秃克篾住在一起，他的母亲是乃蛮部人。阿林……-沙勒[③]、塔鲁-沙勒[④]、伯颜-沙勒[⑤]与统格-沙勒[⑥]兄弟四人都是古失鲁克汗的族人。“沙勒”是“王子”的意思。这些乃蛮人组成一个古列延，被称做也迪-帖木儿。合兀速思迷失和古思秃儿迷失[⑦]就是四兄弟之一的后裔。

从始自伊斯兰教历607年8月的豁你亦勒即羊年[1211年]*初起，到始自伊斯兰教历614年11月的巴儿思亦勒即虎年[1218年]*末止，共八年，最后一年成吉思汗六十四岁，[这八年内的]*成吉思汗纪已详述如上，——现在谨如至高、唯一安拉之所愿，让我们来简述这段时期内与成吉思汗同时的哈里发、算端、合罕、篾力、阿答毕传，然后再回过来记述此后的成吉思汗历史。就是这些！

[列国传五]*

从豁你亦勒即羊年[1211年]*初(伊斯兰教历607年8月)

---

① A本作ass;C、L、I本作asbš;音读不明。

② ǰāūqū;C、L、I本作ǰāūtū。

③ wārīmḥānūs-šāl;C本作arnǰānūš-～;I本作arnm-ǰānūš-～,音读不明。

④ 一作nārū-šāl。

⑤ C、L本作bīāl-šāl;I本作bīān-šāl。

⑥ C、L、I本作tūgmen-šāl。

⑦ C、L本作kūtīmūrmūš。

起，到巴儿思亦勒即虎年[1218 年]* 末(伊斯兰教历 615 年 11 月)止，凡八年，记此八年内和成吉思汗同时的乞台与摩至那合罕，哈剌契丹、突厥斯坦与河中君主，伊朗、苫国[叙利亚]、密昔儿[埃及]、鲁木[小亚细亚]、马格里布等地的哈里发、算端、篾力、阿答毕传，并简述在此期间发生的异事。

乞台君主传

章宗——在位十九年，除过去的九年、此后的两年外，在此期间在位八年。

至那君主传 185

宁宗——在位三十二年，除过去的十五年、此后的九年外，在此期间在位八年。

哈剌契丹、突厥斯坦、河中君主传

前述古儿汗[在位]*。在这几年中，如前所详述，乃蛮太阳汗的儿子娶了他的女儿后，叛变了他，夺取了他的领地(mulk)，古儿汗在忧愁中病死。接着，古失鲁克也被杀，这些国土(mamālīk)遂以最高安拉之力归属于成吉思汗。

哈里发、算端、篾力和阿答毕传

哈 里 发 传

报达哈里发为阿拔思氏的纳昔儿·里迪尼剌希①。这几年里，他将向居民征收的合克赛[税]取消了，这种税与现代的关税②相似，可获巨额税收(māl)。其原因为：他的女儿阿必死去了，为了举行祭悼[分发]施舍物买了些牛。在算账时对所应征收的关税发生了问题。[当时]哈里发降旨道，自今以后，永远不得向任何生物征收关税。

他在报达设立了许多处难民收容所③，通过传令官向报达的两半[城区]* 降旨道，这些难民收容所对乞丐实行施舍，施给羊肉、烤饼与甜食。愿安拉降福于他！

算 端 传

186 花剌子模、伊拉克、呼罗珊和哥疾宁算端为花剌子模王马合谋④。

---

① 阿拔思朝哈里发纳昔儿，见前面第 137 页，注⑤。

② 原文："... ḥaqq aṣ-ṣaī ki mīsitādand mīthl-i tamğā-i īn zamān"。amga(蒙文)：本义为财产记号、烙印、印。用在赋税上，则为从商业上征收的特种税收；关税为国家的主要进项之一。在伊斯兰教法主持者看来，这种税是不合乎伊斯兰教法典的，而这种税的废除被视为慈善事业。(关于"Тамга"一语，见巴托尔德《安尼的——马讷彻清真寺壁上的波斯文题铭》，圣彼得堡，1911 年，第 33—36 页)。

③ dār-al-madīf。

④ 有名的花剌子模王阿剌丁·马合谋(596[1200]—617[1220]年)，他在位时花剌子模王朝的强盛和疆域的扩展达到了顶峰。马合谋的父亲和他本人通过多次远征征服了整个波斯伊拉克、呼罗珊、阿富汗斯坦及河中。他的征服事业由于蒙古人的入侵而中断。马合谋为人民运动的残酷镇压者。

由于这些国家的算端全被灭掉了，他遂成了有无限权力的君主，他的事业达到了辉煌的顶峰。[此外]* 他还并吞了突厥斯坦和河中的若干领地。在他的生平事迹中，记述若干段事于下。

首先记述算端远征报达的事。

伊斯兰教历……年[①]，[马合谋]算端向和平之城报达出兵，因为他过去与纳昔儿哈里发有隙，胸中隐恨未消。

为此，算端从[其]领地上的教长、尤其是人类之师毛拉法黑剌丁・剌即处，得到[如下判决]，即：阿拔思氏没有权利取得哈里发政权，取得哈里发之位的权利不可剥夺地属于忽辛后裔的圣裔（赛义德），每一个拥有实力的强者有责任立享有应份权利的忽辛后裔圣裔之一为哈里发；阿拔思氏没有权利取得哈里发政权，[还]由于阿拔思氏规避[神的意志]，没有履行为信仰而进行的圣战。接着，他[马合谋算端]决定拥立一位伟大的圣裔阿剌・木勒克・忒耳迷即为哈里发，他按照这个想法[向报达]进发了。[算端]来到答木罕时，听到法儿思阿答毕撒忒[②]进入列夷境内，打算征服伊拉克。算端率领骑兵部队打前哨(yazak)急忙驰去，在赫亦里・不祖儿格地方追上了撒忒阿答毕。法儿思军队的队形造成了他们的失败。撒忒阿塔毕被俘；算端想杀掉他。阿答毕请求哈甫的佐兀赞[城][③]箴力缓颊，算端遂赦了他。他必须割让亦思塔黑儿[④]和阿失

① 诸本皆缺。

② 撒勒葛儿氏领主。

③ 即哈甫州所属佐兀赞城；哈甫州隶属于你沙不儿地区。

④ 法儿思城。亦思塔黑耳为萨曼朝时法儿思首邑；蒙古时代为一堡寨。该堡存在于十六世纪之前，其废墟在今什拉兹北。

黑嫩堡(qal'eh),缴出法儿思三分之二的税收,并留下自己的长子曾吉为质。然后才放他回去了,算端的扈从(ḥašam)则向哈马丹进发。先是,月即别阿答毕①从阿塞拜疆来到哈马丹,想占领伊拉克,[这时见算端来到]* 便逃跑了。[算端的]士兵要去追[他],但算端说:"算了吧,一年内擒获两个伟大的君主,没有这样的福分!"

187 [接着]算端向报达进发了。初秋的夜里,阿撒答巴忒山里起了大风雪,[花剌子模-沙的]大部分人和牲口都死掉了。这是算端在事业上遭到的头一次不幸的打击。这次[不幸]唤醒了他,他取消了[自己的]决定,在伊拉克停留了几天。他[在那里]进行休整,并将这块领地上的事整顿就绪。

叙述花剌子模王轻率地杀害了成吉思汗的商人和使者及由此产生的风波

算端从伊拉克回来时,讹答剌异密海儿汗[派]* 来一个使者向他报告了成吉思汗的商人们的情况。算端未经深思熟虑,只根据法学家的判决就下令将那些来到算端政权的殿堂下请求保护的伊斯兰教徒[商人]杀死,将他们的财产没收为战利品:

当人类命运晦暗的时候,
他干下了他所不当[做]的一切!

这件事的详细经过是这样的。花剌子模王在位的晚年,居民过着最美满的繁荣和太平[日子]* 。战火熄灭了,路上的盗贼、匪徒肃清了,一群群商人到可能获取利润的任何边陲地区去。由于

① 木咱法剌丁·月即别,亦勒迭吉思朝最后的君主;见第241页,注③。

蒙古部落是游牧民，远离城市，他们十分珍视各种织物和垫子，关于同他们通商可以赚钱的消息便远播开去了。为此，有三个不花剌商人带着各种货物，包括咱儿巴甫场、曾答纳赤、客儿巴思①等织物及蒙古人需用的其他物品来到了那里。当时成吉思汗已经将叛贼、歹徒从[哈剌]* 契丹和突厥斯坦的大部分地区上肃清了。他在路上设置了岗哨，使得商人能平安通过，商人和他们[带来]* 的那些合用的织物、布匹被送到成吉思汗处去了。那三个商人也被带到了成吉思汗处。当他们来到[他那里]时，其中一个商人拿出了自己的织物。凡是值十底纳儿或二十底纳儿的东西，他都索价二巴里失或三巴里失②。成吉思汗对他的欺骗动了怒，他说："这个人以为我们这里[从来]没有来过织物!"遂命人带着他去看金库中的各种贵重织物。然后，登记了他的织物，予以没收，将他 188
扣留了起来。[接着成吉思汗]吩咐他的伙伴们带着织物来见。尽管他[对他们]说了又说，他们[始终]不对衣服要价，只说道："我们是奉国王之命送这些织物来的!"成吉思汗[听了]他们的话很喜欢，他下令每匹"咱儿巴甫场"给一个金巴里失，每匹"客儿巴思"或"曾答纳赤"给一个银巴里失。[然后]将[他们的]另一个伙伴叫来，对没收的织物给了同样价钱，并予以种种安慰。当时对伊斯兰教徒十分尊敬，为了对他们表示更大的尊敬起见，在纯白色的毡帐

① 咱儿巴甫場(直译:"织金")——锦缎;曾答纳赤:彩色印花棉布，由不花剌曾答纳村而得名，该村几乎直到最近还生产棉布;客儿巴思:素白棉布。

② 巴里失(波斯语?)，突厥语同义词为牙思塔:意为十二至十三世纪蒙古人所使用的货币单位金锭和银锭。当时所用的纸币也用这个名称(巴里失钞)。由于"巴里失"的语源，见伯希和:Le prétendu mot"iascat"ches G. de Rubruck;关于巴里失的价值，参阅第一分册俄译本第 134 页，注④。

里接待了他们。他们回去时,[成吉思汗]吩咐后妃、宗王们和每个异密[各]派两、三名亲信带着金银巴里失跟随他们前去,到算端国内去进行贸易,[换]取当地的珍品。[后妃、诸王、异密们]* 遂奉命每人从自己的下属中指派了一、二个人;[当时]集合起了四百五十个伊斯兰教徒。成吉思汗命马合木·花剌子迷、阿里·火者·不花里及玉速甫·坚客·讹答剌里担任使者同那些商人一起[动身]*,派[他们]去告诉花剌子模-沙说:"贵国商人来到了我们这里,[现在]* 正如你们所听到的,我们又[将他们]遣回来了。此外,我们还派了一些商人跟着他们到贵国来,想将贵国的珍品和当地[出产的]珍贵织物运到我国来。您的家族的伟大和姓氏的高贵是尽人皆知的! 大多数地区上的平民、贵族全都知道[您的]国土的辽阔和您的命令的威力。您是我的爱子和最好的穆斯林。[现在,]当[您]清除了敌人,将同我们邻接的地区全部占领和征服后,我们两国就成了邻国,为了在两国沟通协作一致的道路,要求[我们拿出]* 高尚明达[的态度来]*,担负起患难相助的义务,将[两国之间的]* 道路安全地维护好,避免发生险情,以使因频繁的贸易往来而关系到世界福利的商人们得以安然通过。当[我们之间建立起]亲睦关系以后,就没有[人]* 动[坏]* 念头了,也没有[人]* 支持纷争和叛乱了!"

使者和商人来到了讹答剌城,当地异密名叫亦纳勒出黑①。他是算端的母亲秃儿罕哈敦的亲人,号称"海儿汗"。这伙商人中有一个过去和他相熟的忻都人;亦纳勒出黑按照[他们]的习惯邀

① 见第 92 页,注①。

请了他,忻都人夸耀了自己的汗[成吉思汗]的伟大,没有对他表示[应有的]尊敬。海儿汗生了气,此外他还眼红他们所带的财物。[于是]*,他将他们扣留了,遣使至伊拉克向算端报告了[成吉思汗的商队和商人们的]情况。

花剌子模王不顾成吉思汗的诏敕,没经深思就发出了杀死商人、没收商人财产的命令。他没想到,这个杀死商人、[没收商人] 189
财产的决定,竟成了[他和他的臣民们的]末日,诗云:

聪明人要看到事情的后果,
当你动手做一件事时,
务必先将出路看好。

海儿汗奉命杀害了他们,[这一下]他就把全世界毁了,使所有的人民都遭到了不幸。

在这个命令下达到[那里]*之前,有一个[商人]从牢里巧妙地逃了出来,跑到一个偏僻的角落里躲了起来。当他得知自己的同伴死去以后,他马上来到了成吉思汗那里。报告了其余诸人的悲惨遭遇。这些话在成吉思汗心里起了作用,他再也不能忍耐和平静了。他愤怒地独自登上山头,将腰带搭在颈子上,光着头,将脸贴到地上。他祈祷、哭泣了三天三夜,对主说道:"伟大的主啊!大食人和突厥人的创造者啊!我不是挑起这次战乱的肇祸者!请佑助我,赐我以复仇的力量吧!"然后他感到了吉祥的征兆,便精神抖擞、愉快地从那里走了下来,坚定地决定将作战所需的一切事情部署起来。由于古失鲁克在前面,他遂拿他开刀,派遣军队歼灭了他,这件事[前面]*已经详细叙述过了。[然后]他派遣使者到算端处,申述了起因于他的背叛行为,告诉他军队已经向他这方面出动，让他准备作战。花剌子模王由于傲慢自大，不考虑[行动的]后果，遂陷于灾祸、不幸和苦难之中。“请看那[天]* 谴之日的结局吧！”

叙述马合谋算端接到成吉思汗军队向他出动的报告；[成吉思汗军队]同边防军展开激战，[花剌子模王]吓得跑回去了

当成吉思汗出兵的消息传到了花剌子模王马合谋算端处，他将伊拉克交给其子鲁克纳丁①，[自己]从哈马丹向呼罗珊进军。在你沙不儿停留了一个月后，他又向不花剌出发，在那里欢娱了几天，接着又到了撒麻耳干。他从那里带着大军到了毡的。从毡的他来到了突厥斯坦，到了自己的国境线上。这时，成吉思汗派去反击乞儿吉思和秃马惕部，捉拿战败逃走后合成一伙的古失鲁克和篾儿乞惕部主忽都的军队来到了，他们追击这些部落的逃跑者到
190 了突厥斯坦边境地区的……地方②。花剌子模-沙的巡哨部队接到报告说，蒙古军已经来到了这些地区附近。算端遂去追击他们。据某些蒙古讲故事人说，这是成吉思汗指派速别台把阿秃儿和弘吉剌惕部的脱忽察儿率领下去攻打忽都的军队。他们同忽都战于上述地点，将他连同大部分军队一起杀死了。消息传到了马合谋算端处，他便发兵去攻打他们。马合谋在战场上从被杀死的人中间看到了一个伤者，遂询问了他，向蒙古军追去。次日黎明，马合

① 花剌子模王朝的鲁克纳丁·古儿散赤(死于619〔1222—1223〕年)。
② 诸本均阙。

谋在乞里和合迷黑[①]两河之间追上了他们，摆开了战阵。蒙古军队避开了战斗，并说："成吉思汗没有让我们同算端花剌子模王交战，我们是为了别的事来的！"由于算端不理会他们的话，没有停止作战，蒙古人也投入了战斗。双方的右翼军互相接近，一部分蒙古人向中军发动了攻击。算端有被俘的危险，但其子札兰丁进行了坚强的抵抗，击退了这次山也挡不住的进攻，将父亲从险境中救了出来，诗云：

谁个能及得上

在父亲面前准备厮杀的猛狮？！

那天札兰丁算端坚强地厮杀到夜晚。日落以后，两军离开自己的驻所休息。蒙古人点起了火，迁移回去了。他们到了成吉思汗处，报告了他们亲眼看到的札兰丁算端的英勇行动。成吉思汗了解到，双方[的战事]是不可避免了，也没有[居间]调停的国王，他遂作了布置和准备，把[自己的]军队装备起来，打算向马合谋算端的领地发动进攻。

虽然算端是这次战乱的肇祸人，成吉思汗按照以往的规矩仍不愿向他进攻，他尽量采取友好行动，尊重邻国关系。直到若干行动起自算端，令人悲愤，使人必须采取复仇手段，他才出兵和他作战。花剌子模王的这些行动为：第一，他没经深思，轻率地杀害了那些商人们。商人们是[成吉思汗]为了[友好]团结、寻求和平的目的派去的，他们带着[写得很]* 客气的国书[来到花剌子模王处]，但[花剌子模王]根本没有理会[国书上所写的]那些话；第二，

① 原文 qīlī(L、C、P、B 本作 qblī) wa qamīkh。

[他迫使]*[成吉思汗]违背[自己的]*意志不得不与他的军队作战。还有，落到古失鲁克手中的突厥斯坦领地当古失鲁克被成吉思汗军队所杀时，被算端全部所占领①。

191 以上诸点合到一起就成了[双方]*敌对的导火线，成为报仇雪恨的原因。

这次战斗发生后，算端回到了撒麻耳干。他心中惶惶不安，内心的纷乱扰乱了外部行动。当他亲眼看到敌人的强大和威力后，了解了前此发生的惹起战乱的原因，慌乱和忧愁的心情逐渐支配了他，他的言语行动中时常流露出后悔之意。由于他满心疑虑，已不能进行正常判断，不得安眠和宁静了。他便听凭不可避免的命运的支配，按照"我听凭安拉的决定和他的预定"②[这句老话]采取行动。星相家们也说，……在恶运的星宿没有走掉之前，为谨慎起见不宜对敌人采取任何行动。

星相家们这些话也是使他的事业更加陷于紊乱的原因之一，他决定将数达四十万左右骑兵的大部分军队留在突厥斯坦和河中，两万人留在讹答剌③海儿汗处。一万人留在别纳客忒④地区忽

---

① 拉施特对成吉思汗和花剌子模王作战原因的解释是片面的，他表达了成吉思汗系诸汗的官方史学的观点。根据另一些史料（涅撒维书等），我们可以推想，征服性战争是由成吉思汗发起的。

② 《史集》原文为阿拉伯文。

③ 讹答剌，法拉布城的中世纪名称，其废墟在今塔什干铁路帖木儿车站附近，位于锡尔河右岸，离阿雷斯河口不远。原为哈剌契丹领土，被马合谋并入花剌子模沙国，成为该国的边境点。

④ 别纳客忒（又常写作费纳客忒），即后的沙黑鲁希牙，其废墟在今锡尔河右岸吉日根河流域。该城为蒙古人所毁，后经帖木儿加以恢复，取名为沙黑鲁希牙。该城大概存在到十七世纪为止，具有重要的战略意义。

都鲁汗[①]处，他又把骑将亦黑的牙剌丁·古失鲁[②]异密及号称亦难汗的斡忽勒·哈只卜、哈迷忒·普儿·塔阳古等异密带着三千人留在不花剌；将自己的舅父秃罕出黑汗和哈儿米勒、亦咱丁·可儿忒的儿子哈儿祖儿[③]、忽撒马丁·马速忒等古耳异密带着十一万人留在撒麻耳干；将法黑剌丁·哈别失及薛哲思丹军队留在忒耳迷，将自己的堂叔、哈散的儿子马合木汗留在巴里黑[④]。将阿撒忒·别黑列汪留在毡的，答合勒出黑篾力留在忽塔里养[⑤]，不儿塔昔[⑥]留在浑都思[⑦]，阿思剌卜汗留在押儿牵[⑧]。他下令改建撒麻耳干城墙。有一次当他从城壕上走过时，说道："前来进攻我们的军队，只要每个人扔下自己的鞭子，这条壕沟一下子就被填平了！"这 192
些话使[他的]* 臣民与军队大为沮丧。算端到那黑沙不[⑨]去时，不管走到哪里，到处都说："[你们]* 自谋活命之计吧，蒙古军队是无法抵抗的！"他派人到花剌子模去让他的嫔妃和母亲秃儿罕哈敦取道祃拶答而前来。他不管走到哪里，都要问一问每个大臣，有什么办法能对这次灾难有所帮助？每时每刻都有传播到城中的可怕消

① 忽都鲁罕·秃只·别黑列汪(?)，毡的和养吉干都督。

② 原文误作古失乞，见第 308 页，注②。

③ 所说的大概是也里王朝(1245—1389 年)可儿忒族的君主。

④ 古代巴克特里；617[1220]年为蒙古人所毁，十四世纪帖木儿时重建。今为阿富汗北部的村落与废墟。

⑤ 忽塔里养，一作忽塔里，为位于必阳只与瓦黑失之间的地区名，其首邑为忽里不克(今为库里亚布南面的库里巴加，位于塔吉克斯坦南部)。

⑥ L 本作 brtāišī；阿剌丁·不儿塔昔——浑都思领主。

⑦ 浑都思——阿富汗北部的城市，今为阿富汗卡塔冈省首邑。

⑧ 押儿牵：东突厥斯坦的城市，在可失合儿东南。

⑨ 那黑沙不，一作涅薛甫，今乌兹别克加盟共和国卡什卡河流域卡尔什城。

息传来，事情愈来愈乱。商人们，尤其是他的儿子札兰丁说："河中的局面已经无能为力了，[现在]必须竭力不让呼罗珊和伊拉克从[我们]* 手中失去。分驻在各城中的军队必须召回来，让我们全体后退，将质浑河[阿母河]变为[城]壕；或者，我们全都躲避到忻都地区去。"

算端同意[第二个]较软弱的意见，他按照这个主意来到了巴里黑。这时，[过去]曾从伊拉克派遣自己的儿子鲁克纳丁[向算端]献礼的亦马忒·木勒克从撒维来到了那里。花剌子模王安抚了他，对他很尊敬。[亦马忒·木勒克]请算端到伊拉克去，并说："我们在那里将伊拉克军队召集起来，好好考虑一下事情该怎么办！"札兰丁算端不同意他的话，再次说道："[对我们说来，]最好的出路是——把军队召集起来，去攻打他们[蒙古人]，因为这一点[完全]办得到。如果算端不打算[这么办]，要到伊拉克去，那么请把军队交给我，让我到边疆上去夺取胜利，去实现这项可能做到的事，让我们在造物主和[他的]造物面前表白一下。在[我们所]* 考虑的事取得成功之前，我们不[应]* 成为众矢之的受人谴责，不[应]* [让人们]用恶毒的话加到我们头上，说什么：他们以前向我们索取赋税和'哈剌只'，如今[大难]临头，却不管我们，把我们抛开了！"他将这些话反复申述了好几遍，竭力坚持[自己所提出的计划]；但认为必须等待父亲作出决定。马合谋算端由于心慌意乱、万分恐惧，没有听从[他]，他将儿子的老成的见解视作儿戏，却推说[他的]福星已经陨落，[什么也不中用了！]*

关于这段时期以后他的事业的结局，如果伟大安拉乐意的话，将[续]* 叙于《成吉思汗纪》之后。

鲁木算端为吉牙撒丁·怯亦·豁思罗兀①。这几年内,他从鲁木人处通过和平方式取得了安塔乞牙[安梯奥希亚]②城。先是,他在围攻该城时,攻毁了几座城楼,几乎就要将该城攻下来;城民便向附近塞浦路斯岛上的富浪人[十字军]求援。[富浪]* 军开来后,吉牙撒丁退回去了,富浪人进了城。吉牙撒丁将一部分军队驻扎在[安塔乞牙]周围的山中,不让任何东西运进来。过了一段时期,城里发生了饥荒。城民向富浪人说,要他们将伊斯兰教徒击退,因为眼下处境十分困难。城民和富浪人在这件事上发生了争
执。居民便请伊斯兰教徒来援助他们,[与他们]一起对富浪人作 193
战。富浪人躲进了堡内。伊斯兰教徒派人到阔尼牙去见吉牙撒丁。他急忙带着军队来到。次日,城降;接着围攻下了堡子,把富浪人抓了起来。就是这些!

篾力、阿答毕传

祃拶答而王为忽撒马丁。他在这几年内去世。他去世后留下了三个儿子,长子继承父位,将次子从领地上赶了出去。[次子]和花剌子模王的兄弟阿里沙有交情,便向他求援③。

---

① 怯亦·豁思罗兀一世,小亚细亚塞尔柱朝君主,1210年被杀。

② 所说的大概是皮昔迪雅的安梯奥希亚(在小亚细亚)。

③ 系指606年[1209—1210年]花剌子模王侵占祃拶答而。沙·忽撒马丁·忽撒马忒-倒剌·阿儿答失儿·伊宾·哈散为祃拶答而的巴云忒氏第二支系领主(466[1073]—606[1210]年),他于567[1171]年到602[1205]年统治祃拶答而。其幼子沙木思·木勒克·鲁思帖木·伊宾·阿儿答失儿为其继位者及该支系最后一个领主,于伊斯兰教历606年10月21日被杀死。阿里沙为花剌子模王马合谋的兄弟,是南曲儿忒斯坦(今伊朗库尔迪斯坦)的统治者。

阿里沙奉花剌子模王之命率领军队向祃拶答而开来。当他们从古儿干出兵时，当了王的长子死去了，幼子继位。阿里-沙来到后，对祃拶答而进行了掠夺。幼子逃到忽咱堡，人们对该堡进行围攻，但不管怎样努力，该堡老也攻不下来。全境都被占领了。次子在他们的扶植下当了国君(ḥākim)，他用花剌子模王的名字铸币，并于举行公共祈祷时隆重宣读花剌子模王的名字。

伊拉克领主为者罕·别黑列汪的奴隶爱秃格迷失和忙里①。爱秃格迷失到报达去，[在哈里发处]效劳了一段时期。哈里发赐他管辖亦思法杭和哈马丹。他来到[速来蛮·伊宾·]巴儿察木的地区上，等候报达军队到来。哈里发撤除了速来蛮·伊宾·巴儿察木②管理突厥蛮[之职]*，委派其弟来代替他。因此，速来蛮通知忙里，让他马上派军队来。在速来蛮帮助下，他们突然抓住爱秃格迷失[将他杀死]，传首至忙里处。这样，忙里的势力隆盛，他的周围聚拢了[许多]*军队，占领了伊拉克全境。

由于他与阿塞拜疆领主者罕·别黑列汪的儿子月即别阿答毕有仇；哈里发派人唆使阿答毕与忙里作战，并答应帮助[他]。哈里发命亦思马因堡主(ṣāḥib)札兰丁·马合谋去帮助他，并约定等到将忙里收拾后，一部分地区将归阿答毕所有，一部分归哈里发，一

① 哈马丹地方小王朝领主，阿塞拜疆阿答毕者罕·别黑列汪的奴隶及其统将。爱秃格迷失为这个王朝的第二个领主，610[1213]年被自己的嗣立者忙里所杀，忙里则于612[1215]年被杀。嗣立者斡忽勒迷失承认了花剌子模的最高政权；他于614[1217]年被纳昔儿哈里发的异密们所杀，王朝遂告覆亡。

② 此人伊宾·阿昔儿作速来蛮·伊宾·塔儿札木(卷十二，第197页)。关于此人，见《亚洲学报》，1847年第1期178页。

部分则归札兰丁·马合谋。哈里发派遣亦儿必勒与沙黑儿祖儿领
主木咱法剌丁·阔阔不里[1]出动军队。他们便到哈马丹去讨伐忙 194
里。忙里躲进了怯列只[2]境内的山里；军队围住了山，忙里连夜逃跑，他的军队溃散了。哈里发军队将该地区占领后，按照前约进行了分配。月即别阿答毕将自己分得的那块领地赐给自己兄弟的奴隶斡忽勒迷失，因为斡忽勒迷失在这次作战中表现得很勇敢。各路军队都回到自己的驻地上去了，逃走的忙里则来到了撒维；撒维领主(šiḥneh)是他的朋友；忙里请求撒维让他进城，撒维领主带他进了城，来到自己家里。这时撒维夺下他的武器，让他带上镣铐准备送到斡忽勒迷失处去。忙里求他亲手杀死他，不要[将他]送到斡忽勒迷失处去。撒维领主便割下他的头，送到月即别阿答毕处，月即别又将它送到了报达。诗云：

你该知道，如果事情做得不正，
谁也帮助不了你！

阿塞拜疆阿答毕为上述月即别。他前半世的事迹已记述如上。

迪牙别克儿：毛夕里领主(ṣāḥib)为亦咱丁·马速忒[3]·伊宾·讷剌丁·阿儿思兰沙·伊宾·亦咱丁·马速忒·伊宾·忽忒巴丁·毛都忒·伊宾·亦马丁·曾吉·伊宾·阿黑松忽儿。

迪牙别克儿在这几年里去世了，他让其十岁的儿子阿儿思兰沙[4]

---

[1] 木咱法剌丁·阔阔不里·伊宾·阿里，别格帖斤王朝君主，见第 242 页，注①。

[2] 怯列只：哈马丹南面鲁答剌瓦儿州首邑，位于哈马丹与涅哈云忒之间，今已成废墟。

[3] 亦咱丁·马速忒二世，曾吉王朝毛夕里支系的领主。

[4] 讷剌丁·阿儿思兰沙二世(615[1218]—616[1219]年)。

继位，并命巴忒剌丁·鲁鲁①摄政；当夜他就死去了。

巴忒剌丁连夜派遣使者至各篾力处[命][他们]*[对新主]重新宣誓，并遣使至哈里发处[请求]颁发敕令。早晨，事情安排好后，他开始[为死者]举哀。使者们很快地办完事情回来了。

封讷剌丁[即阿儿思兰沙]*治国与巴忒剌丁摄政的诏敕从京城里送来了。讷剌丁大部分时间有病，其叔阿克耳与疏失②堡领主亦马答丁·曾吉③觊觎毛夕里地区。他同亦儿必勒的木咱法剌丁勾结在一起。他夺取了哈可儿与咱兀赞堡④。巴忒剌丁多次派人告诫他，但他没有理会。巴忒剌丁便向阿迪勒篾力之子阿失剌甫篾力求援。[按照篾力的意思]达成协议后，篾力派来了军队。
195 巴忒剌丁遂出兵攻打亦马答丁。亦儿必勒的木咱法剌丁也派来军队援助亦马答丁。双方交战，巴忒剌丁军队击溃了亦马答丁。[这时]*从京城里来了一些使者，为他们缔结了和约。缔和以后，讷剌丁·阿儿思兰沙去世了，其弟三岁的纳昔剌丁·马合木⑤即位。由于他的年幼，亦马答丁夺取领地的贪欲又增长起来了。他开始向毛夕里进军。这时巴忒剌丁派遣其子带领军队去援助阿失剌甫篾力，篾力则到密昔儿[埃及]援助其弟客迷勒⑥去了。阿失剌甫

① 巴忒剌丁·鲁鲁——毛夕里最后的阿答毕(曾吉朝)的奴隶及宰相。后来领有毛夕里，在他死前成为那里的封建领主(631[1233]—657[1259]年)。

② 阿克耳(阿拉伯著述家作 akr-al-humediyeh)与疏失——毛夕里东面两座并列的强堡(牙忽忒书，卷三，第 196 及 334 页)。

③ 亦马答丁·曾吉·伊宾·阿儿思兰沙，曾吉族领主，死于伊斯兰教历 630 年。

④ 咱兀赞：者即剌的城名及州名，位于底格里斯河上，在毛夕里上方。

⑤ 纳昔儿·马合木·灭里·客希儿，曾吉王朝毛夕里支系领主(616[1219]—631[1233]年)。

⑥ 灭里·客迷里·马合谋，埃及艾育伯王朝君主(615[1218]—635[1238]年)。

篾力以前派来援助巴忒剌丁的由亦咱丁·爱别[①]统率下的军队在尼昔宾。巴忒剌丁将他们请了来。他们一起渡过迪只列[底格里斯]河,[与敌人]在距毛夕里三程的地方发生了冲突。亦咱丁·爱别攻打亦马答丁·曾吉所在的右翼,将他击溃了。木咱法剌丁的中军攻打巴忒剌丁的左翼,击溃了巴忒剌丁。巴忒剌丁[退]* 到了毛夕里,木咱法剌丁退到了亦儿必勒。[这时]* 使者来了,[双方]* 遂缔结了和约。阿失剌甫篾力占领散札儿[后]*,到毛夕里来援助巴忒剌丁。阿米忒领主纳昔剌丁·马合谋与他同来。他们向亦儿必勒进军。[就在这时]* 哈里发的使者来了,为他们缔结了和约,他们遂各回自己的领地。

篾牙法里勤领主为奥哈忒·纳只马丁·艾育伯·伊宾·阿迪勒篾力[②],他占领木失[③]城后,向阿黑剌忒进攻,同当地领主作战,战败后带着很少几个人回到了篾牙法里勤。他的父亲派来了增援部队;他遂[再次]* 与阿黑剌忒领主巴勒班作战。巴勒班战败后,退到阿黑剌忒向阿儿赞·鲁木领主木吉撒丁求援。他亲自来了,乘机杀死巴勒班,并想占领阿黑剌忒。阿黑剌忒居民便派人去请纳只马丁来。纳只马丁来后,他们将领地交给了他,他遂统治了那里的大部分地区。不久,他们又叛变了,他用武力再次占领了城市,[对居民]* 进行了大屠杀,大肆抢劫,[将那里]占住了。

苫国与密昔儿篾力为阿迪勒。他的儿子们分占了这些领地的

① 木亦思·亦咱丁·爱别,后为埃及君主(648[1250]—655[1257]年)。

② 灭里·奥哈忒·纳只马丁·艾育伯,艾育伯王族美索不达米亚领主(596[1200]—607[1210]年)。

③ 木失:凡湖西面的城市,在亚美尼亚境内,今已成废墟。

各个部分。伊斯兰教历614年[公元1217—1218年],他到贝塔·木客答思[耶路撒冷]去反击从四方请来援军、会聚到阿客①来夺取贝塔·木客答思的富浪人。他从那里把军队带到兀儿敦[约旦]河谷里,在富浪人面前把军队驻扎下来。[但]* 他见富浪人势不
196 可当,便退回去了,朝着迪马失克方面回到了马儿只·速法儿。

富浪人进行了洗劫,彻底破坏了从尼散起直到巴尼阿思[之地]。阿迪勒派其子迪马失克[大马士革]领主木阿咱木·亦撒②篾力率领大军到纳不鲁思去抵挡富浪人,不让富浪人到贝忒·木客答思来。富浪人从阿客平原前进,他们围攻了梯耳堡。他们围城十七天,直到他们的一个异密中箭死亡,他们才退走了。由于梯耳堡离阿客很近,难于防守,阿迪勒将该堡毁了。富浪人从阿客入海,又从密昔儿答米额塔③附近登岸,他们与答米额塔之间隔了一条尼罗河,尼罗河水一部分流入地中海(dārīā-i būzurg)。他们[富浪人]在那里驻扎下来,在自己周围挖起深壕,并建造船舰。阿迪勒的儿子密昔儿领主客米勒篾力面对着他们驻扎在阿迪里牙地方。富浪人向满是守军的塔楼冲杀了好些天,想用武力将它攻下来,他们又斫断了[在尼罗河中设障的]铁链,让他们的舰只通过。客米勒篾力用一些特别坚固的东西代替铁链连在一起,想阻挡富浪人前进。双方展开了激战,客米勒夺下了几条船舰,将这些船撞

① 阿客或阿克剌:西巴勒斯坦的要港。基督教势力(十字军在巴勒斯坦的领地)的中心。

② 灭里·木阿咱木·沙剌法丁·亦撒,艾育伯王族领主,615[1218]至624[1227]年统治大马士革。

③ 埃及尼罗河东支流河口南面的答米额塔城。中世纪时为一座要港及商业中心。616[1219]年被十字军攻下。

在石头上沉毁了。他们厮杀了好几天。由于他们之间隔着一条尼罗河,答米额塔居民不怕富浪人,他们开着城门,[照旧]* 进行贸易。

马格里布……[1]。

法儿思阿答毕为木咱法剌丁·撒忒·伊宾·曾吉[2]。他的部分事迹见于花剌子模王传。协议签订后,他奉算端之命来到法儿思,其子阿不·别克儿阿答毕[3]听到这个情况后,很不满意,遂发起了战争。他在唐法鲁黑[隘]口布置了埋伏,用棒槌攻击他的父亲。在这次袭击中,他落马被擒。他的父亲将他带上镣铐,送到薛必答儿[4]堡,忠实地遵守了协议规定的条件。

起儿漫领主是撒忒阿答毕的侄儿。在他起兵叛变他后,过了一些日子,哈甫·佐兀赞的篾力以奉花剌子模-沙之名成了这块领地上的领主;他的地位隆盛无比。

昔思田……[5]

异 事 志……[6] 197

从始自伊斯兰教历 607 年 8 月的豁因亦勒即羊年[公元 1211 年]* 初起,到始自伊斯兰教历 614 年 11 月的巴儿思亦勒即虎年

---

① 各种抄本都没有这两个字。

② 撒忒·伊宾·曾吉,撒里葛儿族领主。

③ 阿不·别克儿·忽都鲁罕,撒忒的儿子及嗣位者(628[1231]—658[1260]年)。

④ 可能系指亦思塔黑儿西北库拉河流域剌木只尔忒州的伊思非德巴德堡。撒法儿王朝(九世纪)时伊思非德巴德为国家牢狱。

⑤ 各种抄本都没有这两个字。

⑥ 同上。

[公元1218年]* 末止，凡八年。这八年内与成吉思汗同时的邻国合罕、哈里发、算端、篾力、阿答毕传已简述[如上]*——[现在]* 如果能如慷慨仁慈的伟大安拉之所愿，我们就再来详叙这段时期以后的《成吉思汗纪》吧！

成吉思汗纪[六]*

从始自伊斯兰教历615年11月的讨来亦勒即兔年[公元1219年]* 初起，到始自伊斯兰教历624年2月的合孩亦勒即猪年[公元1227年]* 末止，凡九年。

在这段时期之初，他征讨了突厥斯坦与河中诸城以及伊朗地区。他对这些国家用兵凡六年，第七年即始自伊斯兰教历622年2月的鸡年[公元1225年]* ……①季，他回到了自己的斡耳朵中。当他听得唐兀惕地区复叛，便发兵出征，将那个地区征服了。他就在同一猪年秋8月（相当于伊斯兰教历9月）15日去世，死在第七十三年上，享年七十二岁，蒙古人[的说法]* 与此说一致。

叙世界征服者、君王成吉思汗[高举]* 征服世界的旗帜出征花剌子模王马合谋算端的领地

兔年（伊斯兰教历615—616年）[公元1219年]*，古失鲁克

① 诸本均阙。

作乱的尘埃平息了,敌人和逆贼们肃清了,成吉思汗对诸子及万户长、千户长、百户长进行了任命和分派。他召集了会议,举行了忽里勒台,在他们中间对[自己的]领导规则(āīn)、律令(yāsā)和古代习惯(yūsūn)重新作了规定后,便向花剌子模王国出征了。龙年[1220 年]*,他在也儿的石[额尔齐斯]河沿岸的路上度夏(yāīlāqmīšī kard),遣使通知马合谋算端道,自己已决定发兵出征,向算端过去的所作所为,如上述杀害商人等事进行报复。秋天,他 198
[继续]前进,占领了一路上的全部地区。当他到达海押立境内时,当地异密们的首领阿儿思兰汗以奴隶顺服之礼来拜见成吉思汗,归顺了他,获得了恩遇,加入蒙古军队助战。畏兀儿亦都护从别失八里带着自己的左右(khaīl),速黑塔黑别乞[1],从阿力麻里带着自己的军队都来为[成吉思汗]效劳。

叙成吉思汗进抵讹答剌城[2],攻占此城

同一龙年秋末,成吉思汗率领大军到达讹答剌城。驻跸城(ḥiṣār)下。如前所述,算端将大军交给海儿汗[指挥],又派自己的哈只卜哈剌察[汗]带着一万骑兵协助他;他们对城堡与城墙尽量设防加固,还把[全部]军事装备集中在[那里]。

成吉思汗命察合台和窝阔台带着几万军队围城,命术赤带

① C、L 本作 sūqtāī-tigīn;P、B 本作 sūqiān-~;贝书作 sūqnāq-~——1217 年被古失鲁克所杀死的阿力麻里伊斯兰教领主不咱儿(一作斡咱儿)的儿子(关于此人见巴托尔德:《谢米列契历史概要》,第 37、38 页)。

② 见前面第 286 页,注③。

着部队向毡的和养吉干[①]进军，命若干异密向忽毡和别纳客忒[②]方面进军。这样他向各方面派出军队后，自己同拖雷汗向不花剌进发。

关于不花剌和撒麻耳干是怎样攻下的，将于下文叙及。

双方在讹答剌厮杀了五个月。最后，讹答剌居民陷于绝境，哈剌察[汗]同意投降[蒙古人]将城市交出。由于海儿汗知道自己是战乱的肇祸人，故他无论如何也不肯[交出城堡]；他竭力[反对]，以绝不背叛自己的恩主为借口，不同意缔结和约。因此哈剌察[汗]无法继续在这件事上惹[他]讨厌，便在夜里带着自己的军队出了城。蒙古军抓住了他，将他带到皇子们那里。他们[对他]*说道："你的君主以前对你有种种恩惠，你却不忠于主，[因此]我们无法同你一条心。"他们遂将他同所有的那可儿们一起杀了。然后
199 攻下了城，将羊群、居民等等全部赶出城外后，进行了洗劫。

海儿汗带着二万人登上了城砦(qal'eh)。他们从那里以五十人为队[出击]，[不断]* 战死。战争继续了一个月，大部分人战死了，只剩下海儿汗和两个人还活着。他依然进行抵抗、格斗着。蒙古军将他包围在堡(ḥiṣār)内。他登上屋顶，不投降。他的两个那可儿也战死了，[他手里]没有武器。这时他扔着砖头，继续作战。蒙古人逐渐从四面八方围上来，将他抓了下去；城墙和城堡化为一

---

① 养吉干——新城；其废墟名札内根特，位于锡尔河下游卡札林斯克南面。毡的——废墟位于锡尔河上克治尔·奥尔达南面，为花剌子模沙帝国的一座巨大的设防城市。

② 别纳客忒[一作费纳客忒]，见前面第286页，注④。忽毡(今塔吉克加盟共和国列尼纳巴德城)——中亚古城之一。中世纪时为锡尔河左岸唯一大城，并构成了对不花剌或费尔干君主保持依附关系的一块领地。

片瓦砾。那些从剑下赦免下的人民和工匠,一部分被驱到不花剌、撒麻耳干等地去充当“哈沙儿”队[1]。[蒙古人]* 将海儿汗处死于阔克-萨来[2]后,从那里[继续]进发了。就是这些。

叙皇子术赤进兵毡的和养吉干,攻克两城

皇子术赤奉世界征服者成吉思汗之命,那时同兀鲁思-亦迪[3]一起向毡的进军。他首先来到了毡的州内、位于昔浑河[锡尔河]畔的速黑纳黑[4]城(qaṣabeh)。

他先派遣成吉思汗的一个亲信(ḥašam)、很早就为成吉思汗效劳的商人忽辛·哈只[5]率领着使团[到速黑纳黑]去——在派出使团后,想靠他[与居民]相熟、是[他们的]同胞,让他劝告这一带居民[不进行抵抗],号召他们投降,让他们保全生命财产。

当他前往速黑纳黑时,他还未及以使团身份提出劝告,一些恶棍(šarīrān)、败类(runūd)和各种无知之徒(awbāš)喧嚷了起来,他们喊叫着:“安拉万岁!”(takbīr),杀死了他,认为为国君立了大

① 哈沙儿(阿拉伯语)。此语在蒙古时代的史料中表示被征服地区的俘虏或居民,蒙古人利用他们担任围攻工作,并充当先头掩护队。在中亚现代语言中,“哈沙儿”直到最近还表示同村人共同协助某一人收割庄稼、筑渠道等等之意;试比较俄语“помочь”。

② 阔克-萨来——撒麻耳干城郊离宫。

③ 兀鲁思-亦迪——蒙古统将名,巴托尔德以为即右翼千夫长只答那颜(见巴托尔德:《突厥斯坦》,卷二,第 448 页)。

④ 速黑纳黑,一作昔格纳黑——锡尔河上的城市,其废墟名为速纳克·库尔冈,位于哈萨克加盟共和国境内过去的秋明·阿雷克邮站北面 18 公里。

⑤ 巴托尔德以为此人即关于成吉思汗的蒙古传说中所提及的阿三[见《秘史》第 182 节]*,见巴托尔德《突厥斯坦》,卷二,第 446 页。

功。术赤汗得知这一情况后，让军队组成战斗队形，下令昼夜不停地进行冲杀。他们冲杀了几次，通过强攻将城攻了下来。蒙古人为了给一个人复仇关闭了赦免、宽容之门，将所有的人全部杀死。他们将这个地区交给被杀死的忽辛·哈只的儿子管辖，离开了那
200 里。他们占领了讹迹邗、巴耳赤邗后，向阿失纳思①进发；当地军队绝大部分由各种流氓(runūd wa awbāš)组成，他们在作战时乱冲乱撞，大部分被杀。这个消息传到了毡的。算端派来防守那个地区的最高统将忽都鲁汗夜里渡过昔浑河[锡尔河]，经过沙漠地带跑到花剌子模去了。关于他离开毡的的消息传到术赤汗那里时，术赤派遣成-帖木儿②带着使团到毡的去招降居民，劝他们停止敌对行动。

由于毡的城没有掌大权的首领与长官，每个人各自为政、互不为谋，各自谋求最好的出路。

百姓们喧哗了起来，向成-帖木儿进行攻击。成-帖木儿向他们谕以忽辛-哈只被杀和速黑纳黑发生的事，和蔼而有耐心地使他们平静下来，并和他们约定说："我不会让外国军队到这里来的！"他们对这个诺言很高兴，丝毫没有伤害他。成-帖木儿突然离开他们到了术赤与兀鲁思-亦迪处，向他们报告了他亲眼看到的情况。他们遂向那里[毡的]进军，于伊斯兰教历 616 年 2 月 4 日[公元

① 讹迹邗、巴耳赤邗与阿失纳思——锡尔河下游的城市，位于毡的与昔格纳黑之间；今已不复存在。阿失纳思即克治尔·奥尔达南面的阿萨纳思废墟，距过去的贝尔·喀山邮站 30 公里。

② 据另一些资料上说，这位汪古惕部的蒙古统将为哈剌契丹人，后来在伊朗历史上起了巨大作用。

1220 年 4 月]屯营城下。军队挖掘战壕,进行准备工作。毡的居民关上城门,在城墙上开始了战斗。由于他们从来没有经历过战争,对蒙古人用来攀登城墙的方式感到惊奇。蒙古人用梯子登城,从四面八方爬上城头,打开了城门。他们将全体居民押了出来。双方没有任何伤亡。由于他们没有抵抗,蒙古人赦免了他们,只杀死了侮骂成-帖木儿的为首的几个人。他们[将城民]在野地里扣留了九昼夜,对城市进行了洗劫。

他们委派阿里-火者管理[毡的],阿里-火者出身于不花剌下层(?)①,在[成吉思汗]出征以前就投靠了他。接着,他们到养吉干去了。攻下养吉干后,他们在那里设置了长官(šiḥneh)。[接着,]* 兀鲁思-亦迪从那里向[钦察草原上的]哈剌和林②进军。他们从那一带的突厥蛮游牧民中抽出一万人派到打花剌子模的部队③中去,归巴尼阿勒那颜统率。当这部分人经过几处宿站 201
(manzil)后,恶运唤醒他们杀死了代巴尼阿勒统率他们的一个蒙古人,举行叛乱。巴尼阿勒[本人]率前锋先行,当他听到这个消息后,便返回来杀死了大部分突厥蛮人,一部分[突厥蛮人]逃了出来,他们带着其他队伍向阿母河、马鲁方面逃去,在那里汇成了一支庞大的队伍。关于这一情况将于后文叙及。

---

① 原文 az frduwān-i bukhārā;C 本作 az frūdāūn-i ～;B 本作 az qūdūān-i ～;贝书作 az dūdmān-i ～。

② 指突厥-康里人的帐落,与成吉思汗的蒙古京城同名(见:巴托尔德,《突厥斯坦》,卷二,第 447 页)。其位置不明。

③ 即派到预定为攻打花剌子模的蒙古军中去。

叙别纳客忒和忽毡的攻克，及帖木儿-灭里的英勇事迹

成吉思汗来到讹答剌后，派诸子与异密到附近地区去指挥战事，他派遣阿剌黑那颜、撒黑秃和不花三人带着五千人到别纳客忒去。他们带着从附近地区与他们会合的其他异密们向那里进军。[别纳客忒都督]亦勒格秃-灭里带着他手下的[突厥]康里军队[同蒙古人]厮杀了三天，到了第四天城民请求赦免，他们在征服者到来前，走出[城]来。[蒙古人]将士兵、手工业者和[平]民分置数处。他们将士兵用剑杀死或射杀，其余的人们编成千人队、百人队、十人队。青年人被押出城去，送到"哈沙儿"队里去。[接着，]他们向忽毡进发。到了那里，居民躲进了堡内。当地异密帖木儿-灭里[①]是一条英勇的好汉(bahādur)。[蒙古人来到前]，他在昔浑河[锡尔河]中间、河分流为二支之处布设高堡(ḥiṣār)，带着数千名有名望的人退到了那里。[蒙古]* 军到来后，由于箭和弩炮(manǰanīq)所射之石射不到，一下子攻不下[这个]堡来，遂将忽毡的青年男子驱来充当"哈沙儿"队，又从讹答剌及所占城、乡中调来五万"哈沙儿"队、两万蒙古兵助战。他们全部分编为十人队、百人队，大食人组成的各十人队，由蒙古人担任长官。他们从三程外的山中徒步将石头运来，填入昔浑河中。

帖木儿-灭里造了十二只艇，艇上覆毡，用醋浸泥涂之，上面留

① 为率领人民群众反对蒙古人的忽毡长官。

出了若干窗眼。

他每天早晨向每个方向派出六只艇子，展开激战。无论是箭、火、石油对这些艇子全都失却了效用。蒙古人投入河中的石头，被他从河里抛到了岸上，夜里他向蒙古人举行突袭，弄得蒙古军疲惫不堪。后来蒙古人准备了许多箭和弩炮进行激战。帖木儿-灭里势渐不支，便于夜里装备了七十只船，准备逃跑，船上装载了伤员、辎重，自己则带着勇士登上了艇子。然后点起火把，像闪电般地沿流而下。蒙古军得到消息后，沿着河岸赶来。帖木儿-灭里每逢成 202
群的蒙古兵时，就将艇子飞快地驰近去，射箭驱逐他们，那箭就像是命运般地决无虚发。他在水中像风也似地驰舟而前，一直到达了别纳客忒。到了那里，他一击之下斫断了横在河中、阻碍船只前进的[铁]* 链，无畏地驰舟而前。在他到达毡的和巴耳赤邗境内之前，两岸军队一直和他作战。术赤汗接到有关于帖木儿-灭里情况的报告后，沿着昔浑河两岸在好几处地方布置了军队。[蒙古军]* 架起浮桥，安置了投射武器和弩弓。

帖木儿-灭里得知[蒙古]军[在两岸]* 设伏，便从巴耳赤邗登岸，带着自己的队伍骑马前进，蒙古人向他们追了上来。他遂将辎重遣走，自己留在后面作战，待辎重走[远]了，才重新跟上去。

他这样地厮杀了好几天，部卒大部分被杀死了，蒙古军却越来越多。最后，蒙古人将他的辎重夺走了，他手下的人也所剩无几了。但他依然倔强不降。当这几个人也战死后，他身边已无武器，只剩下了三支箭，其中有一支还是无镞的断箭。[这时]* 三个蒙古人追了上来；他用那支无镞的箭射瞎了其中一人，对其余二人说道："我为你们二人留下了两支箭。但我舍不得用箭。你们最好还是逃命回去吧！”蒙古人遂回去了。他到达花剌子模后，重新准备战斗。他率领少数队伍来到养吉干，将那里的[蒙古]长官（šiḥneh）杀死后回去了。由于看不出自己留在花剌子模有何好处，他就追赶算端向沙黑里思丹①进发，投奔到了算端处。在[追随]*算端的若干时期内，他到处驰骋，还是那么勇敢。算端死后，他穿着速非服（ahl-i taṣawwuf）到了苫国[叙利亚]。战火熄灭后，由于眷念故乡他想回来了，于是他就动身回[故乡]来了。他在费尔干境内的讹失②城住了好几年，打听他的家和孩子们的消息。有一次，他到忽毡时，见到了[自己的]*儿子。儿子[从蒙古人处]获得了恩典，他从拔都殿下处回来③，取得了父亲的土地和动产。他走到儿子跟前说道：“如果你见到了你的父亲，你还认得他吗？”儿子答道：“父亲逃出去时，我还只是个吃奶的孩子，我认不得他了，但是有个奴隶（ğulām）认得他。”遂将那奴隶叫了来。帖木儿-灭里将他身上的特征对他说了。那奴隶看了后，认出了他。帖木儿-灭里活着的消息遂传开去了。由于他有许多人质[在蒙古人处]，人们不承认他，不接受他。因此，他想去为合罕效劳。他在路上遇见了
203 哈答罕-斡忽勒④，哈答罕下令将他捆起来，竭力设法追问他过去的事、追问他同蒙古人作战的事。

[帖木儿-灭里]勇敢地回答如下：

① 即朱里章（古代吉尔客尼牙），里海东南岸朱里章河（今古尔根河）上的地区名及城名。

② 锡尔河上游的城市。今吉尔吉斯加盟共和国同名州首邑。

③ 术赤的次子，金帐汗（621[1224]—654[1256]年）。

④ 原文为 qdqān-ağūl。

诗

我带着众多的土兰勇士作战，

这是山海共睹的事。

我过去的所作所为——有群星为我作证！

由于[我的]勇敢，世界俯伏在我的脚下！

他认出了那个被他用断箭射伤的蒙古人。由于[哈答罕]* 宗王问得很多，他在回答时出言有所不逊，宗王动了怒，一箭将他射死了。诗云：

俯身叹息，

休去想那祸和福！

叙成吉思汗进抵不花剌城①，攻占此城

如前所述，成吉思汗于龙年（年初相当于伊斯兰教历 616 年 12 月）[公元 1220 年]* 秋末进抵讹答剌城，命察合台、窝阔台攻打讹答剌，又命术赤和诸异密各统率军队到各地去。每个皇子和异密都攻打着指定的城市，到了蛇年（年初相当于伊斯兰教历 617 年 12 月）[公元 1221 年]* 春第二月，就差不多有五个月了。现在我们来详细和连贯地阐述成吉思汗攻克各城[的情况]*，所叙述的时期包括：从成吉思汗离开讹答剌起，到皇子和异密们重新以奴隶顺服之礼来见他、他重新指派术赤、察合台和窝阔台去攻打花剌子

① 不花剌：札拉扶桑河下游的城市及文明地区。中亚封建时代的最大文明和宗教中心。从十世纪起成为大食萨曼王朝的京城，在长时期中一直是中世纪经院学术中心；后来成为独立的汗国，直到十九世纪六十年代为止。今为乌兹别克加盟共和国州中心。

模[城]*、自己带着拖雷渡过忒耳迷河[阿母河]向伊朗地区进军为止。然后,如果万能的安拉乐意的话,我们再来叙述此后的事!

事情是这样的:当成吉思汗派皇子和诸异密去攻打[上列]地区后,他自己就从讹答剌向不花剌进发了。

204 号称也可那颜的幼子拖雷带着大军跟着他沿着通往咱儿讷黑[①]的道路前进。黎明,他们突然来到此城(qaṣabeh)。城郊居民害怕大军,躲进了堡(ḥiṣār)内。成吉思汗派遣答失蛮哈只卜为使者,到他们那里去通知[蒙古]军的到来,劝他们[投降]。一群煽动[抵抗]的人想[在这件事上]阻碍他。他便高声[说道]:"我答失蛮哈只卜是伊斯兰教徒,是伊斯兰教徒所生的,奉成吉思汗之命来当使者,要把你们从死亡的深渊中拯救出来。成吉思汗已经带着大军来了。如果你们想抵抗他,他在霎时间就会使[你们的]城堡(ḥiṣār)变为荒漠,使原野上的血流向质浑[河][阿母河]*。如果你们听我的劝告归顺他,你们的生命、财产就可获得保全!"他们听了这些明智的话以后,看到[向蒙古人]屈服对自己有利。[城中]首脑人物便走出[城]*来,派遣一群人带着各种食品(nuzl)[②]前行。这件事传到[成吉思汗]营地上时,成吉思汗询问了咱儿讷黑领导人物的情况,对于他们没有前来见他发了怒,他派遣急使命他们前来。他们立即赶来谒见陛下,受到了种种殊遇(sīūrğ āmīšī-i makṣūṣ),获得了赦免。

---

① 锡尔河左岸的堡寨,位于速忒干下方(废墟在今卡拉库尔湖附近),为位于锡尔河岸上,从撒麻耳干通过伊兰·乌廷峡谷通往讹答剌去的路上的最近的一站(巴托尔德:《突厥斯坦》,卷二,第439页)。

② 见第229页,注⑥。

[成吉思汗]* 下令将咱儿讷黑居民驱赶到野外,将壮丁送到不花剌"哈沙儿"队里去,余下的人仍遣回[城里]。

成吉思汗给咱儿纳黑起名为忽都鲁-八里[幸福城]。当地突厥蛮人中有一个熟悉道路的向导,他带领[蒙古]军沿着没有大道的路来到了讷儿①境内。自此,这条路遂得名为"汗路"。前锋塔亦儿把阿秃儿遣使恩威并施地传谕汗的到来。讷儿居民遣出了回使,让使者送馈礼(nuzl)至陛下处,表示降附。[蒙汗]* 垂青收下了馈礼,他降旨道:"朕命速别台先行,前来尔处,可将城市予之。"速别台到了那里,他们服从了命令,还派出六十名精锐之士随同讷儿异密之子亦勒-火者到答不思②去助[战]*。成吉思汗驾到,他们尊敬地迎接了他,献上了合宜的馈礼、食物。成吉思汗给予殊遇,并问道:"算端在讷儿定了多少赋税(mal)?"人们回答说:"一 205
千五百底纳儿。"他遂降旨道:"你们可将这笔数目的现款缴来,此外就不再[使你们]遭受损失了。"他们缴了这笔现款后,得以免除了杀掠。

伊斯兰教历 617 年 1 月[公元 1220 年 3—4 月]初,成吉思汗从那里进向不花剌,在不花剌城门下屯营。随后开来的军队驻扎在城的四周。

不花剌守军共二万人。他们的统将阔阔汗③及哈迷忒-普儿-

---

① 讷儿——村名(今乌兹别克加盟共和国撒马尔罕省努拉塔城);位于文明地区和草原之间的边界上,当时具有重要的战略意义。

② 一作答不昔牙,今为帕黑塔科尔冈附近的卡赖·达布斯废墟,位于乌兹别克加盟共和国集阿丁火车站附近。

③ C 本作 krk-hān;志费尼书作 kūğ q-khān(见巴托尔德:《突厥斯坦》,卷二,第 441 页)。

塔阳古①、速亦温赤汗、古失鲁汗②等异密，夜里带着部下从城堡中逃走了。当他们逃到质浑河岸上时，[蒙古]军的侦骑袭击了他们，将他们消灭了。

次日拂晓，居民打开城门，教长、学者等到陛下处屈膝请降。成吉思汗骑马巡视了城堡(ḥiṣār)以后，进入了城内。他骑马到大清真寺，停留于祭坛③前。其子拖雷汗赶来，登上了讲坛④。

成吉思汗问道："这里是算端的宫院吗？"有人[对他]说："这是主的庙宇！"他下了马，登上讲坛二三级降旨道："原野上没有草了，将我们的马喂饱吧！"不花剌人打开了城内仓库的门，把谷物搬取出来，装《古兰》经册的箱子成了养育马驹之所，盛酒的袋子堆在清真寺里，还把城中歌者强拉了来，命他们唱歌跳舞。蒙古人照常唱着自己的歌曲，[城中的]贵人、圣族、教长、法师和司教却必须执行蒙古人的种种命令，并代替马夫到系马桩旁去饲马。

接着成吉思汗从城里出来了。他把全体居民叫来，登上举行节日公共祈祷的城外广场⑤上的讲坛，在讲了算端的抗拒和背信弃义行为后说道："大家该知道，你们犯下了大罪，你们的大臣(bu-

① S本：～-nūr-tāyākū；C、L本：～-nūr-nānākū；I本：～-būrtānān-kū。

② A本：ksli-khān；C、I、P本：kšli-hān；B本：阙；贝书：客失克里-汗。参照巴托尔德书：算端的马夫亦黑的阿剌丁·古失鲁。据涅薛维说，他是城的长官(《突厥斯坦》，第441页)。参阅第287页，注②。

③ maqsūreh(阿拉伯语)，清真寺讲坛旁领主举行祈祷、并于祈祷最后宣布尊某人为主君的特殊场所(卡特麦尔，《埃以马木鲁克算端史》，巴黎，1837年，卷一，第164页，注㊻)。

④ mimbar(阿拉伯语)：清真寺内说教的讲坛。

⑤ muṣallā-i ‘idgāh：在伊斯兰教盛大节日里代替清真寺举行祈祷的地方，与namāzgāh同义，见下页注②。

zurg)都是罪魁。在我面前颤抖吧。我凭什么这样说呢?因为我是代表上帝来惩罚你们的。如果你们没有犯下大罪,伟大的主绝不会让我来惩罚你们的!”接着他又问道:“谁是你们所信赖的(amīn)和特别可靠的人(mu'tamad)?”每人举出了自己所信赖的人,他[从被推举的人中间]指定蒙古人、突厥人各一个担任八思哈(basqāqī 镇守官),让他们两人保护居民不受士兵侵害。

[成吉思汗]办完这[件事]后,在结束讲话时召见了财主富翁 206
们,让他们把藏金献出来。[共召见了]270 人,[其中]本城[财主]* 190 人,其余为外地人。他颁发如下命令通过他们所信赖的人索取金钱:只须将应缴之额缴上,绝无额外需索和苛捐杂税。接着成吉思汗下令焚毁城内街区,几天后除大清真寺和几所用砖[建造]的宫宇外,城市大部分焚毁了。不花剌男居民被驱去攻打城堡(ḥiṣār),双方架起弩炮(manjanīq),拉开弓,矢石齐发,又从盛石油器(qārūreh)中喷射石油。整天整天地这样厮杀着。最后,守军陷入了绝境:堡前壕沟被石头与[杀死的]人畜填平了。[蒙古人]在不花剌“哈沙儿”队协助下,夺下了堡前斜坡(fāṣil),放火烧城门。汗、当代显贵和算端的近臣们,由于[身份]* 高贵,[以前]没有用腿走过路,[现在却]* 成了阶下囚,从此湮没无闻了。[突厥-]康里人活下来的只有凭运气①。男子被杀死了三万多人,妇女和孩子被押走当了奴隶(bardeh)。当[蒙古人]* 将城内反抗者肃清、将城墙平毁后,[他们]将城民驱赶到野外祈祷场(namazgah)②上,

① 原文:tāzīāneh-bālā,意为:“只让不过一杆鞭子那么高的孩子活下来。”
② 波斯语,直译:“祈祷场所”,即盛大节日时举行公共祈祷的城墙外的广场。

将青年人驱到了撒麻耳干和答不思"哈沙儿"队中。

成吉思汗由此进向撒麻耳干,去攻取该城。

叙成吉思汗向撒麻耳干[①]进军,攻克此城

成吉思汗于蛇年(始自伊斯兰教历617年12月,而此年其余诸月相当于伊斯兰教历618年诸月)[1221年]* 春末,从那里进向撒麻耳干。花剌子模王马合谋算端将撒麻耳干交给十一万人驻守。[其中]六万突厥人由诸汗,即算端宫廷里的大臣、权贵率领,[其余]* 五万人为大食人,[此外城内尚有]二十头奇象与享有特权的城民及下层城民不在此数。他们[撒麻耳干人]与守军一起加固城防,在城墙前围筑若干斜坡(fāṣil),在城壕里放满了水。当成
207 吉思汗进抵讹答剌时,关于撒麻耳干守军众多、城堡不可攻破的消息早已传遍四方。大家都认为,将撒麻耳干城攻下来需要好多年,因为这是怎么样的一座城堡呀! [成吉思汗]预先估计到这个情况,认为首先必须将四周地区扫清。因此,他先向不花剌进军,占领了那里,从不花剌将"哈沙儿"队全部驱到了撒麻耳干。在沿途所过的地方,他丝毫没有侵扰向他屈服的[城市],至于撒里普勒[②]、答不思

---

① 撒麻耳干(古代马剌干迪),札拉扶桑河中游的城市,为中亚粟特(古代索格底安)的巨大文化中心,在十世纪时文化中心迁移到不花剌城之前,为这个地区的京城。在蒙古人时代,该城虽已不是行政中心,但仍保持其文化发祥地的地位。在十四世纪和十五世纪初,帖木儿以该城为京城,该城遂又达到了空前的繁荣。今为乌兹别克加盟共和国撒马尔罕省的首邑。

② sar-i pul,直译"桥头"。堡寨的废墟在今乌兹别克加盟共和国札拉扶桑河流域卡塔·库尔冈附近。

等进行抵抗的[城市],则留下军队进行围攻。当他到达撒麻耳干时,被派到讹答剌及其他地区去的皇子与异密们已结束了那些地方的战事,带着从攻占的[城市]驱来的"哈沙儿"队来到了。蒙古人选择阔克-萨来为[汗]帐(bargāh)驻地,并在城的四周目眺所及的地方驻扎下来。成吉思汗亲自围绕着城墙和堡前斜坡巡视了两三天,考虑攻城和夺取[城]门的计划。这时有消息传来说,花剌子模沙在驻夏营地中。[成吉思汗]遂派遣声望素著的大异密哲别把阿秃儿和速别台带着三万人去追击算端。又派遣阿剌黑那颜和牙撒兀儿[①]进向瓦黑失和塔里寒[②]。接着,第三天早晨,无法计数的蒙古军和"哈沙儿"队围住了[撒麻耳干]城墙。阿勒普-额儿汗、速亦温赤汗、巴剌汗[③]及其他诸汗举行出击,[与蒙古人]作战。双方战死了许多人。夜里双方各自回去了。次日,成吉思汗亲自上马统率围城的全部军队[作战]*。他们向野地上和战场上的守军射箭、挥剑。城民对这一天的厮杀害了怕,他们的想法和意见有分歧。次日,勇敢的蒙古人同犹豫不决的城民重新展开战斗。伊斯兰教的法官、司教同教长们突然来到了成吉思汗处。

黎明时,他们打开了纳马思哈黑门,让[蒙古]军开进城里。当天,[蒙古人]平毁了城墙和堡前斜坡。成百上千的男女被蒙古人

---

① 牙撒兀儿:左翼军千夫长。

② 瓦黑失,塔吉克加盟共和国境内阿母河右岸支流。塔里寒:吐火罗思丹旧都,今为阿富汗突厥斯坦昆都兹东面的小城。

③ 诸本均作 albār-khān、sāiḥ-khān(A 本前文作速亦温赤汗)与 bālā-khān(C、L、P、B 本作 bālān-khān)。

押着驱赶到野外。法官、伊斯兰教司教以及与他们有关系的人被赦免了，在他们保护下[获得赦免的]有五万人左右。[蒙古人]*通过传令官宣布道：“匿藏者格杀勿论。”于是，进行掠夺的蒙古人屠杀了许多[躲在]各个角落里被搜出来的人。管理象的人将群象牵到成吉思汗处献给他，向他请领象食，他吩咐将象群放到野地上去，让它们自己觅食。象放走后，流浪[在外]*，[后来]*都饿死了。夜里，蒙古人出了城。城堡守军十分恐惧。阿勒普-额儿汗勇
208 敢地带了千名勇士从城堡里出来，向[蒙古]军进行袭击后逃跑了。黎明时，[蒙古]军又围住了城堡，双方矢石齐发。城墙和堡前斜坡被毁坏了，放满水的“铅”水渠[1]也被毁坏了。到了晚上，蒙古人夺下城门，进了[城]*。有一千多名[平]民和勇敢的战士避入大清真寺内。他们用箭和石油[同蒙古人]展开激战；蒙古人也喷射石油，纵火焚烧清真寺及寺内所有的人；他们将剩下的居民和城砦守军驱到野外，将突厥人和大食人分开，全部分编为十人队和百人队。他们按照蒙古习惯将突厥人召集起来结发为辫[2]。剩下的三万多[突厥-]康里人和康里统将巴里思马思汗[3]、撒儿昔黑汗、兀剌黑汗以及二十多名在成吉思汗给鲁克纳丁-可儿忒的诏勅中提到名字的算端高级异密，都被他们杀死了。次日，[蒙古人]将许多

---

① ǰuī-i arziz，即札合儿迪薛渠，在阿拉伯人侵入前即已存在，由该渠通过怯失门向撒麻耳干沙黑里思丹输入水。该渠为蒙古人所毁坏。其流经城内的部分，据阿拉伯语著述家说，由铅管做成，因此该渠得名为ǰuī-i arziz，即“铅”渠。

② 原文 wa turkān-rā bar īnāq-i muğūl nuğūleh-rā wa kākul sākhtand。直译：让突厥人理成蒙古式的 nuğūleh 与 kākul。kākūl（突厥-蒙古语）——特种发式，即用发簪将头发聚拢，然后卷起来。nuğūleh 意义不明。

③ C、L 本与贝书还有“……和 tūğāī-hāna”；S 本还有“……和 qāī-hāna”。

异密和士兵杀死、城堡平毁后，对剩下的人进行了统计。[成吉思汗]* 从这些人中间分拨一千名工匠赐给诸子、诸妻、诸异密，又将一千人编入“哈沙儿”队中。其余的人们获得了赦免，但须[缴纳]二十万底纳儿赎金，然后准予还城。成吉思汗命撒麻耳干权贵昔合塔-木勒克和阿迷忒-不祖儿格两异密征收赎金，并委派了[撒麻耳干]长官(šiḥneh)。他将预定编入“哈沙儿”队的一部分人带往呼罗珊，另一部分则由诸子带到花剌子模去。此后他又连着好几次征索“哈沙儿”队。编入“哈沙儿”队的人活命的不多，因此那个地区就完全荒无人烟了。那一年，成吉思汗在撒麻耳干境内度过了夏天和秋天。就是这些！

叙成吉思汗派遣哲别那颜、速别台那颜去追击花剌子模王、马合谋算端，并叙伊朗地区上诸国的被征服

蛇年(始自伊斯兰教历 617 年 12 月，而此年[其余]* 诸月与伊斯兰教历[6]18 年诸月相当)[1221 年]*，即出征的第三年夏天，成吉思汗攻下了撒麻耳干。有关马合谋算端及其军队的情况、他们的实力和弱点的消息不断传来：自从算端的异密和臣下开始主动地投降过来起，成吉思汗的哨兵不断擒获那些人们，据他们说，算端惊惶失措、犹豫不决，没有一刻宁静，其子札兰丁算端对他说：“我们必须将分散在各地的军队召集起来，去攻打敌
人，[把他们]打败！”[但是]由于算端气运已尽，不听[儿子][的 209
话]*。

当成吉思汗围攻撒麻耳干时，除获得各种情报外，听得算端在驻夏营地中，他遂派遣别速惕部的哲别那颜带着一万军队做头哨，又派兀良合惕部的速别台把阿秃儿随后带着另一万人队担任后卫(kičileh)。[接着]他又派弘吉剌惕部异密脱忽察儿把阿秃儿再带一个万人队跟在他们后面，并降旨道："朕命你们去追赶花剌子模沙算端，直到将他们追上为止，如果他带领军队来攻打你们，你们无力抵抗，可马上[向我]报告，如果他力量不大，可[与他]对敌！因为我们不断接到消息说，他怯弱、害怕、心惊胆战，他一定敌不过[你们]。我为你们向伟大的主的威力祝告，你们不擒获他不要回来。如果他被你们打垮后，带着几个人躲到陡山、狭洞里，或者像"必里"[伊朗神话中犯罪的天使]* 般地躲过了人眼，你们要像强风似地吹进他的国土上去；归顺者可予奖励，发给[保护]文书，[为他们指派]长官(šiḥneh)；流露出不屈服和反抗情绪者一律消灭掉！按照[我的]命令，你们可在三年内结束战事，通过钦察草原回到我们的老家蒙古斯坦来，因为照[过去的情形]看来，我们大概能如期完全结束伊朗地区的战争，凯旋归来。我马上就派拖雷汗跟在你们后面去征服呼罗珊诸城，即马鲁、也里、你沙不儿、撒剌哈夕及其所辖地区。并派遣术赤、察合台、窝阔台带着光荣的军队去攻取花剌子模王算端最大的城市、他的京城花剌子模①。我以伟大的主的力量宣誓，我们定能成功，如期归来！"

① 即玉龙杰赤城。在阿拉伯、波斯及塔吉克语中，花剌子模不仅表示阿母河下游的地区名，而且也用来表示该地区的两个主要城市，乞牙忒及玉龙杰赤。见下面第323页，注①。

他遂派遣他们去了。然后又派诸子带着大军去攻取花剌子模。自己同拖雷汗由于征战疲劳在撒麻耳干境内休息了若干时期。哲别、速别台和脱忽察儿带着三万勇士渡过了必阳札卜河[①]，打听着算端的去向，向算端追去。先是，算端在忒耳迷河[阿母河]上。他听到不花剌失陷，接着又听到撒麻耳干被攻占的消息后，便对着自己的领地喊了四次“安拉万岁！”，走了。他母亲的亲族、一群突厥兀剌尼人[②]跟随他同行，他们想将他杀死。其中有一个人 210
[将这事]报告了算端。夜里，算端离开[自己的]* 帐幕，换了个睡处。黎明时人们看到帐幕的毡子已经被箭射穿了。因此，算端愈来愈提心吊胆、暗地里愈来愈恐怖，他仓猝地赶到了你沙不儿。他每到一个地方，先进行恫吓、威胁，然后就命令人们为城砦、保寨建筑防御工事，因此[人们的恐怖]扩大了一千倍。算端来到你沙不儿后，为驱除命运的阴影，[终日]* 纵酒取乐。

哲别和速别台首先来到了巴里黑。城里的贵人们派了一群人设宴供食，恭敬地迎接他们[③]。[蒙古人]为该城指派了长官(šiḥneh)后，[继续前]进；他们从那里[巴里黑]要了一名向导，派遣太师把阿秃担任先锋。当他们来到哈甫州的咱维[④]时，[向当地]* 索

---

① 必阳札卜，一作必阳只(阿拉伯著述家作札里牙卜)——阿母河的主源。

② ūrānī，复数：ūrānīān——兀剌尼人，钦察部落之一；据志费尼说，花剌子模沙帖怯失出征河中时，其军队中即有兀剌尼部队。

③ bā turğū wa nuzl；turğū(突厥语)——粮食；在拉施特书中，据上下文看来，为阿拉伯-波斯语 nuzl(蒙古语 nuzūl)的同义语，意即：“粮食”，“款待客人所需的一切东西”。bā turğū(nuzl) bīrūn āmadan——直译：“带着秃儿忽出去”——可译作“带着粮食、盐出去”。

④ 来到你沙不儿地区哈甫州所属咱维城。

取饲料。[当地居民]*关起城门，不给[他们]。由于[行军]*匆忙，他们没有[在那里]停留，驰马[前行]了。咱维居民击鼓诅骂。[蒙古人]目睹[这一]不敬之举，便返回来，将[云]*梯架到城[墙]上，在第三天登上城墙，[将城]攻了下来，将找到的城民全部屠杀掉。由于[他们]无暇休息，他们将[不便携带的]*重物全部拆毁、焚掉后，走了。蒙古军逼近来的消息传到你沙不儿时，算端借着到亦思法来因①方面去打猎为名，向伊拉克进发。但突然有人向他报告，敌军来了。当时他便撤销了到伊拉克去的决定，回到了可疾云②堡。当天他将嫔妃、子女和母亲送到了哈伦堡塔札丁-秃干处，同伊拉克异密们举行了对付敌人的会议。异密们认为，最好的出路是躲到失兰-忽黑去。算端对山岭巡视了一番后，说道："这个地方不是我们的藏身之所。"他遣使召见罗耳篾力③哈咱剌思甫，哈咱剌思甫篾力是古代伟大领主[之后]*，是一个智慧、审慎的人。罗耳篾力讷思剌塔丁-哈咱剌思甫来到后，风尘仆仆地直接走
211 到牙帐中拜见了[算端]*，叩了七个头。算端同他商量当时的局

① 亦思法来因，中世纪城名，其废墟即今霍腊散（伊朗东北部）的尼夏普尔西北沙黑里·必尔基斯废墟；1381 年为帖木儿所毁。该城位于从北呼罗珊通往西伊朗的一条要道上。

② A，I，P 本：qazwin；S 本：qārūn；C，L 本：qrzin；B 本：qrūān。从下文中可见，这里显然指可疾云城而言，而下面则谈到了哈伦(?)堡；志费尼书的出版者对后一名称及列夷和答木罕北面的哈伦山（位于答木罕及塔巴里思丹之间）不加区分，故在此处写了这个名称（志费尼书，卷二，第 113 页）；参照列·斯特连只书上的"非邻堡"这个名称（《东哈里发国诸地域》，第 373 页）。

③ 罗耳或罗耳思丹，为与阿拉伯伊拉克交界处的伊朗西部的省名，全省分为两部分：西北为小罗耳，东南为大罗耳。小罗耳处于哈咱剌思普族阿答毕的地方王朝（1148—1428）的统治下。讷思剌塔丁·哈咱剌思甫为该王朝第二代君主（1203 年左右—1252 年左右）。

势。篾力说："最好的出路是我们马上离开[这里]。罗耳和法儿思之间有一座称做唐-帖古①、根本无法通过的山。那里很富裕，我们拿它做为避难之所，从罗耳、踈勒、法儿思和舍班合列召集起十万步兵，蒙古人来了，我们便勇敢地杀上去，与他们断拼！"算端认为按照讷思剌塔丁篾力的办法将会同法儿思阿答毕撒忒②造成敌对关系。他认为他的建议不足取，说道："照我们看来，我们可停驻在这里，派遣急使到附近地区去把军队召集来。"他正在这样考虑着的时候，哲别与速别台已经进抵你沙不耳了。他们遣使到当地权贵，呼罗珊的宰相及"撒忒儿"，木只儿-木勒克·葛非-鲁希、法里答丁与即阿-木勒克-佐兀咱尼处，向他们招降，命他们服从成吉思汗的命令，同时向他们索取饲料（'ulūfeh）和行军给养（'alafeh）。木只儿-木勒克等派遣三个人携带着酒席（nuzl）、礼物同那颜们一起去，表示只同意供给饲料、给养。

哲别向他们提出警告，叫他们不要对抗火和水："蒙古军到来时，你们[必须]* 立即隆重地迎接[他们]，你们休想凭借坚固的城墙、人数众多和武器来保护你们的家室（ehān-u-mān）。"[蒙古人]将盖有红印③的畏兀儿文公文（nīšān）和成吉思汗诏敕的副本发给他们，公文和诏敕上所书大意如下："敕谕异密、大臣和诸臣民，万能的主已将起自日出之地、直到日落之地为止的全部地区赐给了

① C本：??l-tnū；B本：nık-nkū，音读不明。

② 撒勒葛儿朝君主，599[1203]至628[1231]年在位；花剌子模王的藩臣。

③ 原文tamğa，此处表示用红色（āl）或蓝色（kūk）盖在诏敕上的皇帝玺印，与此相应，这样的玺印被称为āltamğā（红印）与kūk-tamğā（蓝印）（贝勒津：《诸汗的诏敕》，喀山，1850—1851）。也就是说，发给他们盖有红玺印、用畏兀儿字写成的公文。

我们。凡降顺者，本人及其妻子、儿女、亲信都可得到赦免，而不投降的反抗者，将连同其妻子、儿女、族人、近亲一起杀死！”他们将上述公文发出后，便开拔了——哲别沿着通往术维因的道路进发，速别台沿着通往札木和徒思[1]的大道进发。每到一地，凡出降迎接[大军]* 者，获得了赦免；抵抗者全部歼灭。徒思到讷坚间东部村镇及那个方向上的全部地区降顺[蒙古军]* 获得了赦免。徒思城民进行了顽抗。因此，蒙古军对这个地区大肆杀掠。[蒙古人]从那里来到了剌答罕野禽丰富的草地和矮树林里。速别台很喜欢这片草原，[因此]没有侵犯当地居民。他在那里指派了长官(šiḥneh)后，来到了哈不伤[2]，由于对当地居民没有好感，他在那里进行了大屠杀。

212 就这样，[蒙古人]每到一地，不停歇地用暴力掠夺粮食、衣服，然后[向前]开进。

他们日夜进军，得到算端的消息就追上去。他们路过繁华地区时，就将找到的良马和好牲畜驱走。

呼罗珊有许多攻不破的地方和坚固的城市，都被他们放过了，因为他们面临着一件大事要办。速别台从那里来到了亦思法来因；哲别从通往术维因去的路来到了祃拶答而，屠杀了许多人，在首府阿模里和阿思塔剌巴忒城[3]屠杀得尤其多。速别台到达答木

① 废墟在今霍腊散的密什赫德城西北。

② 哈不伤——今霍腊散库昌城的中世纪名称，位于剌答罕西北。库昌旧城位于新城西面 15 公里。

③ 阿思塔剌巴忒为朱里章第二大城，位于里海东南和祃拶答而的交界处。今为伊朗北部的小城古儿根，离里海东南 30 公里。

罕时，城民(ahl)躲进了周围的山里，平民(a'wām)、百姓(runūd)留在城里，不投降[蒙古人]。蒙古人便大肆屠杀。他[速别台]到了西模娘[①]，[在那里]和列夷近郊屠杀了许多人。这时，算端正同罗耳阿答毕讷思剌塔丁-哈咱剌思甫商议。算端的前锋(yazak)从列夷到来，[向他]* 报告说，蒙古军已经来了。这时事情已经太晚了，算端将巴思剌毁掉后，才知道：

诗

凡事必须及时措手，

事到临头——不论往那里[跑]* 也不中用。

哈咱剌思甫害怕和蒙古军交锋，跑回罗耳去了，其余的篾力与贵人们也都逃奔四处去了。算端带着诸子向哈伦堡进发。他在路上遇到了蒙古军队。由于蒙古军队是一队陆陆续续开来的，他们没有认出算端的队伍，[只把它当成一支普通的花剌子模部队]，他们射过箭来，射伤了算端的驮载重物的马。算端[急]驰之下才逃出了死亡的深渊。他到了哈伦，在那里停留了一天，向异密们要了几匹马，在向导带领下向报达进发。蒙古军立即[追]来了。他们起先认为算端在堡中，便发动大战，[后来]得知算端已走，就向他追去。算端折了回来，向撒儿者罕堡[②]进发，到了那里又急急朝通往吉里阳[③]的路上进发。吉里阳有一个异密撒鲁黑隆重地迎见了

① 西模娘，位于伊朗西北部德黑兰东面，在答木罕与列夷之间的大道上。

② 撒儿者罕为通往迭列木(山中的吉里阳)的路上的山中强堡，在速来蛮尼牙东面五程之地。据牙忽忒说，它控制着可疾云、赞章、阿八哈耳等堡寨及好几个村子(牙忽忒书，卷三，第70页)。

③ 吉里阳：里海南岸地区名，东界祃拶答而。

213 他，请他住下来，殷勤地招待了他。过了七天，算端[从那里]出发，到了亦思必答儿地区[1]。[现在]* 他身边什么也没有了，十分倒霉。他从那里来到了阿模里答讷牙[2]州郊区。祃拶答而的异密们赶到了他那里。简言之，不管在什么地方，他还没住够一天，蒙古军就追上来了。他同当地掌大权和特别可靠的祃拶答而权贵们进行了商议。他们都认为[算端的]唯一出路是到额别思宽[3]的一个岛上去躲上一段时期。算端到了一个岛上，在那里住了若干时期。[不久，]* 算端来到这个岛上的消息传出去了，为预防起见，他又转移到另一个岛上。就在他进行转移之时，哲别那颜从列夷派来追击算端的蒙古军来了。他们没有找到算端，便回去了，[这支蒙古军]* 对其嫔妃和金库所在的堡寨进行了围攻。蒙古军将其嫔妃擒获、金库夺得后，全部押送到了撒麻耳干成吉思汗处。当这个可怕的消息传到了算端耳中，他得知其嫔妃遭受凌辱、儿子丧命剑下，贤淑的后妃在异族政权下成了俘虏，遂神智错乱、惘然若失，明朗的世界在他眼里变得一片昏暗。诗云：

算端听到后，惘然若失，
世界在他眼里变得一片昏暗。

---

① 亦思必答儿，一作亦思非咱儿。据牙忽忒说，为迭列木山中的难以通行的一个地区名（牙忽忒书，卷一，第 250 页）。

② 志费尼书作 dābūyī，音读不明。

③ 即里海中的群岛。额别思宽为里海东岸古儿干（今裘尔干）河口的港口。巴托尔德推测算端所在之岛即阿疏儿·阿迭岛，但在所有的东方辞典中现在已找不到额别思宽群岛的名称，这些岛今已陆沉（这一点已为地质勘查所证实，里海的一岸上升，而另一岸每百年下沉一英尺）。

他在这种惶惶不安的心情中痛苦不堪，悲痛的遭际与可怕的灾难使他痛哭，最后他将[自己的]灵魂交给了[最高]真理：

世界啊！你是多么残忍、可恶，

你所亲手养育的人们，又由你亲手毁掉了。

他被埋葬在这个岛上。过了几年，札兰丁算端下令将他的遗骸运送到了阿儿答欣堡[①]。花剌子模王以前曾立自己的一个儿子斡思剌黑为嗣位者；他在额别思宽岛上废掉了他，[将王国]交给札兰丁算端[②]，立札兰丁为嗣位者。札兰丁算端于父亲死后，听得蒙古军没有留在呼罗珊与伊拉克境内。蒙古军奉成吉思汗之命赶回去了，没有在任何地方停驻。[札兰丁算端]安然来到了满吉失剌黑[③]。他索走了那里找到的马当作驿马，派他所信任的人前往花 214
剌子模。其弟前王储斡思剌黑-算端、阿黑-算端及大臣、异密们——斡思剌黑-算端的母舅不只-别黑列汪、忽察亦-的斤、斡忽勒·哈只卜和帖木儿-灭里——带着九万康里兵守在蒙古军还没有打到的花剌子模城。札兰丁来到时想法和意见分歧不一。每个兄弟周围有一个集团。异密们惧怕札兰丁算端之勇力，密谋用计将他突然杀死。其中有个人将这件事报告了算端，算端找了个适当时机从通往捏撒的道路到沙的牙黑[你沙不儿]去了。在兀思秃瓦[④]境内

① 阿儿答欣：牙忽忒书作 ardaḥn，为离列夷三日路程的堡寨（在德黑兰附近）（牙忽忒书，卷一，第 204 页）。

② 札兰丁·满古别儿迪——花剌子模王马合谋的儿子与嗣位者，花剌子模王朝的最后君主（617[1220]—628[1231]年）。

③ 满吉失剌黑，里海东北部的一个大半岛。

④ 兀思秃瓦：呼罗珊你沙不儿的一个州名，其首邑为哈不伤（今库昌）（牙忽忒书，卷一，第 243 页）。

撒卜罕树林[①]中,他与蒙古军冲突了起来;斡思剌黑-算端和阿里-算端没有停留在花剌子模,他们骑马来追随算端。第二天他们遇上了与札兰丁作战的[蒙古]部队;蒙古人不知道他们是王子,将他们连同跟他们一起来的人全部杀死了。

算端来到沙的牙黑后,在[继续]* 上路之前作了三天准备。某天半夜里,托安拉之福,他上马到其父[过去]* 封授给他的[采邑]哥疾宁去。他走出后只差一个钟头,蒙古军就来了。[蒙古人]向算端追了上来。[算端]到了三岔路口,将亦勒迭列克篾力留下,让他在若干时期内抵挡追来的敌军。亦勒迭列克朝算端不走的另一条路走去。蒙古军到了那里,向他追了上来。当天,算端沿着另一条路走了四十[?]程;一星期后他到达了哥疾宁。算端来到的消息传开去后,他的部下从四面八方投奔来,人民都聚在他的周围。在这段时期内,成吉思汗一直住在撒麻耳干,他派自己的三个大儿子去[出征]花剌子模。现在,让我们重新回过来记述成吉思汗,叙述[有关他们的]事情的情况。

叙成吉思汗派自己的儿子术赤、察合台、窝阔台向花剌子模进军,征服了花剌子模国

按照上述原因,成吉思汗将撒麻耳干攻占后,派遣哲别、速别台和脱忽察儿从通往呼罗珊和伊拉克的路上去追赶、搜索花剌子模王马合谋算端,自己则于[撒麻耳干]境内度夏,休息、喂养

---

① bīšeh-i sābqān;志费尼书原文作 pušteh-i šāīqān(卷二,第 132 页)。

[战]* 马，打算接着就亲自到呼罗珊去追击算端。

由于河中领地已全部被占领，其他边区也被蒙古人所占有、受蒙古人统治，原名古儿坚赤①、蒙古人称做玉龙杰赤（ургенч）的花剌子模城像是绳子被割断后倒塌下来的帐幕般地暴露在中央—— 215
[成吉思汗]遂想去占领它。就在这个时候，他派自己的儿子术赤、察合台、窝阔台率领着多得像沙漠里的沙子般的、就像当前战争中那样浩浩荡荡的军队向花剌子模进发了。同年秋天，他们率领右翼诸异密向花剌子模方面进军，派一支军队充当所谓“牙咱黑”的先锋队（manqlāī）。

前节已经谈到，札兰丁算端于父亲死后来到了花剌子模，但由于某些异密阴谋[害他]，他[又从那里]跑回去了。在那里[玉龙杰赤]的诸弟、算端大臣们，听说[蒙古]皇子就要来了，都跟在他后面向呼罗珊逃去。他们走到路上被蒙古军队杀死了，这样，花剌子模京城里就没有算端了。驻守在那里的是算端突厥军队中的显赫人物，算端的母亲秃儿罕哈敦的亲属，即：忽马儿，木忽勒②-哈只卜，统将（sipāhsālār）不花-别黑列汪，阿里-马儿吉尼等人。[花剌子模城]* 居民多得无法描述。

由于在这样大的城市里，在非常事件到来时没有某个长官来安排各项事情和重大问题，[大家]* 考虑到忽马儿异密对母后的亲戚关系，便推他执政。一天，少数蒙古军骑兵突然向城门驰来，想将牲口驱走。若干浅见的人们认为，蒙古军只有这么几个人，就

① 玉龙杰赤，位于今库尼亚·乌尔根齐之地，在希瓦诸汗迁都于希瓦（希瓦克）城之前，为花剌子模京城。见前面第 314 页，注①。

② mğūl；L 本作 ağūl。

出动骑队、步兵队向这些骑兵冲上去；蒙古人像那飞出套索的飞禽般地飞快地骑马逃走了，一直逃到了距城一程的城郊巴吉-忽儿剌木地方①。埋伏在那里的[蒙古]战骑从墙后冲了出来，包围了花剌子模军。他们杀死了一千多人，追击着逃军从哈必兰门[一直]* 冲进城里，直杀到名叫迪兀剌的地方②。太阳西下时，异族军队回到草原上去了。

次日他们重新向城下出动。算端军统将（muqaddam）弗里敦-古里带着五百骑兵击退了[蒙古人]在城门前发动的进攻。

这时，皇子术赤、察合台和窝阔台带着大军赶来了，他们在城的四周巡视了一圈后，驻扎了下来，军队按照环形在城的四周屯营。当下遣使[入城]，向城民招降。由于花剌子模城郊没有石头，他们[蒙古人]便砍伐大桑树，用桑木代替石头供投石机之用。按照惯例，他们每天又是许诺、又是威胁地对城民施加压力，有时[双
216 方]互相射击，直等到担任各方面工作的"哈沙儿"队从四面八方同时来到为止。首先下达了填壕沟的命令。壕沟在两天之内被填平了。[接着]又动手将居民在城内筑有坝桥（ǰisr）③的质浑河[阿母河]* 水引走。

三千名蒙古军被派来作此事。他们突然向坝中央发动进攻，[但]城民将他们包围起来，全部歼灭掉了。打了这次胜仗后，城民的战斗热情提高，进行抵抗的信心较坚定了。术赤和察合台兄弟

① 可译作"欢乐园"。可能为城郊宴游的花园。

② tīūreh（一作 nībūreh），音读不明。

③ 贝勒津读作"xaшap"，此句译作"……商量好将人们为了这群人引进城里的质浑河水引开……"（《俄国考古学会东方部丛刊》，卷十五，第 71 页）。

俩由于个性和气质不同，互相不和。由于他们不能取得一致、各执己见，战事进行得很不顺利，战争的成败无人过问，军中各种事情与成吉思汗的札撒(yāsā)执行得很乱。因此，蒙古军被花剌子模人杀死了许许多多，据说尸骨堆积如山，迄今还堆在花剌子模旧城四郊。在这种情况下，七个月过去了，花剌子模城始终没有被攻下来。自从皇子们带着军队从撒麻耳干向花剌子模进军、来到花剌子模进行围攻的这段时期内，成吉思汗进抵那黑沙不[今卡尔什]，在那里屯驻了一段时间。[接着，]他度过忒耳迷河[阿母河]进向巴里黑，占领了该城及所辖地区。他又从那里前进，围攻了塔里寒堡[1]。就在他开始围攻塔里寒堡的那几天中，花剌子模诸子遣使来到，向他报告说，花剌子模攻不下来，[蒙古]军死亡甚众，其部分原因是术赤和察合台相互不和。

成吉思汗听了这些话后动了怒，他下令让窝阔台担任[全军]统帅，统辖诸兄和全军，指挥作战。窝阔台素以足智多谋、能干、有远见著称。使者来到[花剌子模]*，传达了[成吉思汗的]敕命后，窝阔台奉命就任。他有分寸和灵活地每天会见诸兄，与他们相处得很好，并用极为巧妙的理事才干使他们表面上保持了和睦。他坚定地执行着自己的职责，将军中诸事安排得有条有理，加强了札撒[的执行]。

此后，[蒙古]士兵齐心协力地投入了战斗，当天就将旗帜插上了城头，攻进了城内，用喷射石油的器械(qarūreh)焚毁了街区。

① 系指吐火罗思丹的塔里寒(在阿富汗北部)。

城民奔向城门。街头巷尾又展开了战斗。

蒙古人展开了激战,将[城内]* 一个街区接着一个街区、一个院子接着一个院子地攻占下来,然后拆毁、付之一炬,就这样用了七天时间才将全城整个儿占领。他们将居民一下子全部驱到野
217 外,从他们中间将十万名左右的工匠[①]分出来,[押]* 送到东方(bilād)去。青年妇女和孩子们也驱入了俘虏队,剩下的人则分配给军队屠杀。据人们确定地说,五万多蒙古兵每人分配到二十四人。简单说来,[蒙古]军将所有的人杀死后,便川流不息地入城任意洗劫。剩下的房屋和街区一下子全被毁掉了。

成吉思汗听说有一个大司教纳只马丁-忽卜剌(愿安拉对他慈悲为怀!),他了解了他的生平,便派人去对他说:"我屠戮、洗劫了花剌子模。当代圣者应该离开他们[花剌子模人],投奔到我们这里来!"司教(愿安拉赦免他吧!)答道:"我在花剌子模同这里的人民同甘共苦已经有七年了。如今大难临头,如果我逃走,抛弃他们,未免有失光明正大、浑厚之道!"后来人们不管找了他多少次,始终没有在尸体中间找到他。愿安拉普济众生对他慈悲为怀吧!就是这些了。

关于派去追击算端的[蒙古]异密及[派]* 去[攻打]* 花剌子模的皇子们的情况业已叙毕,[现在,]* 我们重新回过头来纪述成吉思汗,如果伟大安拉乐意的话,我们将要谈到当他攻占撒麻耳干、将他们派出后进行了哪些事,并将详细[谈到]他攻打了哪些国家。

---

① 原文为 arbāb-i ṣanā'at wa k͟hirfat。

叙成吉思汗从撒麻耳干境内带着自己的幼子、即名叫也可那颜或兀鲁黑那颜的拖雷汗去追击花剌子模王·算端;[他们]* 占领了一路上经过的那黑沙不、忒耳迷、巴里黑、塔里寒等城及所辖地区;也可那颜被派往呼罗珊,占领了呼罗珊领地

我们在[本书中]* 多次提到,莫孩亦勒即蛇年(始自伊斯兰教历 617 年 12 月,而此年其余诸月与伊斯兰教历[6]18 年诸月相当)[1221 年]*,当成吉思汗对撒麻耳干城进行围攻时,在初夏时派遣哲别-那颜、速别台与脱忽察儿去追击花剌子模-沙算端。同年夏天,他攻下了撒麻耳干。[撒麻耳干]* 城攻下来后,他于初秋派遣皇子们到花剌子模去,同年秋天他带着拖雷汗离开撒麻耳干,向那黑沙不的草地和矮树林(marğzār)进发。他又从那里经过,贯
通碣石①、那黑沙不、忒耳迷诸境、蒙古人称做帖木儿-哈合勒合② 218

① 今沙赫里夏卜兹,为乌兹别克加盟共和国卡什卡河流域的一座大城市。

② 即铁门。拉施特书各处均作 tīmūr-kahlğ(q)eh,某些人(布列什奈德)拼作"timur-kahlaka";头一个词(timur)为突厥-蒙古语"铁"的意思,第二个词(蒙文 hağalğa)意为"门";合在一起即铁门,与塔吉克语 dari(一作 darwozai)ohanin 同义。此处指拜孙山的帖木儿·合黑剌合狭谷,从不花剌和撒麻耳干通往打耳班镇(意为"关口")附近的希萨儿河流域(苏尔罕与卡非尔尼干河流域)的商道从那里穿过。"铁门"这个名称原为狭谷的最狭窄处之意,据传说,有一座铁门挡在通往山隘的入口处。此类情况并无不可思议之处,当笔者在札拉扶桑河流域进行考察时,在马特察河流域(darwozai harhona)及马吉安和克什图特河(darrai tang)之间的路上,曾看到过类似的关隘遗迹。

的道路向忒耳迷进兵。他从那里派遣拖雷汗带着大军去征讨呼罗珊,从十人之中抽出一人交给他统率;自己则向忒耳迷进兵。他到了那里,便派遣使者劝[居民]投降和将城堡拆毁。

当地居民倚仗城堡半筑质浑河上,不可攻克,并以勇敢自负,[同蒙古人]* 展开了激战。

[蒙古人]在第十一天将城强攻下来,将居民一起驱到野外,照例将他们分配给军队,全部杀死。有一个老妪呼道:"不要杀我,我给我们一颗大圆珍珠。"[蒙古人]向她索取。她说道:"已被我吞下了!"他们立即剖开她的肚子,取走了这颗珍珠。由于这件事,他们剖开了所有尸体的腹部。

他[成吉思汗]从那里[忒耳迷]向罕忽儿忒[①]地区和撒蛮[②]境内进兵,占领了那些地方。[蒙古人]* 将那些地方掠夺破坏后,夷为平地,付诸一炬,居民全部遭到屠杀。

接着,成吉思汗恩威并施地派遣军队占领巴达哈伤及所辖地区。由于那些地区敌人已经肃清了,那方面附近领地也已全部被征服和占领,因此[战事]* 平息了,他决定渡质浑河。这时已经到了那年的冬末。莫孩亦勒即蛇年(始自伊斯兰教历 617 年 12 月,此年其余诸月与伊斯兰教历 618 年诸月相当)[似为马年,1222 年之讹]* 初,他从忒耳迷渡口渡过了质浑河,向呼罗珊最重要的城

① 罕古儿忒,显然相当于今塔吉克加盟共和国库良布省康古尔特村,位于从希萨尔河流域通往库良布的旧商道上,在巴尔朱安城西面。

② 位置不详。不知是否即为牙忽忒所提到的撒蛮村。牙忽忒所提到的撒蛮村隶属于撒麻耳干,但据另一些材料看,它却隶属于巴里黑(牙忽忒书,卷三,第 13 页)。

市巴里黑进军。这时正是哲别、速别台渡过[质浑]河，追击算端之时。成吉思汗屯营巴里黑城下。当地领导人物来到他那里请降，献上各种食品、礼物。接着蒙古人以点数[人口]为借口，将巴里黑居民全部驱到野外，照例分配给士兵全部杀死；[然后]他们破坏了城前斜坡和城墙，放火烧掉房屋和街区，将[巴里黑城]* 完全毁掉了。

成吉思汗从那里来到了塔里寒堡，攻克了该堡；他从那里向 219
[另一个]塔里寒①进军；后一堡寨，[又]* 名讷思剌惕-苦黑，十分坚固，堡里满是勇士，装满了大量储藏物。他多次遣使[向守军]招降，他们都不理睬。围攻了七个月，由于堡寨极端难攻，没有攻下来。成吉思汗围攻塔里寒的那年春天，皇子术赤、察合台围攻花剌子模正处在紧张的时候。拖雷通过[帖木儿・哈合勒合]后，派出了左右翼军，自率中军通过马鲁察叶可和巴黑疏儿②进发。他将那些地区全部占领，并攻占了马鲁。他又将从那里起直到你沙不儿的所有诸州和地区，比如：阿必维儿忒、捏撒、牙即儿、徒思、札者儿木、术维因、哈甫、先干、撒剌哈夕和祖剌巴惕等地全部占领，这些地区的[首邑]都是大城。他还占领了你沙不儿城。那年春末这些城市和地区已全部被占领。[这时]成吉思汗从塔里寒遣使[至拖雷处]，让他在炎夏到来之前回来。拖雷一路上攻打了忽希思丹

① 此处及下面所说的塔里寒有两个，即：吐火罗思丹的塔里寒及木尔加布的塔里寒。后一塔里寒的准确位置不知道；但它显然在木尔加布河上流哈兀儿马黑旧堡的地方，位于今密鲁察克东面。木尔加布的塔里寒堡又名讷思剌惕・苦黑，即“胜利岭”。

② 巴黑疏儿，其废墟在今土库曼加盟共和国库什卡河（木尔加布河左岸支流）上的卡赖・毛尔村附近。

地区，渡过掤掤兰河①，占领了也里城及所辖地区，从那里和成吉思汗[军队]会师。就在他到来之时，成吉思汗经过多次攻战，夺下塔里寒堡，毁掉该堡。拖雷汗到来后，向其父献上礼物表示忠诚。过了一段时期，察合台和窝阔台从花剌子模到来，也献上了礼物。术赤从花剌子模到自己的辎重队（uğrūqhā）那边去了。在范延堡战役中，成吉思汗心爱的孙儿、察合台的儿子与嗣位者木-秃坚中箭后，伤发死去。因此成吉思汗加紧了围攻。城堡被攻下后，他下令（yāsāq）将人畜、禽兽全部杀绝，不留一个俘虏，又下令不掠一物，将城市毁成荒漠，以后不得恢复，不让那里生长任何造物。这个地区被称做卯-忽儿罕。直到如今那里没有任何造物，依然是一片荒漠。

接着他发布命令（yāsāq），不许任何人将这件事传给察合台听到。如果察合台要见其子，可推托说，他已到某个地方去了。后来有一天，[成吉思汗的]* 儿子们全都在场。成吉思汗装做对他们
220 动怒的样子，朝着察合台说道："你们都不听我的话和命令（yāsāq）！"察合台害了怕，跪下来说："如果我对你的话有所违背，就让我死去吧！"成吉思汗说道："你的儿子木-秃坚战死了，我命令你不许哭，不许悲伤，你不要违背我的话！"察合台在这种情况下失去了自制力，支持不住了，但他不敢违命，竭力克制内心的灼痛与悲伤不哭，饮食如常。过了一些日子，他借着一些小事跑到野外，

---

① A本：ǰūqjrān；S本：fīqḥrān；I本：ǰūk͟hjrān；B本：ḥūmǰrān；贝书：qūmk͟hrān。从上下文可知所说的是格里鲁德河。合非即·阿不鲁所录的即为这条河的第二个名称。列·斯特连只推定其音读为 hajačaran（第 408 页），与《史集》原文中所书的名称相当。根据上述不同异文，我们推定其音读为 čukčaran。

暗地里哭了起来。这样,他心里好受了些,才拭干眼泪回来。

接着成吉思汗与儿子们及军队一起在塔里寒山麓度夏。这时札兰丁算端在哥疾宁;马鲁都督(wālī)汗-灭里带着四万骑兵来到算端麾下。算端娶了他的女儿。另一个突厥蛮异密赛甫丁-阿黑剌黑也带着四万人来到算端麾下,附近乌古思异密也都来到他麾下。

汗-灭里的历史如下:当成吉思汗派遣哲别、速别台、脱忽察儿去追赶算端时,由于算端大势已去,汗-灭里认为没有必要留在马鲁了,便带着自己的军队和属民退到古耳和哈儿赤境内[1],他[从那里]派遣使者拜见成吉思汗。成吉思汗给他一个期限,命令哲别、速别台等[蒙古]* 军进入他的地区及他的人民处时,不得侵扰他们。因此,当哲别和速别台来到[汗-灭里的]地区时,没有惊扰便向前进发了。跟在他们后面开来的脱忽察儿违令(yāsāq)侵犯了他的地区以及其他地区和地方。他同当地山民作战,被[山民所]* 杀。汗-灭里遣使到成吉思汗处[说]:"我曾劝告花剌子模王·算端[向你称臣],他不听。恶运让他抗拒你,直到他遭受劫运为止。我,[陛下的]* 奴隶,以前曾遣使向你请降,并说过,我要离开算端为你效忠。如今哲别那颜来了,没有侵犯我们就过去了。速别台那颜随后来了,也没有侵犯我们就过去了。接着,脱忽察儿来了;尽管古耳人对他说了多少次:"我们已经降顺了",他总是不听,他驱走了许多人民、塔剌黑赤[2],与人民作战,后来到底被杀死

① 哈儿赤或哈儿赤思丹:阿富汗西北部木尔加布河上游的山区。

② 原文:tarqjīān。

了。成吉思汗强国难道就派不出个好人，怎么派这么鲁莽的人来办大事！”他照例派使者带了几块织物［送去做礼物］。由于他不敢相信，脱忽察儿［遇害］* 一事将会有怎么样的后果，同时又听说，札兰丁算端于父亲死后，来到了其父以前封授给他的［采邑］哥疾宁，四面八方的军队都聚到了他的麾下——他便悄悄地派人到札兰丁算端处去说："我想到你这边来！"这时成吉思汗为镇守哥疾
221 宁、哈儿赤、咱不里和可不里的道路，派失乞-忽秃忽同帖客扯克[1]、木勒合儿、兀客儿-哈勒札、忽秃儿·哈勒札[2]等异密带着三万人到那些地区去，让他们尽可能将那些地区征服，并担任警哨(karāūl)，使他自己和拖雷汗可以顺利地去征服花剌子模领地。汗-灭里和失乞-忽秃忽军队所在的地区相近。他们认为他已归附他们，但他却暗中派人到札兰丁算端处［说］："算端在八鲁弯[3]休息一下吧，我就来投奔他。"他还将这件事通知了那一带的许多［突厥-］康里人，命他们也到那里去，［然后］* 自己按照这个决定突然出走了。

失乞-忽秃忽的警哨部队来报，汗-灭里带着部属投奔到札兰丁算端处去了。

失乞-忽秃忽立即带着军队去追赶他，追上了他。这时本可向他进攻，但［失乞-忽秃忽］出于谨慎［将军队］* 停驻下来，想等到

---

① 原文：tkăčk。

② 原文：qlǰā，突厥语 kalča（蒙文 haljan），意为秃子，又有诙谐者之意。这个词的语源见下面第 222 页。

③ 八鲁弯（费儿弯）——可不里北面必阳只失儿河流域的城市；通往哥疾宁和可不里去的道路上的枢纽点。

清早天亮时作战。汗-灭里连夜前进，黎明时在指定地点八鲁弯地方和算端会合。康里人和其他军队也全部如期来到。许许多多军队都聚来了。

几天以前，随忽秃忽那颜出征的帖客扯克、木勒合儿等异密包围了瓦里安堡[1]，马上就要将它攻下来了。札兰丁算端将辎重留在八鲁弯，带着军队去袭击他们，歼灭了一千多蒙古先头部队(yazak)。蒙古军人少，便渡过河，到对岸停驻下来。双方互相射箭。到了夜里，蒙古军撤回到忽秃忽那颜处，重新去追击汗-灭里。汗-灭里赶上了算端，[向他]说道："蒙古军追来了！"——算端向蒙古人出动，进至相距约一程之地。两军相遇，摆开阵势，算端将右翼交给汗-灭里[指挥]，左翼交给赛甫丁-灭里-阿黑剌黑，亲自指挥中军。他命令全军下马，将马缰绳(čulbūr)系在一处，英勇地杀上去。

第二天蒙古人发布命令(yāsā)，让每个骑兵在马背上缚一个 222
毡子或别的东西做成的假人。他们连夜制成了[这些假人]，第二天摆开了队伍。算端的军队看到这个万人队时，以为蒙古人开来了援军，便想逃跑。

算端对他们喊道："我们的军队人多，让我们摆开队伍，从左右二方面包抄过去将他们围起来！"军队站住[不逃]了，算端率领军队将大小鼓敲起来，一齐向蒙古人冲过去。算端军人数比蒙古军多。他们围成一个圆圈，打算将蒙古人包围在中央。忽秃忽那颜

① 《史集》原文及志费尼书均作 walīān(或 walītān)；拉维尔迪作 walīshtān(卷二，第 1016 页)；吐火罗思丹的堡寨(?)。

事先对军队说道:“我们作战时,必须注意将我们的大旗(ṭūq)摇起来。”当时[蒙古人]就要被包围起来了,他们支持不住,逃跑了。由于那一带的野地上有许多坑洞,蒙古军[纷纷]* 落马。算端军拥有轻捷的好战马,他们赶上[蒙古人],[将他们]* 杀死了。这一战中,蒙古军死亡很大。

这个消息传到了成吉思汗那里,他虽然十分痛心,却不动[声色]地说道:“忽秃忽以前老是打胜利,没有受过挫折;他受到这次挫折后,就会谨慎起来,从中取得经验,获得[活生生的]作战知识。”接着他立即着手组织军队。失乞-忽秃忽和随他出征的异密带着溃散后幸免的军队跟着来到了。

札兰丁算端打了那次仗回来后,停留在自己的帐幕里。他的军队从蒙古人处获得了许多战利品。在分配[战利品]时,汗-灭里和赛甫丁-阿黑剌黑为了一匹阿拉伯马争吵了起来。汗-灭里用鞭子打了阿黑剌黑的头。算端没有下令处罚[汗-灭里],因为他不信任康里人。塞甫丁感到受了委屈。当天他[还]在[算端营内],到了夜里他一怒之下跑到起儿漫和昔黑兰①的山里去了。由于他的跋扈,算端的兵力受到挫折,此外,算端得知成吉思汗率领大军前来了。在恐惧之中,他缺乏理智,不能采取正确的行动,由于他不知道该怎么办才好,便向哥疾宁进发,打算渡过辛河去。

忽秃忽那颜来到成吉思汗处,报告了诸人的功过,诉说了八邻

---

① sīqrān(?),可能是 sīrqān～sīrǰān(起儿漫省的城名及州名,在与法儿思交界之处)的讹写。十三世纪时昔儿章为起儿漫第二大城。今为赛达巴德东面的卡赖·散格废墟。

部的兀客儿-哈勒札和忽秃儿-哈勒札两异密由于俏皮、大意所犯的过失。他说：“出名俏皮、好闹的人以为他们很勇敢，但这种人到了[需要表现出]勇敢的时刻，却只会把事情搞坏！”在蒙古语中，管俏皮鬼叫“哈勒札”。就是这些了。

叙成吉思汗追击札兰丁算端，算端在辛河上战败后渡过了辛河 223

失乞-忽秃忽来到成吉思汗处向他报告情况时，成吉思汗已经攻下了塔里寒堡，察合台和窝阔台从花剌子模得胜而归，拖雷也从呼罗珊胜利地归来了。他们同军队一起在塔里寒山麓驻夏休息，养息生畜。当成吉思汗听到这个情况以后，他下令全体出动，于马年从塔里寒境内率领大军去攻打札兰丁算端。他匆匆地分二路出兵，甚至连食物也来不及煮。成吉思汗来到失乞-忽秃忽和算端交战的地方向兀客儿和忽秃儿问道：“你们和算端各屯驻在哪里？”他们指[给他看]* 了。他发现他们和算端各有失当之处，便说：“你们都不知道[选择]* 对作战[有利]的地形。”他责备了两个异密。他来到哥疾宁时，得知算端打算渡过辛河[印度河]去，已于十五天前退走了。

成吉思汗委派祃祃-牙剌洼赤为[哥疾宁]长官（šiḥneh）后，以最高速度向算端追去。算端在河岸上准备渡河的船只。兀儿汗殿后（yazak-i qafā），他同[蒙古]先头部队[作战]*，抵挡了一阵后，败下阵来。成吉思汗得知算端想在黎明时渡过河去，便去算端未及渡河之前连夜急驰，黎明时将算端前后包围起来。蒙古军从四面八方将算端围住，他们围成一把弓子一样的半圆形，辛河像是[那弓上的]* 弦，太阳升起时，算端发现自己已处于水火之中。

成吉思汗事先下令道："不得用箭射伤算端，要设法[将他活]捉到手！"他派遣兀客儿-哈勒札和忽秃儿-哈勒札将他从岸上赶出来。他们疾驰而去，一会儿就看到了算端的军队。蒙古军[向算端军]展开攻势，向汗-灭里所指挥的右翼冲杀过去，将大部分[花剌子模人]歼灭了。汗-灭里被击溃后，向白沙瓦①方面逃去。蒙古军截住了[他的]去路，杀死了他。[算端的]左翼也移动了。算端率领着七百人在中军中坚守着，从清早到晌午一直抵抗着庞大的[蒙古]军队。他丝毫没有[逃命的]想头，从左右两方朝[蒙古军]中心冲过去。由于没有下达向他射箭的命令（yāsā），[蒙古人]便将他紧密地包围起来。他勇敢地拼命厮杀。当他看到与山、海抗争徒劳无益，便骑着生力马向蒙古军冲去，迫使他们后退。接着他疾驰向后，扯紧缰绳，背上披着盾牌，拿住屏伞（čatr）与徽牌（'alam），用
224 鞭子抽打了一下马，像闪电般地过河去了。到了对岸，他才拭去了剑面上的水。

成吉思汗非常惊奇地将手放在嘴上，指着札兰丁对儿子们说道："生儿当如斯人！

诗

谁也没见过世上有这样的好汉，

在古代的勇士中也没听说[有这样的人]！

他既能从这样的战场上死里逃生，[日后]定能成就许多事业，

---

① 印度西北部（巴基斯坦）和阿富汗交界处的地区和城名。

惹起无数乱子!"

蒙古军见他跃马入河,想跳到河里去追他,但被成吉思汗阻住了。

在一部十分可靠的编年史中载道,当算端看到无法进行抵抗时,便将自己的妻子、儿女、嫔妃们大部分投进河里,免得她们当俘虏受辱,同时将金银财宝也投进了河里,然后他才跃马入河,渡过了河。算端的士兵全部被歼灭了。据另一种记载,算端的子孙直到吃奶的孩子为止,全被杀死了,他的嫔妃美女们则被抢走了。算端的国库所藏大部分是金银珠宝之类,算端当天下令将这些东西全部投进了河里。后来成吉思汗曾命潜水夫[入水]搜索这些东西。蒙古军将战利品分配完后,便按照自己的习惯停驻了下来。

叙成吉思汗派八剌那颜到忻都去追击札兰丁算端

接着成吉思汗派札剌亦儿部的八剌那颜和……[1]部的朵儿拜那颜两人带着足够的军队去追击札兰丁算端。他们一直追到忻都中部,也没找到他。回来时他们攻占了[以前]为哈马剌丁-起儿漫亦[2]领有、[后为]算端的一个异密领有的忻都的一个地方必牙[3]堡(qal'eh)。[蒙古人]大肆屠戮后,向木勒丹进发。由于木勒丹没

① 诸本均缺。

② 孟加拉的哈马剌丁·塔马儿罕·乞兰——孟加拉的伊斯兰教徒都督(642[1245]—644[1247]年)。

③ 原文作 bieh,音读不明。关于此堡的名称及可能位置,参阅:埃里奥《印度史学家叙述下的印度历史》,卷 2,伦敦 1869 年,第 392 页。

有石头，他们造了筏子，载着弩炮所用的石头，顺流而下，运到了木勒丹。到了木勒丹后，他们用弩炮攻城，几乎快将城攻下来了，但是蒙古人不耐酷热，他们解围而去。蒙古人对木勒丹、剌合兀耳、白沙瓦、马里克弗耳[①]诸地区进行屠杀、掠夺后，渡过辛河，和成吉思汗会师。

225 叙成吉思汗从辛河上回来，停驻在八鲁弯地方，并叙哥疾宁等地区的遭受屠杀、洗劫

当札兰丁算端渡过[辛]* 河，[成吉思汗]派八剌那颜和朵儿拜那颜去追击他时，成吉思汗本人于始自伊斯兰教历 620 年 1 月的羊年[1223 年]* 春天，溯辛河而上，同时派窝阔台顺流而下，去征服辛河下流地区。窝阔台对哥疾宁进行了屠杀洗劫，将工匠、手艺人遣送到东方城市里，其余的人全都一下子被杀死了，城被毁掉了。[然后，]他[窝阔台]派遣使者到成吉思汗处问道："[请您]下令让我去围攻昔思田[②]吧。"成吉思汗下命令说："天气已经热了，你回来吧，我们派别的部队去围攻它！"窝阔台从通往葛儿木昔儿[③]去的路上回来了。那年夏天，成吉思汗屯驻在蒙古人称做八鲁弯[④]的草原上，等候八剌那颜。他将那一带地区[全部]攻占，进

---

① 马里克弗耳，一作马里克普耳，旁遮普(印度北部)的一座城市。

② 昔思田，[今名锡斯坦，]* 为伊朗东部省名，与阿富汗接界。

③ 阿富汗南部希里明德河中游地区名为葛儿木昔儿。

④ A 本：pīrūān(八鲁弯)；P 本：?īrūān；L 本：īnrūān；B 本及贝书：prūān；参阅第241 页，注⑤。

行了洗劫。当八剌那颜和朵儿拜那颜来到后，成吉思汗就从那里开拔了。当他来到忽纳温-忽儿罕时，窝阔台来与他会合。那年冬天，他们在不牙-古不儿境内①过冬；当地长官撒剌儿-阿合马自缚请降，想尽办法[为大军]* 准备了部分饲料及一切必需的军备物资。由于气候恶劣大多数[蒙古军]都病倒了。成吉思汗发布命令(yāsā)，要每家为每个蒙古军人舂米四百“曼”②。命令遵行了。成吉思汗由于他已结束了对马合谋算端及其子札兰丁算端的战事：马合谋已死，札兰丁流落[他方]*，同时他已派遣哲别和速别台去征略阿儿兰、阿塞拜疆、伊拉克和设里汪等算端领地，于是他觉得可以放心了。他在被占领的所有城市里都设置了长官(šiḥneh)。当军队病愈后，成吉思汗最后作出了班师的决定，他想取道忻都向唐兀惕地区进发。当他得到唐兀惕人复叛的消息时，他在路上已走了好几程路。由于唐兀惕人复叛，也由于山路崎岖、森林难通过以及水土不服，他便回到白沙瓦，带着所有的儿子和那颜们沿着来时所走的原路回去了。

叙成吉思汗出征大食地区回来，回到了老营里，并叙在那里所发生的事 226

始自伊斯兰教历 621 年 1 月的猴年[公元 1224 年]*，成吉思

① 原文：būieh-kbūr。

② 原文作：beh har yak sar čhahār sad man——每头 400“曼”。贝勒津将 sar 改作 seh，译作“每 3—4 人”(seh 字为原文所无)，可能抄写者于 čahār 后漏一 pā(足)字，原文当作：每个四足的生物出一百“曼”稻米(A. 谢麦诺夫)。

汗征服大食地区以后,决定回到[自己的]老营去。唐兀惕居民作乱消息的传来,是成吉思汗急于回去的原因,唐兀惕人由于他长期不在,又动乱起来了。他沿着[穿过]范延山的道路前进,下令将[以前]留在巴黑兰[①]境内的辎重(ūğrūq 奥鲁)运走。那年冬天他渡过质浑河,屯驻在撒麻耳干城郊。

成吉思汗从那里出发时,命令马合谋算端的母亲秃儿罕哈敦和他的后妃们走在前面为[算端的]国家哀悼,直到蒙古军在她们面前走过为止。

当他从那里[撒麻耳干]来到别涅客忒河[锡尔河]时,他的所有的儿子们,除术赤外,全都聚到了父亲处,他们在那里举行了会议(忽里勒台)。然后,他们从那里出发,一站一站地,静悄悄地慢慢走去,一直回到了自己的故乡和游牧营地(maqām)上。

成吉思汗的情况已记述如上,现在我们来叙述哲别和速别台的其他情况,叙述这两位异密所完成的业绩,以及他们取道钦察打耳班返回故乡之前所占领的地区。马合谋算端在额必思宽岛上死去后,札兰丁算端来到了花剌子模[城],由于诸异密及诸弟不和,他又跑了回来,他走到路上与一队队开来的蒙古军队相遇,发生战斗,[接着他]* 跑到了你沙不儿,又从那里来到了哥疾宁,其弟斡思剌黑-算端、阿黑-算端和异密们由于蒙古军向花剌子模境内开来的消息害了怕,来追随算端,被追击算端的军队所杀。

---

① 阿富汗北部阿黑萨莱河流域的城市,位于昆都兹南面。

叙哲别和速别台来到伊拉克、阿塞拜疆和阿儿兰地区，对那些地区进行了屠杀、洗劫，然后他们取道钦察打耳班回到了蒙古

当札兰丁算端离开你沙不儿，向哥疾宁进发时，哲别和速别台遣使向成吉思汗[报告]道："马合谋算端死了，其子札兰丁跑到那里去了。现在我们对他们放下了心，上帝保佑，按照成吉思汗诏旨的要求，我们可以[回]* 到蒙古来了，[但]一切全仗伟大的主的威力和成吉思汗的幸福。"

后来他们不断派遣使者去报告各种问题。由于[被征服]地区 227
还不很太平，一个使者必须在三四百个骑兵护送下才能出发。

当他们[哲别和速别台]向伊拉克进兵时，他们先攻下了哈耳和西模娘，从那里进向列夷城，进行了屠杀掠夺。[由此]向忽木[①]进兵，杀死了那里的全部居民，掳走了孩子们。从那里[蒙古人]进向哈马丹。赛夷-马只答丁·阿剌-倒剌投降，他献马匹、衣服为礼，同意[接受蒙古]长官(šiḥneh)。

由于听到算端及其统将拜的斤-薛剌希和忽赤-不花汗在撒札思[②]集合了大量军队，他们便向那里进兵，将他们全部歼灭了。

他们从那里来到了赞章[③]，在那里将比其他城市多一倍的居

① 德黑兰南面的重要城市。位于由呼罗珊通往伊朗西南的一条主要商道上。十四世纪时几乎半成废墟。

② 撒札思：可疾云西面的小城。从哈马丹和可疾云通往阿塞拜疆的道路通过该城。今该城已经不存在。

③ 赞章：撒札思北面的重要城市，位于通往阿塞拜疆的路上。

民，杀得一个不剩。他们[从那里]* 重新回到可疾云，与可疾云人发生激战，将城强攻下来。可疾云居民在城内照例展开了白刃战，结果双方共死亡了五万人。在伊拉克附近地区，他们进行了更大规模的屠杀、掠夺。

冬天来了，[蒙古人]驻扎在列夷境内赫亦勒-不祖儿格[地方]。这时成吉思汗在那黑沙不和忒耳迷境内。那年发生了难以置信的严寒。他们向阿塞拜疆进发，每经一地，都照例进行了屠杀和掠夺。

他们来到了帖必力思[①]；当地长官（ḥākim）为者罕-别黑列汪之子月即别阿答毕；他躲了起来，派人[向蒙古人]求和，送来了许多钱币、牲口；[蒙古人]缔结和约后回去了，他们向阿儿兰进发，想在那里过冬。他们路过谷儿只[格鲁吉亚]。一万谷儿只人前来迎击[蒙古人]，于是展开了战斗。谷儿只人[格鲁吉亚人]战败，大部分被杀。由于[蒙古人]见谷儿只丛林茂密、行军困难，便回去了，打算到篾剌合去。

他们再次来到了帖必力思，当地都督（wālī）沙木撒丁-秃黑来送来了大笔贡税（māl），他们便满意地走了。蒙古人围攻了篾剌合城。由于当时城主为一女王，女王住在鲁因的思[②]，城中无人决策抗战。[但是篾剌合居民]却[同蒙古人]展开了战斗。蒙古人将

228

① 帖必力思：今为南阿塞拜疆首府。[今名大不里士。]* 该城建于伊斯兰教时代。在蒙古征服以前时代，它是一个巨大的手工业中心及阿答毕地方王朝的京城；在十三世纪蒙古时代，它成为旭烈兀朝国家的京城，直到十四世纪初为止，一直是旭烈兀朝的京城。

② 见第151页，注①。

伊斯兰教徒俘虏前驱攻城;退者即斩。就这样,他们厮杀了好几天。最后,城被强攻下来,平民、贵族全都被杀死。他们将携带方便的东西全部带走,剩下的东西就烧掉、拆毁。接着他们向迪牙别克儿和亦儿必勒进发,但他们听说木咱法剌丁-阔克不里[①]的军队人数众多,便折了回来。

由于花剌子模沙的奴隶者马剌丁-阿必额等人发动叛乱,杀死了哈马丹[蒙古]长官(šiḥneh),并将亲附[蒙古人的]阿剌-倒剌抓起来关在位于罗耳的一个州内的哈里惕堡内——[蒙古人]便重新向哈马丹进军。者马剌丁-阿必额出来迎降,但却无济于事,他与那可儿们全都被折磨杀死,[蒙古人]* 将城围攻下来后,[将居民]* 杀得一个不留。[蒙古人]* 对哈马丹进行蹂躏后,向纳黑彻汪进发,他们将那里攻下后,进行了屠杀、掠夺。最后,阿答毕哈木失来降。[蒙古人]* 将玺书和木牌发给了他。他们从那里向阿儿兰[②]进军,先攻占了薛剌兀[③],进行了杀掠;[接着,]阿耳迭比勒也[遭到了]* 同样的[命运]* 。蒙古人继向拜剌罕城进发,攻下该城后,老幼尽歼。接着,他们向阿儿兰最大的城吉阳札[④]进攻。攻下城后,将该城完全毁掉了。从那里,他们重新进向谷儿只[格鲁吉

---

① 亦儿必勒阿答毕,别格帖斤王朝君主(586〔1190〕—630〔1233〕年)。

② 库拉河和阿拉斯河之间的地区名(今阿塞拜疆加盟共和国北部),其首府为别儿答阿(十三世纪时已被完全毁掉)。在蒙古人时代,该地区的要邑为拜剌罕(今已荡然无存);该城位于阿拉斯河北面 7—8 公里。拜剌罕于 617[1220]年被蒙古人攻陷。

③ 薛剌兀,一作薛剌卜,南阿塞拜疆(今伊朗阿塞拜疆)的城市,位于从帖必力思通往阿儿迭必勒的路上。

④ 吉阳札(阿拉伯地理学家作章札),十一世纪到十三世纪初为阿儿兰的要邑,位于其首府别儿答阿西北面,在别儿答阿通往第比利斯的路上;今苏联阿塞拜疆加盟共和国基罗瓦巴德城。

亚]，谷儿只人列阵以待。双方相遇，哲别带着五千人[埋伏在]一个隐秘的地方(gūše͟h-i panhān)，速别台带着军队冲上去。最初，蒙古人败退，谷儿只人[格鲁吉亚人]* 追了上来。哲别遂从埋伏处冲出来，将他们包围在中间，一下子歼灭了三万谷儿只人。蒙古人从那里向设里汪打耳班进军，他们在路上攻占了舍马哈城①，驱走了许多俘虏，[剩下的人]* 全部被杀。由于打耳班无法通过，他
229 们派人对设里汪王②说："请你[派]* 几个人来缔结和约吧！"他派来了十个大臣(akābir)；[蒙古人]将其中[一人]杀死后，对其余的人说道："只要你们将通过打耳班的道路指引给我们，我们就饶恕你们，否则我们就把你们杀掉！"他们担心自己的生命，[给蒙古人]* 指了路，让蒙古人通过去了。[蒙古人]来到了居民众多的阿兰地区③，阿兰人和钦察人联合起来对蒙古军队作战，双方相持不下。当时蒙古人通知钦察人道："我们和你们是同一部落的人、出自同一氏族，而阿兰人是我们的异己。让我们缔结互不侵犯的协定吧，你们想要金子、衣服，我们给你们，你们[将阿兰人]给我们留下吧。"他们将许多财物送去给钦察人。钦察人便回去了。蒙古人战胜了阿兰人，进行了命定的掠夺、屠杀。

钦察人相信了缔结的和约，他们无所顾虑地在自己的地区上散开了。蒙古人突然向他们袭来，见一个杀一个，夺回了[以前]给

① 设里汪为里海沿岸苦剌河北面的地区名；其首邑为舍马哈。统治设里汪的为戴有设里汪沙尊号的君主的地方王朝。打耳班(阿拉伯地学家，又作 bāb al-abwāb——"门之门")——该地区北面边境上的大城，今为阿塞拜疆加盟共和国里海上的有名港口。

② 法鲁黑咱忒，马讷赤黑儿的儿子(1225—1233)。

③ 阿兰——北高加索的一个伊朗民族，今沃舍梯人的祖先。

[他们]的东西。钦察残部向斡罗思国逃去。蒙古人在草地和矮树林(marğzār)遍布的地区上过冬。他们从那里向滨临阔思丹丁尼牙[博斯普鲁斯]海峡的速答黑①城进攻,该城失陷后,城民四散。

接着他们向斡罗思[俄罗斯]国及[逃到]* 那里的钦察人进攻。这时他们[斡罗思人和钦察人]* 处来了援[军],聚集起了一支大军。蒙古人见他们兵力强大,便退走了。钦察人和斡罗思人以为他们害怕而退走了,便[向前]* 追击了蒙古人十二天。蒙古军突然回过头来攻打他们,他们来不及集合起来,被歼灭了[许多]人。战斗进行了一星期,最后钦察人和斡罗思人逃跑了。蒙古人追杀上去,破坏诸城,直到他们的大部分地区人烟灭绝为止。蒙古人从那里退走后,沿着成吉思汗从大食地区回来时所走的路,与成吉思汗会合到了一起。

叙成吉思汗从大食地区回到自己的老营,停驻在自己的斡耳朵里

相当于伊斯兰教历 621 年的猴年[公元 1224 年]*,成吉思汗征服大食地区回来,他在路上过了冬,并度过了夏天。他来到自己的斡耳朵境内,十一岁的忽必烈合罕与九岁的旭烈兀汗出来迎接他。恰好这时忽必烈合罕在爱蛮-豁亦地方②(其地在叶密 230

① 一作速黑答黑,十三世纪时为重要海港,今克里木半岛南岸的小城。

② P 本作 aīmār-hūī;B 本作 anmār-~;贝书作 alman-~。

立-忽真[①]附近乃蛮国边境上,位于希列河彼岸,距畏兀儿地区不远)射杀了一只兔子,旭烈兀汗射杀了一只山羊。蒙古人有如下风俗:小孩子第一次出去打猎时,要在大拇指上拭油[②],即以肉和油脂拭指。成吉思汗亲自替他们拭指。忽必烈合罕轻轻地抓住成吉思汗的大拇指,旭烈兀汗却紧紧地抓住[他的大拇指]。成吉思汗说:"这个坏蛋要将我的手指掐断了!"他们从那里出发,驻扎在不合-速-只忽地方,降旨设置大金帐[③],举行了[大]聚会及大宴。由于那里土质很轻,尘土飞扬,[成吉思汗]下令,让每个人都搬取石头掷到他的斡耳朵和营地上。大家都掷,他的兄弟斡[惕]* 赤[斤]* 那颜却不掷石头,只掷了些树枝。为此[成吉思汗]责备了他。在那几天中,他们再次出去打猎。斡[惕]* 赤[斤]* 那颜没有马上来参加围猎(ǰirgeh),晚到了一会儿。为了这两件过失,在七天之内不许他进斡耳朵来。他奏告道,如果继续犯过,愿受处罚[④];成吉思汗便饶恕了他,放他[进来]* 了。

---

① 原文为 īmīl-qūǰīn。

② 原文为动词ǰāmīšī kardan,源于突厥语动词ǰāmaq,当系动词ǰāğmaq～yāğmaq(擦脂油)的缩写。这一仪式大概与长时期保留在蒙古人那里的在男孩子的衣缘上涂油表示成功和致富的愿望的风俗,有同样的意义。

③ 原文 ūrdū-i zarrīn-i buzurg:大金帐。描写当时蒙古人的日常生活与习俗的十三世纪(1237 年撰)汉文史料《黑鞑事略》上谈到过"金帐"。据此书记载,"金帐"是汗在举行节庆时所建的、可容纳数百人的蒙古大帐幕。由于帐内的柱子与门限裹金,故得名为"金帐"。十世纪时经过畏兀儿国的旅行家塔米木·伊宾·巴黑儿阿对金帐也作过类似的描写。(参阅米诺尔斯基:《塔米木·伊宾·巴黑儿阿畏兀儿行纪》,伦敦大学,《东方学和非洲学学院学报》,1948,卷十二,第 283 页)。《史集》原文所说的大概就是类似的汗帐。

④ 原文 suhrāmīšī kardan;这个动词的第一部分的异写如下:L 本——m?hrāmīšī;I 本——šhrāmīšī;B 本——šhrmhā?āmīšī:P 本——s(a)hrām?šī;贝书——šhrbǰāmīšī。

始自伊斯兰教历622年2月塔乞忽亦勒即鸡年[公元1225年]* 春天,成吉思汗驻扎在自己的斡耳朵里。他在家里度过了那年夏天,颁发了若干英明的诏敕(yāsāqhā-i bārik)。由于他听得唐兀惕人复叛,便发兵向那里出征。

叙成吉思汗最后一次出征唐兀惕地区,与唐兀惕国王作战

相当于伊斯兰教历622年的塔乞忽亦勒即鸡年[公元1225年]* 秋天,成吉思汗发兵征讨又名唐兀惕的合申地区。他命令察合台留在斡耳朵后方二翼军队中;术赤[已经]死了,窝阔台跟在父亲身边,拖雷汗由于唆儿忽黑塔尼别吉失明,落后了几天,后来才来到成吉思汗处。那几天中,他将窝阔台的儿子阔端和贵由打发 231
了回去。他们向他索取恩宠和赠赐之物。他说:"我什么也没有,所有的东西都是大禹儿惕和一家之主拖雷的,一切由他作主吧!"拖雷汗[取了]* 一些衣物给了他们。成吉思汗将也里长官忽秃察黑的祖父赐给贵由汗,同时说道:"你[一旦]* 有病时,他[可以]* 替你做些食物!"

成吉思汗来到唐兀惕地区,首先占领了甘州、肃州①、河州和斡罗孩②等城,又围攻了答儿沙孩[灵州]* ③,放火烧城。当[该

① 甘州和肃州都是甘肃省的城名。参阅《元史·太祖纪》。

② A本:urūmī;B本及贝书:ārūqī;后一写法大概是正确的。比较《秘史》第267节:兀剌孩。

③ 原文 dršakāī;B本及贝书:drskāī;《秘史》第267节:朵儿篾该,即宁夏自治区灵州城。

城]* 起火时,唐兀惕国王失都儿忽①、唐兀惕语称做李王②者,从他的京都所在的大城(此城唐兀惕语称做阿里孩③、蒙古语称做额儿吉牙④)里,带着五十万人出来,与蒙古军作战。

成吉思汗迎上去作战。在哈剌-沐连[黄河]地方有许多湖,湖面全部冰封住了。成吉思汗站在冰上,下令发箭射[敌人的]脚,不让他们从冰上过来,敌人们应弦而倒⑤。

作战时杀死了许多人,[唐兀惕人]* 死者为[蒙古人的]* 三倍,而据蒙古人所查明的,[唐兀惕人]* 被杀死者为[蒙吉人]* 死亡数的十倍。

失都儿忽逃回了城里。成吉思汗说,这次他遭受到这样[大]* 的失败,往后再也没有什么力量了,于是就不再注意他了。成吉思汗从这座城市旁走过,占领了若干其他城市和地区,到乞台方面去了。

相当于伊斯兰教历 623 年的那孩亦勒即狗年[公元 1223 年]* 初春,他来到翁浑-答兰-忽都黑⑥地方,在那里突然想到了自身,沉思良久;因为他曾得一梦,启示了他的死期将莅临。宗王之中,[当时]* 拙赤-哈撒儿的儿子移相哥-阿合在[他跟前]*。他向

---

① 原文 šīdūrqū;《秘史》第 267 节:失都儿忽。

② S本:kīūān;P本,B本:īrān。

③ īrqī——蒙文 irğai,今宁夏自治区宁夏城。

④ B本及贝书:arqīā。

⑤ 此处原文及贝书之译文作:他降旨道:"将箭贴着冰面射去,箭无虚发"(直译有讹)。我们无法想象,将箭贴着冰面射去(这时箭手必须躺在冰上)竟能将站在冰上的人射死。因此我根据 L 本及 I 本的异文作了改译(A. 谢麦诺夫)。

⑥ 原文 ūnqūn-ṭālān-qūdūk。

他问道:“我的儿子窝阔台和拖雷在什么地方,在远方还是在近
处?”——[当时]* 他们都在自己的军队里。移相哥-阿合说,他们
在距此约二三程之地。成吉思汗立即派人去把他们叫来。第二天 232
早晨,在他们进餐的时候,他对异密们与会议参加者说道:“我有事
想对儿子们关照、商量和密谈。我想同儿子们面对面用上几个钟
头进行密谈、商量。你们暂时走开,让我们独自留下吧。”

叙成吉思汗同在场的儿子们密谈,立下了遗嘱

异密等人离开后,成吉思汗和儿子们坐下来密谈。他说了许多训言后,说道:“我身后留下的孩儿们啊![你们]* 知道,我的死日已近,快要到地府去了!我为你们[我的]* 儿子们,在主的威力和[长生]* 天的佑助下征服和开创了一个辽阔广大的国家,从这个国家的中央向各方面走去都需要用一年时间。现在,我对你们立下如下遗言:你们要想过富足满意的生活,享受掌大权的快乐,必须齐心协力抵御敌人、尊崇朋友!”接着他立窝阔台合罕为继位者,在遗嘱和训言的最后吩咐道:“去统治我所留下的领地:[我的]* 国家和兀鲁思吧!我不愿死在家里,我要为了声名和荣誉走出去。从今以后,你们不可更改我的命令(yāsāq)。察合台不在这里,如果他在我死后,违背我的话,在国内引起纷争①,那可真不得

① 原文为动词 tamāč(j)āmīšī kardan,S 本——tāmāsāmīšī,头一个字 tamajāmīšī 意为“争吵,内讧”(参阅布达戈夫:《突厥-鞑靼方言比较辞典》,卷一,第 375、376 页)。

了。[现在]你们去吧!"就这样,他结束了这次密谈上讲的话,与他们俩分别,让他们回去统治国家和兀鲁思,自己带着军队向南家思出发了。

叙成吉思汗出征南家思,以及他的病起,并叙述唐兀惕国王到他那里请降,请求延期将〔京〕* 城交出

立下了遗嘱、将儿子打发走后,成吉思汗向南家思进发。那个地区上的君王接二连三地来降。当他来到女真、南家思和唐兀惕地面交界处的六盘山地方①时,女真国王刚听到成吉思汗来到,便遣使送来礼物请降,礼物中包括一盘大圆珍珠。成吉思汗下令将珍珠赐给耳上穿孔的人,每人一颗。当时[耳上]* 没有[穿孔]的人马上在自己的耳朵上穿了孔。所有的人都发给了珍珠,但[珍
233 珠]还是剩下了许多。成吉思汗说:"今天是行赏的日子,[将剩下的珍珠]* 全部掷出去,让人们捡拾吧。"他自知死期将临,对[这些珍珠]毫不在意。许多珍珠丢失在尘土里了,过了很长时间,还有人在那里寻找珍珠,从地下捡到珍珠。

其后唐兀惕国王失都儿忽思量道:"我多次反叛对抗成吉思汗,我的国土每次都遭到蒙古人的屠杀、掠夺,自今以后我再也不叛乱了,必须向成吉思汗表示奴隶般的顺从!"他遂派遣使者

① 原文讹作 liū-in-šān。参阅雅金甫《四汗史》,第 136 页:Лю-пань-шань。

[到他那里]请求和谈并订立誓盟,他说道:"我担心他能否收我做儿子!"

成吉思汗对他的请求很满意。[当时]失都儿忽请求一个月的期限,以便准备礼物,将城里居民迁出来,[成吉思汗]* 给了他所请求的期限。为了表示尊敬、屈服,他想前来朝谒,但成吉思汗说:"我病了。让他等我病好一些再来吧"——他对脱栾-扯儿必说:"你到他身边去做他的失合兀勒[①]吧!"——意即派他去做接待和陪伴使臣和进宫觐见者的人。[脱栾]奉命侍奉失都儿忽去了。成吉思汗的病却一天天坏下去。

叙成吉思汗之死;唐兀惕国王之被杀及〔唐兀惕京〕* 城全部居民的遭屠杀;并叙异密们将成吉思汗的灵柩悄悄地运回来,运到了斡耳朵里,发布讣告、举哀、下葬

成吉思汗自知病危,大渐已近。遂对异密们遗告道:"我死后,你们不要为我发丧、举哀,好叫敌人不知我已死去。当唐兀惕国王和居民在指定时间从城里出来时,你们可将他们一下子全部消灭掉!"猪儿年秋第二月十五日(伊斯兰教历 624 年 9 月)[1227 年 9 月]* ,他为他那著名的兀鲁黑留下了汗位、领地和国家,离开了[这个]易朽的世界。异密们按照他的命令,秘不发丧,直到[唐

① šīqāūl;突厥语 šiğaul——接引使臣及觐见汗的人们至被接见地方的宫廷官。据《秘史》第 267 节上说,脱仑按照成吉思汗的命令杀死了失都儿忽。

兀惕]人民从城里出来。[当时]就[把他们]* 全部杀死。于是，异密们运着灵柩回去了。他们在抵达斡耳朵之前，将一路上遇到的人畜全部杀死。附近地区的宗王、后妃、异密们全都聚来为他举哀。

蒙古有一座名叫不儿罕·合勒敦的大山。从这座山的一个坡面流出许多河流。这些河流沿岸有无数树木和森林。泰亦赤兀惕部就住在这些森林里。成吉思汗将那里选做自己的坟葬地，他降旨道："我和我的兀鲁黑的坟葬地就在这里！"成吉思汗的驻夏和驻
234 冬牧地就在那一带；他出生在斡难河下游的不鲁克-孛勒答黑[①]地方，距不儿罕-合勒敦有六天路程。那里住着兀孩-合剌术[②]氏族的一千名斡亦剌惕人，守护着那片土地。

兹将[从不儿罕-哈勒敦山坡下流出的]那些河流详举如下：

[山]* 南中部——怯绿连，

东——斡难，

大东北——乞列克秃，

大北——乞儿合出，

大北——赤苦，

大西北——合剌忽，

西南居中——哈剌，

西南居中——不剌赤秃，

---

① blūk-bldāq；比较前文的 dalūn-buldāq。

② 诸本均作 ūīrāt az nasl-i ūqāī-krjū，本书卷一第一分册俄译本作兀答赤与兀良合惕部。

大西南——土剌[1]。

有这样一件事情：有一次成吉思汗出去打猎，有个地方长着一颗孤树。他在树下下了马，在那里心情喜悦。他遂说道："这个地方做我的墓地倒挺合适！在这里做上个记号吧！"举哀时，当时听他说过这话的人，重复了他所说的话。诸王和异密们遂按照他的命令选定了那个地方。据说，在他下葬的那年，野地上长起了无数树木和青草。如今那里森林茂密，已无法通过；最初那棵树和他的埋葬地已经辨认不出了。甚至守护那个地方的老守林人，也找不到通到那里去的路了。 235

在成吉思汗诸子之中，幼子拖雷就葬在那里，拖雷的儿子蒙哥合罕、忽必烈合罕、阿里-不哥及死在那边的其他后裔们的埋葬地

① 正如原文所述，上列诸河都发源于蒙古人民共和国肯特山脉。这些河是从南到北按照逆时针方向列举的。表中第一条河怯绿连河即克鲁伦河，其主要集水区在乌兰巴托东面肯特山。表中第二条河 ānan（斡难河，今名鄂嫩河），其河源在肯特山脉高处，在克鲁伦河及其右岸支流明兹河的河源附近。以下二河，kiraqtū 和 kirqačū 不知是今哪二条河。可能系指色楞格河下游的支流（可能是明兹河的河源）。流向大北面的赤苦河即色楞格河右岸支流奇科伊河，更正确些说是奇科伊河左岸的大支流，今名明吉的河流；这条支流和上述诸河都发源于肯特山克鲁伦河源附近。合剌忽（原文作 qlqū）不知是今哪条河；很可能是鄂尔浑河右岸最后一条支流伊罗河。伊罗河也发源于肯特山；伊罗一名大概是较晚按照其主要支流的会合地点而起的。下一条河，即合剌河，相当于哈拉河（这一点当较确凿），为鄂尔浑河左岸下一条大支流。哈拉河发源于肯特山，其上流离乌兰巴托极近。不剌赤秃河迄今不知是哪条河。表上最后一条河，土剌河，即鄂尔浑河第三条最大的支流，发源于肯特山。表中所指出的合剌河的流向很值得注意。据原文说，该河流向西南，而不像现在那样地流向北方。对哈拉河上流进行考察后，确定了交叉流入现今河谷中的其支流的相反方向，并查明在该河上部有一个很宽阔的枯竭的河谷通往土拉河的西面。根据这些材料，并注意到该河今通往鄂尔浑河出口处的狭谷极狭窄，Э. М. 米尔佐耶夫推测道：古代的合剌河并非北流入鄂尔浑河，而是流向西方。（见《蒙古人民共和国》，莫斯科 1948 年版，第 118 页）。《史集》原文证实了这一假想。

也在那里。成吉思汗的其他后裔，如术赤、察合台、窝阔台和他们的儿子们及兀鲁黑，则葬在其他地方。

这块伟大的禁地（gurūq）由兀良合惕部的异密们担任守护。

成吉思汗四大斡耳朵，每个斡耳朵都为死者举哀一天。讣闻传到远近地区上时，后妃、诸王[奔驰]* 多日从四面八方来到那里哀悼死者。由于某些部落离那里很远，大约过去三个月后，他们还陆续来到那里哀悼死者。

"万物都灭亡了，只有他的本质[永存不灭]*！他掌握着大权，我们都将回到他那里去！赞美他的使者①，赞美他派出的先知、使者，[他的]纯洁的氏族！"

只要世界还没毁灭，时间还没到尽头，无上尊荣的真主将始将不渝地永远使所有的人民处于马合木·合赞汗算端的荫护之下，合赞汗是算端国的福荫，世界之王，大地和时间的最高君主，伊朗和土兰诸合罕的主君，他慷慨大度、慈悲为怀，升起伊斯兰教和大流士宗教的旗帜，是伸张正义的哲木失王朝宗教的荫护者，他是高举威武的旗帜、以慈悲为念主持公道的世界强国的习惯的复兴者，他是一国之君，统治者，成吉思汗王位的嗣承者，他的氏族的福荫，安拉宗教的赞助者，愿他的强国的事业永远顺利！愿安拉饶恕他的奴隶，并称之为信徒吧！

从始自伊斯兰教历 615 年 11 月的讨来亦勒即兔年[公元 1219 年]* 初起，到始自伊斯兰教历 624 年 2 月的合孩亦勒即猪年[公元

① 此处之使节显然是指穆罕默德的第四代嗣承人阿里，按照伊斯兰教什叶派的说法阿里是安拉的使节，穆罕默德也是安拉的使节。

1227 年]* 末止，共九年，在这九年之初，他出征突厥斯坦和伊朗国，用六年时间结束了这一远征，第七年，即始自伊斯兰教历 622 年 2 月的鸡年[公元 1225 年]* 春天，他回到斡耳朵里，再次出征复叛的唐兀惕国，在出征的第三年即猪年中秋，他去世了——以上九年内的《成吉思汗纪》已全部述毕，现在让我们按照既定的原则来叙述这九年内他的同时代人的历史吧。但愿能如伟大安拉之所愿！

[列 国 传 六]* 236

从始自伊斯兰教历 615 年 11 月的讨来亦勒，即兔年[公元 1219 年]* 初起，到始自伊斯兰教历 624 年 2 月的合孩亦勒，即猪年[公元 1227 年]* 末止，共九年；记与成吉思汗一生最后九年内同时代的乞台、摩至那合罕，伊朗、密昔儿、马格里布等国的哈里发、算端、篾力、阿答毕传，并简述这九年内发生的异事。

乞台君主传

章宗
兴胜
守绪①

① 1219 年到 1227 年，统治中国北方的为金朝皇帝宣宗（1213—1223 年）和哀宗或义宗（1224—1234 年）。拉施特所列举的则是：章宗（1190—1208 年）、幼年名兴胜的卫绍王（1209—1212 年），以及名叫守绪的哀宗（1224—1234 年）。其中漏掉了宣宗（1213—1223 年）。

摩至那君主传

宁宗①。

哈里发、算端、篾力、阿答毕传

哈 里 发 传

这段时期内的报达哈里发为阿拔思朝纳昔儿-里-迪尼剌希，他安稳无忧地坐在哈里发宝位上。

算 端 传

花剌子模、呼罗珊、伊拉克、哥疾宁、河中和突厥斯坦：由花剌子模王马合谋算端掌握政权。在成吉思汗纪中已经记载了从这九
237 年的头一年起到第三年他死在祃拶答而额必思宽岛上为止的情况；而他的儿子札兰丁算端的情况，[则已经记载到]他渡过辛河，从成吉思汗军队手中逃了出来。札兰丁逃出来后，在森林里等候了一二天，聚拢了五十名没有死在河里的人。他们获悉，一群流浪的印度步兵和骑兵，在算端营地外二程之地从事抢劫和[种种]暴行。算端命令从者每人砍取一根棍子，向他们突然进行奇袭，将他们大部分人歼灭后，夺取了他们的牲口和武器。另一些人[也]

---

① 当时统治南中国的是南宋皇帝宁宗(1195—1224年)与理宗(1225—1264年)。

从各地来投奔他。一部分人骑马,一部分人骑牛。有消息传来说,这一带约有四万印度军。算端便带着一百二十人向他们冲去,他用剑斫死了许多人。抢来的战利品被他分配给自己的军队做了装备。当算端被蒙古人战败及其东山再起的消息传到忻都时,人们从别剌列和必克列①山那边召集起六千骑兵,向算端发起了攻击。算端带着他身边的五百骑兵抗击他们,与他们对杀。他将这些人大部分歼灭,一部分人投降了他,他的军队遂[发展]到了三千人左右。接着他向德里进发。到达德里边境时,他遣使到沙木撒丁②处说:"以往[我们之间]* 的邻国关系一直不坏,如果双方能够明里或暗里互相支持、帮助,这才够得上说崇高[的交情]* 哪!"他要求给他一块地方,让他在那里驻扎几天。

由于算端的无比残酷和不义举世闻名,沙木撒丁考虑到将会产生的危险性并担心到[自己的]算端政权,他推延了几天才答复。末了他杀死使者,派遣一名贵族带着适当的酒、菜和礼物到算端处致歉说,这里没有于算端健康相宜的气候的[地方]。如果算端乐意来、想在底里境内找一个地方[驻扎下来]的话,那么他可以从强人处随便占领一个地方住下。

算端听了这些话后便回去了,他来到了别剌列和必克列境内。另有一支部队来投奔他,[现在]他的骑兵将近有一万人了。他从那里派遣合剌只部首领塔札丁带着军队到术迪山里去进行袭击、

① 原文 kūh-i plāleh wa pīkleh;L、I、B 本作 pnkleh。志费尼书作术迪山的 blāleh wa pkāleh(一作 bkāleh 或 nkāleh)(卷二,第 144、147 页)。拉维尔提书作巴剌塔和尼客剌——拉合尔附近之地(卷二,第 294 页注)。

② 德里马木鲁克朝君主沙木撒丁·亦勒秃的迷失(607〔1210〕—633〔1236〕年)。

抢劫。他们[从那里]夺来了许多战利品。[接着]他遣使至剌札·
238 果可儿人* 先斤处,向他的女儿求婚。[先斤]接受了[他的请求],派遣儿子带着军队到算端处去。算端将他的这个儿子称做忽都鲁汗[即幸福汗]。

忻都地区的长官(ḥākim)名叫忽巴察,有夺取算端政权的野心。他和剌札·果可儿人先斤为敌,互相攻战。他率领二万军队在辛河上兀彻①城外一程之地扎营。算端派遣月即别台带着军队去征讨他。月即别台带着七千人在夜里突袭了他。忽巴察的军队一经袭击就溃散、逃跑了。忽巴察坐着船逃到了位于岛上的阿怯鲁·巴克儿堡②。月即别台驻扎在忽巴察的营里,[向算端]* 告捷,让算端到他的帐营里来住。

忽巴察从阿怯鲁·巴克儿逃到了木勒丹。算端由于天气热了,到术迪山去驻夏。在路上,他围攻了别剌列和必克列境内的巴思剌木堡③。在这次战斗中,算端手上中箭。城堡攻下后,居民遭到屠杀。他从那里回来时,从木勒丹经过;他遣使至忽巴察处,索取赔偿金④。忽巴察出来应战。战了几天,算端败退,来到了兀彻。当地居民[和他]作战。算端烧了城,到了薛都散⑤方面。那

---

① 兀彻——北印度吉列姆河支流奇纳布河上的城市,在拉合尔西北。

② 原文:akar-u bkr;P,B 本:akr-u bkr,下面又作 akreh-u bkr(?);志费尼书:akar-u bakar,印度河中一个岛上两座堡寨名(卷二,第 146 页)。

③ 志费尼书(卷二,第 147 页)——basrāūr(异写:bršāūr,bsrrāūū)。埃里奥特书卷二,第 397 页:parsrur。

④ 原文为波斯语成语 na'l-bahā——马蹄铁的价值。

⑤ 原文:sdūsān;志费尼书(卷二,第 148 页)——sdūstān(异写:sdūsān,hindūstān)。昔瓦思丹之讹,昔瓦思丹为印度河西北、其下游的地区名,今塞赫汪(见拉维尔提书,卷二,第 294 页注)。

里的长官是忽巴察委派的法黑剌丁·撒剌里,其统将为剌真·乞台。剌真[出城]迎战算端的先锋兀儿汗被杀。兀儿汗围攻了该城。当算端赶到时,法黑剌丁·撒剌里佩着剑,穿着寿衣去见他。算端进了城,[在那里]住了一个月。他很宠爱法黑剌丁,遂命他管辖薛都散。[接着]他便向迪瓦勒与答木里列①进发了。迪瓦勒和答木里列长官(ḥākim)真撒儿逃到了一座岛上。算端驻扎在那里,派遣合思汗带着军队去进攻纳黑儿瓦剌②,让他到那里去尽量多夺一些骆驼来。算端在迪瓦勒城堡建造了大清真寺。这时从伊拉克传来消息说,他的兄弟吉牙撒丁在伊拉克站住了脚,那里的大部分军队渴望为札兰丁算端效劳,同时博剌黑·哈只卜③围攻了起儿漫的古瓦失耳城。

算端从那里[印度]向篾克兰④进发。由于气候恶劣,行军途 239
中死了许多人。当算端到来的消息传到了博剌黑·合只卜处,他[向算端]送去佳馔,表示欢迎。算端到来后,他请算端娶他的女儿;算端娶了她。古瓦失耳堡守将出降,向算端献上城堡的钥匙。算端遂于伊斯兰教历 620 年登上城堡,在堡内举行了迎娶新娘的庆典。

---

① 志费尼书(卷二,第 148 页)——dīūl wa d?mrileh;牙忽忒书作 ad-daíbul——印度海沿岸有名的城市:‘alā ṣāḥili bakhr il hind(卷二,第 638 页)。拉维尔提以为即印度河下游塔特塔城附近的废墟(卷二,第 295 页)。

② B 本:beh nahrāūle̲h̲;其余诸本讹作 beh hazūāle̲h̲。志费尼书:beh nahrūāle̲h̲(卷二,第 148 页);纳黑儿瓦剌——古时者剌忒的城市。

③ 关于博剌黑·哈只卜,见第 368 页,注①。

④ 篾克兰(希腊著述家作格德罗西亚):伊朗东南部沿海的一个地区名,与起儿漫接境。中世纪时其首邑为在今俾路支斯坦境内的怯只。今伊朗俾路支斯坦与密克兰首邑为班普尔。

过了三天，算端出去打猎，观赏牧场。博剌黑·哈只卜借口腿痛，在后没到。路上，有人向算端报告说，博剌黑·哈只卜装病晚到；算端知道，[博剌黑]在路上耽搁是[对他的不服从]。他遂派遣一个亲信(hawāṣṣ)去对他说："[我]* 不久就要对出征伊拉克一事作出最后决定，让博剌黑·哈只卜也到狩猎的地方来吧，因为他有经验，特别是熟悉伊拉克的情况，[我]* 要同他商量，按照他的意见采取行动。"

博剌黑·哈只卜道："我腿有病，故不能来，我劝算端还是赶快去进行他[所预定]的远征吧，因为古瓦失耳不适于做他御驾驻跸之地，这块领地上没有他的亲信和臣民，这里的人们不肯让出堡寨与领地上的军政大权。没有人能像我那样地向着[算端]，只有我是为宫廷白发效忠的老奴隶，我用剑征服了这块领地。如果算端想回到堡寨里来，那他是回不成的！"他[用这些话]将使者打发回去了，又将算端留在堡内的几个侍从遣送了出去，下令关上城门。

由于算端无处安营整顿军队，遂沿着通往泄剌失①的道路进发，他向撒忒阿答毕派遣使者通知自己的到来。阿答毕派遣其子撒勒古儿沙带着五百骑兵去迎接[算端]，并表示歉意说："臣不能亲自前来[迎接陛下]，因为臣以前曾起过一个不可违犯的重[誓]，即：臣此后绝不再见任何一个人！"算端接受了他的歉意，对撒勒古儿沙十分尊敬。当他来到泄剌失境内别撒②城时，阿答毕准备了

① 泄剌夫——伊朗南部法儿思省最重要的城市之一，是撒勒葛儿朝(1148—1287年)、因术朝及木咱法儿朝(1313—1393年)等地方王朝的京城。

② 今设拉子东面法尔斯斯坦的费萨城。

君主享用的各式佳馔及献给算端用的礼物，礼物中包括金子、宝石、衣服、坐骑、织物，一整座制造锁子甲的作坊、牙帐、餐室和厨房 240
里的全部家具，担任各种事务的突厥、大食、阿比西尼亚、印度奴隶和仆役；并表示愿与算端会见。阿答毕王朝的贝壳里精心培养出来的珍珠，串到了算端的项链上。

[婚姻]关系使双方建立起了[互相]支持的关系。[算端]在那里住了三两天，继向亦思法杭进发。在接近亦思法杭边境的塔黑的·速儿黑地方，也思忒的撒木阿答毕的儿子阿剌·倒剌阿答毕带着佳馔和献给帝王的礼物来见算端，阿剌·倒剌[①]是已故的阿剌·倒剌·格儿沙思普·伊宾·阿里·伊宾·弗剌木儿咱（不维黑族已故的阿剌·倒剌的儿子）的外孙，住在神佑的迈不忒[②]城内。由于他年老，算端尊他为父，拉他和自己并坐，尊称他为“阿塔汗”（即“父王”）。他给算端一千名突厥奴隶侍奉算端，这都是些矫健的骑士和勇士，自己又带上五百个骑兵经常跟随在算端身边。算端派他管辖亦思法杭城和亦思法杭州。他在[花剌子模沙]宫廷威望极高，算端的底万（大臣会议）给他的[咨文]这样写道：“崇高的、最光荣的、尊贵的父合罕阁下……”他的伯叔兄弟、也思忒诸阿答毕，由于他的缘故，取得了[他们]所享有的声望和尊敬。他的官邸设在迈不忒城，他在那里住了六十三年，此外有一段时期他是也

① 也思忒地方王朝君主。原文作阿剌·倒剌·伊宾·撒木阿答毕。撒木为塞尔柱朝散札儿的也思忒都督及也思忒王朝的第一代君主。此人是客克维黑王朝（1017—1051年）的阿里·伊宾·非剌木儿思的母系后裔（客克维黑王朝的建立者为不维黑（不牙）王朝（932至1056年统治伊朗南部及伊拉克）的建立者不维黑（不牙）的后裔）。

② 迈不忒——也思忒西北面法儿思的一座城市，今已不复存在。

思忒的阿答毕。他总共活了 84 岁。伊斯兰教历 624 年[公元 1226—1227 年],他死在亦思法杭城门旁,愿安拉饶恕他吧!

这样,算端来到了京城亦思法杭。[这时]* 他得知其弟吉牙撒丁与全体高级军官都在列夷,便带着若干精骑轻装前进,他按照蒙古习惯举起白纛(tūğ),突袭了他们。吉牙撒丁和一部分胆小的军队异密逃散了。算端出于同情派人对其母[说道]:"现在正是天下大乱、敌人从四面八方打进来的时候,我们不应该闹内讧。"

吉牙撒丁听信了[他的话],带着自己的亲信来见哥哥。算端亲切地对待他,每个异密都授予一定官爵,每个税吏都派出去征税,所有的人都发给公文和诏敕;在他的操持下,国家重新稳定了。
241 他手下的秘书官(munšī)及其领地的管理者讷剌丁·蒙失[著]* 有一部关于算端的颂扬诗。这部长诗中有这么几句:

> 啊,生活莅临了,世界又变得那么欣欣向荣,那么迷人,这全是那伟大的君主、伟大的札兰丁算端的恩赐①。

伊斯兰教历 621 年初[公元 1224 年]他[札兰丁算端]向疏思帖儿②进发,打算在那里过冬。他派遣亦勒赤·别黑列汪率领二千骑担任前锋。途中,速来蛮沙③前来见他,将其妹嫁给了算端。算端在宗忒·沙普儿④城住了一个月,该城过去是座大城,现在已

① 原作法儿〔波斯语〕——天惠;按照古伊朗的神权政治观念,法儿为国家的合法君主所具有。在萨珊王朝的浮雕中用皇帝头部周围的圆光来表现这种天惠。

② 疏思帖儿,一作秃思帖儿——忽即思丹省(今阿拉伯斯坦)哈伦河上游的大城,今为该省首邑。

③ 速来蛮沙,伊拉克和曲儿忒斯坦的塞尔柱王朝君主(555〔1160〕—556〔1161〕年)。

④ 原文作你沙不儿,系宗迪·沙普儿的讹写,其废墟在今沙哈巴德,位于疏思帖儿西北,为萨珊朝忽即思丹(阿拉伯斯坦)首邑。

经破落不堪了。罗耳的异密和阿答毕们前来见他。他将马儿喂肥后,向报达进发,他认为哈里发纳昔儿·里迪尼剌黑能将敌人击退。他派遣使者去通知自己的到来及到来的意图。由于哈里发没有忘怀算端的父祖(花剌子模-沙们)使他遭到的耻辱,便派遣他的奴隶忽失·帖木儿带着两万人将算端从他的领地上驱逐出去,他还通过鸽[驿]向亦儿必勒下令,命木咱法剌丁·阔克不里[1]出动万骑[配合忽失·帖木儿]消灭算端。忽失·帖木儿以为自己人多、算端兵少,有轻敌之意,他在亦儿必勒军队约定的来到时间之前先出动了。算端来到后,派人通知忽失·帖木儿说:"我们赶到这里来的目的是想在哈里发的荫护下避难;因为强大的敌人已取得胜利,他们统治着[伊斯兰教]国家和[安拉的]奴隶们,不论哪支军队也抵挡不了他们!如果[我的请求]获得垂青,能得到哈里发的帮助、取得他的支援,我要将击退侵略者的责任担当起来!"

忽失·帖木儿不理会算端所说的话,整军出战。算端被迫投入了战斗,[虽然]他的军队还不及[报达军]的十分之一。他整军迎战,让一支队伍打着埋伏,自己带着五百骑兵向[敌军]中军和两翼冲杀了几次,[然后]退回来了。对方以为他逃跑了,便追了上来。当他们进入埋伏地点,算端军从埋伏地方出来,绕到了[他们]背后。忽失·帖木儿被杀,溃散的军队向报达逃去,给哈里发的京城丢了脸。算端沿着通往答阔克的道路前进劫掠的烽火燃遍了那
些地区,并通过了帖克里惕[2]。这时有探子来报,木咱法剌丁·阔 242

① 木咱法剌丁·阔克不里,亦儿必勒的别格帖斤王朝君主;参阅第 242 页,注①。
② 见第 43 页,注③。

克不里已带着亦儿必里军队到来,他让军队辎重前行,打算狡猾地从埋伏中突袭算端。算端带着数骑登上山头,准备伺机[出击]*,当亦儿必勒军来到时,他带着若干骁骑冲了出去,对木咱法剌丁发动了突然袭击,将他俘获了。算端宽恕了他,毫不记恨。木咱法剌丁惭愧地请求恕罪,他悔恨地说:"我以前一直不知道算端的卓越品德、宽宏大量!"算端用帝王的词语回答了他的道歉。对他夸耀道,他已经镇压了大路上的骚乱、掠夺和暴行。算端赐给他各种长袍与赐物后,将他放走了。

木咱法剌丁回到城里后,竭力[为算端]*效劳,取悦[于算端]*。

算端从那里向阿塞拜疆和阿儿兰境内进发。当时帖必力思领主(ḥākim)为者罕·别黑列汪的儿子月即别阿答毕[1]。他将自己的发妻塞尔柱朝脱黑鲁勒算端的女儿篾里客哈敦丢下在城里,逃到了阿邻札克[2]堡。算端于伊斯兰教历 622 年[公元 1225 年]兵临帖必力思城下,进行围攻。当公主登上城头,一眼看到算端,立即爱上了他。她宣布丈夫已准她离异,想做算端的妻子!由于法官怯瓦马丁·合答迪(愿安拉饶恕他!)知道她口是心非,不听[她的话]。法官木黑牙丁的父亲亦咱丁·可疾云尼却说:"如果让我当法官的话,我就成就这段婚姻!"人们让他当了法官,他便让公主嫁给算端做妻子。城投降了;算端进了城,城民照例举行了庆典。

当月即别阿答毕听到这个消息后,不久就悲伤地死去了,阿答

---

① 木咱法剌丁·月即别——阿塞拜疆亦勒迭吉思氏阿答毕王朝的最后君主。
② 阿邻札克——纳黑彻汪城(在外高加索)附近的堡寨,位于该城东面。

毕王国就此告终。

[阿答毕的]侍从和仆役从四面八方来为算端效劳。算端带着三万人向谷儿只[格鲁吉亚]的城市进军，由于他们[谷儿只人]以前洗劫过纳黑彻汪、马兰忒①等地区，算端要[向他们]* 复仇。有一天早晨，他在客儿必隘口②向谷儿只人进行袭击，谷儿只人在夜里喝得酩酊大醉，根本不知道[他们所面临的命运]。伊斯兰教徒军队取得全胜，将他们的长官沙勒瓦和亦瓦涅以及一群谷儿只大 243
臣戴上链索、镣铐。沙勒瓦身体魁梧，力气很大。当他被带到算端那里时，算端说："你[昔日]* 所说的力量到哪里去了，多次袭击[我们]* 的祖里非客儿③的主人到哪里去了，[我倒]* 要看看[他的]钢剑的斫击与长矛上迸发的火花！"[沙勒瓦]答道："算端鸿福齐天！"——他当时就皈依了伊斯兰教。幸运的算端来到了京城帖必力思。他很尊重亦瓦涅和沙勒瓦，他对他们开了恩，让他们帮助他去征服谷儿只。他将马兰忒、撒勒马思、兀儿米牙和兀失讷牙④交给他们，并武装起由骑、步兵组成的大军来，沙勒瓦和亦瓦涅甜言蜜语地欺骗[算端]。他们对算端说了些不兑现的诺言，就跟那

---

① 纳黑彻汪(阿拉伯地理学家作纳舍瓦)——阿拉克斯河北面的城市，位于阿塞拜疆境内，蒙古时代成为一座大城。今为阿塞拜疆境内的城市。马兰忒——伊朗阿塞拜疆(南阿塞拜疆)的城市，位于乌尔米亚湖北面。

② 原文：darreh-i krbī；L，I 本：～-i krī；P 本：～-i kūīī；B 本：darreh-i kūhī——山隘。

③ 祖里非客儿——阿里的剑名，阿里为穆罕默德的堂兄弟和妹夫，是第一代教长和第四代哈里发。

④ 南阿塞拜疆(今伊朗阿塞拜疆)乌尔米亚湖流域的城市。兀儿米牙由该湖而得名，位于湖的西面；兀儿米牙城南面为兀失讷牙城，撒勒马思则位于兀儿米牙城北面，撒勒马思城于十三世纪时几乎完全被毁坏了，重建于十四世纪。

阿儿苦卜的诺言[1]一样,[算端]听信了他们的话,[向谷儿只]进军了。他们暗中将谷儿只军队召来,[打算将算端]* 包围在埋伏圈里。有人[将这件事]报告了算端。算端进行审讯后,杀死了[沙勒瓦和亦瓦涅],接着便向谷儿只人进军了。黎明时他突然袭击了他们[谷儿只人],将他们大部分人杀死了,只逃走了一部分人。算端向罗列城进军,但没有去围攻[它]。他绕过阿里阿巴忒堡,占领了梯弗里斯和[谷儿只]全境。他毁掉了若干教堂,代替教堂建起了一些清真寺。

[这时]* 探子突然来报:蒙古军已渡过质浑河[阿母河]前来攻打札兰丁算端,他们已到达呼罗珊。算端便向伊拉克进发。当他到达亦思法杭时,有十多万骑兵、步兵从亦思法杭城里出来与他对阵。他将左翼交给背信弃义的兄弟吉牙撒丁,右翼交给……[2],自居中军。

从那边来攻打[花剌子模王]的是巴只那颜,纳忽那颜,也先-秃罕,乃马思和泰纳勒率领的蒙古军。他们在亦思法杭境内辛门前进行厮杀。吉牙撒丁违背兄长的命令,勒紧缰绳同亦勒赤·别黑列汪一起向罗耳思丹逃去。

两军互相冲杀,蒙古军的右翼打垮了算端的左翼,将他们赶跑到罗耳思丹去了。算端的右翼也打垮了蒙古人的左翼,将他们赶到了列夷境内。双方混战,音讯不通。当时算端居于中军,他的旗帜移动了。[敌人]从四面八方围住了他。迈不忒阿答毕、号称阿

---

① 阿儿苦卜——传说中的一个阿拉伯人,他老是许下诺言,而从不兑现。

② 诸本均缺。

塔汗的鲁克纳丁·阿不勒·法忒黑·阿剌·倒剌在这次战斗中战
死。算端经过激战,冲出包围,向罗耳思丹方面逃去。他在一个峡 244
谷里停下来[休息]。逃军三三两两地聚到他那里来了。[这时],亦思法杭居民[纷纷议论算端的命运]:有人认为算端已死,并到战场上死人中间去寻找他,另一些人说,他已当了俘虏被押走了。突然,来了一些报信者,[告诉大家]说,算端来了。城民便欢欣地出去迎接他。[算端]匆匆来到后,在愤怒中命令[自己的]众多侍从将妇女的面罩扔在作战有罪的诸汗与诸将脸上,并押着他们在城内游街。当天作战勇敢的人,虽不是异密,他都授予"汗"或"篾力"的称号,赐予荣誉的服装和礼物,让他们进入宫廷。这件事发生在伊斯兰教历 624 年 9 月[公元 1227 年 8 月 5 日—9 月 14 日],接着算端向帖必力思进发,准备出征谷儿只思丹[格鲁吉亚]。

吉牙撒丁算端传

吉牙撒丁是花剌子模王马合谋算端的次子。当父亲去世、兄长札兰丁战败后,他从自己所躲藏的哈仑堡跑到了父亲以前授给他[做封邑]的起儿漫。古瓦失儿长官没有很好地接待他;他从那儿跑到了伊拉克,[这时]其兄正在忻都思丹。他在伊拉克聚拢了流浪在路上的父亲的若干残部。

博剌黑-哈只卜和斡忽勒-灭里也投奔到了他那里;他们[一起]去攻打撒忒阿答毕,攻破了法儿思领地。进抵该地区首邑泄剌失。撒忒阿答毕以打猎为名[丢下泄剌失]逃到了薛必忒堡。他们掠走了法儿思领地上找到的牲口,便回去了。博剌黑·哈只卜和塔札丁·怯里木·沙儿黑宰相发生了争吵。博剌黑一怒之下带着自己的全部军队到忻都去了。途中,他占领了起儿漫,在那里住下来①。第二年吉牙撒丁又向法儿思进军。阿答毕弃城逃走。他[吉牙撒丁]的军队掠夺了[该城]。他们从那里向忽即思丹进军。当地长官(ḥākım)木咱法剌丁和他们缔结了和约以后,他们便回去了。这以后他在列夷召集军队,直到札兰丁突然到来为止。

花剌子模王的儿子鲁克纳丁算端传

事情是这样的:他的父亲从伊拉克回来时将他留在那里做自己的代理者。伊拉克异密发生叛乱。父亲派来了援军。他将[他们]* 全部捉住,制服了[他们]以后,又赦免了他们,恢复了他们的原有职位和封地(iqṭā‘);他们遂全部做了他的羽翼。他的宰相及
245 其领地的管理者为撒维的亦马答·木勒克。当[马合谋]算端从河中回来时,他派遣他[亦马答·木勒克]去将算端接到伊拉克来,鲁克纳丁[准备]* 亲自迎接[父亲]。这件事没有成功,算端逃到了额必思宽岛;鲁克纳丁便带了若干亲信到起儿漫去。合甫·佐兀赞篾力军队里的一群人聚到了他那里。他进了城,将佐兀赞篾力的库金分给军队以后,便向伊拉克进发。当他来到亦思法杭时,鲁克纳丁法官吓跑了。

算端认为不宜留在城里,他将[自己的]帐幕扎在野外。[他的]军队进了城。城民在法官的同意下举行暴动,他们射箭,从屋顶上扔石头。伤亡将近千人。为此算端[只好]* 向列夷进发,在

---

① 博剌黑·哈只卜,起儿漫忽都鲁汗王朝的建立者(619〔1222〕—632〔1235〕年)。

那里住了一段时期。当乃马思和泰纳勒统率下的蒙古军队到来时，他登上了非鲁思忽黑堡[1]。[蒙古人]围攻六个月后，[攻下了堡寨]，将他[从堡中]* 押了出来。[蒙古人]* 命他跪下，他无论如何也不跪。最后，他和全体臣僚及堡寨的守军全被杀死了。

鲁木[小亚细亚]算端是亦咱丁·怯亦-阔兀思·伊宾·乞里赤-阿儿思兰。他在这几年里得肺病死去了。其弟阿剌丁·怯亦·阔巴忒[2]原被关在堡寨里，释放出来后坐上了王位，因为其子[亦咱丁][还]是个婴儿。[这时]*，其叔阿儿赞·鲁木领主举兵反抗[他]。阿黑剌忒领主阿失剌甫篾力为他们缔结了和约。

毛夕里的尊贵君主为巴忒剌丁·鲁鲁[3]算端。在这几年中，由于疏失堡和阿克耳堡领主亦马答丁·曾吉·伊宾·阿儿思兰沙到帖必力思觐见月即别阿答毕合，阿答毕授以封地，让[他]当了自己的亲信，算端便围攻了疏失堡。简言之，他围攻了好些日子，但没能[攻下]。巴忒剌丁把军队留在那里，自己回到了毛夕里，[后来]* 堡内居民势穷力竭，便投降了他。

篾力和阿答毕传

祃拶答而[领主]* 为……[4]沙。

---

① 非鲁思忽黑——据牙忽忒说，为答马云忒山中列夷东北德黑兰附近的堡寨，位于忽米思和祃拶答而边界上。

② 亦咱丁·怯亦·阔兀思一世(607〔1210〕—616〔1219〕年)及其嗣位者阿剌丁·怯亦·阔巴忒一世(616〔1219〕—634〔1236〕年)——塞尔柱小亚细亚支系的算端。

③ 巴忒剌丁·鲁鲁——毛夕里最后一个阿答毕的奴隶出身的宰相；参阅第 292 页注①。

④ 诸本皆阙。

帖必力思阿答毕为者罕·别黑列汪的儿子月即别。关于他的事迹和结局见札兰丁算端传，此处不再赘述。

迪牙别克儿、亦儿必勒领主(ḥākim)为木咱法剌丁·阔克不里。关于他和札兰丁算端进行斗争、被俘及释放等情[已经]叙过了。

散札儿领主为忽忒巴丁·马合谋[·伊宾]·亦马答丁·曾
246 吉·伊宾·忽忒巴丁·马合木·伊宾·阿黑松忽儿。他死后，其子沙罕沙[①]继位。

那里的另一些城市，为阿迪勒篾力的诸子[②]所占据。

苫国篾力为阿迪勒篾力的儿子木阿咱木。

密昔儿篾力为客迷勒。

马格里布……[③]。

泄剌失阿答毕为木咱法剌丁·撒忒·伊宾·曾吉；关于他的事迹，见札兰丁和吉牙撒丁算端传。

起儿漫篾力为疏札丁篾力。当博剌黑-合只卜到忻都思丹去时，从那里路过。起儿漫居民看中了充当他的仆役和侍从的汉奴们，便袭击了他。不管他忍着性子说了多少遍："我是过路人，与你们没有关系"——他们总也不听。[于是]他[只得]* 同自己的从人勇敢地同他们厮杀，杀死了他们许多人。他杀死了疏札丁篾力，攻占了城市，又围攻了堡寨。这是札兰丁算端到来前的事。札兰

---

① 忽忒巴丁·马合谋，曾吉王朝君主；见第241页，注⑤。亦马答丁·沙罕沙——他的儿子，从616〔1219〕年起成为他的嗣位者，是这个王朝的最后君主。

② 即艾育伯族后裔赛甫丁·阿不·别克儿〔撒法丁〕。

③ 诸本皆缺。

丁算端来后，他又使用诡计将堡寨夺取到手里，当了独立的领主，这件事已详叙于上。

昔思田篾力为……[①]。

异 事 志

……[②]

由于蒙古史册上，成吉思汗纪的某些部分纪述得较详，某些部分则较略，[现在]我们想利用编年形式，将我们在前面所详述的、他一生中的事迹，简单地作一总述——这样能使想概略地很快了解其全部事迹的人，不用重新翻阅[全书]，就能知其生卒年月、享寿几何，以及他在各时期、各年中所做的事情。兹记述如下！

成吉思汗史编年纪要

蒙古人都明确地知道：成吉思汗一生共活了七十二突厥年[③]。他生于合孩亦勒即猪年，于[另一个]* 猪年死在唐兀惕地区上。

那年 8 月 15 日(伊斯兰教历 624 年 9 月 14 日[公元 1227 年 8 247
月 29 日])，他的灵柩运到了斡耳朵，发布[讣]告。按照天文资料往前推算，知其生年为始自伊斯兰教历 549 年 11 月的猪年[公元 1155 年]*，由此可见，他死在第七十五太阴年上。[年份上的]差

① 诸本皆缺。

② 诸本皆缺。

③ 按突厥-蒙古十二兽纪年。

异是由于[蒙古人]采用的是突厥太阳年，与太阴年每三十年相差约一年；虽然按照突厥[历，其卒年]在第七十三年上，但他生卒的那两年都在一年的中央，故那两年都不足一年。

这样，我们就查明和确定了，根据蒙古人所知，他享年七十五太阴年[或]七十二突厥太阳年，即享寿七十三虚岁。

编年纪要一

简述以下时期中我们所知的事。

一，他的幼年时期，其父也速该把阿秃儿尚在世；二，他的处境动荡不定的时期。这两段时期共四十年。

其父也速该把阿秃儿在世、成吉思汗十三岁[以前]*的岁月

这十三年的头一年是猪年，即成吉思汗出生之年(此年始自伊斯兰教历 549 年 11 月)[公元 1155 年]，最末一年也是一个猪年(始自伊斯兰教历 562 年 4 月)[公元 1167 年]*。这十三年内，其父也速该把阿秃儿还活着：他是诸血亲部落的君主，是幸福的君主和强大的统治者。大部分乞牙惕和尼伦部落都是他的族人，其余的蒙古人则是他的臣属。但这时成吉思汗年岁还小，不能离开父亲独立生活，故和他有关的事，完全没有流传下来；我们也就无所可叙。

父亲死后，生活动荡、事业时起时落的岁月，共二十七年

这二十七年的头一年是忽鲁吉纳亦勒即鼠年(此年始自伊斯兰

教历 563 年 4 月)[公元 1168 年]*，最末一年是巴儿思亦勒即虎年
(始自伊斯兰教历 590 年 2 月)[公元 1194 年]*。在这段时期的开 248
始，也速该把阿秃儿[已经]死去了，成吉思汗年岁还小，他的父亲的族人、许多蒙古异密和部落背叛了他，并出于前述原因和理由离开了他。他的处境陷于紊乱，他忍受了多种多样的灾难和困苦。

这段时期过去后，最高的主赐予他以力量，他的事业发达起来了，他取得了帝王的权力和汗的尊号。由于他在这段时期内境况动荡不定，故无法逐年详叙，只能简单地总述[如下]。

事情是这样的：当其父也速该把阿秃儿为蒙古诸部的君主时，有[许多]* 长幼亲人和出自同一祖先的支系是他的属民。也速该和许多非血亲部落[①]作战，用武力征服了他们，遂拥有了无数军队和属民。也速该死后，那些部落大多数离开成吉思汗倒向泰亦赤兀惕部，跑到他们那边去了。他的母亲豁罗剌思部的月伦-额客竭力[不放他们走]，才留住了一些人。成吉思汗在那些年头里受尽了泰亦赤兀惕部等长幼族人及照列惕、篾儿乞惕、塔塔儿等部使他遭受的各种灾难。各个部落不止一次地俘获他，他用各种方法和手段从他们手里逃了出来。由于他命定幸福和昌盛，他的地位逐渐巩固起来。不久，他在与泰亦赤兀惕部作战时，击败了他们。他多次与他们作战，直到将泰亦赤兀惕部大部分人歼灭、一部分人降服为止。他渐次战胜了尼伦其余诸部，战胜了塔塔儿人、篾儿乞惕人以及所有的敌人。他的军队增加了。在这二十七年的最后，他

① 原文 aǰānīb(阿拉伯语，为 aǰnabii 的复数)：异族、外人；为波斯语 bīgāneh、蒙古语ǰad 的同义词，见前面第 16 页，注③。

[的地位]* 完全巩固了。

编 年 纪 要 二

逐年详述其生平事迹，分为两部分：头一部分包括他取得成吉思汗尊号以前的年代，第二部分为取得尊号以后的年代。共 33 年[原讹，应为 22 年]*。

被尊为成吉思汗以前的年代——共十一年

这段时期的头一年是讨来亦勒即兔年(此年始自伊斯兰教历 591 年 3 月)[公元 1195 年]*，最末一年为忽客儿亦勒即牛年(始
249 自伊斯兰教历 601 年 6 月)[公元 1205 年]*。兹纪其大事如下：

兔年(始自伊斯兰教历 591 年 3 月)[公元 1195 年]*

此年成吉思汗四十一岁。他已征讨了王汗的弟弟札阿-绀孛后归来。札阿-绀孛是客列亦惕人及被他所拉拢的、反对王汗的客列亦惕分部董合亦惕部的君主。当年他作战归来时，情绪高昂，屯驻在自己的老营和斡耳朵[帐殿]* 里，举行了欢娱和聚会。

龙年(始自伊斯兰教历 592 年 3 月)[公元 1196 年]*

这一年成吉思汗的地位和事业已完全巩固。因此高贵的君主客列亦惕王王汗在途穷势蹙的情况下向他求助，求他保护。[事情是这样的：]王汗由于争吵①领地和兀鲁思而杀掉了[自己的]大部

① 原文 tamāǰāmiši；见第 349 页，注①。

分兄弟和叔伯，其弟额儿客-合剌逃了出去，躲到了乃蛮王亦难赤汗处。亦难赤派遣军队赶走了王汗，将国家交给了其弟额儿客-合剌。王汗逃到了哈剌契丹古儿汗处，但他在那里也不安全，便回到了畏兀儿地区。当时他身边只有几头山羊，只能喝羊奶充饥。就在龙年春天，他在这种贫困无援的境地中，请求成吉思汗保护，到古泄兀儿[1]泽地方来投奔了他。成吉思汗很怜悯他，便拿牲畜和军队帮助了他，使他恢复了统治。以前还有一次，王汗被他的叔父夺取了他的国家。当时[王汗]来求也速该把阿秃儿保护，也速该从他叔父处夺回他的国家，还给了他。他们结成了义兄弟（安答）。由于以前有过这样的事，所以这一次王汗又到[成吉思汗处]来了。

蛇年（始自伊斯兰教历 593 年 3 月）[公元 1197 年]*

这年秋天，成吉思汗同篾儿乞惕部君主脱黑台别乞作战，把他击溃了。他将夺得的战利品全部给了王汗，使王汗富裕起来了。

马年（始自伊斯兰教历 594 年 4 月）[公元 1198 年]* 250

这一年，成吉思汗住在自己的营盘（maqām）里。由于王汗[的势力]*已经巩固，他没有同他商量便走了，并[独自]*击溃了篾儿乞惕部。王汗掳获篾儿乞惕部首领脱黑台别乞的妻子，娶了她。还将脱黑台的一个儿子及脱黑台的全部属民收归[自己麾下]。

① 原文 kūskūi。

羊年(始自伊斯兰教历 595 年 4 月)[公元 1199 年]*

这一年成吉思汗同王汗一起去攻打乃蛮王太阳汗的弟弟不亦鲁黑汗。他们在乞湿泐-巴失地方击溃了他的部落。不亦鲁黑逃到了谦谦州地区。他的前哨也迪-秃黑鲁黑躲开成吉思汗的巡哨队向山上逃去。也迪-秃黑鲁黑的马肚带断裂,他连人带马鞍跌落下来。他们[成吉思汗的部下]便将他捉了起来。那年冬天,他们俩还同不亦鲁黑军队的统将可克薛兀-撒卜剌黑作战。两军对阵,决定在黎明时进行厮杀。但王汗在夜里在自己的营里点起火撤走了。成吉思汗由于王汗离他而去,便也回去了。可克薛兀-撒八剌黑带着不亦鲁黑汗的军队追来,洗劫了王汗的弟弟的营地及其一部分军队。王汗再次向成吉思汗求援,请他派尊贵的异密们帮助他。成吉思汗让他们带着军队前去,击溃了不亦鲁黑汗的军队,还将被抢走的属于王汗及其部下、其弟的东西全部夺回,还给了他们。

猴年(始自伊斯兰教历 596 年 4 月)[公元 1200 年]*

这年春天,成吉思汗和王汗在萨里原野上举行会议,[同他]一起去攻打泰亦赤兀惕部及跟它联合的其余诸部,击溃了他们,[敌]军方面有许多异密和部落来降。接着,合塔斤、撒勒只兀惕、朵儿边、塔塔儿等部聚[在一起],打算来袭击成吉思汗和王汗。探子[将这件事]报告了他们,[他们]* 俩便对这伙人举行突袭,把他们击溃了。王汗的一部分异密想要反对他,但他采取了对付他们的手段。那年冬天,成吉思汗没和王汗在一起。他[独自]* 同泰亦赤兀惕、塔塔儿等重新聚在答兰-捏木儿格思①地方的诸部作战，击溃了他们，洗劫了他们的牲畜和家什。

鸡年(始自伊斯兰教历 597 年 5 月)[公元 1201 年]* 251

这一年，当成吉思汗得知亦乞剌思、豁罗剌思、朵儿边、塔塔儿、合塔斤及撒勒只兀惕部在犍河流域举行聚会，推选札只剌惕部的札木合-薛禅为古儿汗，他便去攻打他们。他在也迪-豁罗罕地方击溃了札木合。弘吉剌惕部在那个地方归附了他。

狗年(始自伊斯兰教历 598 年 5 月)[公元 1202 年]*

这一年成吉思汗去攻打阿勒赤-塔塔儿和察罕-塔塔儿部，他[同自己的部下]约定，在战争结束之前，[谁也]不得掠夺战利品和财物。他的叔父答里台-斡惕赤斤、忽图剌合罕的儿子阿勒坛及捏坤太师的儿子忽察儿，违令掠夺战利品。成吉思汗下令将战利品从他们那里夺回来。他们生了气，跑到王汗那边去了；开始了下文所述的叛乱。

这一年秋天，成吉思汗和王汗得知乃蛮王的弟弟不亦鲁黑同跟他一伙的其他[部落]前来攻打[他们]。他们俩没同他们交战，退到了乞台边界上乞台、蒙古之间的兀惕古黑城墙境内。这时成吉思汗为己子术赤娶王汗的儿子鲜昆女，鲜昆为己子娶术赤女。双方婚事不偕，以是有隙。王汗子鲜昆在札木合薛禅教唆下阴谋反对成吉思汗，王汗没能阻止[这件事]。

① 贝书作 dalan-tamurgas；见前面 66 页，注①。

猪年(始自伊斯兰教历 599 年 6 月)[公元 1203 年]*

这一年春天成吉思汗在自己的斡耳朵里。王汗和其子鲜昆狡猾地借口嫁女儿请他前去。当他正要出发时,蒙力克-额赤格阻住了他。接着王汗和鲜昆商定,准备带着军队来突然袭击成吉思汗。探子[将这事]*报告了他,让他带着军队[出战]。双方厮杀了起来。成吉思汗败退到巴勒渚纳,那里有一条小溪(čašmeh),他们将溪水的污泥除净后,在那里喝了好几天溪水。然后他才到了别处。他从那里派遣使者到王汗、鲜昆和他们的异密处,提到了他[从
252 前]*对他们的种种恩德,但他们不肯讲和。这时王汗的若干异密背叛了他,图谋叛变离他而去。其中若干人投奔到了成吉思汗处。同时成吉思汗的弟弟拙赤-合撒儿离开成吉思汗后,被王汗的军队洗劫了他的住所和家产。他饥饿地光秃秃地来到成吉思汗处。成吉思汗派遣拙赤-合撒儿的急使去到王汗处[说]:"我竭力寻找我的哥哥,想同他联合起来,但是一直找不到他的影儿。如果我的汗父肯将帐庐(khāneh)归还我的话,我就来投降[他]。"这样,成吉思汗使王汗丧失了警惕,带领军队将他击溃了。

这年冬天[成吉思汗]回到家里在帖篾延原野①上过冬②。由于他在取得这次胜利之前,已经征服了泰亦赤兀惕等蒙古部落,并使他的近亲中的那些异密及与王汗联合的其他诸人都屈服于他,成了他们的君主,故这年当他杀死了古老氏族的尊贵君主王汗,将

---

① 原文 qišlāmīšī kard。

② 原文 tmān-k(a)hreh。

王汗的国家、王位、牲畜和军队全部攫为己有后,便被尊称为成吉思。“成吉思”的意义和“古儿汗”相同,都是强大的君主之意。那里有将伟大的君主称为古儿汗的习惯,不久前蒙古尼伦诸部及迭儿列勤诸部还曾聚在一起,尊称札木合薛禅为古儿汗。由于这个尊号被别人用过,对他们来说就不是什么幸福的称号了,所以他们向他献上了同样意义的蒙语“成吉思汗”[这个尊号]。这以前,他父亲给他起的名字则是铁木真。星相家和若干史家以此为据,认为这一年是他御极的开始。这样,就有了如下巧合:他的父亲死在猪年上,他称帝的那年是个猪年,他的死年也是个猪年。在蒙古编年史上,则认为他御极之年是他杀死乃蛮王太阳汗后、[群臣]* 向他献上成吉思汗尊号(laqab)之年。

鼠年(始自伊斯兰教历 600 年 6 月)[公元 1204 年]*

这年春天,汪古惕部君主阿剌忽思-的斤向他报告说,乃蛮王请他帮助他们一起来攻打成吉思汗;成吉思汗便召集自己的长幼族人,举行了大忽里勒台。同年秋天他同太阳汗作战,将他连同篾儿乞惕君主脱黑塔以及与他联合的合塔斤、撒勒只兀惕等部全都击溃了,太阳汗被杀。

牛年(始自伊斯兰教历 601 年 6 月)[公元 1205 年]*

这一年,成吉思汗出征又名唐兀惕的河西国,占领了力卜勒乞寨和邻-罗失①城,洗劫了唐兀惕地区。蒙古人带走了许多骆驼。 253

---

① 原文 līnk-lāūš;《亲征录》:落思,参阅前面第 227 页,注④。

取得成吉思汗尊号以后的年代

共二十一整年,第二十二年不满一整年

这段时期的头一年是虎年(始自伊斯兰教历 602 年 7 月)[公元 1206 年]*,最末一年是猪年(始自伊斯兰教历 624 年 7 月)[公元 1227 年]*,即成吉思汗死去之年。

虎年(始自伊斯兰教历 602 年 7 月)[公元 1206 年]*

此年成吉思汗五十二岁。就在这几年中,当他将乃蛮王太阳汗及其他跟他在一起的君主彻底击溃并杀死后,就回到了老营斡难河上,成了无比尊贵和强大的君主。他降旨建九脚白旄纛(tūq),举行大聚会。蒙力克-额赤格的儿子阔阔出-帖卜腾格里是一个奇迹的预言者。以前他屡次对[成吉思汗]说:"最高的主让你统治大地。"这天他为了显示他揭示了这个奇迹的预见的征候,说道:"如今,被称为古儿汗的这个地域上的君主,已被你一手征服,你已取得了他们的领地,你可以像他们那样地,采用一个同样意义的尊号:成吉思。成吉思啊,你是最高的君主。最高的主命你采用成吉思汗的称号,成吉思是'成'的复数,因此成吉思比'成'[这个词]更响亮。成吉思汗这个词也就是最高君主或王中之王。"异密们一致赞同,便向他献上了这个尊号。[这时]他已拥有最强大的实力,成为统治世界的君主之一。这一年,他又去攻打不亦鲁黑汗。他于不亦鲁黑汗猎禽①时突然包围了他,杀死了他,并夺取了

① 原文 qūšlāmīšī。

他的领地。

兔年(始自伊斯兰教历 603 年 7 月)[公元 1207 年]*

这一年,由于河西地区复叛,成吉思汗出征河西,将河西地区全部征服。同年他遣使至乞儿吉思人处。乞儿吉思人降顺。他们派遣使者同成吉思汗的使者带着白鹰做礼物来拜见了成吉思汗。

龙年(始自伊斯兰教历 604 年 7 月)[公元 1208 年]* 254

这一年成吉思汗在家里过夏,冬天他出征勾结起来作乱的篾儿乞惕君主脱黑台别乞和太阳汗的儿子古失鲁克。脱黑台战死,他的兄弟和诸子逃到了畏兀儿地区。古失鲁古也逃走了,逃到了统治突厥斯坦的哈剌-契丹古儿汗处。

蛇年(始自伊斯兰教历 605 年 8 月)①[公元 1209 年]*

这一年,成吉思汗要求畏兀儿国王亦都护[前来朝觐]。亦都护正打算派遣使臣前来。[这时]他便进一步地表白了自己的臣服态度,派遣使臣来到[成吉思汗处],报告了脱黑台的弟弟及其诸子的情况。

马年(始自伊斯兰教历 606 年 8 月)[1210 年]*

这一年成吉思汗在家里过夏,秋天他再次出征唐兀惕国,去征服该国。唐兀惕君主失都儿忽将女儿嫁给了他。

---

① 在贝书中,这一年的事记载在马年下,而马年的事则记载在蛇年中。

羊年(始自伊斯兰教历 607 年 8 月)[公元 1211 年]*

这年春天成吉思汗驻在怯绿连[河]地方。哈剌鲁部主阿儿思兰和畏兀儿主亦都护前来觐见称臣。他派弘吉剌惕部的脱忽察儿那颜率领二千骑在后方巡哨。秋天,他出征乞台,占领了许多座城市。

猴年(始自伊斯兰教历 608 年 9 月)[公元 1212 年]*

这一年,成吉思汗将军队分给诸子,命他们各自去围攻城市、征服乞台的各地。他们占领了许多地区。

255 鸡年(始自伊斯兰教历 609 年 9 月)[公元 1213 年]*

这一年成吉思汗进抵乞台京城中都城境内。阿勒坛汗同异密们商议了和战问题。结果认为还是讲和为宜,他派遣使者请降,并将自己的女儿公主哈敦嫁给了成吉思汗。成吉思汗便退走了。阿勒坛汗逃到了乞台东部哈剌-沐连[黄河]上的南京城。成吉思汗军队便攻占了中都,运走了中都城里阿勒坛汗的帑藏和财产。许多异密和地区都归附了他。

狗年(始自伊斯兰教历 610 年 10 月)[公元 1214 年]*

这一年成吉思汗仍在乞台国,这个国家的若干城市和地区已经被他和他的儿子、异密及军队所征服。

猪年(始自伊斯兰教历 611 年 10 月)[公元 1215 年]*

这一年成吉思汗仍在乞台国。他派遣三木合把阿秃儿带着军队攻打那里的某些地区，又派遣脱栾扯儿必去攻打察罕-巴剌合孙。他们攻占了许多地区。

鼠年(始自伊斯兰教历 612 年 10 月)[公元 1216 年]*

这一年成吉思汗派遣木华黎国王带着左翼军再次攻占了他们在这几年内攻占后复叛的城市。

牛年(始自伊斯兰教历 613 年 11 月)[公元 1217 年]*

这一年成吉思汗从乞台国回到老营，派遣速别台把阿秃儿去征讨篾儿乞惕部。他为这支军队配备了裹铁的大车，这样大车在通过崎岖难行的山岭时就不致折裂。他还让速别台带走了拨给脱忽察儿把阿秃儿留在后方巡哨的一千人。他们擒住了脱黑台别乞的弟弟忽都以及篾儿乞惕军队残部。[接着]他派遣孛罗忽勒那颜和答儿拜那颜击溃并歼灭了降而复叛的秃马惕部。孛罗忽勒在这 256
次战斗中阵亡。成吉思汗降恩抚恤了他死后留下的人。

虎年(始自伊斯兰教历 614 年 11 月)[公元 1218 年]*

这一年成吉思汗[派遣]木华黎国王带着全部左翼军及一部分降附的乞台军到乞台去，并将他所攻占的乞台全部地区托付给了他①。木华黎获得了汉语中意为一国之君的“国王”尊号。[接着]他派遣术赤再次去夺取[复]叛的乞儿吉思地区。

---

① 原文 tūsāmīšī kard——把……委托给……，把……交给……统辖、指挥。参阅第 1 分册俄译本 99 页，注⑤。

兔年(始自伊斯兰教历 615 年 11 月)[公元 1219 年]*

这一年成吉思汗在其斡耳朵内举行聚会,召集了大忽思勒台,他整集军队,出征大食地区。

龙年(始自伊斯兰教历 616 年 12 月)[公元 1220 年]*

这一年成吉思汗在[出征]* 大食地区的征途中,他在也儿的石河流域驻夏[①],在那里喂肥了马;秋天他从那里开拔,占领了一路上经过的城市与地区。

当他到达讹答剌城时,他将术赤、察合台、窝阔台留下来攻打该城及那一带的其他突厥斯坦城市;自己则同拖雷汗向不花剌进军。

蛇年(始自伊斯兰教历 617 年 12 月)[公元 1221 年]*

这一年成吉思汗陈兵不花剌城下,攻克该城。同年他攻下了撒麻耳干及附近各城。皇子们攻占讹答剌后来到了他那里。术赤汗攻下养吉干、巴耳赤邗[②]及其附近地区后也回来了。[成吉思汗]派遣哲别那颜和速别台那颜去追击花剌子模沙马合谋算端,向呼罗珊、伊拉克和阿塞拜疆追去。他又派遣术赤、察合台和窝阔台
257 围攻花剌子模,自己则向那黑沙不、忒耳迷进发,打算渡过质浑河[阿母河]。他还派遣拖雷汗带着军队担任前锋占领了呼罗珊诸

① 原文 yāīlāmīšī kard,源于突厥语动词 yailamak——驻夏、度夏、到驻夏牧地去。

② 位于锡尔河下游河口附近的设防城市。但其准确位置尚未确定。见前面第 300 页,注①。

城。拖雷汗于那年冬天占领了呼罗珊的大部分地区。成吉思汗本人则渡过质浑河，占领巴里黑后到了塔里寒。

马年（始自伊斯兰教历619年1月）[公元1222年]*

由于太阳历和太阴历的岁差，上年已渡过了618年，故此年始自619年1月。

这一年秋天成吉思汗攻占了塔里寒，拖雷汗占领了呼罗珊境内所有各地区及各城。由于天气已热，成吉思汗派遣使者去让他回来。拖雷在回来的路上掠夺了忽希思丹地区，占领了也里城。在那里进行屠杀、掠夺后，他在成吉思汗毁掉塔里寒堡时，来到了成吉思汗处。

察合台和窝阔台也来到了这里，术赤则回到自己的营地（ūgrūq）和兀鲁思去了。

同年，有消息传来说，札兰丁算端逃到了哥疾宁，在辛河上与忽秃忽那颜作战，将他击溃了。成吉思汗立即出兵追击札兰丁算端，直到他渡过辛河为止。成吉思汗派八剌那颜去追击他，自己则回去了。

羊年（始自伊斯兰教历620年1月）[公元1223年]*

这一年春天成吉思汗从辛河上回来，派遣窝阔台合罕去征服哥疾宁及其所辖地区。窝阔台攻下了[哥疾宁]，进行了杀掠。炎[夏]*来到后，[成吉思汗]将他召了回来。他来到八鲁罕[即八鲁弯之讹写]*草原①拜见了父亲。他们在那里过夏，直到八剌那颜从忻

① L、I本作 būrqān；贝书、B本作 tārūqān。

都地区回来为止；八剌占领了忻都境内诸城，设置了长官(sīḥneh)。

猴年(始自伊斯兰教历 621 年 1 月)[公元 1224 年]*

这一年成吉思汗从上述驻夏地回来，在路上过冬，慢慢地向自己的斡耳朵进发。

鸡年(始自伊斯兰教历 622 年 2 月)[公元 1225 年]*

这年春天成吉思汗在自己的斡耳朵里。[这是]他出征大食地
258 区的第七年。他在斡耳朵里过了夏，秋天他出征唐兀惕国。唐兀
惕国连着归附了几年，现在又举叛了。那年冬天他围攻答儿沙孩[灵州]* 城①，[将该城]焚毁了。唐兀惕国王失都儿忽从唐兀惕最大的城市亦儿孩出来，同他们厮战。有三十万人被杀。

狗年(始自伊斯兰教历 623 年 2 月)[公元 1226 年]*

这一年春天，成吉思汗在翁浑-答兰-忽都黑地方突然料理起自己的私事来，他召来了当时在那里的儿子窝阔台和拖雷。他同他们坐在一起，对他们立下了遗嘱，并将窝阔台合罕立做汗位继承者，然后让他们回到各自的领地、兀鲁思和家里去。自己则向南家思进发。他来到了南家思、唐兀惕、女真边界上的一个地方，女真君主派遣使者送来了大盘珍珠。成吉思汗将珍珠全部分给了[臣下]*。接着，唐兀惕君主认为还是投降为宜，便请求延期[交出城

① 原文 dršqāī；I 本作 drshkārī；B 本作 drskārī；贝书作 drskāī(贝译作 Дерсекай)。《秘史》第 267 节作朵儿篾该。参阅前面第 347 页，注③。

市],以便在一个月内准备好礼物,带着城民出来。成吉思汗[这时]已病了。

猪年(始自伊斯兰教历 624 年)[公元 1227 年]*

这一年成吉思汗七十三虚岁,从出生之年算起整整活了七十二年:他在这年由于疾病缠身,在唐兀惕地区去世了。以前当他对诸子立下遗嘱、命他们回去时,他就曾嘱咐过[他们],当他一旦去世后,他们要秘不举哀,不让他的去世[的消息]*泄露出去,并让异密和军队在那里等候着,这样,当唐兀惕国王和居民们在限期内出城来时,就可将他们全部杀死;还让他们在兀鲁思没有聚到一起时,绝不要将讣闻迅速地传开到各地去。

按照这一遗嘱,他的去世遂秘不外泄。当唐兀惕居民出来时,[蒙古人]将他们杀得一个不剩,[接着他们]将[成吉思汗]灵柩运送上路。为了不让他的讣闻传到附近地区去,他们杀尽了[一路上]*所见的全部人畜。

猪儿年 8 月(月初相当于伊斯兰教历 624 年 9 月 14 日[公元 1227 年 8 月 28 日]),他的灵柩运到了斡耳朵里,发布了讣告。他的四大斡耳朵为他举哀,将他葬在以前被他指定为大禁地(qurūqi buzurg)的地方——"万物都灭亡了,只有他的本质[永存]*;他 259
下了命令,让你们回到他那里去!"①

我们既已写完了成吉思汗编年纪要,[现在]让我们谨如伟大安拉之所愿,来完成剩下的最后一部分,即第三部分吧。

---

① 《古兰经》第 28 章第 88 节。

第三部分

成吉思汗纪。纪其嘉德懿行及其在各种情况下宣谕之卓越训言、必里克，以及前两部分中所未及、未按人物顺序记述、从各种书籍中录出的零散事迹及其御极时发生的事

他的足资垂训的言论

成吉思汗说："凡是一个民族，子不遵父教、弟不聆兄言，夫不信妻贞，妻不顺夫意，公公不赞许儿媳，儿媳不尊敬公公，长者不保护[①]幼者，幼者不接受长者的教训，大人物信用奴仆(ğulām)而疏远周围亲信以外的人，富有者不救济国内人民，轻视习惯(yūsūn)和法令(yāsā)、不通情达理，以致成为当国者之敌：这样的民族，窃贼、撒谎者、敌人和[各种]骗子将遮住他们营地上的太阳，这也就是说，他们将遭到抢劫，他们的马和马群得不到安宁，他们[出征]打先锋所骑的马精疲力竭，以致倒毙、腐朽、化为乌有。"一当成吉思汗福运降临时，这些无秩序、无头脑的部族便归属于他，他以非常严格的札撒为他们建立了秩序(jāmīšī)：他让贤明勇敢的人当了将官，他把奥鲁交给伶俐的人，让他们管理马群(gallabān)，粗鲁无知的人，则给予鞭子，派去放牧畜群。由此，他的事业象新月般地日益兴旺，最高的主从天上佑助他，在主的佑助下，大地上出现了幸
260 福生活。他的夏营地成了欢娱的场所，他的冬营地则适宜可用。

① 原文 īsirāmīšī(L 本作 sārāmīšī)源于突厥语动词 isirğamak：怜悯、庇护、保护。

由于伟大的主的仁慈，我使用了这些律令，并推行了这些必里克，因此使我们的安宁、欢乐和自由的生活一直继续到现在。将来，直到五百年、千年、万年以后，只要嗣承汗位的后裔们依然遵守并永不改在全民族中普遍沿用的成吉思汗的习惯（yūsūn）和法令（yāsāq），上天将佑助他们的强国，使他们永远欢乐。全宇宙的主将降恩于他们，普世万民将祈祷他们，他们将长寿享福。

［阿拉伯格言］说得好："谁统治得好，谁就能长久统治下去。"

他还说："如果隶属于国君的许多后裔们的权贵、勇士和异密们不严遵法令，国事就将动摇和停顿，他们再想找成吉思汗时，就再也找不到了！"

他还说："万夫长、千夫长和百夫长们，只要在年初和年终时前来聆听成吉思汗的训诫（必里克）后回去，就可以统率军队。如果他们住在自己的营盘（禹儿惕）里，不听训诫（必里克），就像石头沉没在深水中、箭射入芦苇丛里般地消逝得无影无踪。这样的人就不适于当首长！"

他又说："能治家者即能治国（mulk）；能率领十人作战者，即可委付以千人、万人，他能率领千人、万人作战。"

他又说："能清理自身内部者，即能清除国土上的盗贼。"

他又说："十夫长不能统率其十人队作战者，将连同其妻子、儿女一并定罪，然后从其十人队中另择一人任十夫长，对待百夫长、千夫长、万夫长们也这样！"

他又说："经过三个贤人评定的话可以在任何场所一再重复地说，否则就不可靠。要将自己的话、别人的话同贤人们的话进行比较，如果合适的话，就可以说，否则就不应当说！"

他又说："到长者处时，长者未发问，不应发言。长者发问以后，才应作适当回答。因为如果他抢先说了话，长者听他的话那倒还好，否则他就要碰钉子。"

他又说："马喂肥时能疾驰，肥瘦适中或瘦时也能疾驰，才可称
261 为良马。只能在这三种状态之一下疾驰的马，不能称为良马。"

他又说："担任首长的大异密和全体战士们，出征时每个人都应规定名字和军事番号，正如他们出猎时规定好名号，他们要经常全心全意地向最高的主祈祷，祈求各方面顺利，让永恒的主的力量立即遍及[世界]四方。"

他又说："居民[在平时]应像牛犊般地驯顺，战时投入战斗应像扑向野禽的饿鹰。"

他又说："说话时要想一下：这样说妥当吗？无论是认真地说出去或者开玩笑地说出去，[反正]再也收不回来了。"

他又说："男人不能像太阳般地到处普照着人们。妇女在其丈夫出去打猎或作战时，应当把家里安排得井井有条，若有使者或客人来家时，就能看到一切有条有理，她做了好的饭菜，并准备了客人所需要的一切东西。[这样的妇女]自然为丈夫造成了好名声，提高了他的声望，而[她的丈夫]在社会集会上就会像高山般地耸立起来。人们根据妻子的美德来认识丈夫的美德。如果妻子愚蠢无知、放荡不羁，人们也还是根据她来看丈夫的！"俗语说得好：

半行诗

家里的一切都跟主人相像

他又说："在混乱时应像人们所说的合塔斤部人答剌海-兀赫那样地前往：他在混乱(bulğāq)中曾同两个那可儿外出。他们从远处

看到两个骑马的人。那可儿们说:'他们才有两人! 我们三个去攻打他们吧!'他答道:'我们既然看见了他们,他们同样地也看到了我们,不要去攻打[他们]了!'于是以鞭策马,疾驰而去。后来查明了,那两个[骑马者]之一为塔塔儿部的帖木儿-兀合,他在峡谷里埋伏有自己的五百名左右那可儿,他自己暴露在外,好让这三个骑士去攻打他,然而他就逃跑到[埋伏]地点,让埋伏着的那可儿们把他们抓起来。但是答剌海-兀赫猜到了这点,他疾驰而去。他另有二十名那可儿在附近地方,他与他们合到一起,将他们全体[平安地]带了出去。[这段故事的]含义为:遇事必需谨慎小心。"

他又说:"我们出猎时打死了许多马鹿,我们出征时消灭了许多敌人。既然有最高的主[为我们]指引道路,[我们就]容易成功,人们忘掉了[这个],却在这里看到别的东西。"①

他又说:"再也没有像也孙拜那样的勇士了,没有人像他那样能干! 但由于他不感到远征之苦、不知饥渴,他就认为与他在一起 262
的那可儿、战士和所有其他的人们也都像他那样[能]忍受[远征的]劳累,而他们并不能[忍受远征的劳累]。因此,他不适于担任首长。只有自己能知道这种饥渴并据以推知别人的情况,只有在行军时能考虑到不让军队饥渴、牲畜消瘦的人,才配担任首长。"[阿拉伯成语]说得好——你们中最能走的就自己走吧。

他又说:"就像我们的商人(ūrtāq)带来织金衣服和好东西

① A、S本作 dīgar gūn mīdardānand;L本作 mīdānand。此处据L本译出(直译:"视为另一种")。

(tanghsūq)并坚信能从这些布匹织物获得巴里失那样,军队的将官们应当很好地教会儿子们射箭、骑马、一对一地格斗,并让他们练习这些事。通过这样的训练把[他们]练得勇敢无畏,使他们像坚毅的商人那样地掌握他们所知道的本领。”

他又说:“我们的后裔将穿戴织金衣(qabā),吃鲜美肥食,骑乘骏马,拥抱美貌的妻子,[但]他们不说:‘这[一切]都是由我们的父兄得来的’,他们将忘掉我们和这个伟大的日子!”

他又说:“酒醉的人,就成了瞎子,他什么也看不见,他也成了聋子,喊他的时候,他听不到,他还成了哑巴,有人同他说话时,他不能回答。他喝醉了时,就像快要死的人一样,他想挺直地坐下也做不到,他像个麻木发呆头脑受损伤的人。喝酒既无好处、也不增进智慧和勇敢,不会产生善行美德:[在酒醉时人们只会]干坏事、杀人、吵架。[酒]使人丧失知识、技能,成为他前进道路上的障碍和事业的障碍。他丧失了明确的途径,将食物和桌布[1]投入火中,[掷进]水里。国君嗜酒者不能主持[2]大事、颁布必里克和重要的习惯法(yūsūn);异密嗜酒者不能掌管十人队、百人队或千人队;卫士嗜酒者将遭受严惩。[3]

---

① 原文 āsh wa šilān;šilān 为铺在地板上、上面放食物的台布。这两个词意为:“罩以桌布的桌子”、“进餐的食物”。

② 原文jīdāmīšī kard 源于突厥语动词jīdāmaq 或 čidāmaq——能够、有可能完成某事(使用于乌兹别克、哈萨克、鞑靼人处)。

③ A 本原文用动词 usdīmīšī kunad 来表达,并加以说明:“他将遭遇到大的灾祸。”在其余诸本中动词的第一部分为:S 本——?rūsdīmīšī;L、I 本——?rūsdmīšī;B 本——?ršmīšī;贝书——ušmīšī。试比较阿尔泰-吉尔吉斯语 öštimiak——复仇、偿付、报怨。

“合剌出即平民(‘āmmeh)嗜酒者将完全丧失马匹、畜群和他所有的一切财产，变为乞丐；官员嗜酒者，命运将不断折磨他，使他 263
忧虑不安。酒不管你是什么人，无论善恶好坏的人它都让你麻醉。酒使手麻醉，结果使手丧失了抓东西的能力和[动作的]灵巧；酒使脚麻醉，脚就不能行动和步行；酒麻醉了心，使心不能健全地思考。它毁坏了所有的感官和思维器官。

“如果无法制止饮酒，一个人每月可饱饮三次。只要[他]超过三次，他就会犯下[上述]过错。如果他只喝两次，那就较好，如果只喝一次，那就更为可嘉，如果他根本不喝酒，那就再好不过了。但是到哪里去找这种[根本]不喝酒的人呢，如果能找到这种人，那他应当受到器重！”

他又说。当成吉思汗开始出征乞台国、攻打阿勒坛汗时，他独自一人照着自己的习惯，登上山顶，解下带子挂在颈上，并解开长袍(qabā)的扣子，跪着说道：“永恒的主啊，你知道和看到，阿勒坛汗是[刮起]战乱的风，他挑起了战乱。他无辜地杀死了被塔塔儿部抓住送到他那里去的我的父亲祖父辈的年长的族人斡勤-巴儿合黑和俺巴孩-合罕，我要取他的血，[为他们]报仇。如果你认为我的想法是正确的，请从天上佑助我，命令天使、众人、善恶仙魔从天上佑助我！”他极其恭顺地作了这次祈祷，接着便上马出发了。靠着正义和意图的正确，他战胜了军队众多、国土辽阔、拥有无数坚城的强大君主阿勒坛汗，阿勒坛汗的领土和子孙都落到了[成吉思汗的]统治之下！

他又说。有一天成吉思汗坐在阿勒台山上，扫视了[自己的]帐殿(斡耳朵)、仆役和周围的人们，说道：“我的箭筒士(豁儿赤)、卫队(turqāq)[①]多得像密林般地乌黑一片，我的妻妾、儿媳和女儿们像火一样地闪耀着、发红，我愿他们口尝我所赐予的甜蜜，让他们从头到脚用织金衣服打扮起来、骑上步伐平稳的马、喝纯洁可口的水，我要赐给他们多草的牧场放牧牲畜，下令从大路上和作为公路的大道上清除枯枝、垃圾和一切有害的东西，不准长起荆棘和有枯树。”

他又说：“我们的兀鲁黑中若有人违犯已确立的札撒，初次违犯者，可口头教训。第二次违犯者，可按必里克处罚，第三次违犯
264 者，即将他流放到巴勒真-古勒术儿的遥远地方去。此后，当他到那里去了一趟回来时，他就觉悟过来了。如果他还是不改，那就判他带上镣铐送到监狱里。如果他从狱中出来时学会了行为准则[②]，那就较好，否则就让全体远近宗亲聚集起来开会[③]，以作出决定来处理他。”

他又说：“万夫长、千夫长和百夫长们，每一个都应将自己的军队保持得秩序井然、随时作好准备，一旦诏令和指令不分昼夜地下达时，就能在任何时刻出征。”

他又说：“出生在巴儿忽真-脱窟木、斡难、怯绿连的男孩子，每一个都很勇敢，未经教导就懂道理，很聪明。那里出生的每一个女

---

① 源于突厥语动词 turmaq——站、停留；其派生词 turqaq 或 turğaq——卫兵、警卫，见第 410 页，注⑦。

② adab，阿拉伯-波斯语。

③ 原文：动词 kīnkāmīšī kardan——举行会议、商议，头一个词：名词 kīnkāmīšī 源于突厥语动词 kingamak——举行会议。在《史集》原文中常使用从同一字根 kankāǰ (kinkāč)派生来的意为“会议”的词。

孩子未经装饰、梳理就很美貌，面色泛红，而且无比灵巧、伶俐，品德好。”

他又说。当他派遣木华黎国王率领军队到南家思去时，木华黎攻下了该国的七十二座城（qal‘eh），便派遣使者向成吉思汗报捷，并问道：可否准许他回来？［成吉思汗］* 降旨，让他没有攻下其他城堡时就别下马。使者就回去了。木华黎［向使者］问道：“当你到成吉思汗处报告我的话时，他做什么？”［使者］说：“他掰了掰[①]［手指］。”木华黎问道：“他也把我算上吧？”［使者］说：“是的！”木华黎说：“我算得了什么！我将［对他］效忠到死，竭尽我的心力！”接着又问道：“他掰手指时还把谁数上？”大概，掰手指时在手指上蘸以唾液。使者说：“还有孛斡儿出、孛罗忽勒、忽必来、赤老温、哈剌察儿、者台、把带和乞失里黑，他说：‘他们是我的前后的助手，是我的能干的、尽心竭力的奴仆，是我的神箭手，我的快马，我的手上的伶俐的鸟儿，我的拴到马鞍上的猎狗。”

还有。有一次，一个受人尊敬的异密巴剌-合勒札向他问道：“你被称为英武的勇士，在你手中有何征服和胜利的征兆呢？”他回答道：“在我御极之前，有一次我独自走在一条道路上。在这条路上有六个人埋伏着，想要谋害我。我走近他们时，便拔出剑来向他们进攻。他们向我射过箭来。所有的箭都从我身旁飞过，没有一支射中我。我砍死了他们，安然无恙地通过了那里。我回来时经过尸旁。那六匹无主的马还徘徊着，没落到别人手中。我便将六

---

① 原文的动词 bāīšmīšī mīkard，应作 basmīšī mīkard，此词源于动词 basmak（确定、划分、分开）。

匹马全部赶了回来。”

265 他又说:“我同孛斡儿出[①]一起出去,山上有十二个人埋伏着算计我们。孛斡儿出落在我后面。我未及等他,仗着[我自己的]力气去攻打他们。他们十二人齐[向我]射过箭来,他们的箭在我身边乱飞,我向他们进攻着。突然有一支箭射进我的嘴里。我跌倒了,由于伤势严重我失去了知觉。这时孛斡儿出赶来了,他见我双脚在地上站不住,像圆球般地滚动着,见我像个垂死的人。他便立即烧热了些水送来,我漱干净嘴,吐出了喉咙里的凝血。已离开躯壳的灵魂[重又]回到了我的体内,知觉和行动恢复过来了。我站起来,重新向他们冲过去。他们见我这么厉害,大惊失色,全都从山上跌落下去摔死了。由于孛斡儿出在这个时刻表现出可嘉的忠诚,因此他和他的兀鲁黑就受封为答剌罕。”

还有。成吉思汗年轻时有一次黎明早起,他的额发上有了几根白发。他的左右向他问道:“幸福的君主啊,你的年岁还没有老,为什么额发上出现了白发?”他回答说:“最高的主想让我当万人、千人的首领和长老,让我立起幸福生活的大旗(tūq),因此他使我显现老态,这正是担任首长的征兆。”

还有。有一天成吉思汗向众异密的首领孛斡儿出那颜问道:对男子汉来说什么是最大的快乐[②]。孛斡儿出说:“男子汉带着冬

---

① 原文此处及下文均作 būrğūčī,试比较异写 bārčī,* boorči;参阅本书第 400 页。

② 原文 chīrq(或 ğ)āmīšī 源于突厥语动词 čīrk(或 ğ)āmaq——纵情欢娱、享乐。参阅布达戈夫:《突厥鞑靼方言比较词典》,第 1 卷,第 505 页。那上面引用了拉德洛夫的著作(《突厥诸部民间文学的形成》,第 1 卷)指出道:这个动词的词根为蒙古语,在阿尔泰语中作 yīrğā(蒙文ǰirga——欢跃、享乐、欢乐、庆祝)。

季羽毛脱掉、[现在重新]长满羽毛的灰鹰,骑着养肥的好马,穿着好衣服,在初春时出去猎取灰头鸟,这就是最大的乐趣。”

成吉思汗对孛罗忽勒说:“你也说吧!”孛罗忽勒说道:“放出鹰鹘,看它从空中用爪子击落灰鹤抓走,这是男子汉的[最大]快乐。”

接着[成吉思汗]又问忽必来的儿子们。他们说:“打猎时放鹰,是人生[最大的]* 乐趣。”

当时成吉思汗说道:“你们说得不好!镇压①叛乱者、战胜敌人,将他们连根铲除,夺取他们所有的一切;使他们的已婚妇女②号哭、流泪,骑乘他们的后背平滑的骏马,将他们的美貌的后妃的腹部当作睡衣和垫子,注视着她们的玫瑰色的面颊并亲吻着,吮她们的乳头色的甜蜜的嘴唇,这才是男子汉[最大]的乐趣!”

愿普世万民长享太平!

万夫长、千夫长与成吉思汗的军队简述 266

成吉思汗死后由其号称也可那颜的第四子拖雷汗继承的属于中军、左右翼的军队,以及分给其余诸子、侄儿、兄弟、母亲、专门隶属于他们的军队,按照经过研究后的可靠[材料]* 查明的结果,以及《阿勒坛·迭卜帖儿[金册]》上的记载,除由于年代久远、疆域辽远不得而详者外,总计十二万九千人。

---

① 原文误作 bāšmīšī kunad,应作 bāšmīšī kunad。

② 原文 būqtāqdārān,直译:“戴顾姑冠的”;参阅本书第 270 页,注⑤。

隶属于豁勒、巴仑合儿及准合儿[①]，即隶属于中军及二翼，由也可那颜继承的部分，为十万一千人

其中豁勒（中军）为成吉思汗的御前千户（hazāreh-i hāṣṣ），共一千人，由他的四大斡耳朵的全部侍臣与隶属于那些斡耳朵的人们组成。

当时曾作如下规定：御前千户尽管是最主要的一个千户，但[人数]不得超过千人。成吉思汗的这个千户的异密是一个唐兀惕部人，名叫察罕。成吉思汗在他十一岁时，将他收为义子，加以抚育，并把他称做五儿。成吉思汗从这个千户中取得车马（ūlāğ）、粮食（šūsūn）、绳索等物，[凡应缴给]成吉思汗的东西他就毫不偏袒地[向这个千户]* 索取。

成吉思汗[死]后，按照窝阔台合罕的诏令，他担任统将统率着那边的诸王、异密与军队向乞台地区进发。他被派到乞台去后，被俘虏过来、后来提拔起来的唐兀惕部人不劣[②]代替他担任御前千户及其[第一]* 百户的异密之职。这个不劣是孛儿帖旭真斡耳朵里的人。

这个千户中的各个百户如下：

成吉思汗的第一百户。最初由上述察罕那颜管辖，他到乞台

① 蒙文 ğol——中央，barağun ğar——右手（右翼），ǰegün ğar——左手（左翼）。

② 诸本均如此，唯贝书作 būdeh。

去后，由不劣那颜管辖。

燕-帖木儿宝儿赤百户。燕-帖木儿，雪你惕部人，成吉思汗[?][1]的弟弟，隶属于孛儿帖旭真斡耳朵。

余剌乞宝儿赤百户。余剌乞，朵儿边部人，是此邦[伊朗]孛 267
罗-阿合的祖父，他是孛儿帖旭真斡耳朵里的大异密之一。

兀勒带[2]豁儿赤百户；兀勒带豁儿赤，札剌亦儿部人，是管四斡耳朵的长官(šiḥneh)。

额勒别客儿宝儿赤百户[3]。额勒别客儿，客列亦惕分部阿勒巴惕部人，隶属于孛儿帖旭真斡耳朵。

者篾勒-火札百户。者篾勒-火札，篾儿乞惕部人，忽兰哈敦的弟弟。

也速仑哈敦的儿子大轻吉牙带[4]百户。

塔塔儿人也孙-秃阿[5]百户。也孙-秃阿是四怯薛的牧马长[6]，隶属于孛儿帖旭真斡耳朵。他就是奉合罕之命递送诏书到旭烈兀汗处来的别克帖失。

……百户[7]。

……百户[8]。

[这两个百户]待查明后，再行补叙。

---

① 贝书作铁木真。

② P、B本及贝书作 aūldūr。

③ 原文 albkār；贝书 ilnkz，音读不明。

④ 原文作 qngqīādāī。

⑤ 贝译作 Есун-Дуэ；《秘史》第 225 节作也孙帖额。

⑥ aqtačī(蒙文 ağtači)——牧马者；amīr-i akhtačī——管理汗的马群的官员。

⑦⑧ 诸本均缺。

隶属于左右手军、即篾亦马涅(右翼)与篾亦撒列(左翼)的军队,共十万人

右翼(篾亦马涅)

也就是右手军。其统帅为孛斡儿出[①]那颜,"孙古孙"[②](意为副帅)为孛罗忽勒[③]那颜。共三万八千人。

孛斡儿出那颜的直属千户。

孛斡儿出是阿鲁剌惕部人,是成吉思汗诸异密中地位最高者,最初他是成吉思汗的怯薛长,后来当了万夫长,最后统辖了右手[军]。在窝阔台合罕时代,他死去后,孛栾台袭职。在蒙哥合罕时代,由巴勒赤黑袭职,到了忽必烈合罕时,由孛斡儿出那颜的儿子燕-帖木儿袭职,后又由亦儿合忒迷失[④]的儿子孛栾台袭职,亦儿合忒迷失另几个儿子也都是大异密。[其中]有一个兀儿-帖木儿[⑤],是司膳长,为此邦[伊朗]的倚纳[⑥]和知名人物,别克列迷失及

---

① 这里所使用的这个名字的写法 Боорчи 与《秘史》第 202 节上的写法相同,这是我们在前文中所使用的写法 Богорчи 的合乎规律的相应拼缀形式。

② snkūsūn;C,L 本;sūnqrsūn,参照下文的 sūtkūsūn。

③ 原文 būrqūl;《秘史》第 202 节:孛罗忽勒。

④ A、P、I 本——īrqtmš;S、C、L 本——īrqmīš;P 本——abrqmīš;B 本——īrqīmīš,贝书作 īrqātīš。

⑤ P、B 本——ū-tīmūr;贝书——ūz-ṭimūr。

⑥ 蒙文 inağ——密友、近幸;波斯语 nadīm 的同义词。[《元史》、《庚申外史》作倚纳]*。

其子兀章[1]以及由于同速该勾结而被处死的秃列克[2]，都是他的后裔。

孛罗忽勒那颜千户。孛罗忽勒，千夫长，孛斡儿出那颜的副 268
帅，[成吉思]汗的大异密和老友之一，许慎部人。他升到了孛斡儿出那颜的官级。在右翼军中，再也没有人高过他了。最初他是掌膳者(būkāūl)，后来当了宝儿赤(司膳)和怯薛丹，后来又当了万夫长。在窝阔台合罕时代，其子术不忽儿-忽必来[担任这个千户之长]，在忽必烈合罕时代，娶乞勒迷失-阿合的妹妹、旭烈兀汗的侄女失邻为妻的秃儿赤[3]驸马[担任这个千户之长]*。

者台[4]那颜千户。者台那颜为忙忽惕部人。忽必烈合罕时，其孙忙忽台袭职。关于者台那颜及其亲族的事曾在《忙忽惕部》篇中详细叙及。异密忽都鲁沙那颜为其后裔。

轻吉牙带[5]那颜千户。轻吉牙带那颜是斡勒忽讷惕部人。忽必烈合罕时，其孙不花袭职。秃剌秃驸马与大也速儿[6]是他的后裔。

脱栾扯儿必千户。脱栾扯儿必，晃豁坛部人，是成吉思汗母亲月伦-额客之夫蒙力克-额赤格的儿子。蒙力克还有一个儿子，名叫阔阔出，又称帖卜-腾格里。

---

① S、C、L本同，均作ūǰān；A本及贝书则作ūḥān。

② B本及贝书——tūkal；试比较tulak——突厥人名。

③ B本作yūrǰī；贝书作tūqǰī。

④ 《秘史》第202节作者台。原文ǰdī，完全可以读作“者台”。

⑤ 《秘史》第202节：轻吉牙歹。

⑥ 贝译作Бисур。

速客秃[①]扯儿必千户。速客秃扯儿必也是晃豁坛部人，是上述脱栾扯儿必的兄弟。在此邦[伊朗]中，察罕[②]哈敦之夫秃撒纳[？]及派到合罕处去的阿必失合为其合裔。

札剌亦儿部人巴剌那颜千户；忽必烈合罕时[有一个]名叫马都[③]的人管辖这个千户。合罕派到此邦[伊朗]来的使臣阿欣[④]是巴剌的亲属，此邦[伊朗]有一个讷邻阿黑塔赤[也]是他的族人。

札剌亦儿部人阿儿孩[⑤]-合撒儿那颜千户。阿儿孩-合撒儿是上述巴剌那颜的哥哥。

速勒都思部人脱斡里勒千户。脱斡里勒是宿敦[⑥]那颜的族人。侍奉蒙哥合罕的大异密察兰[⑦]司厨，是他的族人。由于他煽动阿里-不哥作乱，使阿里-不哥迷入歧途，被忽必烈合罕所杀。

速勒都思部人宿敦那颜千户。宿敦是个很出名的人物，忽必烈合罕时有个合术[⑧]是他的后裔。他一直活到忽必烈合罕时代，那时他衰老、糊涂得连自己的儿媳都认不出了，他说："将她嫁给我！"异密绰班是其后裔。

269 塔塔儿部人失乞-忽秃忽[⑨]千户。当塔塔儿人遭到大军洗劫时，失乞-忽秃忽正在摇篮里哭。由于那时孛儿帖旭真没有孩子，

---

① 《秘史》第 202 节：速亦客秃。

② 贝书，A、S、I 本——ḥ??kān；C、L、P 本——j?kān。

③ 贝书：mādūī。

④ 原文 ahn；贝译作 Ахын。

⑤ 贝书：hrqāī。

⑥ S 本：sndūn；A 本：sdūn；贝书：sīdūn。

⑦ S 本：'āzān，C、L、I、B 本及贝书：jārāн；原文：'ārān。

⑧ 人名原阙，贝译作 Хаджу，兹从之。

⑨ 《秘史》第 202 节——失吉忽秃忽。

成吉思汗吩咐她收养了他。他长大后,称[成吉思汗]为父,称孛儿帖旭真为帖里昆-额客①,成吉思汗称他为五儿,窝阔台称他为兄。他的座位高于蒙哥合罕,他死于阿里-不哥作乱之时。

朵儿边部人都亦速合②千户。兀儿合秃③那颜及其子也速-不花驸马是其直系后裔。

八邻部人忙豁勒-秃儿坚④千户。阿八哈汗时代从此邦派到合罕处去、在那边当了统将的伯颜是他的后裔。

由斡亦剌惕部人组成的千户。共四个千户,但[关于他们的]详细情况不明。他们的异密与统治者(pādišāh)是忽秃合别乞。当他归顺[成吉思汗]时,全部斡亦剌惕军队都照旧归他统辖,并由他指定千夫长。他死后,[与汗室]* 有安答-忽答关系的他的儿子们管辖[这些千户]。这是这些!

巴阿里台豁儿赤⑤那颜诸千户。巴阿里台豁儿赤是八邻部人,是忙豁勒-秃儿坚的族人。[实质上]这些千户共十个千户,[因此]是一个万户。诸千夫长之名不知,因为这支军队大部分自古以来就是由八邻部人组成的,因此照旧算做一个万户。就是这些事!

八鲁剌思部人巴鲁罕-合勒札⑥千户。据说,[八鲁剌思人]与朵儿边人、八邻人是近亲部落,同出一源。

---

① 相当于蒙文 terigün eke——大母,因为失吉-忽秃忽对成吉思汗的所有其余妻子都应称做母亲。

② C本:dūīsūqeh;L本:hrūsūqeh;B本:rūsūqeh 贝书:dūsūqeh;原文:dūpsūqeh。

③ 原文:arqtū;C、L、I本:azq?ū;P本:arq?ū;贝译作 Эргэту。

④ 原文 mngql-tūrkān;贝译作 Монгол-Туркэн。

⑤ 贝译作 Бари-хорчи。

⑥ 贝书作 ilūğān-qalǰa;《秘史》第 202 节作合勒札,参阅前面第 303 页。

成吉思汗母舅斡勒忽讷部人泰出驸马千户。泰出娶成吉思汗幼女阿勒塔鲁罕-阿合为妻。成吉思汗由于对这个女儿特别宠爱,赐给他照儿薛禅的称号。关于他的事上文已经谈过了。就是这些了!

尼伦-乞牙惕部的一个分支合答儿斤部人木忽儿-忽兰[1]千户。忽兰是锯的意思。由于他[说话]* 叫人讨厌,故被称为忽兰。他是个高个儿,不忽里[2]是他的孙子。

兀良合惕部人也孙-秃阿-塔儿乞[3]千户;也孙-秃阿-塔儿乞是也孙-不花[4]太师之弟,也孙-不花太师是成吉思汗的箭筒士(豁儿
270 赤)及箭筒士千户长。阿鲁里与不花[俩]* 的父亲斡格来豁儿赤在成吉思汗的福荫下,是他身边不离左右的箭筒士。他威望很高,[后来]* 来到了此邦[伊朗]。

雪你惕部人合丹-客卜帖兀勒千户。客卜帖兀勒[宿卫,轮番值夜者][5]千户归他管辖。

晃豁坛部人蒙力克-额赤格千户。蒙力克是阔阔出-帖卜-腾格里与脱栾扯儿必的父亲,是成吉思汗母亲的丈夫。关于他的事曾在汗纪开头的地方详细叙述过了。

汪古惕部千户。共有四个千户。他们的异密[最初]* 是爱-不花[6],后来是汪古惕部人阿剌忽思-的斤和镇国[7]。由于汪古惕

---

① L 本作 hūqūr-qūrān;试比较蒙文 hağurai——锉,蒙语——hūrai。

② C、L 本作?ūkrī;I、P 本作 būkrī;B 本作 tūkr。

③ 原文 yīsūn-tūā-trqī;《秘史》第 225 节作也孙帖额。

④ 贝译作 Бису-Буга。贝书 arūq-būqā,B 本 arūq-tūqā。其余诸本:arūq wa būqā,为两个人名。

⑤ 见第一分册俄译本 95 页,注 3。

⑥ I、B 本及贝书——tūqā。

⑦ 原文:šnguī。

部至诚地归顺了[成吉思汗],故他们得以统辖本部。

古乞那颜、蒙格秃-乞颜[①]及其诸子管辖的千户。据说如今在脱脱[汗]* 那边共有一个万户的乞牙惕部,该部和其他大多数乞牙惕人,都是他们的后裔(nasl)。就是这些!

左翼(篾亦撒列)

也即左手军,蒙语为准合儿。左翼统帅为木华黎国王,副帅为八邻部纳牙那颜。左翼共六万二千人。

木华黎国王千户。木华黎为札剌亦儿部人。由于他是有威望的异密,建有功勋,成吉思汗将所有的札剌亦儿部军队都交给了他。他将札剌亦儿人按千户划分后,报告了[成吉思汗];札剌亦儿人总共是三千。成吉思汗将他派到了与乞台接界的哈剌温-只敦地方时,汉人将他称做"国王",意即"尊贵者"。后来成吉思汗就封了他这个尊号,他的后裔也就被称为国王了。他有个儿子安童[②]那颜被海都关在牢里,一直关到那木罕[③]回来时为止;爪忽儿[④]与阿木黑[⑤]都是他的后裔(nasl)。

也速-不花[⑥]太师千户。也速-不花,兀良合惕部人,是成吉思汗尊贵的异密者勒篾-兀赫[⑦]之子。当时地位最高的大异密为:孛

---

① 原文 mūk?ū-qtāl;C、I、P 本及贝书作～-qīān;《秘史》第 213 节:蒙格秃乞颜。[《元史宗室世系表》:蒙哥睹黑颜。]*

② 原文:hntūn;S 本:īndūn;C 本:hnūn,L 本:hsūn;I 本:hšūn。

③ C、L、I 本:qmūghān,此外尚有 beh wilayat-i ǩīš 数字。

④ 原文:ḥāūqūr;L 本:ḥārqūr;I 本:ǰāqūr;B 本及贝书:jāqū-。

⑤ 贝书:aūmūq。

⑥ C 本:～-tūqā;贝书:bīsū。

⑦ S 本:～-aūd(a)heh;C 本:ǰleh-uhr。

斡儿出那颜，孛罗忽勒那颜，者勒篾-兀赫及宿敦那颜；也速-不花
太师有一个侄儿合剌兀纳-术班，是千夫长。太师是汉语，即大“巴
271 黑失”[①]之意，窝阔台合罕戏呼他为太师，由于他的腿常有病，人们
常用车子送他进斡耳朵来。

怯台[②]那颜与不臣[③]那颜千户。怯台、不臣兄弟俩是尼伦分部兀鲁惕部人。由于他们都是大异密，并忠心耿耿地为成吉思汗效劳，成吉思汗将兀鲁惕部全部军队都交给了他们。兀鲁惕部诸千户的异密由他们[自行]指定。诸千户之名不详。但一共是四个千户。如前所述，一天夜里成吉思汗得了一个梦后，将其妃札阿-绀孛的女儿阿必合别吉赐给了怯台那颜。

亦乞剌思部人孛秃驸马千户；亦乞剌思与弘吉剌惕部是近亲部落。如前所详述，[孛秃驸马]娶成吉思汗的一个女儿为妻。由于他地位尊高，忠心耿耿地为成吉思汗效劳，成吉思汗将亦乞剌思全部军队交给了他。由他自己指定千夫长，[然后向成吉思汗]报告。一共是九个千户。名称不详。

塔塔儿部人也客-忽秃忽惕[④]那颜千户。他是尊贵的大异密，是术篾驸马[⑤]的叔父。他有两个亲生姊妹，一个名叫也速仑[⑥]，另一个叫也速干[⑦]。成吉思汗娶了她们俩，她们俩都是他的四大皇后

---

① 汉语“太师”，“帝师、皇帝的老师”的意思，中国古代的尊高官衔。蒙语 bağši (巴黑失)——老师。

② 诸本均作 k(a)htī，见前面第 99 页，注④。

③ 原文 būḥīn；S 本：?ūrḥī；C、L 本：tūḥr；B 本：qūǰr；贝书：būǰr。

④ P、B 本及贝书：īke̲h̲-qūtūqū；《秘史》第 202 节：也客扯连。

⑤ 原文 jūbe̲h̲；B 本作 jūre̲h̲；贝书 jrme̲h̲。

⑥ 贝书 bīsūlūn；《秘史》第 155 节：也遂。

⑦ 贝书 bīsūke̲h̲t；《秘史》第 155 节：也速干。

之一。关于塔塔儿部的记载以及他们的简况见前册《塔塔儿部》篇。

由阿勒赤[1]那颜、火忽[2]那颜、怯台、不忽儿[3]、塔忽答儿与申忽儿[4]管辖下的千户。

上述五异密都是弘吉剌惕部人。阿勒赤与火忽是兄弟俩，他们的父亲是弘吉剌惕部主德那颜。成吉思汗的长后孛儿帖旭真是他们的姊妹。上述其余四名异密，是他们的堂兄弟，是德那颜的弟弟答里台的儿子。在窝阔台合罕、蒙哥合罕及忽必烈合罕时，有[些]* 驸马是他们的后裔(nasl)。他们的座位高于诸王。

别克列迷失-阿合的丈夫珊竹台驸马以及来到此邦[伊朗]当使臣的也不干驸马都是他们这一族里的人。他们管辖着弘吉剌惕部五个千户的全部军队。

忽亦勒答儿[5]薛禅千户。忽亦勒答儿是尼伦分支忙忽惕部 272
人。他所管辖的是忙忽惕部千户。他是成吉思汗的义兄弟，是非常受尊敬的人物，建有大功。他在木华黎国王麾下尽职。在现在的哈里发领地上有个马黑里台[?][6]是其后裔(nasl)。现任千夫长者，如不儿罕那颜等人也是他的后裔。

八邻部人纲牙那颜千户。他的军队全部是八邻部人。由于他是大异密，忠心地服从[成吉思汗]，建有功勋，故成吉思汗让

---

① L 本：aīraljī；P，B 本及贝书：aīljī；《秘史》第 202 节：阿勒赤。[《元史》：按陈。]*

② C 本：qūtūqū；I 本：kūtū；贝书阙；参照下面：qūqūtū。

③ 原文：?ūbūr；C 本：?ū?ūdr；B 本：?ū?ū；贝书：būqūr。

④ 原文：šngqūr；S 本：snkū；C、L、I 本：sngqūr；贝书：jūnqūr。大概应作 sungqūr，意为“鹰”。

⑤ 《秘史》第 202 节：忽亦勒答儿；[《元史》本传作畏答儿。]*

⑥ mqrītāī；贝书 īkrtī。

他统辖[①]八邻部军队。他自行任命千夫长后,[向成吉思汗]报告。共有三个千户。[成吉思汗]命他担任左手军异密木华黎国王的副帅。

速秃那颜千户。速秃,晃豁坛部人,蒙力克额赤格的儿子。关于他们的情况见前。

札剌亦儿部人札剌亦儿台-也速儿[②]千户。这个也速儿不是来过此邦[伊朗]的也速儿。派到合罕处去的使臣、阿鲁浑汗的儿子也孙-帖木儿斡耳朵里的异密古鲁惕出自这个札剌亦儿台-也速儿的氏族。

[蒙古]迭儿列勤支系巴牙兀惕部翁古儿[③]那颜千户。成吉思汗的掌膳者(būkāūl)和司厨(宝儿赤)原是别速惕部的古出古儿[④]那颜。此人外号为乞撒惕[⑤],也即乃蛮语"不客兀勒",意即"掌膳者"。他老了后,[成吉思汗]派孛罗忽勒那颜接替他,孛罗忽勒当了大异密后,由翁古儿掌膳。

札剌亦儿部人兀孩[⑥]与巴儿术[⑦]兄弟俩的千户。他们的祖先自古以来就是成吉思汗祖先的私属奴隶[⑧],因为札剌亦儿人曾杀死了莫拿仑哈敦。成吉思汗想让他们当大异密,但他们不同意地说:"是也速该把阿秃儿让我们当你的牧人的。"因此,他们管着一

---

① tūsāmīšī kard。
② 贝书 bīsūdr。
③ 《秘史》第 202 节作汪古儿。
④ C、L 本作 kūǰūr。
⑤ C、L、I 本作 kīāt;贝书作 knsāt。
⑥ C、L、I、P、B 本作 aūqī;贝书作 aūqāī-qālāǰeh。
⑦ 贝书作 qrāǰū。
⑧ bandeh-i hāss-i padarān-i chingīz-ehān。

个千户。撒儿塔黑那颜的父亲撒巴是他们的后裔。

兀良合惕部人速别台把阿秃儿千户。他死后,其子阔阔出管辖他的千户。速别台那颜的情况见本书各处。

孛斡儿出那颜的弟弟阿鲁剌惕部人朵豁勒忽扯儿必[①]千户。
“朵豁勒忽”,是说话噜苏的意思,扯儿必[②]是“忠心”、“诚挚”的意 273
思。合罕的异密巴牙儿[③]-秃儿合忽惕[④]是其后裔。这个名字是汉
语“统将”的意思。

兀良合惕部[支系]槐因部人兀答赤千户。根据札撒及习惯(yūsūn)这个部落及这个兀答赤的后裔带着[自己的]千户守护着位于不儿罕-哈勒敦地方的伟大禁地(ǧurūq),永远不出征。

成吉思汗的弟弟别勒古台那颜千户。有关别勒古台的事在前文及《成吉思汗纪》各处曾详细叙及。

阿勒赤那颜的儿子弘吉剌惕部人失窟驸马千户。失窟娶成吉思汗的女儿秃马仑哈敦[为妻]。成吉思汗从弘吉剌惕部拨出这四个千户赐给他,派[他]到吐蕃地区去。他们[迄今]还全部在那里。在那里任箭筒士(豁儿赤)长的巴牙兀带,曾来过此邦。由于这支军队自古以来就是他的产业,故由他亲自指派千夫长。

八邻部人兀客儿-合勒札和忽都思[⑤]-合勒札兄弟俩的千户。就是这些。

---

① dūqlūqū;《秘史》第 191 节作朵豁勒忽扯儿必。

② 贝译作 Джурби。

③ C、L、I 本如此;A、S 本作 yāyār;P、B 本作?āyā;贝书作 tābāīn。

④ S 本 qūrqāqū;L、C 本 būqāqūt;P、B 本 qūrqāqūt;贝书 tūrqāqūn。

⑤ 《秘史》第 191 节:忽都思·合勒潺。

雪你惕部人斡格列①扯儿必千户。就是这些。

成吉思汗的箭筒士(豁儿赤)雪你惕人帖木迭儿那颜千户。他有个高个子的儿子名叫木八剌黑豁儿赤,在蒙哥合罕左右。他患有痔疮。雪你台那颜及其子俺古真②与不黑带③-阿黑塔赤是他的后裔。

木华黎国王之弟札剌亦儿部人带孙④千户。他与另一个不知名的族人一起管辖着两个千户。

尼伦分支札只剌惕部人豁沙忽勒⑤与术速黑⑥兄弟千户。

当乞台与女真将攻占时,成吉思汗下令从每十个蒙古人里抽出两个人来。由于他看到他们俩是勇敢的侍卫(秃鲁花)⑦,便将这三千军队交给他们,派他们守卫那里的边界,他们便带着这三千人守卫在那里。"豁沙忽勒"是"从每十人中给他们两个人"的意思;"豁失"是"两个、一双"的意思。⑧

忽亦勒答儿薛禅的儿子忙忽惕部人蒙可-合勒札千户。关于他们的情况已叙述[于前]*。就是这些!

---

① 原文:ūkleh;《秘史》第191节:斡格列扯儿必。

② C,P本:amkūjīn;L本:a??khī;贝书:aūnkǰīn。

③ 贝书:bū?dāī。

④ C本:ṭāīšūn;贝译作* Туилсун。

⑤ C、I、P本:qūšāqūn;L本:qūsāqūn。

⑥ C、L、P、I本及贝书:sūq。

⑦ 秃鲁花:突厥语 tūrq(ğ)āk,相当于蒙古语 turgag(复数 turgaud)——侍卫;参阅第263页,注1。又,参阅伯劳舍《蒙古史》,巴黎版(吉布纪念丛书,第十八册),第29页附录;符书第90页。

⑧ 试比较蒙古语 hoc:一对。在现代中亚语言中,"豁失"意为拉犁(插犋)的一对公牛,"豁失一帖辟"意为二座对峙的山冈(土库蛮语)。关于"豁沙忽勒"一语,见第一分册俄译本第192页,注5。

哈剌-契丹人吾也而元帅千户;[他]归顺成吉思汗为他效忠后,成为尊贵人物。他是大异密之一。元帅是"千夫长"的意思[1]。 274
当他来为成吉思汗效劳时,成吉思汗让他管辖哈剌契丹十个千户的全部军队。现在他的儿子都在合罕处,他们都是尊贵的异密,自行指派异密,再行报告。

女真人[耶律]* 秃花元帅千户。这个异密归顺后,成为受尊敬的大异密;他管辖着十个千户的全部女真军。由他自行指派千夫长,然后进行报告。如今他的好几个儿子都在合罕处,他们受人尊敬,依旧管辖着自己的军队。

隶属于中军及左右翼、构成成吉思汗的产业(khāṣṣeh)、成吉思汗死后归[蒙古]老管的主人拖雷汗所有的军队,就包括详列如上的那些千户、万户。现在我们将成吉思汗分赐给其余子弟的军队,详细记载在[下面]* 第二部分中,但愿最高的安拉如意!

分给也可那颜以外的其余子侄、幼弟斡惕赤斤·那颜及母亲月伦-额客的军队,共二万八千人

其中,一万六千人分给诸子

四千人分给长子术赤汗

撒勒只兀惕部人蒙古儿[2]千户。拔都在位时他管辖[拔都

① 汉语"元帅"为统帅之意。

② 贝书:hūngqūr;《秘史》第202节:蒙古兀儿。

的]* 左手[军]。如今由他的儿子、脱脱[汗]* 的异密彻儿客思袭职。

轻吉惕部人轻吉台①·忽丹那颜千户。其子忽兰在宽撤②大王处，是这个国家的大异密之一。

孛斡儿出那颜的族人、许慎部异密旭失台千户。

许慎部人拜忽③千户。他管辖着巴剌温合儿，即右手军④。

275 成吉思汗将上述四名异密及四千军队分给了术赤汗。现在，脱脱和伯颜的大部分军队都是这四个千户的后裔(nasl)，而后来加进来的军队还有斡罗思、撒耳柯思、钦察、马札儿及其他军队。[此外]，在远近宗亲(āqā wa īnī)发生内讧时期，也有一部分人逃到了他们那里[即金帐汗国]。就是这些。

分给第二子察合台汗的军队，有四千人

八鲁剌思部人巴鲁剌台⑤-合剌勒札儿⑥千户；他有个子孙是阿八哈汗的大异密，很受阿八哈汗器重。他同塔忽答儿⑦-斡忽勒一起游牧，名叫……⑧。

---

① 贝书缺。

② S、C、L、I 本作 qūnǰī。

③ 贝书缺。

④ C、L、I、P、B 本及贝书尚有以下数句："他对拔都说：'我老了，让照烈惕部的娶其母为妻的?ldār'a(P，B 本及贝书作 īldgeh)继承我的地位吧。让他的后裔当异密吧'。"

⑤ L 本：?ūrlātāī；C、I 本：būrlātāī；贝书：brūlātāī(贝译作"Берултай")。

⑥ A 本：karalǰar；L、C、I、P 本及贝书：karāǰar。

⑦ L、C、I 本及贝书如此；A 本：nkūdar。

⑧ 各本都缺。

弘吉剌惕部人术哥那颜千户，[他是]亦速儿那颜的父亲，都哇[①]汗曾将军队交给亦速儿，将他派到呼罗珊边境上对抗我们的军队。他驻扎在巴里黑与巴忒吉思境内。我们曾掳得他的一个儿子，将他留在那兀鲁思的弟弟哈只异密处，[后来]* 他就死在他那里了。那边还有他的另外好几个儿子。

……千户[②]，……千户[②]。主册上没有这两个千户。

成吉思汗将上述两异密及其他姓名不详的异密们，连同四千军队全部分给了察合台。察合台及其如今与都哇在一起的诸子的基本军队是这四千人，[后来]* 由于人口繁殖，人数增加。[此外，后来]* 可能还增加了一些非蒙古族的其他族(aṣnāf)部落。

分给第三子窝阔台合罕的军队，有四千人

札剌亦儿部亦鲁该千户。亦鲁该也就是某次用[鹿]肉买下讷兀鲁思的父亲阿儿浑-阿合[③]的那个人。蒙哥合罕即位时，亦鲁该的儿子曾说："帝国应该归窝阔台合罕的兀鲁黑所有。"这件事将于后文叙及。

亦剌黑-秃阿千户。亦剌黑-秃阿是速勒都思部分支塔木合里黑氏族额勒只吉台的哥哥；在他们的后裔之中，有一个秃买是此邦

---

① 贝译作 Борак。

② 各本都缺。

③ 贝书作 waqtī Arğūn-āqā padar-i Naurūz barāi gušt k͟hurande͟h būd——"在讷兀鲁思的父亲阿儿浑阿合时代，烹制肉食(主御膳)"(《史集》，贝勒津本卷二，第 218 页波斯原文及第 145 页俄译)。但贝勒津教授所使用的 C 本及 L 本原作k͟harīde͟h būd(被卖)本无讹误，不应擅改为意义完全不相当的k͟hurande͟h būd(当译作"吃肉"，也非"烹制肉食"的意思)，原文当译作"用一块肉买下了……"(A. 谢麦诺夫)。

276 [伊朗]呼罗珊的千夫长，如今他管辖着木来①异密所辖万户里的一个千户。

带儿千户。带儿是晃豁坛部蒙力克-额赤格的后裔。

……②千户；主册中没有[这个千户的名称]。成吉思汗将以上四异密及四千人全部分给了窝阔台合罕。虽然[他]还有其他异密③，但这几人最受他信任。作为合罕产业(hāṣṣ)的所有军队，全是这四个[千户]的后裔(nasl)。但[窝阔台]御极时，根据已存在的习惯，按照他的命令，其他诸王的军队也都参加[出征]，其子贵由汗④时代也是如此。当他的子孙不听他的话，对他的话妄加变更时，蒙哥合罕便登上了汗位，分掉了属于他们的全部军队，只有阔端所属的军队没有分掉，因为他始终同蒙哥合罕友好，没有叛变[他]。他[阔端]的后裔迄今仍在合罕处统辖着所属军队。

由于窝阔台合罕兀鲁黑的军队已被分掉了，故海都召集起来的军队不是原来的军队。海都于阿里-不哥作乱时曾与他勾结。后来阿里-不哥势穷力竭，回到自己的兄弟忽必烈合罕处时，海都逃到了……⑤境内父祖的老营里。四散开来的军队从各个角落聚到了他那里。各种各样(ṭāifeh)的人逐渐聚到了一起，那一带的旧部队里的残余士兵也都来投奔他。今天属于其后裔的军队就是这

---

① 贝书：būlāī。

② 各本都缺。

③ A本：aqwām——部落；C、L、I本及贝书：umarā——异密。译文据上下文作“异密”。

④ 贵由汗，窝阔台的儿子及其嗣位者，第三代大汗(644[1246]—646[1248]年)。

⑤ 各本都缺。

样的军队，而成吉思汗分给其祖父的那些军队已经不复存在了。

分给第五子阔列坚的军队，共四千人

八鲁剌思部人忽必来那颜千户。

捏古思部人脱斡里勒千户。

捏古思部的[另一个]脱斡里勒千户。

……[①]千户。

在此邦[伊朗]，千夫长札兀儿赤及其子哈剌、其孙雪你台[②]是他们的后裔。成吉思汗将上列异密及四千军队分给了阔列坚。阔列坚的儿子兀鲁带在帖必力思设有一座"兀鲁带作坊"(kārkhāneh-i urūdāī)，由札兀儿赤及其诸子管理。

分给幼弟、诸侄及母亲的军队，共一万二千人。 277

分给其幼弟即四弟斡惕赤斤那颜的军队，共五千人

成吉思汗分给他的五千军队为：两千乞里克讷惕部人，一千别速惕部人，其余为各部落里的人、其中包括一部分札只剌惕人。当他们将作乱的札木合薛禅捉住时，成吉思汗由于过去曾与他兄弟(安答)相称，不愿亲自下手杀他，便将他交给了斡惕赤斤那颜，并[将他的军队]交给他管辖，斡惕赤斤将他杀死后，跟随他的一百札只剌惕部军队便同斡惕赤斤的军队合并在一起了。全部军队共五千人。

成吉思汗对他的爱，胜过所有诸弟。但成吉思汗在位晚年，当

---

① 各本都缺。

② 贝译作 Субатай。

他出征大食地区时，他让斡惕赤斤带着一部分军队留下来管辖[自己的]斡耳朵，当他回来时由于有人对斡惕赤斤那颜说了些坏话，他才改变了[自己]对他[的态度]。这件事详见上文。

分给成吉思汗诸侄、拙赤-合撒儿的儿子也苦、脱忽、移相哥的军队为一千人

成吉思汗将这一千军队分给自己的侄儿、拙赤-合撒儿诸子，这一千人是从各地逐渐聚拢来的。关于他们的等级和衔位前面已经谈过了。

分给成吉思汗的侄子、哈赤温的儿子额勒只带那颜的军队为三千人

成吉思汗将这三千军队分给自己的侄儿额勒只带那颜。[其中]一部分是乃蛮人，一部分是其他各部的人。这支军队里的尊荣异密为：阿忒速阿带①、兀赤合失②国王，以及兀良合惕部的若干不知姓名的其他异密。

成吉思汗在诸侄中最爱额勒只带，因为他最公正，处理问题最得当。其父哈赤温由于早年亡故，不过分出名，而额勒只带却很出名，受人敬重。

分给成吉思汗的母亲月伦-额客的军队为三千人

成吉思汗将跟随他母亲一起来的那些豁罗剌思部及斡勒忽讷

① 贝书：atsāūdān。

② C、L、I、B本及贝书：ūǰǧāš。

部异密及三千军队分给了她；但他们的名字不详。

如上所述，当成吉思汗将上述异密及军队分给诸子及上述诸人后，他降旨道：“我将这些异密分给你们，但[你们要记住]，你们的年岁还很小，而他们[所经历的]* 道路都很长。如果他们有什 278
么过错，你们不可随意杀他们，而要先来问过我。我[死]* 后，则要经过互相商议，按照札撒处理[他们]* 。”他在此情况下立下这条训言，是为了使那些大异密们为他出力，全心全意地为他效劳，他们若犯了罪，须经众人公议，然后向他们宣布罪状，这使他们无可抗辩地自承其被罚乃出于罪有应得，而非出于泄愤或轻率的判决。除这些军队外，成吉思汗将拨给诸人的全部其余军队，连同自己的斡耳朵、禹儿惕都赐给了号称也可那颜的幼子拖雷汗，全部归他管辖。隶属于右手军、左手军及中军的上述一切尊贵异密们以及其他名字不详的异密们全部归他统辖。他死后，按照习惯，这些异密们为他的正妃唆儿忽黑塔帖尼别吉，他的儿子蒙哥合罕、忽必烈合罕、旭烈兀汗及阿里-不哥效忠。窝阔台当了合罕后，没有跟诸王、异密商量，擅自从也可那颜诸子管辖下的军队中将亦鲁该那颜的兄弟异密都剌带[①]宝儿赤及雪你惕部异密连同一千雪你惕部军队及二千速勒都思部人分给了自己的儿子阔端。

隶属于唆儿忽黑塔尼别吉及皇子们的成吉思汗大异密，即被成吉思汗呼为五儿的塔塔儿人失乞忽秃忽，速勒都思人宿敦那颜，忙忽惕人者台那颜，札剌亦儿人忙哥撒儿[②]豁儿赤，别速惕

① A本：mūlādāī；C、L本：ṭūlādāī；B本：nūlāwāī；贝书 dūlādāī。

② 贝书：mngqūsār。

人不塔臣[①]豁儿赤，巴牙兀惕人忽必来豁儿赤，晃豁坛人也速儿豁儿赤等千夫长——齐向唆儿忽黑塔尼别吉、蒙哥合罕及其诸弟禀道：“速勒都思和雪你惕部军队是我们的，如今窝阔台合罕却将它给了自己的儿子阔端。成吉思汗既将这部分[军队]分给我们的斡耳朵，我们为什么要违背他的命令将它交给[别人]呢？我们想对窝阔台合罕面奏此事，听他说些什么！”

唆儿忽黑塔尼别吉回答道：“你们的话很对！但我们所积累的各种财富还缺少些什么呢，我们为什么要[给主上]添这样的麻烦呢？[要晓得]我们也隶属于合罕，他是一国之主，他所下的命令都没错儿！”

当她按照自己的才识这般地说了，众异密一下子都没话了。由于这样，阔端和拖雷汗诸子十分友好。当窝阔台的兀鲁黑同蒙哥合罕发生内讧时，阔端没有背叛蒙哥合罕，因此当蒙哥合罕将他们的军队分掉时，如前所述，隶属于阔端的那些[军队]仍归他管辖。[后来]* 忽必烈也继续把军队交给他的儿子们管辖，他们忠心耿耿地为他尽职。如今他的整个兀鲁黑都为完泽笃合罕[②]效忠。他们按照既定的惯例管辖着自己的军队，并竭力与也可那颜的整个兀鲁黑保持团结。
279 隶属于也可那颜的全部军队那时全效忠于当时的合罕、也可那颜的儿子忽必烈合罕。如今则全部奴隶般地效忠于铁穆耳合罕。成吉思汗分给自己的诸弟诸侄、第五子阔

---

① A本：būtḥn；C本：būiḥīn；I本：?ūǰīn；贝书：tūrīǰīn。

② 完泽笃——忽必烈的孙子和嗣位者，中国蒙元王朝君主（693[1294]—706[1307]年）。[即元成宗]* 。

列坚及母亲月伦-额客的军队，[现在]也全部在合罕处奴隶般地效忠。在发生内乱时，虽有个别士兵被迫留在突厥斯坦和河中境内，但大部分千户仍在合罕处效忠；如今最初的那些军队由于人口繁殖，人数比前增加。

当忽必烈合罕征讨广大辽阔的乞台、南家思、哈剌章、女真、唐兀惕及吐蕃地区时，他不断派遣诸王率领全体军队征伐上述各地。[上述各地]被征服后，他又指派诸王驻守那些地区。正如下文所述，现在他们全都按照既定的惯例，驻在那些地区上。

他将乞台边境上及接近[乞台]边界的蒙古禹儿惕（营盘、分地）上的大片地方赐给军中其他诸人作为驻冬牧地和驻夏牧地。大量军队占据了乞台、女真、蒙古的驻冬和驻夏牧地上的整个草原和山岭，在那里定居了下来。上述全部军队由也可那颜作为遗产传给他的儿子：蒙哥合罕、忽必烈合罕、旭烈兀汗和阿里不哥，但他们有如下习惯：这些军队服从于掌管老营和登大位的那个后裔[1]。当蒙哥合罕、掌管父亲的位置和禹儿惕，取得汗位后，他想征服整个伊朗地区，因为以前虽曾多次派遣异密带着军队到那里去，最后还派遣绰儿马浑带着军队前去，但那里在成吉思汗和窝阔台合罕时代，仍没有彻底地被征服和肃清；[伊斯兰教徒的]君主报达哈里发、鲁木[小亚细亚]算端、泄剌失阿答毕和苫国、密昔儿领主（malik）以及邪教徒[亦思马因教徒]——全是[他们的]* 敌人，蒙古人占领下的地区很不稳定，略有[他们战败的]消息传来，这些地区便有失陷的可能。他[蒙哥合罕]与大家商量后，派自己的兄弟旭烈

① 即嗣承成吉思汗宝位，领有他在蒙古的世代继承下来的土地的那个人。

兀汗[去彻底地征服西方领地](从旭烈兀的额上,他的兄弟、诸王及成吉思汗后裔(兀鲁黑)亲眼看到了伟大、威武、幸福与治国之才
280 的征候),同时让被派到伊朗去作为探马①军的全部军队以及撒里那颜在客失米儿方面及巴里黑、巴达哈伤境内管辖下的探马军全都服从于旭烈兀汗;还从隶属于也可那颜氏族及其他诸王的所有其余部队中,从每个十户中不减少军队的基本成员、拨出两个不在[军队]数内的人,全都给旭烈兀汗做媵哲②,让他向那些领地进兵,在那些领地上定居下来,当他将[那些地方]占领后,国土与军队就归他及诸子所有。因此每个人按照每个十户出两个人之数把不在[军队]数内的兄弟、儿子或奴隶(ğulām)、单身汉送到[旭烈兀军队里去],大异密们也派去了自己的子弟担任万夫长与千夫长,他们全都随着旭烈兀汗被派到伊朗地区去。这些异密的后裔都成了万夫长、千夫长与百夫长。由于为旭烈兀汗效劳的成吉思汗时代的大多数大异密及其氏族都是按照规定指派来的,故迄今他们的氏族及后裔绝大部分依然承袭父职。此邦[伊朗]的每个贵族出身的人(buzurgzad<u>eh</u>),他们的亲人或为铁穆耳合罕奴隶般地效忠或为那里的其他诸王效忠,除少数例外他们[都]是有声望的人物与军队异密,只有极少数人由于胡思乱想、背信弃义,不幸犯

---

①　关于"探马"一语,见前面第 95 页,注⑥。

②　媵哲,蒙古语 inǰï,这个名词有二种含义:(1)兀鲁思的领主给女儿做陪嫁的从人,在现代蒙古人处今天还保存为"嫁妆"的意义;(2)分给汗族成员的分地(阿拉伯波斯语同义词为 ḫāss)。有时在伊斯兰教史料中能见到意为分地的 ḫass-īnǰū 这个复合词。关于"媵哲"制度,见符拉基米尔佐夫:《蒙古社会制度》,第 68 页;卡特麦尔,拉施特撰《波斯蒙古史》,巴黎 1836 年版,卷一,第 130—132 页。

了罪，失掉了异密的尊位，落到了[令人惋惜的]地步。

现在，在从阿母河岸起直到密昔儿[埃及]与苫国[叙利亚]境内全部疆域上的全部军队，由于上述原因，全是旭烈兀汗及其兀鲁黑中汗位继承者的媵哲。如今他们连同算作伊斯兰教算端的父亲阿鲁浑汗私产(khāṣṣeh)的军队全都隶属于伊斯兰教算端，愿吾主享国长久！在阿八哈汗时代，异密们曾按照各自的愿望与挑选将自己的子弟及那可儿送来，充当了阿鲁浑汗的媵哲。

由阿八哈汗算作媵哲的那些人，由阿八哈汗赐给幼年的伊斯兰教君主(愿吾主长久在位!)及其诸子做媵哲的人，以及今天由商人们从各地运来的蒙古奴隶中被他[伊斯兰教君主]买来做近侍的人，[某些异密]从自己千户中送[给他]做御前宿卫(kabtāūlī)不在军队数内的人——全都是伊斯兰教君主御室的媵哲，——愿吾主永远在位！就是这些。

直到现在为止，关于蒙古军队我们所知道的事已记载如上。可能，还有许多[细节没有记载]；但是，由于年代久远、地域辽远，我们就不得而知了。以后，等我们获悉后当谨如尊荣安拉之所愿，再行补叙！

人名索引

（以下页码系原书页码，即中译本边码）

部族名索引

（以下页码系原书页码，即中译本边码）

地名索引

（以下页码系原书页码，即中译本边码）

《史集》汉译本第一卷
第二分册译后记

本分册由余大钧、周建奇翻译，并由余大钧根据《史集》第一卷第一分册、第二卷、第三卷波斯原文刊本和本分册俄译本脚注所引波斯文各种抄本的波斯原文，参照汉蒙文史籍以及中外学者研究成果作了专名校勘，改正了俄译本的若干讹误。在翻译过程中，参考和利用了余元安和余崇华同志的部分译稿。本书汉译本承中国蒙古史学会理事长、元史研究会名誉会长翁独健教授对全书进行专业审核，谨此致谢。

汉 译 者

1983 年 11 月于内蒙古大学

图书在版编目(CIP)数据

史集.第一卷.第二分册/(波斯)拉施特主编;余大钧,周建奇译.—北京:商务印书馆,1983.9(2025.6 重印)
(汉译世界学术名著丛书)
ISBN 978-7-100-01530-1

Ⅰ.①史… Ⅱ.①拉…②余…③周… Ⅲ.①中国—古代史—研究—元代 Ⅳ.①K247.07

中国版本图书馆 CIP 数据核字(2010)第 222550 号

汉译世界学术名著丛书

史 集

第一卷 第二分册

〔波斯〕拉施特 主编

余大钧 周建奇 译

商 务 印 书 馆 出 版
(北京王府井大街 36 号 邮政编码 100710)
商 务 印 书 馆 发 行
北京盛通印刷股份有限公司印刷
ISBN 978-7-100-01530-1

1983 年 9 月第 1 版　　开本 850×1168 1/32
2025 年 6 月北京第 8 次印刷　　印张 15¼ 插页 1

定价:76.00 元